En bons Termes

8e édition

Michel A. Parmentier
BISHOP'S UNIVERSITY

Diane Potvin
BISHOP'S UNIVERSITY

Pearson Canada
Toronto

Library and Archives Canada Cataloguing in Publication

Parmentier, Michel Alfred, 1950–
   En bons termes : introduction au français dans le contexte nord-américain / Michel A.
Parmentier, Diane Potvin.—8e éd.

Includes index.
For English-speaking students of French as a second language.
ISBN 978-0-13-506919-6

   1. French language—Textbooks for second language learners—English speakers.
2. French language—Composition and exercises.   3. French language—Grammar—
Textbooks.   4. French language—Grammar—Problems, exercises, etc.
I. Potvin, Diane, 1943–   II. Title.

PC2129.E5P372 2010   448.2'421   C2008-907104-2

ISBN-13: 978-0-13-506919-6
ISBN-10: 0-13-506919-X

Vice President, Editorial Director: Gary Bennett   Production Coordinator: Janis Raisen
Editor-in-Chief: Ky Pruesse   Composition: Integra
Senior Acquisitions Editor: Laura Forbes   Photo and Permissions Research: Karen Becker
Executive Marketing Manager: Judith Allen   Art Director: Julia Hall
Associate Editor: Megan Burns   Cover Design: Miguel Acevedo
Managing Editor: Söğüt Y. Güleç   Interior Design: Opus House Inc./
Copy Editor: Tanjah Karvonen   Sonya Thursby
Proofreaders: Aude Lemoine, Vicki McDonald   Cover Image: Getty Images

For permission to reproduce copyrighted material, the publisher gratefully acknowledges the copyright
holders listed on page 454, which is considered an extension of this copyright page.

Statistics Canada information is used with the permission of the Minister of Industry, as Minister responsible
for Statistics Canada. Information on the availability of the wide range of data from Statistics Canada can be
obtained from Statistics Canada's Regional Offices, its World Wide Web site at http://www.statcan.ca, and its
toll-free access number 1-800-263-1136.

3 4 5   13 12 11 10

Printed and bound in USA.

Contents

CHAPITRE TROIS

Parle-moi de toi   36

CHAPITRE QUATRE

La ville de Québec   61

CHAPITRE CINQ

À votre santé!   83

CHAPITRE SIX

Le magasinage et la mode   101

CHAPITRE SEPT

Les études et la carrière   127

CHAPITRE HUIT

Les sports   151

CHAPITRE NEUF

Les voyages   173

CHAPITRE DIX

Arts et spectacles   195

CHAPITRE ONZE

Les jeunes et la vie   216

CHAPITRE DOUZE

Bon appétit   234

CHAPITRE TREIZE

La famille   252

CHAPITRE QUATORZE

L'Acadie et la mer   272

CHAPITRE VINGT-DEUX

Les droits de la personne   406

Preface

En bons termes is a first-year French program that aims to develop a basic proficiency in the four language skills (listening, speaking, reading, and writing) while fostering an awareness of the French presence in North America. It is designed to encourage and enable students to communicate in French not as a "foreign" language but as an alternative mode of expression for everyday living in the North American, and especially in the Canadian, context.

The progressive acquisition, reinforcement, and creative use of language structures quickly give students the necessary confidence to express themselves. This is very much a core program, providing a solid foundation on which students may later build. Difficulties are broken down and presented in stages with numerous exercises to ensure assimilation through interactive use in the classroom. Some grammatical forms traditionally presented at this level have been deliberately omitted so that more time can be devoted to a thorough study of forms more commonly used—for instance, no mention is made of the *passé simple*, whereas the forms and uses of the *passé compose* receive a more detailed treatment than is commonly afforded them.

The eighth edition includes a variety of revisions, most of which were brought about in response to the helpful suggestions and comments made by users of the program. The vocabulary in the examples and exercises has been updated to reflect the constant evolution in contemporary mores, cultural references have been updated to better reflect modern interests, and the vocabulary lists for each reading have been updated to include definitions of several common French expressions.

Format

The textbook consists of 22 chapters, each organized according to the following pattern (Chapters 1 and 2 present slight variations):

Vocabulaire utile: A list of words (divided into nouns, adjectives, verbs, adverbs, and prepositions) and expressions is provided, relating to the chapter readings and exercises, and representing a basic vocabulary to be memorized.

Grammaire et exercices oraux: This section is subdivided into separate grammatical units, each followed by a series of oral exercises. The title of each unit is in French so that students may become familiar with French grammatical terms, but the explanations are given in English to facilitate study and review outside the classroom. These explanations are simple and point out differences between French and English. The oral exercises progress from substitution and transformation drills to personalized questions and mini-dialogues. They provide ample material for classroom interaction.

Exercices écrits: These are assigned by the instructor for work outside the classroom and serve as reinforcement. They cover all the material studied in the previous section.

Lecture et questions: The reading passage incorporates grammatical structures studied in the chapter and provides additional vocabulary. A number of reading passages focus on various aspects of French culture in North America, whereas others discuss current issues (such as the environment and employment) or common interests (sports and travelling).

Each reading passage is followed by a vocabulary list and a set of questions. The questions are designed to test comprehension after the text has been read and studied in class. The vocabulary list provides contextual translations for words the students have not previously encountered.

Situations – Conversations: A range of activities (dialogues, role-playing exercises, and conversation in groups) allow choice and ensure full participation of all students. With supervision, the students can actively use the structures and vocabulary acquired in the chapter to express their feelings and opinions and to interact dynamically with each other and the instructor.

Prononciation: These sections cover all the basic problems of French pronunciation for English-speaking students. Apart from guiding students through areas such as intonation and liaison, recognition of nasal vowels, and association of letters or letter groups with particular sounds, they provide numerous drills to help the student develop correct articulatory habits and distinguish between related sounds.

Weblinks: The weblinks have been updated or replaced as needed. They are practical in nature and guide learners at this level toward a wealth of available resources.

Supplementary Materials
Student Supplements

myfrenchlab This new online learning system was created specifically for post-secondary students taking an introductory French course. It brings together in one convenient and easily navigable site an array of language-learning tools and resources for *En bons termes*. Students will be able to improve their French language skills and understanding by completing a variety of exercises, with corresponding audio, from an electronic version of the *Cahier de laboratoire*. They will also benefit from a high-fidelity electronic version of their text complete with note-taking, highlighting, and bookmarking functionality. Language instruction is personalized through readiness checks for every chapter that assess a student's grammar competence and direct the user to animated English grammar tutorials for targeted help. End of chapter practice tests give an opportunity to gauge understanding of that chapter's content.

Students need a student access code card to register at **www.MyFrenchLab.com**. Access to the site lasts for 24 months from registration date. A student access code is provided free of charge with a new textbook, or one can be purchased online at the site or at the local campus bookstore.

The ***Cahier de laboratoire*** is also available in a print edition (ISBN 978-0-13-609653-5). Each unit in the *cahier* corresponds to a chapter in the textbook and includes additional exercises on structures, a listening comprehension exercise, a dictation, and pronunciation drills. See your local sales representative for details and access.

Instructor Supplements

Instructors may use **MyFrenchLab** to set assignments, readings, and class activities. They can also access the full instructor support package of supplementary teaching materials on this site, including the Instructor's Manual and the Instructor's Solutions Manual. Instructor access will be arranged through your Pearson representative or the Faculty Sales and Service Department.

Audio CDs (ISBN 978-0-13-246122-1) are available for use in conjunction with the *Cahier de laboratoire*. The CDs contain both the answers to exercises in the *cahier*, as well as tracks to accompany the "Prononciation" sections of the textbook.

The following instructor supplements are available for downloading from a password-protected section of Pearson Education Canada's online catalogue (**www.pearsoned.ca/highered**). Navigate to your book's catalogue page to view a list of those supplements that are available. See your local sales representative for details and access.

A *Guide du maître*/**Instructor's Manual** provides suggestions on using the text material and reproduces the listening comprehension and dictation exercises found on the audio CDs. Included in the *Guide du maître* is an **Audio Correlation Guide**, which contains the track list for the audio CDs, linking each track to the corresponding exercise in the *Cahier*.

An **Instructor's Solutions Manual** contains solutions to all the in-text exercises.

Technology Specialists. Pearson's Technology Specialists work with faculty and campus course designers to ensure that Pearson technology products, assessment tools, and online course materials are tailored to meet your specific needs. This highly qualified team is dedicated to helping schools take full advantage of a wide range of educational resources, by assisting in the integration of a variety of instructional materials and media formats. Your local Pearson Education sales representative can provide you with more details on this service program.

Acknowledgments

The authors would especially like to thank Neeta Sharma and Mounir Elazami, who were instrumental in the development of chapters 12–22 for this edition. Their valuable contributions and dedication to the revision of the textbook have been greatly appreciated by all those involved in the eighth edition of *En bons termes*.

We wish to express our appreciation to the many colleagues who have responded to a survey on *En bons termes* and whose comments and suggestions have proved invaluable in preparing this revised edition. We owe special thanks to

Paul Bessler, Brock University
Marilena Stalteri, George Brown College
Anna Street, Concordia University College of Alberta

We would also like to thank the editorial staff at Pearson Education Canada for their advice and encouragement during the revision and preparation of this eighth edition of *En bons termes*, particularly our associate editor Megan Burns and managing editor Söğüt Y. Güleç.

Michel A. Parmentier
Diane Potvin

Glossary of Grammatical Terms

Adjective *(un adjectif)*

An adjective is a word that modifies a noun or pronoun. The classification of adjectives in French and in English is based on the way they modify a noun.

Descriptive or qualitative (*qualificatifs*) adjectives indicate a quality:

a light shirt   *une chemise légère*

An attributive descriptive adjective is directly connected to the noun it modifies, as in the example above, while a predicate descriptive adjective is connected to the noun or pronoun it modifies by a linking verb:

She is tall.   *Elle est grande.*

Demonstrative (*démonstratifs*) adjectives point out particular persons or things:

this pen   *ce stylo*

Interrogative (*interrogatifs*) adjectives ask a question about a noun:

Which pen?   *Quel stylo?*

Possessive (*possessifs*) adjectives indicate possession or "belonging" to someone or something. They agree in gender and number with the thing possessed, not with the possessor or person who owns the thing. A possessive adjective agrees with the noun that it modifies:

your friends   *vos amis*
my chair   *ma chaise*

All adjectives in French agree in gender and number with the noun they modify.

Adverb *(un adverbe)*

An adverb is an invariable word (it never changes its form) used mostly to modify a verb, an adjective or another adverb while expressing quantity, degree, time, place or manner:

He eats little.   *Il mange peu.*
a very large tree   *un très grand arbre*
She eats too fast.   *Elle mange trop vite.*

Antecedent *(un antécédent)*

The antecedent of a pronoun is the word (a noun or pronoun) that this pronoun replaces. In the following example, "the book" (*le livre*) is the antecedent of the relative pronoun "that" (*que*):

I am reading the book that you lent me.
Je suis en train de lire le livre que tu m'as prêté.

Article *(un article)*

An article is a word we use before a noun to indicate whether we are talking about a specific or non-specific item. In French, some articles are also used to refer to a general category of items or to an indeterminate quantity.

The definite (*défini*) article is used to refer to particular items:

The instructor is looking at the students.
Le professeur regarde les étudiants.

However, in French, the definite article is used to refer to a general category as well as before abstract nouns:

Books are expensive.
Les livres sont chers.

Charity is admirable.
La charité est admirable.

The indefinite (*indéfini*) article is used to refer to unspecified items. In French, the plural form *des* must be used before plural nouns:

a boy, a girl   *un garçon, une fille*
boys, girls   *des garçons, des filles*

The partitive (*partitif*) article is used in French when speaking about a *part* of a whole. It is used before singular mass nouns (referring to items that are not countable: *de la musique*) and nouns that are always plural, like *des gens*: people (in the plural, the partitive article is identical to and has the same function as the plural form of the indefinite article). The partitive article refers to an undetermined quantity of the item, and thus corresponds to "some" or "any." While "some" or "any" are frequently omitted in English, in French the partitive article must be stated:

I want (some) salad.
Je veux de la salade.

I don't want (any) salad.
Je ne veux pas de salade.

Auxiliary verb *(un verbe auxiliaire)*

An auxiliary verb helps another verb form compound tenses. In French, *avoir* and *être* are the two auxiliary verbs which, when conjugated in the various tenses and followed by the past participle of the main verb, form the compound tenses (*passé composé, plus-que-parfait,* etc.) of that verb. *Avoir* is the auxiliary verb of most French verbs, whereas *être* is only used with about 16 verbs that can be readily memorized.

Clause *(une proposition)*

A clause is part of a complex sentence (see *sentence*) and is made up of at least a subject and a verb.

The main clause can, by itself (or with the addition of a pronoun such as *that*), be a complete sentence, whereas the subordinate clause cannot stand alone.

For instance, consider the following sentences:

> We eat *when we are hungry.*
> She believes *that she will succeed.*

"We eat" and "she believes (that)" are the main clauses: They can stand on their own and be complete sentences, while "when we are hungry" and "that she will succeed" cannot: They are subordinate clauses, i.e., they are dependent on a main clause.

Comparison of adjectives and adverbs *(la comparaison)*

When we compare two things or persons, or two events or processes, we may indicate that these two items possess a particular quality to the same degree, or that one possesses it to a greater or lesser degree than the other one. Thus, we may use a comparative (*comparatif*) form of equality (as... as — *aussi... que*), of superiority (more... than — *plus... que*) or inferiority (less... than — *moins... que*).

The superlative (*superlatif*) form (the most: *le, la, les plus*; the least: *le, la, les moins*) is used to indicate the highest or lowest degree.

Conditional *(see* mood and conditional sentence)

Conditional sentence *(la phrase conditionnelle)*

A conditional sentence expresses a hypothetical statement and is made up of two clauses. An "if" clause stating the condition and a main clause stating the result:

> If I had money, I would buy this car.
> *Si j'avais de l'argent, j'achèterais cette voiture.*

Conjunction *(une conjonction)*

There are two types of conjunctions: coordinating (*conjonctions de coordination*) and subordinating (*conjonctions de subordination*).

Coordinating conjunctions (*et, mais, ou* — "and, but, or" — are the most commonly used in French) link words or groups of words of equal grammatical value (i.e., two adjectives, two verbs, two clauses):

> My father is tall and blond.
> *Mon père est grand et blond.*

Subordinating conjunctions link a subordinate clause to a main clause.

In French they are

> comme (*since, as*), quand (*when*), si (*if, whether*), que (*that*),

and all the expressions that include *que*, such as

> bien que (*although*), parce que (*because*), pour que (*in order to*).

Contraction *(une contraction)*

In French, contractions are compulsory combinations of two words into a new unit:

> au (à + le), auxquels (à + lesquels), des (de + les), etc.

Imperative *(see* mood)

Indicative *(see* mood)

Indirect speech *(le discours indirect)*

Whereas direct speech is a word-for-word quotation, indirect speech is a report of what has been said:

> Il m'a dit: "Je suis très occupé aujourd'hui." (direct speech)
> *He told me: "I'm very busy today."*

> Il m'a dit qu'il était très occupé ce jour-là. (indirect speech)
> *He told me that he was very busy that day.*

The switch from direct to indirect speech entails several modifications:

a) the quote becomes a subordinate clause;

b) the subject of the quote may change;

c) the tense of the verb may change under certain conditions;

d) some words and expressions of time and space may change.

Infinitive (l'infinitif)

The infinitive is the basic form of the verb, the form that it is listed under in the dictionary. In French, its ending is used to classify verbs with a regular conjugation (*-er*, *-ir*, or *-re*).

Intonation (l'intonation)

In French, as well as in English, variations in the pitch of the voice (producing intonation contours) may be used to differentiate one utterance from another, in particular to differentiate statements and questions:

Tu t'en vas demain.   Tu t'en vas demain?

You're leaving tomorrow.   You're leaving tomorrow?

Inversion of word order (l'inversion)

Normally, the subject precedes the verb. Inversion consists in placing the verb before the subject. In French, it is used mainly (but not exclusively) to phrase a question.

If the subject is a pronoun, it is placed after the verb, with a hyphen in between:

Voulez-vous une tasse de thé?
Would you like a cup of tea?

If the subject is a noun, the noun remains before the verb, but a subject pronoun of the same gender and number as the noun is added after the verb (or after the auxiliary verb in compound tenses):

Tes parents regardent-ils la télé?
Do your parents watch TV?

Les enfants ont-ils mangé tout le gâteau?
Did the children eat the whole cake?

Mood (le mode)

Verbs are used in various moods that indicate the attitude of the speaker toward what he or she is saying. The indicative mood is used to report events factually; the imperative mood is used to give orders; the conditional mood presents an event as a possibility or an impossibility; the subjunctive mood is used almost exclusively in subordinate clauses to relate an event which follows from a certain attitude or proviso.

Moods are subdivided into tenses.

Negation (la négation)

Negation in French always consists of two words: *ne* and another word that may be an adverb such as *pas*, an adjective (*aucun, aucune*), or a pronoun (*rien, personne*). *Ne* is always placed before the verb, while the second element is most often (except with the infinitive) placed after the verb or the auxiliary verb in compound tenses.

Noun (un nom)

A noun is a word that represents a person, a place, an object, an event, an idea, an activity. In French, all nouns have a gender: They are either masculine or feminine. They also have a number: singular or plural. Except in a limited number of particular cases, nouns in French are preceded by an article or some other determining word.

Object (un complément d'objet)

An object is a noun or pronoun that is related to the action of the verb or to a preposition.

The direct object receives the action of the verb directly, i.e., without a preposition (it answers the question *what?* or *whom?*):

Les enfants regardent **un film**.
The children are watching a movie.
(*The children are watching what?*)

The indirect object is related to the verb by the preposition *à* (it answers the question *to what?* or *to whom?*):

Elle a prêté sa voiture **à son amie**.
She lent her car to her friend.
(*She lent her car to whom?*)

The object of a preposition is a noun or pronoun preceded by any preposition (except the preposition *à* (to) when it acts as a link between the verb and its indirect object). In the following sentence, *la gare, six heures*, and *nos enfants* are objects of prepositions (*devant, à, avec*):

Nous serons devant la gare, à six heures, avec nos enfants.
We'll be in front of the station at six o'clock with our children.

Participle (le participe)

The past participle is combined with the auxiliary verb in compound tenses:

j'ai mangé   nous serions sortis
I have eaten   *we would have gone out*

Many past participles are used as descriptive adjectives:

un homme fatigué   des tables vernies
a tired man   *varnished tables*

Passive voice *(la voix passive)*

A sentence is said to be in the passive voice when the subject of the verb, instead of performing an action upon something or someone else (active voice), is being acted upon (whoever or whatever performs the action is then called the *agent*):

(Active)   Le professeur a félicité Miriam.
The instructor congratulated Miriam.

(Passive) Miriam a été félicitée par le professeur.
Miriam was congratulated by the instructor.

Preposition *(une préposition)*

A preposition is a functional word that relates a noun, pronoun, or infinitive to another part of the sentence:

Le livre est **sur** la table.
The book is on the table.

C'est le livre **de** Paul.
That's Paul's book.

J'ai besoin **de** toi.
I need you.

Elle apprend **à** conduire.
She's learning to drive.

Pronominal verbs *(les verbes pronominaux)*

Pronominal verbs are verbs that are preceded by a reflexive pronoun, which must agree with the subject. Most pronominal verbs have non-reflexive constructions as well.

Usually, the presence of a reflexive pronoun indicates a *reflexive* or *reciprocal* action upon the subject:

Je me regarde dans le miroir.
I am looking at myself in the mirror.

Nous nous écrivons souvent.
We often write to each other/one another.

However, a number of pronominal verbs do not express a reflexive of pronominal action but have an idiomatic meaning. Some of these verbs only exist in the pronominal form, like "se souvenir (de)" (*to remember*). They may also be verbs whose pronominal form has a meaning which is different from their non-pronominal form:

attendre *to wait*   s'attendre (à) *to expect*

Finally, the pronominal form of certain verbs may be used instead of the passive voice to indicate a general or habitual fact:

Ces stylos se vendent partout.
Those pens are sold everywhere.

Pronoun *(un pronom)*

A pronoun is a word used in place of a noun (or sometimes another word like another pronoun or an adjective, or even a whole clause). The word it replaces has usually been mentioned previously and is called its antecedent. In the following example, "les étudiants" is the antecedent of the pronoun "ils":

Les étudiants sont entrés. Ils se sont assis.
The students came in. They sat down.

In French as in English, there are different kinds of pronouns: The main difference is that in French a pronoun must generally agree in gender and number with the noun that it replaces.

Personal (*personnels*) pronouns change their form according to their function in the sentence (subject, direct or indirect object, object of preposition); stress pronouns are mostly used for emphasis or as objects of prepositions; reflexive pronouns precede pronominal verbs.

A demonstrative (*démonstratif*) pronoun points out particular persons or things:

Je prends cette valise. Toi, prends **celle-là**.
I'm taking this suitcase. You take that one.

Indefinite (*indéfinis*) pronouns refer to unidentified persons or things:

Quelque chose est arrivé: **quelqu'un** me l'a dit.
Something happened: Someone told me.

An interrogative *(interrogatif)* pronoun is used in a question:

> **Qui** a pris mon stylo?
> *Who took my pen?*

A possessive *(possessif)* pronoun replaces a possessive adjective + a noun; it must agree in gender and number with the noun it replaces:

> J'ai pris mon vélo et Hélène a pris **le sien**.
> (son vélo)
> *I took my bicycle and Helen took hers.*

A relative *(relatif)* pronoun introduces a relative subordinate clause:

> As-tu vu la voiture que Sylvie a achetée?
> *Have you seen the car Sylvie bought?*

Relative clause *(la proposition relative)*

A relative clause is a subordinate clause introduced by a relative pronoun. It is usually placed right after its antecedent but may be separated from the latter by a preposition.

While the relative pronoun may be omitted in English, it must always be expressed in French:

> La voiture **qu**'il a achetée coûte cher.
> *The car he bought is expensive.*

When the relative pronoun is the object of a preposition, in English the preposition is often placed at the end of the relative clause, but it must always precede the relative pronoun at the beginning of the relative clause in French:

> Je n'ai pas encore rencontré la fille avec laquelle Paul sort.
> *I have not yet met the girl Paul is going out with.*

Sentence *(une phrase)*

A sentence is a group of words organized around a verb and expressing a complete thought.

A sentence may be

— declarative: it expresses a statement;

— interrogative: it asks a question;

— imperative: it issues an order or suggestion (what characterizes an imperative sentence is that it has no subject and can therefore consist only of the verb);

— exclamative: it expresses an emotion (in many exclamative sentences, the verb is omitted).

All sentences may be affirmative or negative.

A simple sentence consists of a single clause; a complex sentence consists of a main clause and at least one subordinate clause.

Subject *(un sujet)*

The subject of a verb is the noun or pronoun representing *who* or *what* performs the action (or is acted upon in a passive sentence).

Subjunctive (*see* mood)

Tense *(un temps)*

The tenses of a verb indicate *when* the action or condition expressed by the verbs takes place. Simple tenses consist of one verb form; compound tenses consist of two verb forms: the auxiliary verb (*avoir* or *être* in French), which is conjugated, and the past participle of the main verb.

Verb *(un verbe)*

The majority of French verbs are regular (*réguliers*): They are conjugated according to a fixed pattern. There are three groups of regular verbs. Their infinitives end in *-er* (first group); in *-ir* (second group); and in *-re* (third group). Dropping the infinitive ending (*terminaison*) leaves the stem (*radical*). Regular verbs are conjugated in the various tenses by adding a particular set of endings to the stem.

Irregular (*irréguliers*) verbs are those which do not follow an established pattern and must be memorized individually.

Transitive (*transitifs*) verbs take an object; intransitive verbs do not.

General Weblinks

1) **Super list of web resources for learning French**
   Everything you could wish for (more than 10 000 links):

   TennesseeBob's Famous French Links
   www.utm.edu/departments/french/french.html

2) **The elements of grammar (English)**

   Online English Grammar
   www.edufind.com/ENGLISH/grammar/index.cfm

3) **French grammar for beginners**
   Very useful, clear, methodical:

   Tex's French Grammar (University of Texas)
   www.laits.utexas.edu/tex/

4) **French pronunciation for beginners**

   BBC French Steps
   www.bbc.co.uk/languages/french/lj/pronunciation/

   About.com
   http://french.about.com/library/pronunciation/bl-pronunciation.htm

5) **Learning French in Canada**

   Canadian Parents for French
   www.cpf.ca/eng/home.html

6) **BBC French language learning**

   www.bbc.co.uk/languages/french/

7) **Gateway to France: French Embassy in Ottawa**

   www.ambafrance-ca.org/spip.php?article351

8) **Best French links**

   http://anne_fox.homestead.com/Bestlinks.html
   www.frenchlinks.org.uk/french3.html

CHAPITRE 1

Faisons connaissance

Thèmes

- Les salutations
- Les présentations
- Description des personnes

VOCABULAIRE UTILE

Les salutations

Bonjour	Good morning
Monsieur	Sir
Bonsoir	Good evening
Madame	Madam
Salut	Hi; bye
Mademoiselle	Miss

Les adieux

Au revoir	Goodbye
À demain	See you tomorrow
À plus tard	See you later
À la prochaine	Until next time
À bientôt	See you soon
Bonne journée	Have a good day
Bonne soirée	Have a good evening

Les présentations

Je m'appelle Nathalie.	My name is Nathalie.
Comment vous appelez-vous?	What is your name?
Comment allez-vous?	How are you?
Je vais bien, merci.	I am fine, thank you.

Autres formules

Comme ci comme ça	So-so	**Pardon**	I beg your pardon
Je ne sais pas	I don't know	**Excusez-moi**	Excuse me
Je ne comprends pas	I don't understand	**Pas mal**	Pretty good

GRAMMAIRE ET EXERCICES ORAUX

1.1 Présentations

LE PROFESSEUR:	Bonjour!*
LES ÉTUDIANTS:	Bonjour Monsieur.
LE PROFESSEUR:	Je m'appelle Paul Duval. Comment vous appelez-vous, Monsieur?
CARLO:	Je m'appelle Carlo Sullo.
LE PROFESSEUR:	Comment allez-vous?
CARLO:	Je vais bien, merci.
LE PROFESSEUR:	Comment vous appelez-vous, Mademoiselle?
CATHY:	Je m'appelle Cathy Takeda.
LE PROFESSEUR:	Comment allez-vous?
CATHY:	Très bien, merci.
LE PROFESSEUR:	Et vous, Madame, comment vous appelez-vous?

HEATHER:	Je m'appelle Heather Francis.
LE PROFESSEUR:	Comment allez-vous?
HEATHER:	Pas mal, merci. Et vous?
LE PROFESSEUR:	Je vais bien, merci.
(*At the end of the class*)	
LE PROFESSEUR:	Au revoir / À demain / À plus tard / À la prochaine / À bientôt / Bonsoir.*

French ways of greeting

Most French-speaking students greet each other with "Bonjour" or "Salut." If they are good friends, they will use "tu" rather than "vous."

Between friends

PAUL:	Salut!
RON:	Salut!
PAUL:	Je m'appelle Paul. Comment t'appelles-tu?
RON:	Je m'appelle Ron.
PAUL:	Comment ça va?
RON:	Ça va bien, merci. Et toi?
PAUL:	Comme ci comme ça.

EXERCICES ORAUX

a. Répétez selon le modèle.

Modèle: Bonjour Monsieur.

Bonjour Monsieur.

1. Bonjour Madame.
2. Bonjour Mademoiselle.
3. Bonsoir Monsieur.
4. Bonsoir Madame.
5. Salut Didier.
6. Comment vous appelez-vous?
7. Ça va?
8. Comment ça va?
9. À plus tard.
10. À demain.
11. Comme ci comme ça.
12. Pardon.
13. Salut.
14. Excusez-moi.
15. Comment allez-vous?
16. Comment t'appelles-tu?
17. Je m'appelle Jeanne.
18. Très bien, merci.
19. Je vais bien, merci.
20. Au revoir.
21. À bientôt.
22. À la prochaine.

* In Canada, "Bonjour" and "Bonsoir" are often used when parting as well as in greeting. "Bonne nuit" (Good night) is used only when a person is going to bed.

23. Bonne nuit.
24. Bonne journée.
25. Bonne soirée.

26. Je ne sais pas.
27. Je ne comprends pas.

b. Students can act out the two sets of dialogues to differentiate between the formal and informal exchanges.

Formal exchange—teacher/student (use "vous")

Informal exchange—student/student (use "tu")

1.2 L'alphabet

In this chart, each letter of the alphabet is followed by phonetic symbols between slash marks, which indicate how the name of the letter is pronounced in French.

a /a/	e /ə/	i /i/	m /ɛm/	q /ky/	u /y/	y /igrɛk/
b /be/	f /ɛf/	j /ʒi/	n /ɛn/	r /ɛr/	v /ve/	z /zɛd/
c /se/	g /ʒe/	k /ka/	o /o/	s /ɛs/	w /dublə ve/	
d /de/	h /aʃ/	l /ɛl/	p /pe/	t /te/	x /iks/	

1.3 Les sons du français

French sounds are given below in phonetic symbols, accompanied by their most common spellings.

Vowel sounds

/i/	pirate, physique, ami		/y/	unité, mur
/e/	aimer, école, les, répéter		/ø/	deux, bleu
/ɛ/	elle, perte, mère, taire, seize		/œ/	neuf, professeur
/a/	la, papa, après, chocolat		/ə/	je, de, retourner
/ɑ/	bas, pâte		/ɑ̃/	anglais, enfin
/u/	nous, vous, debout		/ɔ̃/	bon, mon, savon
/o/	beau, gros, faux		/ɛ̃/	vingt, bain, rein
/ɔ/	sort, coffre		/œ̃/	un, brun

Semi-vowels

/j/	rien, bille
/ɥ/	huit, bruit
/w/	oui, toi

Consonants

/p/	**p**ot, a**p**rès, **p**a**p**e		/z/	ro**s**e, rai**s**on, **z**éro
/b/	**b**alle, ro**b**e		/ʃ/	**ch**aise, ar**ch**itecte
/t/	**t**able, ra**t**er		/ʒ/	**j**e, man**g**er
/d/	**d**ire, ra**d**is		/m/	**m**ari, fe**mm**e
/k/	**k**ilogramme, beau**c**oup, **qu**atre		/n/	**n**on, **n**ous, bo**nn**e
/g/	**g**arçon, **gu**ide		/ɲ/	monta**gn**e, co**gn**er
/f/	**f**inance, **ph**ilosophie		/r/	**r**amener, a**rr**iver, **r**appo**r**t
/v/	**v**ol, arri**v**er		/l/	**l**e, **l**ivre, a**ll**umer
/s/	**s**ilence, cla**ss**e, di**x**, **c**ire, gar**ç**on			

EXERCICES ORAUX

a. Répétez les lettres et les mots suivants.

a e i o u m d p k r v w y

mu lot dit bar fol le papa mini taxi rose date musique
mademoiselle quatre coco chose avis manger embrasser

b. Épelez (spell).

pomme	ignoble	potiche	vocabulaire
chaise	bureau	coffre	craie
table	tapis	magnifique	yoyo
madame	photographe	classe	violon

c. Épelez votre nom.

Modèle: Je m'appelle John Kowalski.

J-o-h-n K-o-w-a-l-s-k-i

1.4 Les pronoms personnels sujets

A pronoun is a word used in place of one or more nouns. It may stand for a person, place, thing or idea. Instead of repeating the proper noun "Paul" in the following example, a pronoun can be used:

Paul is an athlete. Paul goes to practice every day.
Paul is an athlete. He goes to practice every day.

The French subject pronouns

je / j'	**I**	nous	**we**
tu	**you**	vous	**you**
il	**he/it**	ils	**they** (m.)
elle	**she/it**	elles	**they** (f.)
on	**one/people**		

Observe that

1) **Je** is used before verbs beginning with a consonant: **je suis.**
   J' is used before a vowel: **j'ai.**

2) The **s** in **nous**, **vous**, **ils**, and **elles** is not pronounced when the verb begins with a consonant, but when the verb begins with a vowel, a **liaison** occurs:

   nou$ sommes
   nous‿avons

3) The pronoun **on** corresponds to "one," "someone," or "somebody" in English. It can also be used to mean "we," "they," and "you."

4) **Tu** and **vous** both correspond to "you" in English. **Tu** is used as an informal form of address when talking to, for example, a friend, a child, a member of your family, an animal, or to anyone in a situation that allows for informality. **Vous** is used in two distinct ways: 1) to address one person formally, i.e., someone you have met for the first time or someone for whom you want to show respect, or, generally, a stranger; 2) to address a group (more than one person).

✳ Note:

To allow for practice of both the *tu* and the *vous* forms and to avoid ambiguities, the following conventions have been adopted throughout the exercises in this book:

a) When addressing the instructor, students use the formal **vous** form:

INSTRUCTOR: Est-ce que je suis sévère?
  STUDENT: Oui, *vous* êtes sévère.

b) When addressing each other, students use the **tu** form:

STUDENT 1: Est-ce que *tu* es énergique?
STUDENT 2: Oui, je suis énergique.

c) When the instructor asks a question using **tu**, he/she is asking an individual student to provide information about him/herself (the student answers with **je**):

INSTRUCTOR: Est-ce que *tu* es modeste?
  STUDENT: Oui, *je* suis modeste.

d) When the instructor asks a question using **vous**, he/she is asking an individual student to provide information about the whole group of students in the class (the student answers with **nous**):

> INSTRUCTOR: Est-ce que *vous* êtes sympathiques?
>
> STUDENT: Oui, *nous* sommes sympathiques.

1.5 Le verbe *être* au présent de l'indicatif — forme affirmative

je	suis	I am		nous	sommes	we are
tu	es	you are		vous	êtes	you are
il elle on	est	he she one	is	ils elles	sont	they are

EXERCICES ORAUX

a. Répondez affirmativement.

Modèle: Je suis énergique?

Oui, vous êtes énergique.

1. Tu es dynamique?   Oui, je _____.
2. Tu es modeste?   Oui, je _____.
3. Tu es optimiste?   Oui, je _____.
4. Tu es réaliste?   Oui, je _____.
5. Je suis raisonnable?   Oui, vous _____.
6. Je suis calme?   Oui, vous _____.
7. Nous sommes calmes?   Oui, nous _____.
8. Nous sommes énergiques?   Oui, nous _____.
9. Vous êtes dynamiques?   Oui, nous _____.
10. Vous êtes optimistes?   Oui, nous _____.
11. Hélène, elle est optimiste?   Oui, elle _____.
12. Paul, il est dynamique?   Oui, il _____.
13. Hélène et Julie,
    elles sont raisonnables?   Oui, elles _____.
14. Paul et Marc, ils sont énergiques? Oui, ils _____.

b. Complétez par un pronom sujet approprié.

1. _____ es riche.
2. _____ sommes calmes.
3. _____ sont timides.

4. _____ suis raisonnable.
5. _____ êtes sympathique.
6. _____ est modeste.

c. Complétez par la forme appropriée du verbe *être*.

1. Elles _____ timides.
2. Elle _____ réaliste.
3. Je _____ modeste.
4. Vous _____ énergique.

5. Ils _____ sympathiques.
6. Nous _____ riches.
7. Tu _____ dynamique.
8. Paul _____ raisonnable.

1.6 Le verbe *être* à la forme interrogative avec *Est-ce que*

To ask a question orally in French, you may simply give the declarative sentence a rising intonation instead of a descending one. Compare:

Pierre est dynamique.   Pierre est dynamique?

Another way to ask a question, both when speaking and writing, is to insert the expression **Est-ce que** before the declarative sentence:

Est-ce que Pierre est dynamique?

As with all oral questions requiring a "yes" or "no" answer, the intonation rises at the end of a question with **Est-ce que**:

Est-ce que Pierre est dynamique?

The verb *être* in questions using *Est-ce que*

Est-ce que je suis dynamique?
Est-ce que tu es riche?
Est-ce qu'il est sympathique?
Est-ce qu'elle est modeste?
Est-ce qu'on est optimiste?

Est-ce que nous sommes calmes?
Est-ce que vous êtes réalistes?
Est-ce qu'ils sont timides?
Est-ce qu'elles sont énergiques?

✳ Note:
Before *il(s)*, *elle(s)*, and *on*, which begin with vowel sounds, the *e* at the end of *Est-ce que* is replaced by an apostrophe.

EXERCICES ORAUX

a. Répétez le verbe *être* en mettant la phrase à la forme interrogative.

>   *Modèle:* Je suis riche.
>   *Est-ce que tu es riche?*

1. Tu es calme.   Est-ce que je _____ ?
2. Il est sympathique.   Est-ce qu'il _____ ?
3. Nous sommes modestes.   Est-ce que vous _____ ?
4. Vous êtes optimistes.   Est-ce que nous _____ ?
5. Elles sont jeunes.   Est-ce qu'elles _____ ?
6. Je suis réaliste.   Est-ce que tu _____ ?
7. Ils sont optimistes.   Est-ce qu'ils _____ ?
8. David est énergique.   Est-ce que David _____ ?
9. Marie est pessimiste.   Est-ce que Marie _____ ?
10. David et Marie sont timides.   Est-ce que David et Marie _____ ?
11. Thérèse et Louise sont calmes.   Est-ce que Thérèse et Louise _____ ?
12. On est dynamique.   Est-ce qu'on _____ ?

b. Posez une question selon le modèle.

>   *Modèle:* Vous / optimiste
>   *Est-ce que vous êtes optimiste?*

1. Tu / riche
2. Robert / dynamique
3. Lucie / sympathique
4. Vous / énergiques
5. Suzanne et Albert / timides
6. Elles / raisonnables
7. Graham et Henri / jeunes
8. Il / modeste

1.7 Le verbe *être* à la forme négative

Negation is expressed by two words placed before and after the verb: **ne... pas** or **n'... pas** when the verb begins with a vowel.

Je	**ne** suis **pas** modeste.	Nous	**ne** sommes **pas** contents.
Tu	**n'**es **pas** timide.	Vous	**n'**êtes **pas** raisonnables.
Pierre / Il Suzanne / Elle } **n'**est **pas** riche. On		Ils Elles } **ne** sont **pas** pessimistes.	

EXERCICES ORAUX

a. Répétez avec les changements nécessaires.

1. Je ne suis pas riche.
2. Tu _____ .
3. Nous _____ .
4. Pierre _____ .
5. Il _____ .
6. _____ dynamique.
7. Nous _____ .
8. Anne et Marie _____ .
9. Elles _____ .
10. Vous _____ .
11. Pierre et Charles _____ .
12. Tu _____ .
13. _____ pessimiste.
14. Il _____ .
15. Je _____ .
16. Didier _____ .
17. Vous _____ .
18. On _____ .

b. Suivez le modèle.

Modèle: Est-ce que tu es sincère?

Non, je ne suis pas sincère.

1. Est-ce que tu es optimiste?
2. Est-ce que Lucie est pessimiste?
3. Est-ce que nous sommes réalistes?
4. Est-ce que vous êtes calmes?
5. Est-ce que nous sommes modestes?
6. Est-ce que tu es timide?
7. Est-ce qu'elle est sympathique?
8. Est-ce que Charles et Suzanne sont fatigués?
9. Est-ce que je suis dynamique?
10. Est-ce que tu es dynamique?
11. Est-ce qu'Alain est énergique?
12. Est-ce qu'Édith et Juliette sont énergiques?

c. Faites une phrase négative selon le modèle.

Modèle: Louise / jeune

Louise n'est pas jeune.

1. Nous / riches
2. Charles / optimiste
3. Ils / sympathiques
4. Tu / raisonnable
5. Je / timide
6. Yvette et Marie / dynamiques
7. Vous / réalistes
8. Elle / énergique

1.8 Adjectifs — masculin et féminin

Adjectives are words that modify nouns or pronouns. If adjectives describe, they are called descriptive or qualitative adjectives. They agree in gender (masculine/feminine) with the nouns or pronouns they modify.*

* In the examples given in this chapter, all nouns and pronouns refer to persons and are thus readily identified as masculine (male) or feminine (female). In the next chapter, you will see that all French nouns are either masculine or feminine and that the adjectives modifying them agree accordingly.

1) Most adjectives are made feminine by adding **e** to the masculine form.

Masculine	*Feminine*
Louis est intelligent.	Marie est intelligent**e**.
Il est absent.	Elle est absent**e**.

2) When the masculine singular form of an adjective ends in **e**, it does not change in the feminine.

Masculine	*Feminine*
Il est sincère.	Elle est sincère.
Jean est modeste.	Louise est modeste.

EXERCICES ORAUX

a. Remplacez les tirets par un adjectif approprié.

intelligent(e), grand(e), petit(e), optimiste, blond(e), calme, amusant(e), dynamique, impatient(e), modeste, content(e), présent(e), absent(e)

1. Elle est _____ .
2. Il est _____ .
3. Je suis _____ .
4. Le professeur est _____ .
5. Sylvie est _____ .
6. Réjean est _____ .
7. Anne est _____ .
8. Tu es _____ .
9. Vous êtes _____ .
10. Robert est _____ .

b. Répondez par un adjectif contraire, selon le modèle.

Modèle: Est-ce que tu es pessimiste? (optimiste)

Non, je ne suis pas pessimiste, je suis optimiste.

Est-ce que tu es...

1. impatient(e)?   (patient[e])
2. grand(e)?   (petit[e])
3. brun(e)?   (blond[e])
4. arrogant(e)?   (modeste)
5. riche?   (pauvre)
6. intolérant(e)?   (tolérant[e])
7. mécontent(e)?   (content[e])
8. stupide?   (intelligent[e])
9. déraisonnable?   (raisonnable)
10. irresponsable?   (responsable)

c. Répondez aux questions selon le modèle.

Modèle: Jacques est patient. Et Suzanne?

Elle n'est pas patiente.

1. Henri est grand. Et Marie?
2. Pierre est arrogant. Et Sylvie?
3. Julien est amusant. Et Anne?
4. Marc est content. Et Lucie?
5. Robert est intolérant. Et Françoise?
6. Charles est riche. Et Jeanne?

1.9 Adjectifs — singulier et pluriel

Adjectives also agree in number with the noun or pronoun that they modify. Most adjectives are made plural by adding **s** to the singular form.

Singular	*Plural*
Je suis dynamique.	Nous sommes dynamique**s**.
Elle est sincère.	Elles sont sincère**s**.

Adjectives ending in **s** or **x** in the masculine singular form remain the same in the masculine plural form.

Singular	*Plural*
Il est gros.	Ils sont gros.
Pierre est heureux.	Pierre et Jean sont heureux.

1.10 L'accord des adjectifs avec les pronoms personnels sujets

Predicate adjectives modifying subject pronouns agree in gender and number with these pronouns. While it is easy to make adjectives agree with subject pronouns in the third person—whose forms (**il**, **elle**, **ils**, and **elles**) indicate whether they refer to males or females, an individual or a group—with the other subject pronouns, you must bear in mind to whom these refer in order to make the correct agreement.

1) **Je** may refer to a male or female speaker:
   ♂ Je suis intelligen**t**.   ♀ Je suis intelligen**te**.

2) **Tu** may refer to a male or female addressee:
   ♂ Tu es intelligen**t**.   ♀ Tu es intelligen**te**.

3) **On** is indefinite; the predicate adjective is always masculine singular:
   ♂ On est intelligen**t**.

4) **Nous** may refer to a group of males or females:
   ♂ Nous sommes intelligen**ts**.   ♀ Nous sommes intelligen**tes**.

5) **Vous** may be used to address a single individual (male or female) formally:
   ♂ Vous êtes intelligen**t**.   ♀ Vous êtes intelligen**te**.

6) **Vous** may also be used to address a group of males or females:
   ♂ Vous êtes intelligen**ts**.   ♀ Vous êtes intelligen**tes**.

7) Finally, **nous** and **vous** may refer to mixed groups. In the third person plural, mixed groups are referred to by the pronoun **ils**; the predicate adjective must then be in the *masculine* plural form:

> ♂♀ Nous sommes intelligen**ts**.

> ♂♀ Vous êtes intelligen**ts**.

EXERCICES ÉCRITS

a. *Masculin / féminin de l'adjectif.* Mettez l'adjectif entre parenthèses à la forme qui convient.

1. Suzanne est _____ (tolérant).
2. Il est _____ (tolérant).
3. Pierre est _____ (impatient).
4. Elle est _____ (impatient).
5. Alain est _____ (intelligent).
6. Marie est _____ (intelligent).
7. Josette est _____ (amusant).
8. Elle est _____ (grand).
9. Paul est _____ (arrogant).
10. Hélène est _____ (petit).
11. Elle est _____ (brun).
12. Il est _____ (intéressant).

b. *Pluriel de l'adjectif.* Mettez l'adjectif entre parenthèses à la forme qui convient.

1. Ils sont _____ (jeune).
2. Elles sont _____ (amusant).
3. Nous sommes _____ (intelligent).
4. Vous n'êtes pas _____ (stupide).
5. Ils ne sont pas _____ (absent).
6. Elles ne sont pas _____ (timide).
7. Suzanne et Henri sont _____ (dynamique).
8. Nathalie et Marie sont _____ (occupé).
9. Alain et Paul sont _____ (content).
10. Chantal et Alain sont _____ (impatient).
11. Béatrice et Claire sont _____ (blond).
12. Vous êtes _____ (intéressant).

c. Répondez aux questions affirmativement.

> *Modèle:* Est-ce que tu es poli(e)?
> *Oui, je suis poli(e).*

1. Est-ce que tu es fatigué(e)?
2. Est-ce que vous êtes grand(e)s?
3. Est-ce qu'il est arrogant?
4. Est-ce qu'elle est blonde?
5. Est-ce que tu es brun(e)?
6. Est-ce que nous sommes intéressant(e)s?
7. Est-ce que Charles et Marie sont riches?
8. Est-ce que Céline et Anne sont blondes?
9. Est-ce que nous sommes dynamiques?
10. Est-ce que vous êtes mécontent(e)s?
11. Est-ce que vous êtes tolérant(e)s?

d. Mettez à la forme interrogative.

> *Modèle:* Je suis calme.
> *Est-ce que tu es calme?*

1. Mario est jeune.
2. Olive est grande.
3. Pierre et Paul sont intelligents.
4. Louise et Josette sont blondes.
5. Jacqueline est amusante.
6. Je suis timide.
7. Elle est intéressante.
8. Nous sommes dynamiques.
9. Vous êtes sympathiques.
10. Nous sommes brun(e)s.

e. Construisez des phrases avec les adjectifs suivants et le verbe *être*.

1. sympathique   Nous _____ .
2. petit   Elle _____ .
3. fatigué   Tu _____ .
4. blond   Elles _____ .
5. réaliste   Je _____ .
6. amusant   Ils _____ .
7. indépendant   Il _____ .
8. content   Vous _____ .
9. patient   Nous _____ .
10. timide   Vous _____ .

f. Répondez négativement selon le modèle.

Modèle: Pierre est fatigué. Et Suzanne?
Elle n'est pas fatiguée.

1. Lucie est occupée. Et Henri?
2. Anne est grande. Et Sylvain?
3. Robert est petit. Et Hélène?
4. André est content. Et Claire?
5. Julien est amusant. Et Francine?
6. Ils sont sincères. Et elles?

SITUATIONS – CONVERSATIONS

1) *Rôles: dialogue entre deux étudiant(e)s.* Utilisez des variations.

Modèle:

CATHY: Salut. Comment ça va?
PETER: Ça va bien. Et toi?
CATHY: Pas mal. Comment t'appelles-tu?
PETER: Je m'appelle Peter. Et toi?
CATHY: Je m'appelle Cathy.
PETER: À bientôt.
CATHY: Au revoir.

2) Préparez un portrait de vous-même à l'aide des adjectifs suivants:

petit(e)	réaliste	patient(e)	indifférent(e)
grand(e)	dynamique	impatient(e)	tranquille
blond(e)	modeste	indépendant(e)	raisonnable
brun(e)	optimiste	intelligent(e)	calme
amusant(e)	timide	tolérant(e)	pessimiste
énergique	sincère	arrogant(e)	responsable

3) Donnez votre première impression de la personnalité de votre voisin / voisine.

Je pense (*I think*) qu'il / elle est _____ .

 **PRONONCIATION**   

(Students can listen to the audio track for this exercise on MyFrenchLab; instructors will find it on CD 1, Track 3.)

I. L'accent tonique et les groupes rythmiques

1) In isolated words, the tonic accent always falls on the last syllable.

> *Répétez:*
>
> intelligent, amusant, épatant, malade, absent, présent, actif, sportif,
> dynamique, sympathique, occupé, pressé

2) In rhythmic groups (phrases), words lose their tonic accent. Instead, the accent occurs on the last syllable of the final word of the group.

> *Répétez:*
>
> Ça va. Ça va bien. Ça va très bien.
>
> Je suis sportif.
>
> Tu es calme.
>
> Nous sommes impatients.
>
> Pierre est intelligent.

II. L'intonation dans les phrases déclaratives

1) In a declarative sentence, which includes only one rhythmic group, the tonic accent has a falling pitch.

> *Répétez:*

Je suis timide.   Il est sportif.   Elle est active.

2) When the sentence includes two rhythmic groups, the pitch of the voice rises at the end of the first one and falls at the end of the second one.

> *Répétez:*

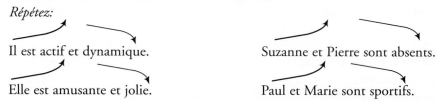

Il est actif et dynamique.   Suzanne et Pierre sont absents.

Elle est amusante et jolie.   Paul et Marie sont sportifs.

III. L'intonation dans les phrases interrogatives

1) By changing the intonation from a descending to a rising pattern, a declarative sentence may be transformed into a question.

> *Répétez:*

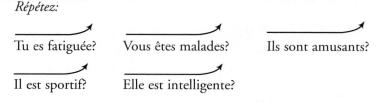

Tu es fatiguée?   Vous êtes malades?   Ils sont amusants?

Il est sportif?   Elle est intelligente?

Listen to the following declarative sentences and change them into questions:

Elle est sympathique.

Il n'est pas amusant.

Tu es fatigué.

Vous n'êtes pas contents.

2) When using **Est-ce que** at the beginning of a sentence to form a question, the pitch of the voice should also rise at the end of the question.

Répétez:

Est-ce que tu es content?

Est-ce qu'elle est blonde?

Est-ce qu'il est patient?

Est-ce qu'il est intelligent?

Est-ce que vous êtes fatigués?

Est-ce qu'il est amusant?

*Transform the following statements into questions by using **Est-ce que**:*

Elle est brune.

Tu es intelligent.

Ils sont bruns.

Il est absent.

Vous êtes contents.

Elles sont amusantes.

WEBLINKS

Alphabet (audio + exercises)

http://library.thinkquest.org/12447/lecon1.html

http://french.about.com/library/begin/bl_alphabet.htm

http://clicnet.swarthmore.edu/rire/abcde/alphabet.html

Practise basic sentences (audio)

www.france-pub.com/french/index2.html

Greetings

http://french.about.com/library/begin/bl_greet.htm

http://french.about.com/library/begin/bl_intros.htm

www.bbc.co.uk/education/languages/french/talk/greetings/index.shtml

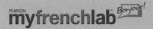

Une chambre confortable

VOCABULAIRE UTILE

Noms

ami(e)	friend
auto(mobile) (f.)	car
appartement (m.)	apartment
bureau (m.)	desk; office
cassette (f.)	cassette
chambre (f.)	(bed)room
chat, chatte	cat
crayon (m.)	pencil
disque (m.)	record; disk
flûte (f.)	flute
maison (f.)	house
milieu (m.)	middle; environment
revue (f.)	magazine
serviette (f.)	towel; briefcase
stylo (m.)	pen
tableau (m.)	blackboard
tapis (m.)	carpet
vin (m.)	wine

Adjectifs

amusant(e)	amusing, funny
ancien, ancienne	antique; old; former
bas, basse	low
chinois(e)	Chinese
doux, douce	soft; mild; gentle
heureux, heureuse	happy
intéressant(e)	interesting
luxueux, luxueuse	luxurious
mou, molle	soft; limp; weak
pratique	practical
spacieux, spacieuse	spacious, roomy
sportif, sportive	athletic; keen on sports

Adverbe

aussi	also

Préposition

de	of

GRAMMAIRE ET EXERCICES ORAUX

2.1 *Qu'est-ce que c'est? / C'est, ce sont*

When you want someone to identify an object, ask: **Qu'est-ce que c'est?** (What is that?). To answer, use

C'est + article + singular noun   **C'est** une table.

or

Ce sont + article + plural noun   **Ce sont** des stylos.

 EXERCICES ORAUX

a. Le professeur indique des objets dans la classe et demande: *Qu'est-ce que c'est?* Répondez.

1. C'est un mur.
2. C'est une fenêtre.
3. C'est une porte.
4. C'est un plancher.
5. C'est un plafond.
6. C'est une lampe.
7. C'est un tableau.
8. C'est un bureau.
9. Ce sont des plantes.
10. Ce sont des fauteuils.
11. Ce sont des stylos.
12. Ce sont des photos.
13. Ce sont des livres.
14. Ce sont des murs.

b. Indiquez des objets dans la classe et demandez à un(e) autre étudiant(e): *Qu'est-ce que c'est?*

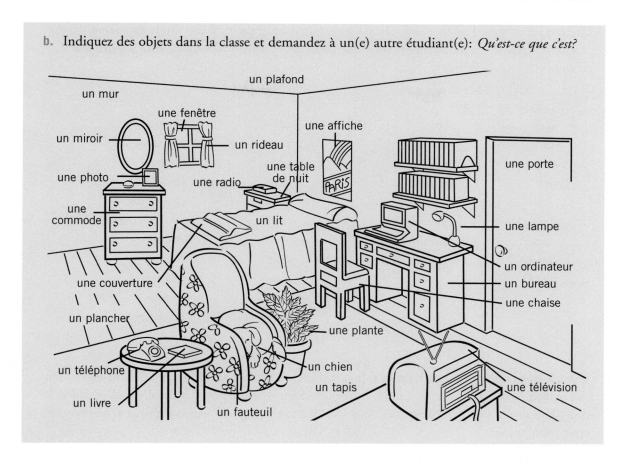

2.2 Noms — genre et nombre

Noun

A noun is a word that refers to

a person:	**Sonia, Paul, professeur**
a place:	**Montréal, Québec, village**
a thing or animal:	**lampe, chaise, chien**
an idea:	**démocratie, générosité**

Nouns that begin with a capital letter, such as the names of people or places, are called proper nouns. Nouns that do not begin with a capital letter are called common nouns.

Gender

When a word can be classified as masculine or feminine, it is said to have a gender. In French, all nouns are either masculine or feminine. There is no such thing as a neutral noun.

The gender of most French nouns cannot be inferred from their forms: You must memorize the gender along with the noun. However, some endings are usually associated with a particular gender:

Masculine endings		*Feminine endings*	
-age	virage	-ade	promenade
-al	arsenal	-aison	combinaison
-ent	sergent	-ette	fillette
-ier	fermier	-ière	fermière
-eur	chanteur	-euse	chanteuse
-ien	pharmacien	-ienne	pharmacienne
-isme	communisme	-ie	chimie
-ment	gouvernement	-sion	passion
		-ture	confiture
		-té	charité
		-tion	invention

Number

When a word refers to one person or thing, it is said to be singular. When it refers to more than one person or thing, it is called plural. In French, a word in the plural is usually spelled differently than in the singular. Most often an **s** is added to the singular word; the final **s**, however, is *never* pronounced.

livre (m. sing.)   livre**s** (m. pl.)
table (f. sing.)   table**s** (f. pl.)

The plural of nouns ending in

1) -al ⟶ -aux   anim**al** ⟶ anim**aux**
2) -eau ⟶ -eaux   tabl**eau** ⟶ tabl**eaux**
3) -eu ⟶ -eux   mili**eu** ⟶ mili**eux**

✳ Note:
If a noun ends with an *s*, an *x*, or a *z*, no **s** is added in the plural.

2.3 L'article indéfini — *un / une / des*

The indefinite article in English

"A" or "an" is used before a singular noun when we speak of a person, animal, thing, or idea that is not particularized:

She ate *an* apple. (not any particular apple)
He saw *a* man in the street. (not any particular man)

There is no plural form of the indefinite article in English. Plural nouns that do not refer to particular persons or things are used without an article (or occasionally with "some"):

> He ate apples. (some apples)
> He saw men in the street. (some men)

The indefinite article in French

The singular forms of the indefinite article in French match the gender of the noun they precede.

Un is masculine:

un garçon	a boy
un livre	a book

Une is feminine:

une femme	a woman
une chaise	a chair

As in English, the indefinite article indicates that we do not speak about any particular person or thing. However, in French, there is also a plural form of the indefinite article, **des**, which is used with both masculine and feminine plural nouns and which cannot be omitted. Compare:

J'ai *des* livres.	I have books. (some books)
Nous avons *des* chaises.	We have chairs. (some chairs)

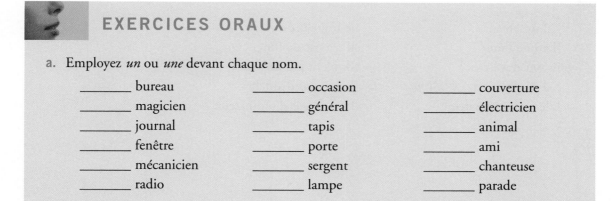

EXERCICES ORAUX

a. Employez *un* ou *une* devant chaque nom.

_____ bureau	_____ occasion	_____ couverture
_____ magicien	_____ général	_____ électricien
_____ journal	_____ tapis	_____ animal
_____ fenêtre	_____ porte	_____ ami
_____ mécanicien	_____ sergent	_____ chanteuse
_____ radio	_____ lampe	_____ parade

b. Répétez l'exercice précédent au pluriel.

Modèle: occasion

des occasions

2.4 Le verbe *avoir*

j'ai	I have	nous avons	we have
tu as	you have	vous avez	you have
il	he	ils	
elle } a	she } has	elles } ont	they have
on	one		

✴ Note:

Liaison is required between *on, nous, vous, ils, elles* and the verb.

vous‿avez   nous‿avons   elles‿ont

on‿a   ils‿ont

The interrogative form with *Est-ce que*

Est-ce que *j'ai* un crayon?

Est-ce que *vous avez* un fauteuil?

The negative form: *ne + verbe + pas*

je	n'ai pas	nous	n'avons pas
tu	n'as pas	vous	n'avez pas
il		ils	
elle } n'a pas		elles } n'ont pas	
on			

In a negative construction, **de** (**d'** before a vowel or a vowel sound) is used in place of **un**, **une**, **des**:

J'ai **un** chien.   Je n'ai pas **de** chien.

Il a **une** flûte.   Il n'a pas **de** flûte.

Ils ont **des** livres.   Ils n'ont pas **de** livres.

J'ai **des** affiches.   Je n'ai pas **d'**affiches.

Elle a **un** ordinateur.   Elle n'a pas **d'**ordinateur.

EXERCICES ORAUX

a. Répondez aux questions.

Modèle: Dans ta chambre, est-ce que tu as une télévision ou des télévisions?

Dans ma chambre, j'ai...

Dans ta chambre, est-ce que tu as...

1. une chaise ou des chaises?
2. un lit ou des lits?
3. une fenêtre ou des fenêtres?
4. un disque ou des disques?
5. une plante ou des plantes?
6. une photo ou des photos?
7. un livre ou des livres?
8. une porte ou des portes?
9. un miroir ou des miroirs?
10. une affiche ou des affiches?

b. Répétez avec les changements indiqués.

Modèle: André a un ordinateur.

Nous avons un ordinateur.

1. Pierre a un livre.
2. Il _____ .
3. Nous _____ .
4. Juliette _____ .
5. Marie et Pierre _____ .
6. Vous _____ .
7. _____ un bureau.
8. Suzanne _____ .
9. Tu as une commode.
10. Olive et Suzanne _____ .
11. Elle _____ .
12. _____ une télévision.
13. Gaston _____ .
14. Nous _____ .
15. Je _____ .

c. Posez des questions selon le modèle.

Modèle: J'ai un chien. (chat)

Mais est-ce que tu as aussi un chat?

1. Marc a une radio. (télévision)
2. Sylvie a des affiches. (photos)
3. Nous avons une télévision. (ordinateur)
4. J'ai une commode. (fauteuil)
5. La chambre a une porte. (fenêtre)
6. Les étudiants ont des livres. (cassettes)
7. J'ai un lit. (couverture)
8. Les professeurs ont des chaises. (bureaux)

d. Mettez à la forme négative.

Modèle: Il a une couverture.

Il n'a pas de couverture.

1. Elle a un stylo.
2. Vous avez des livres.
3. Nous avons des chaises.
4. Didier a un lit.
5. Pierre et Karine ont des cassettes.
6. Tu as une lampe.
7. J'ai des affiches.
8. Elle a une chambre.
9. Ils ont des photos.
10. Elles ont des plantes.

e. Formez des phrases avec les éléments suivants.

> *Modèle:* Je / avoir / livres
>
> *J'ai des livres.*

1. Nous / avoir / affiches
2. Vous / ne pas avoir / fauteuil
3. Jeanne / avoir / ami
4. Je / ne pas avoir / auto
5. Tu / ne pas avoir / chat

6. Les étudiants / avoir / ordinateurs
7. Il / avoir / machine à écrire
8. Paul et Toni / avoir / radio
9. Le professeur / ne pas avoir / téléphone
10. Elle / avoir / plantes

f. Posez une question à un(e) camarade. Le (la) camarade répond selon le modèle.

> *Modèle:* télévision / ordinateur
>
> *Est-ce que tu as une télévision?*
>
> *Non, je n'ai pas de télévision, mais j'ai un ordinateur.*

1. chat / chien
2. ordinateur / auto
3. radio / télévision
4. tapis / plante
5. fauteuil / lit

6. chambre / appartement
7. fenêtre / lampe
8. commode / bureau
9. table de nuit / bureau
10. téléphone / ordinateur

2.5 L'adjectif — genre et nombre

Some adjectives do not have a regular feminine form (adding **e** to the masculine form). Study the following patterns:

1) Doubling of the final consonant

a) **-ien, -ienne / -iens, -iennes**

	Masculine	*Feminine*
Singular	canadien	canadienne
Plural	canadiens	canadiennes

b) **-el, -elle / -els, -elles**

	Masculine	*Feminine*
Singular	rationnel	rationnelle
Plural	rationnels	rationnelles

c) **-s, -sse / -s, -sses**

	Masculine	*Feminine*
Singular	gros	grosse
Plural	gros	grosses

d) **bon, bonne / bons, bonnes**

	Masculine	*Feminine*
Singular	bon	bonne
Plural	bons	bonnes

2) Masculine: **-eux** / Feminine: **-euse**

	Masculine	*Feminine*
Singular	heureux	heureuse
Plural	heureux	heureuses

✳ Note: Masculine endings in *-eux* do not change in the plural.

3) Masculine: **-eau** / Feminine: **-elle**

	Masculine	*Feminine*
Singular	nouveau	nouvelle
Plural	nouveaux	nouvelles

✳ Note: Adjectives ending in *-eau* add *x* for the plural: *-eaux*.

4) Masculine: **-ou** / Feminine: **-olle**

	Masculine	*Feminine*
Singular	mou	molle
Plural	mous	molles

5) Masculine: **-if** / Feminine: **-ive**

	Masculine	*Feminine*
Singular	sportif	sportive
Plural	sportifs	sportives

6) Exceptional adjectives

	Masculine	*Feminine*
Singular	vieux	vieille
Plural	vieux	vieilles
Singular	doux	douce
Plural	doux	douces

EXERCICES ORAUX

a. Répétez avec les changements appropriés.

   Modèle: Il est heureux.

   Elle est heureuse.

1. Elle est bonne.
2. Il _____ .
3. Elles sont _____ .
4. Ils _____ .
5. _____ heureux.
6. Elles _____ .
7. Elle est _____ .
8. _____ ambitieuse.
9. Il est _____ .
10. _____ fou.
11. Elle est _____ .
12. _____ raisonnable.
13. Ils sont _____ .
14. _____ gros.
15. Elle est _____ .

16. Il est vieux.
17. Elles sont _____ .
18. _____ bonnes.
19. Il est _____ .
20. _____ nouveau.
21. Elles sont _____ .
22. _____ sérieuses.
23. Ils sont _____ .
24. Elle est _____ .
25. _____ ancienne.
26. Ils sont _____ .
27. _____ bas.
28. Elle est _____ .
29. _____ mou.
30. Ils sont _____ .

b. Répondez aux questions selon le modèle.

   Modèle: Jacques est heureux. Et Madeleine?

   Elle est heureuse aussi.

1. Bertrand est vieux. Et Lucienne?
2. Marc est actif. Et Sylvie?
3. Sylvain est doux. Et Isabelle?
4. Jeanne est vietnamienne. Et Paul?
5. Nicole est malheureuse. Et André?
6. Henri est gros. Et Hélène?
7. Annie est folle. Et Richard?
8. Alice est bonne. Et David?
9. Lucien est vieux. Et Lucie?
10. Paul est nouveau. Et Suzanne?

2.6 Place des adjectifs

In English, descriptive adjectives precede the noun. In French, they usually *follow* the noun. Adjectives of colour, religion, or nationality almost always follow the noun and agree in gender and number with the noun or pronoun.

	Masculine	*Feminine*
Singular	un fauteuil moderne	une chaise confortable
	un vin français	une revue française
Plural	**des** fauteuil**s** moderne**s**	**des** chaise**s** confortable**s**
	des vin**s** français	**des** revue**s** française**s**

✳ Note: Adjectives of nationality are not capitalized in French.

EXERCICES ORAUX

a. Répondez aux questions en utilisant un des adjectifs de la liste suivante.

confortable, superbe, moderne, intéressant, exceptionnel, précieux, luxueux, pratique, magnifique, extraordinaire

Modèle: Est-ce que tu as un fauteuil?
Oui, j'ai un fauteuil confortable.

Est-ce que tu as...

1. un lit?
2. des livres?
3. des cassettes?
4. des plantes?
5. un tapis?
6. un ordinateur?
7. une chambre?
8. une télévision?
9. un bureau?
10. des lampes?

b. Montrez votre chambre à un(e) ami(e). Combinez les éléments des quatre colonnes.

c'est	un	fenêtre	solide(s)
ce sont	une	mur	confortable
	des	bureau	intéressant(e)(s)
		plantes	pratique(s)
		photos	superbe(s)
		cassettes	élégant(e)(s)
		affiches	
		chaise	
		bureau	

c. Faites une phrase à partir des éléments donnés.

Modèle: luxueux / avoir / je / tapis

J'ai un tapis luxueux.

1. amusant / avoir / tu / livre
2. fauteuil / Hélène / avoir / confortable
3. Henri / moderne / avoir / ordinateur
4. superbes / avoir / plantes / Pierre
5. avoir / sympathiques / nous / amis
6. spacieuse / avoir / chambre / vous

Place des adjectifs (suite)

The following adjectives normally precede the noun and agree in gender and number with the noun they qualify.

	Masculine	*Feminine*
Singular	un grand lit	une grande table
Plural	de grand**s** li**ts**	de grande**s** table**s**

grand	grande (tall/large)
petit	petite (small)
beau	belle (beautiful)
joli	jolie (pretty)
gros	grosse (big)
nouveau	nouvelle (new)
vieux	vieille (old)
bon	bonne (good)
autre	autre (other)

✳ Note:

1) In front of an adjective that is plural, *des* $\longrightarrow$ *de*. Compare:

   des livres intéressants / **de** beaux livres

   des chaises confortables / **de** belles chaises

2) When placed before a masculine singular noun that begins with a vowel or a silent *h*, *beau, nouveau* and *vieux* become *bel, nouvel,* and *vieil*:

   un **vieil** ami   un **bel** homme   un **nouvel** ordinateur

3) An adjective that modifies more than one noun is plural. If the nouns have different genders the masculine plural form is used:

   un garçon et une fille courag**eux**   un bureau et une table anci**ens**

EXERCICES ORAUX

a. Posez la question à un(e) autre étudiant(e). Il / Elle répond selon le modèle.

> *Modèle:* une lampe (grand / petit)
>
> *Est-ce que tu as une grande lampe?*
> *Non, j'ai une petite lampe.*

1. un fauteuil (nouveau, vieux)
2. un ordinateur (vieux, nouveau)
3. un lit (petit, grand)
4. un chien (gros, petit)
5. une télévision (nouveau, vieux)
6. une plante (petit, gros)
7. un tapis (beau, vieux)
8. une couverture (beau, vieux)
9. un stylo (bon, vieux)
10. une radio (vieux, bon)

b. Répondez aux questions.

> *Modèle:* Est-ce que vous avez des tables? (petit)
>
> *Oui, nous avons de petites tables.*

Est-ce que vous avez...
1. des lits? (grand)
2. des livres? (vieux)
3. des lampes? (beau)
4. des plantes? (gros)
5. des affiches? (joli)
6. des fenêtres? (petit)
7. des photos? (nouveau)
8. des stylos? (bon)
9. des couvertures? (beau)
10. des chaises? (vieux)

c. Répondez selon le modèle.

> *Modèle:* Est-ce que la chambre de Paul est belle?
>
> *Oui, c'est une belle chambre.*

1. Est-ce que le livre de Jeanne est intéressant?
2. Est-ce que l'appartement de Sylvie est grand?
3. Est-ce que la maison d'Yvon est jolie?
4. Est-ce que les disques de Pierre sont nouveaux?
5. Est-ce que la chambre d'Isabelle est spacieuse?
6. Est-ce que le chien de Marc est gros?
7. Est-ce que le chat de Margot est petit?
8. Est-ce que le professeur de Pierre est dynamique?

d. Faites des phrases selon le modèle.

> *Modèle:* vieux / confortable / maison
>
> *C'est une vieille maison confortable.*

1. luxueux / nouveau / tapis
2. petit / pratique / table
3. bon / affectueux / chienne
4. vert / grand / plante
5. vieux / sympathique / homme
6. moderne / beau / chaise
7. intéressant / gros / livre
8. amusant / autre / disque

2.7 Les nombres

1	un	18	dix-huit	35	trente-cinq
2	deux	19	dix-neuf	36	trente-six
3	trois	20	vingt	37	trente-sept
4	quatre	21	vingt et un	38	trente-huit
5	cinq	22	vingt-deux	39	trente-neuf
6	six	23	vingt-trois	40	quarante
7	sept	24	vingt-quatre	41	quarante et un
8	huit	25	vingt-cinq	42	quarante-deux
9	neuf	26	vingt-six	43	quarante-trois
10	dix	27	vingt-sept	44	quarante-quatre
11	onze	28	vingt-huit	45	quarante-cinq
12	douze	29	vingt-neuf	46	quarante-six
13	treize	30	trente	47	quarante-sept
14	quatorze	31	trente et un	48	quarante-huit
15	quinze	32	trente-deux	49	quarante-neuf
16	seize	33	trente-trois	50	cinquante
17	dix-sept	34	trente-quatre		

✳ Note:

The final consonants of all the numbers are pronounced when followed by words beginning with a vowel. The final *x* or *s* of deu**x**, troi**s**, si**x**, and di**x** is pronounced as a /z/ sound.

un ami   deux étudiants   trois exercices

EXERCICES ORAUX

a. Répétez:

45	11	13	49	2	17	9	48	16	32
12	22	27	26	12	50	13	23	15	42
15	10	32	19	22	30	40	7	14	48

b. Donnez la réponse correcte.

Modèle: 2 + 2 = 4

Deux plus deux font quatre. | Deux et deux font quatre.

plus	15 + 15 =	32 + 13 =	7 + 15 =
	11 + 22 =	18 + 16 =	9 + 2 =
	13 + 27 =	15 + 7 =	8 + 7 =

moins	$17 - 2 =$	$23 - 9 =$	$12 - 6 =$
	$40 - 13 =$	$49 - 23 =$	$27 - 11 =$
	$48 - 12 =$	$18 - 16 =$	$50 - 25 =$
fois	$2 \times 2 =$	$15 \times 2 =$	$5 \times 5 =$
	$13 \times 2 =$	$4 \times 4 =$	$12 \times 3 =$
	$10 \times 4 =$	$11 \times 3 =$	$7 \times 4 =$

c. Répondez aux questions.

   Modèle: Combien est-ce que tu as de crayons? (12)
   J'ai douze crayons.

   Combien est-ce que tu as...

   1. de livres?   (22)
   2. de tables?   (4)
   3. de chaises?   (5)
   4. de lampes?   (2)
   5. de fauteuils?   (4)
   6. de fenêtres?   (3)
   7. de chats?   (11)
   8. de plantes?   (4)
   9. de cahiers?   (8)
   10. d'amis?   (2)
   11. d'affiches?   (4)
   12. de stylos?   (23)

EXERCICES ÉCRITS

a. Écrivez *un, une* ou *des*.

   1. Est-ce que tu as _____ lit?
   2. J'ai _____ commode.
   3. Il a _____ chaises.
   4. Charles a _____ télévision.
   5. Claire a _____ lampe.
   6. Ils ont _____ ordinateur.
   7. Nous avons _____ chien.
   8. Vous avez _____ radio.
   9. Elles ont _____ auto.
   10. Ils ont _____ rideaux.
   11. Antoine a _____ chambre.
   12. J'ai _____ plantes.
   13. Est-ce qu'il a _____ affiches?
   14. Vous avez _____ fenêtres.
   15. Ils ont _____ miroir.
   16. Georges et Paul ont _____ fauteuils.
   17. Elle a _____ téléphone.
   18. Nous avons _____ lampes.

b. Remplacez les tirets par le verbe *avoir* à la forme qui convient.

   1. Elle _____ une télévision.
   2. Je _____ un tapis.
   3. Édouard _____ des livres.
   4. Nous _____ des cassettes.
   5. Tu _____ un ordinateur.
   6. Elles _____ des stylos.

c. Mettez les phrases de l'exercice précédent: 1) à la forme négative; 2) à la forme interrogative avec *Est-ce que.*

d. Mettez au pluriel d'après les modèles.

Modèles: C'est un nouvel ordinateur.   C'est une chaise confortable.

Ce sont de nouveaux ordinateurs.   *Ce sont des chaises confortables.*

1. C'est un étudiant sportif.
2. C'est une vieille chaise.
3. C'est un gros chien.
4. C'est un livre intéressant.
5. C'est un étudiant sérieux.

6. C'est un bel animal.
7. C'est un grand tableau.
8. C'est une table basse.
9. C'est une bonne idée.
10. C'est un tapis superbe.

e. Mettez l'adjectif ou les adjectifs à la place qui convient et faites-les s'accorder avec le nom.

Modèle: Elle a des tables (petit, bas).

Elle a de petites tables basses.

1. Nous avons des disques (nouveau).
2. J'ai un lit (grand).
3. Il a un fauteuil (confortable).
4. Il a un chien (intelligent).
5. Nous avons une commode (ancien).
6. Tu as un stylo (bon).
7. Nous n'avons pas de commode (beau).
8. Tu as une auto (pratique).
9. Pierre a des photos (intéressant).
10. Vous avez une lampe (joli, chinois).
11. Ils ont un fauteuil (bon, moderne).
12. Paul et Louise ont des livres (exceptionnel).
13. J'ai une machine à écrire (vieux).
14. Marie a des lampes (beau, pratique).
15. Elles n'ont pas de couvertures (gros).
16. Vous avez des chambres (luxueux).
17. Ils ont des affiches (superbe).
18. Nous avons des couvertures (doux).

f. Répondez aux questions par des phrases complètes. (Écrivez les chiffres en toutes lettres.)

Combien est-ce que tu as...

1. de chaises?   (3)
2. de tables?   (2)
3. de lampes?   (5)
4. de livres?   (42)
5. de crayons?   (13)

6. de fenêtres?   (6)
7. de fauteuils?   (7)
8. d'affiches?   (5)
9. de photos?   (8)
10. de stylos?   (15)

g. Indiquez les réponses en chiffres écrits.

Modèle: 5 × 5 = vingt-cinq

1. 4 × 4 =
2. 16 + 16 =
3. 35 − 15 =
4. 10 + 10 =

5. 50 − 12 =
6. 20 − 10 =
7. 5 × 3 =
8. 10 + 13 =

9. 5 + 6 =
10. 25 − 12 =
11. 24 − 10 =
12. 24 − 12 =

h. Faites des phrases à partir des éléments donnés.

> *Modèle:* Ce / ne pas / être / un homme / beau
> *Ce n'est pas un bel homme.*

1. Tu / avoir / un ami / nouveau
2. Ils / ne pas / avoir / amusants / des livres
3. Marie / être / une femme / vieux / heureux
4. Nous / avoir / quatre / fenêtres / grand
5. Vous / ne pas / avoir / des plantes / joli / vert
6. Alain / avoir / une télévision / beau / moderne

SITUATIONS – CONVERSATIONS

1. Qu'est-ce que vous avez dans votre chambre?

2. Demandez à votre voisin(e) quelle sorte de table
   de chaise
   de fauteuil   } il / elle a.
   de CD
   etc.

> *Exemple:* J'ai une table ancienne.
> *J'ai une petite table.*

COMPOSITION

Faites une description des objets de votre chambre.

> *Exemple:* J'ai un grand lit confortable, un vieux tapis, de grandes fenêtres, etc. J'ai aussi un
> ordinateur.

 # PRONONCIATION

(Students can listen to the audio track for this exercise on MyFrenchLab; instructors will find it on CD 1, Track 10.)

I. Enchaînement

Within a rhythmic group, when a word ends with a pronounced consonant and the next word begins with a vowel sound, that consonant is linked with the vowel.

Répétez:

Il est amusant.   C'est un nouvel ordinateur.

Il est actif.   C'est un vieil ami.

Il est impatient.

Few words in French end in a consonant that is pronounced. However, a number of words end with the letter **e** that is never pronounced in that position: In such a case, the preceding consonant is pronounced and may also be linked with the following word if that word begins with a vowel sound.

Répétez:

Madame Armand   quatre amis

Mademoiselle Olive   un autre étudiant

Elle est absente.   une grande armoire

Elle est sportive.   une petite amie

II. Liaison

Although in most French words the final consonant is not pronounced, when a word ending in a silent consonant is followed by a word beginning with a vowel sound, that consonant is sometimes pronounced and linked with the vowel sound. Depending on the case, **liaison** is optional, compulsory, or even to be avoided (see Chapitre 21). **Liaison** is compulsory between a subject pronoun and a verb, as well as between an article and a noun or an adjective and a noun.

Final **s** and **x** are pronounced /z/ in **liaison**; final **d** is pronounced /t/.

Répétez:

nous avons   des étudiants

vous avez   de vieux arbres

ils ont   de vieux amis

elles ont   de nouveaux étudiants

des armoires   un grand arbre

des affiches   un grand ami

des amis   un grand animal

de bons étudiants   Ils ont des amis.

de grands arbres   Nous avons de bons amis.

de bons amis

WEBLINKS

French numbers
www.quia.com/jg/66096.html
http://french.about.com/library/begin/bl_numbers.htm

Avoir and *être*
www.quia.com/mc/66066.html

Vocabulary—furniture
http://french.about.com/library/begin/bl_furniture.htm

A university residence in Montréal (French and English versions)
www.unites.uqam.ca/residences

Describe your home
www.bbc.co.uk/education/languages/french/experience/home/index.shtml

Liaison, enchaînement
http://french.about.com/library/pronunciation/bl-liaisons.htm
http://french.about.com/library/pronunciation/bl-enchainement.htm

Gender—masculine/feminine endings
http://french.about.com/library/weekly/bl-gender-m.htm

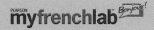

Visit MyFrenchLab at www.MyFrenchLab.com to access additional resources such as audio tracks, oral practice, the *cahier de laboratoire*, and self-grading quizzes.

CHAPITRE **3**

Parle-moi de toi

Thèmes

- Les jours, les mois, les saisons, la date
- Mes goûts personnels
- Où sont les objets de ma classe?
- Quel est ton signe? Consultes-tu l'horoscope?
- Les couleurs

Lecture

Quel est ton signe?

Grammaire

VOCABULAIRE UTILE

Noms

ambition (f.)	ambition	**facile**	easy
banque (f.)	bank	**fatigué(e)**	tired
besoin (m.)	need	**fidèle**	faithful
bibliothèque (f.)	library	**honnête**	honest
carte (f.)	card	**impulsif, impulsive**	impulsive
chanson (f.)	song	**indépendant(e)**	independent
concentration (f.)	concentration	**jeune**	young
défaut (m.)	shortcoming	**pratique**	practical
effort (m.)	effort	**sincère**	sincere
enfant (m.)	child	**tenace**	tenacious
église (f.)	church	**timide**	shy
équilibre (m.)	equilibrium	**tolérant(e)**	tolerant
femme (f.)	woman		
fierté (f.)	pride		

Verbe

étudier — to study

Adverbes

assez	enough, rather
fort	hard, strong, loud
jamais	never
parfois	sometimes
quelquefois	sometimes
souvent	often
toujours	always
très	very
vite	fast, quickly

Noms (suite)

fille (f.)	girl
fin de semaine (f.)	weekend
garçon (m.)	boy
gens (m. pl.)	people
homme (m.)	man
manque (m.)	lack
oiseau (m.)	bird
parc (m.)	park
personne (f.)	person
qualité (f.)	quality
signe (m.)	sign
tendance (f.)	tendency
travail (m.)	work

Prépositions

avec	with
en	in
jusque	up to; until
pour	for; (in order) to

Adjectifs

agressif, agressive	aggressive
attentif, attentive	attentive
audacieux, audacieuse	daring, bold
autoritaire	authoritarian
charmant(e)	charming
curieux, curieuse	curious
égoïste	selfish
endurant(e)	tough, steadfast
énergique	energetic
enthousiaste	enthusiastic

Expressions

discussion: avoir une —	to have a discussion
idées: échanger des —	to exchange ideas
renseignements: donner des —	to give information

GRAMMAIRE ET EXERCICES ORAUX

3.1 Verbes réguliers et verbes irréguliers

The majority of French verbs are regular **(réguliers)**, which means that they are conjugated according to a fixed pattern. There are three groups of regular verbs. Their infinitives end in **-er** (first group); in **-ir** (second group); and in **-re** (third group). Dropping the infinitive ending **(la terminaison)** leaves the stem **(le radical)**. Regular verbs are conjugated in the various tenses by adding a particular set of endings to the stem.

Irregular verbs are those that do not follow an established pattern and must be memorized individually. (**Être** and **avoir** are irregular verbs.)

3.2 Présent de l'indicatif des verbes en *-er*

The present tense of verbs in the first group is formed by adding to the stem the endings shown in this example:

danser (to dance)

je danse	**nous dans**ons
tu danses	**vous dans**ez
il / elle / on danse	**ils / elles dans**ent

✱ Note:

The endings *-e, -es, -e, -ent* are silent: Hence the forms *je danse, tu danses, il/elle/on danse, ils/elles dansent* all have the same pronunciation.

The first group includes all the regular verbs whose infinitives end in **-er,** such as

aimer	(to like/to love)	Nous aimons la musique.
arriver	(to arrive)	J'arrive de la cafétéria.
chanter	(to sing)	Est-ce que tu chantes dans la classe?
écouter	(to listen to)	Lise écoute un disque.
entrer	(to enter)	Nous entrons dans la classe.
étudier	(to study)	Ils étudient le français.
fumer	(to smoke)	Serge ne fume pas.
habiter	(to dwell)	Elles habitent à Montréal.
marcher	(to walk)	Vous marchez dans le parc.
manger	(to eat)	Est-ce que vous mangez au restaurant?
parler	(to speak)	Elle parle anglais.
regarder	(to look at/to watch)	Tu regardes la télévision.
rester	(to stay)	Je reste dans ma chambre.
travailler	(to work)	Nous ne travaillons pas bien.

* Note:

1) The pronoun *je* before a vowel or a silent *h* becomes *j'*: *j'arrive, j'entre, j'habite.*

2) There is only one verb form in French to indicate the present tense, whereas there are three forms in English:

je danse {
I dance   (present)
I do dance   (present emphatic)
I am dancing   (present progressive)

EXERCICES ORAUX

a. Répétez chaque phrase. Changez la forme du verbe selon le sujet entre parenthèses.

Modèle: Tu (elle, nous, je) imagines.

Tu imagines. Elle imagine. Nous imaginons. J'imagine.

1. Martin (vous, tu, je) écoute un disque de jazz.
2. Nous (on, vous, Suzanne et Marc) regardons la télévision.
3. Je (vous, ils, tu, un professeur) marche dans la classe.
4. Elle (tu, André, nous) aime les animaux.
5. Sylvie (nous, elles, vous) travaille dans une banque.
6. Vous (je, ils, Henri, tu) parlez avec le professeur.
7. Ils (nous, je, Louise) étudient à Toronto.

b. Faites des phrases selon le modèle.

Modèle: Hélène / danser / chanter / bien

Hélène ne danse pas bien, mais elle chante bien.

1. nous / chanter / parler / dans la classe
2. Sylvain / écouter la radio / regarder la télévision
3. Francine et Jacques / étudier à l'université / travailler dans une banque
4. je / fumer / manger / dans le restaurant
5. vous / écouter le professeur / parler avec les autres étudiants

c. Posez la question appropriée.

Modèles: Je fume des cigares.   Nous regardons un film.

Est-ce que tu fumes des cigares?   *Est-ce que vous regardez un film?*

1. Je mange un sandwich.
2. Nous chantons une ballade.
3. J'étudie le français.
4. Je parle avec Hélène.
5. Vous regardez un film.

6. Nous parlons avec Yvon.
7. J'écoute une chanson.
8. Nous travaillons.
9. Nous marchons.
10. Tu aimes la classe.

d. Répondez aux questions selon le modèle.

> *Modèle:* Hélène arrive aujourd'hui? (demain)
> *Non, elle arrive demain.*

1. Tu aimes le jazz? (la musique classique)
2. Vous étudiez l'espagnol? (le français)
3. Pierre écoute un CD? (la radio)
4. Alain mange à la cafétéria? (au restaurant)
5. Sylvain et Marguerite habitent à Montréal? (à Toronto)
6. Tu fumes des cigares? (des cigarettes)
7. Vous regardez un film? (un opéra)
8. Suzanne et Alain parlent espagnol? (italien)

e. Posez une question à un(e) autre étudiant(e). L'autre étudiant(e) répond selon le modèle.

> *Modèle:* regarder / beaucoup / la télévision
>
> *Question:*   Tu regardes beaucoup la télévision?
> *Réponse:*   Oui, je regarde beaucoup la télévision.
> *(ou):*   Non, je ne regarde pas beaucoup la télévision.

1. étudier / la philosophie
2. aimer / le jazz
3. écouter / des disques de musique classique
4. parler / avec le professeur
5. manger / au restaurant
6. habiter / un appartement
7. regarder / le hockey / à la télévision
8. danser / dans les discothèques

3.3 L'article défini

Forms

le	before a masculine singular noun or adjective beginning with a consonant: **le garçon, le stylo, le grand bureau**
la	before a feminine singular noun or adjective beginning with a consonant: **la table, la serviette, la jolie chaise**
l'	before a masculine or feminine singular noun or adjective beginning with a vowel sound or a silent **h**: **l'étudiant, l'homme, l'autre classe**
les	before all plural nouns or adjectives: **les stylos, les femmes, les nouveaux livres**

Uses of the definite article

1) Like "the" in English, it precedes nouns indicating particular persons, places, or things:

> *Le* **professeur est dans la classe.**
> *Les* **étudiants sont attentifs.**
> *L'***université est grande.**

2) Unlike "the" in English, the definite article in French also precedes nouns used abstractly or in a general sense. Compare:

Le **français est facile.**	French is easy.
Les **arbres sont verts.**	Trees are green.
*L'***honnêteté est une vertu.**	Honesty is a virtue.

EXERCICES ORAUX

a. Remplacez l'article indéfini par l'article défini approprié.

un garçon	un mur	une fille	des couvertures
un étudiant	un ordinateur	une étudiante	un miroir
un chien	des lampes	une chaise	un tapis
des livres	une femme	un bureau	des fenêtres
une table	des affiches	des disques	un oiseau

b. Insérez l'article défini qui convient.

télévision	téléphone	photo	lit
table	plante	affiche	étagère
radio	commode	plafond	couverture
chambre	miroir	réveille-matin	livre
fauteuil	plancher		

3.4 Prépositions de lieu

à (at/in/to/into)	Il est **à** Montréal; **à** l'université.
de (from)	Elle arrive **de** Toronto; **de** la bibliothèque.
dans (in/into)	La plante est **dans** le pot.
devant (in front of)	Le professeur est **devant** les étudiants.
derrière (behind)	Le tableau est **derrière** le professeur.
sur (on)	Les livres sont **sur** la table.
sous (under)	Le chien est **sous** la chaise.
à côté de (beside/next to)	Le restaurant est **à côté de** la discothèque.
à droite de (to the right of)	Pierre est **à droite de** Marie.
à gauche de (to the left of)	Sylvie est **à gauche de** Marie.
entre (between)	Marie est **entre** Pierre et Sylvie.
en face de (facing)	Jean est **en face du** professeur.

3.5 Contractions (de à et *de*)

When **à** or **de** precedes the definite article **le** or **les**, the following contractions are made:

> **à + le = au** ⟶ **à + les = aux**
> **de + le = du** ⟶ **de + les = des**

> Nous sommes **au** restaurant. Il parle **aux** étudiants.
> J'arrive **du** cinéma. Il parle **des** étudiants.

No contraction is made with **la** or **l'**:

> Elle est **à la** maison. Nous sommes **à l'**église.

Contractions are also made with **le** or **les** when **à** or **de** are part of longer prepositions:

> à côté de + les étudiants ⟶ à côté **des** étudiants
> jusqu'à (up to) + le parc ⟶ jusqu'**au** parc

3.6 Interrogation — l'inversion

Questions in French are asked not only by using upward intonation **(Ils sont grands?)** or **Est-ce que (Est-ce qu'ils sont grands?)**, but also by inverting the subject and verb: **Sont-ils grands?**

Inversion can be used when

1) the subject is a pronoun, although it is not normally used if the subject is the pronoun **je**.

> Tu es fatigué. ⟶ Es-tu fatigué?
> Vous avez des CD. ⟶ Avez-vous des CD?

If the verb ends with a vowel, a **-t-** must be inserted between the verb and the pronouns **il, elle,** and **on**:

> Danse-**t**-il à la discothèque?
> A-**t**-elle un ordinateur?
> Chante-**t**-on dans la classe?

2) the subject is a noun. The noun remains before the verb, but a subject pronoun of the same gender and number as the noun is added after the verb:

> Les rideaux sont-ils verts?
> René est-il intelligent?
> Le professeur regarde-t-il les étudiants?

3) the question begins with an interrogative adverb such as **où** (where) or **d'où** (from where):

> Où mange-t-il?
> Où Pierre travaille-t-il?
> D'où Suzanne arrive-t-elle?

An alternative construction is often used when the subject is a noun and the verb is **être: où** + verb (**être**) + noun subject.

> Où est Pierre?
>
> Où est le professeur?
>
> Où sont les livres?

 EXERCICES ORAUX

a. Formez une question avec l'inversion.

Modèles: Tu es sportif.   Bernard regarde la télévision.

Es-tu sportif?   *Bernard regarde-t-il la télévision?*

1. Elle est sympathique.
2. Vous êtes sportifs.
3. Il a une télévision.
4. Ils marchent dans le parc.
5. Tu manges un biscuit.
6. Elles sont amusantes.

7. Lisette mange un sandwich.
8. André regarde un film.
9. Le professeur écoute les étudiants.
10. Les poètes aiment la nature.
11. Louis a une télévision.
12. Les étudiants sont attentifs.

b. Formez la question. Employez *où* et l'inversion.

Modèle: Carole est à Montréal.

Où est Carole?

1. Le chat est sous la table.
2. Julien est derrière la porte.
3. Les livres sont sur le bureau.
4. Il est à droite de la fenêtre.
5. Le professeur est à côté de la porte.
6. Le fauteuil est entre la commode et la fenêtre.

7. Nous sommes dans la classe.
8. Elizabeth est à côté de Pierre.
9. Je suis devant Lucien.
10. La télévision est sur la commode.
11. Marianne et Lise sont dans la chambre.
12. Le chien est entre Loulou et Marie.

c. Même exercice.

Modèle: Pierre mange au restaurant.

Où Pierre mange-t-il?

1. Les étudiants marchent dans le parc.
2. Marc et Sylvie dansent à la discothèque.
3. Le professeur travaille à la bibliothèque.

4. Antoinette chante dans la bibliothèque.
5. Serge entre dans la classe.
6. J'habite à Vancouver.

d. Répondez par une phrase complète. Utilisez *à, au, à la, à l'* ou *de, de l', de la, du.*

Modèle: D'où arrives-tu? (le cinéma)

J'arrive du cinéma.

1. Où Jean habite-t-il? (Toronto)
2. Où manges-tu? (la cafétéria)
3. Où Pierre mange-t-il? (le restaurant)
4. Où sommes-nous? (la classe)
5. D'où es-tu? (Vancouver)
6. D'où rentre-t-elle? (le cinéma)
7. Où Yvette étudie-t-elle? (la bibliothèque)
8. D'où arrive-t-il? (le parc)
9. Où travaillez-vous? (une banque)
10. Où est-il? (l'hôpital)

e. Regardez "Une chambre confortable", (page 19, Chapitre 2) et répondez aux questions.

Où est...
1. la radio?
2. l'ordinateur?
3. le fauteuil?
4. la télévision?
5. le téléphone?
6. l'étagère?
7. la commode?
8. le miroir?
9. la chaise?
10. le rideau?

f. Posez une question à un(e) autre étudiant(e) avec les verbes suivants: *manger, étudier, travailler, être, chanter, marcher, habiter.*

Modèle: Où es-tu?
Je suis dans la classe.

3.7 L'impératif

Like the indicative, the imperative is a mood (**un mode**). It is a form of the verb used to give commands or offer suggestions.

The imperative has three forms that correspond to the three subject pronouns **tu**, **nous**, and **vous**, but these subject pronouns are omitted. The three forms of the imperative are identical to the corresponding forms of the present indicative, except that the final **s** is dropped from the **tu** form of **-er** verbs.

danser	chanter	parler
danse	chante	parle
dansons	chantons	parlons
dansez	chantez	parlez

The imperative forms of **être** and **avoir** are irregular.

être	avoir
sois	aie
soyons	ayons
soyez	ayez

To form the negative form of the imperative, use **ne** before the verb and **pas** after it:

> Ne parle pas!
> Ne regardez pas la télévision!
> Ne chantons pas!
> Ne sois pas méchant!

EXERCICES ORAUX

a. Mettez les verbes à la forme correcte d'après le modèle.

> *Modèle:* (manger) à la cafétéria
> *Mange à la cafétéria. Ne mange pas à la cafétéria.*

1. (écouter) un CD
2. (danser) avec Danielle
3. (étudier) beaucoup
4. (être) dans la classe
5. (manger) à la cafétéria
6. (parler) avec les étudiants
7. (regarder) les autres étudiants
8. (travailler) dans la chambre
9. (imaginer) le spectacle
10. (chanter) une chanson
11. (rester) à la maison
12. (avoir) du courage

b. Même exercice.

> *Modèle:* (regarder) le tableau
> *Regardez le tableau. Ne regardez pas le tableau.*

1. (être) attentifs
2. (marcher) dans le parc
3. (écouter) la radio
4. (entrer) dans la classe
5. (chanter) avec Marie
6. (regarder) le spectacle

c. Même exercice.

> *Modèle:* (écouter) le professeur
> *Écoutons le professeur. N'écoutons pas le professeur.*

1. (regarder) le livre
2. (rentrer) à la maison
3. (marcher) vite
4. (étudier) la philosophie
5. (entrer) dans la chambre
6. (parler) avec Henri

d. *Soyez contrariants!* Donnez l'ordre ou le conseil inverse.

> *Modèle:* Soyez contrariants!
> *Ne soyez pas contrariants!*

1. Reste à la bibliothèque!
2. Ne chantez pas et ne dansez pas!
3. Parlons anglais en classe!
4. Ne mangez pas vite!
5. Ne sois pas autoritaire avec les enfants!
6. Dansez sur les tables!
7. Regardons la télévision!
8. Ne marche pas devant les autres étudiants!

3.8 Verbes suivis de prépositions

Many verbs may be followed directly by a noun that is the direct object:

Il regarde *la télévision.*   Tu manges *un biscuit.*

Other verbs are followed by a preposition before a noun, as are the following:

parler de (to speak of/about)

Elle parle *du professeur.*
Nous parlons *de la cafétéria.*

jouer à (to play games/sports)

Pierre joue *au tennis.*
Le vieil homme joue *aux cartes.*

jouer de (to play a musical instrument)

Suzanne joue *de la guitare.*
Guy ne joue pas *du piano.*

Remember that contractions occur with **à** and **de** when followed by the definite articles **le** or **les**:

le tennis ⟶ jouer **au** tennis (**à** + le)
les étudiants ⟶ parler **des** étudiants (**de** + les)

3.9 Rappel: *avoir* à la forme négative suivi d'un article indéfini

When the verb **avoir** is in the negative, the indefinite article preceding the direct object always becomes **de** (**d'**):

J'ai **un** ordinateur.   Je n'ai pas **d'**ordinateur.

This also applies to other transitive verbs, i.e., verbs that take a direct object:

Je mange **un** sandwich. ⟶ Je ne mange pas **de** sandwich.
Nous écoutons **des** CD. ⟶ Nous n'écoutons pas **de** CD.

EXERCICES ORAUX

a. Répondez aux questions (affirmativement et négativement).

1. Est-ce que tu joues de la flûte?
2. Est-ce que nous jouons aux cartes dans la classe?
3. Est-ce qu'Albert joue au football?
4. Est-ce que tu regardes un DVD?
5. Est-ce que vous écoutez un concert?
6. Est-ce que vous écoutez des CD de rap?

7. Est-ce que nous parlons de Paul?

8. Est-ce que le professeur joue du violon?

9. Est-ce que je fume des cigares?

10. Est-ce que l'étudiante mange un steak?

b. De quel(s) instrument(s) est-ce que tu joues?

1. Je joue de... le piano, le violon, la flûte, l'harmonica, la batterie, la guitare, l'orgue, la contrebasse, le clavecin, etc.

À quels jeux joues-tu?

2. Je joue à... les échecs, le Monopoly, les cartes, le bridge, le poker, le Scrabble, les dames, les dominos, etc.

c. Posez la question à un(e) autre étudiant(e) selon le modèle.

Modèle: donner des renseignements

Question: Est-ce que tu donnes des renseignements?
Réponse: Oui, je donne des renseignements. (ou) Non, je ne donne pas de renseignements.

1. écouter la radio
2. regarder la télévision
3. chanter dans la banque
4. manger souvent des biscuits

5. jouer aux échecs
6. aimer la musique rap
7. jouer de la trompette
8. parler du professeur

d. Répondez à la forme négative.

Modèle: Regardes-tu un film?

Non, je ne regarde pas de film.

1. Jean-Luc mange-t-il des bananes?
2. Est-ce qu'Éric écoute un concert?
3. Est-ce que tu fumes un cigare?
4. Le chien mange-t-il un gâteau?
5. Écoutent-elles une chanson?

6. Est-ce qu'il regarde un livre?
7. Le professeur écoute-t-il des CD?
8. Aimes-tu le film?
9. Regardes-tu la télévision?

3.10 Le verbe irrégulier *aller*

Présent de l'indicatif				*Impératif*
je	vais	nous	allons	va*
tu	vas	vous	allez	allons
il / elle / on	va	ils / elles	vont	allez

* In the **tu** form of the imperative, the **s** is dropped.

Aller is used in expressions such as

Comment ça va?   Ça va.

Comment allez-vous?   Je ne vais pas très bien.

Comment va Pierre?   Il va bien.

Aller generally means **to go**. It is used with the preposition **à** before the name of a city or a noun indicating a place:

Elle va à la bibliothèque.

Je vais à Montréal.

It is used with the preposition **chez** before a proper noun or a noun designating a person or persons:

Allons chez Catherine.

Ils vont chez des amis.

Elle va chez le dentiste.

EXERCICES ORAUX

a. Répétez chaque phrase. Changez la forme du verbe selon le sujet entre parenthèses.

1. Le professeur (nous / je / les étudiants) va bien.
2. Vous (tu / Albert / je) n'allez pas à Québec.
3. Vas-tu (nous / elle / ils / vous) chez Robert?

b. Répondez aux questions. Employez *à, au, à la, à l'* ou *chez.*

1. Où vas-tu? (le coiffeur)
2. Où allez-vous? (le restaurant)
3. Où est-ce que je vais? (la cafétéria)
4. Où allons-nous? (Charles)
5. Où est-ce qu'elle va? (Halifax)
6. Où vont Pierre et Chantal? (le cinéma)
7. Où va-t-il? (le dentiste)
8. Où va le professeur? (la banque)

c. *Préférences.* Combinez les éléments donnés selon votre choix avec le verbe *aller.*

Modèle: je / le dentiste / le cinéma / à / chez

Je vais chez le dentiste. (ou) Je vais au cinéma.

1. les étudiants / la bibliothèque / la discothèque / à / pour danser
2. le chien / le vétérinaire / le dentiste / chez
3. je / le restaurant / la cafétéria / à
4. les touristes japonais / Vancouver / Winnipeg / à
5. nous / la banque / la bibliothèque / à / pour des livres
6. vous / Québec / Tokyo / à / pour parler français
7. nous / la classe / le laboratoire / dans / pour le cours de français
8. les étudiantes / le parc / le restaurant / dans / pour marcher

3.11 Les pronoms toniques

Stress pronouns are used to refer to persons.

Subject pronouns	*Stress pronouns*
je	**moi**
tu	**toi**
il	**lui**
elle	**elle**
nous	**nous**
vous	**vous**
ils	**eux**
elles	**elles**

They are used

1) to emphasize the subject:

Marie, **elle**, est dynamique, mais **moi**, je suis fatigué(e).

Stress pronouns come *after* the subject if it is a noun, but *before* a subject pronoun.

2) alone, or in short phrases:

J'ai un ordinateur, et **toi**?

Pierre est sportif, et **moi** aussi.

3) as part of compound subjects:

Hélène et **moi** allons à l'université.

4) as objects of prepositions:

Nous allons chez **Andrée**. ⟶ Nous allons chez **elle**.

Elle parle du **professeur**. ⟶ Elle parle de **lui**.

Pierre travaille avec **moi**.

Ils parlent entre **eux**.

EXERCICES ORAUX

a. Remplacez les mots en italique par un pronom tonique.

1. Je vais chez *Marie.*
2. Hélène est chez *Pierre.*
3. Ils vont chez *les Armand.*
4. Marc est à côté de *Lucie.*
5. Marc est entre *Lucie* et *Henri.*
6. Les étudiants parlent de *M. Paul.*
7. Ils parlent des *professeurs.*
8. Je marche devant *les autres étudiants.*

b. Employez le pronom tonique correspondant au sujet.

Modèle: Je / fatigué(e)

Moi, je suis fatigué(e).

1. Tu / sympathique
2. Elle / énergique
3. Nous / agressifs
4. Ils / paresseux
5. Vous / enthousiastes
6. Je / grand(e)
7. Il / attentif
8. Elles / jeunes

c. Répondez négativement aux questions d'après le modèle.

> *Modèle:* Travailles-tu avec le professeur?
> *Non, je ne travaille pas avec lui.*

1. Joues-tu au tennis avec Nadia?
2. Vas-tu au cinéma avec Martin?
3. Manges-tu avec les autres étudiants?
4. Vas-tu au parc avec Geneviève?
5. Es-tu à côté de Serge?
6. Parles-tu de moi avec le professeur?

d. Répondez affirmativement selon le modèle.

> *Modèle:* Alain étudie le français. Et Sylvie?
> *Elle aussi.*

1. J'aime le jazz. Et toi?
2. Marie-France mange au restaurant. Et Lucien?
3. Le professeur va à la bibliothèque. Et les étudiants?
4. Nous habitons à Vancouver. Et vous?
5. Julie est timide. Et les autres étudiants?
6. Tu écoutes la radio. Et le professeur?

e. Répondez négativement selon le modèle.

> *Modèle:* Je n'ai pas de chien. Et toi?
> *Moi non plus.*

1. Tom ne fume pas. Et Jocelyne?
2. Isabelle ne va pas au concert. Et vous?
3. Albert n'est pas agressif. Et toi?
4. Serge n'habite pas à Montréal. Et Simon?
5. Pierre n'écoute pas. Et les autres étudiants?

3.12 Jours — mois — saisons — date

Une semaine = 7 jours
        lundi, mardi, mercredi, jeudi, vendredi, samedi, dimanche

Le premier jour de la semaine est lundi.
Le dernier jour de la semaine est dimanche.

hier	*aujourd'hui*	*demain*
lundi	← mardi →	mercredi
vendredi	← samedi →	dimanche

✳ Note:

   1) When referring to a particular day in the preceding or in the following week, use the name of the day only:

      Il est arrivé dimanche. (He arrived on Sunday.)

      Elle va à Montréal mardi. (She's going to Montreal on Tuesday.)

   2) The masculine definite article *le* is used before the name of a day to indicate that some event or action regularly occurs on that particular day:

      Le **samedi, il va à la discothèque.** (On Saturdays, he goes to the discotheque.)

      Le **mardi, il joue aux échecs.** (On Tuesdays, he plays chess.)

Une année = 12 mois

      janvier, février, mars, avril, mai, juin, juillet, août, septembre, octobre, novembre, décembre

Nous sommes *en* septembre.
Il arrive *en* octobre.

4 saisons
le printemps, l'été, l'automne, l'hiver

✳ Note:

Nous sommes *en* été / *en* automne / *en* hiver.

but

Nous sommes *au* printemps.

La date

Quelle est la date aujourd'hui?	C'est le *3 juin*.
Quelle est la date de l'examen?	C'est le *20 octobre*.

✳ Note:

   1) le *deux* février, le *cinq* avril, le *dix-huit* octobre **but** le *premier* août

   2) *le* huit mars, *le* onze avril (*le* does not become *l'* before *huit* and *onze*)

3.13 Les adjectifs interrogatifs

The forms of the interrogative adjective are

	Singular	*Plural*
Masculine	**quel**	**quels**
Feminine	**quelle**	**quelles**

The interrogative adjective agrees in gender and number with the noun it modifies.

1) It is used before a noun:

Quel film regardes-tu?	Quelles saisons aimes-tu?
Quelle chanson chante-t-elle?	C'est quel jour, aujourd'hui?

2) It may be used after a preposition:

Dans quelle chambre es-tu?   En quelle saison sommes-nous?
À quelle date est Noël?   De quelle ville es-tu?

3) It may be separated from the noun by the verb **être**:

Quelle est la date aujourd'hui?   Quels sont les jours de la semaine?
Quels sont les mois d'hiver?

EXERCICES ORAUX

a. Répondez aux questions.

1. En quel mois sommes-nous?
2. C'est quel jour, aujourd'hui?
3. Quelle est la date?
4. En quelle saison sommes-nous?
5. Quels sont les mois de printemps? d'été? d'automne? d'hiver?
6. À quelle date est Noël? Pâques? la fête du Travail?
7. Quels sont les jours de la fin de semaine?
8. Après mercredi, c'est quel jour? Et après jeudi?, etc.
9. Après juin, c'est quel mois? Et après septembre?, etc.
10. En quelle saison est décembre? Et août? Et mars? Et octobre?, etc.
11. Quelle est la date de l'examen?

b. Posez une question avec un adjectif interrogatif d'après le modèle.

Modèle: Pâques est le 3 avril.
  À quelle date est Pâques?

1. Nous sommes en automne.
2. Noël est en hiver.
3. Nous sommes en octobre.
4. L'examen est le 15 octobre.
5. Le premier jour de la semaine est lundi.
6. Nous sommes dans la classe de français.
7. L'examen est le 1er novembre.
8. Le match de football est le 24 octobre.

c. Posez une question selon le modèle.

Modèle: Je vais au restaurant.
  À quel restaurant vas-tu?

1. Raoul joue d'un instrument.
2. Francine travaille dans un cinéma.
3. Nous habitons dans un village.
4. Elle parle avec un ami.
5. Le livre est sur un bureau.
6. Ils habitent en face d'un parc.

EXERCICES ÉCRITS

a. Écrivez la forme correcte du verbe entre parenthèses.

1. Nous (danser) _____ dans les discothèques.
2. Je (rentrer) _____ du cinéma.
3. Vous (regarder) _____ la vidéo.
4. Lucie (écouter) _____ la radio.
5. Les étudiants (manger) _____ à la cafétéria.
6. Elle (jouer) _____ de la guitare.
7. Nous (parler) _____ de toi.
8. Elles (arriver) _____ à l'université lundi matin.
9. Pierre (aller) _____ à Chicoutimi.
10. Ils (aller) _____ à la bibliothèque.
11. Je (aimer) _____ la nature.
12. Garou (chanter) _____ en français.
13. Nous (entrer) _____ dans la classe.
14. Tu (rester) _____ chez toi dimanche.
15. Vous (travailler) _____ à la cafétéria.
16. Je (habiter) _____ sur le campus.
17. Josette (arriver) _____ du parc.
18. Je (marcher) _____ jusque chez toi.
19. Elles (étudier) _____ à la bibliothèque.
20. Tu (fumer) _____ des cigarettes.

b. Insérez la préposition et l'article défini qui conviennent.

1. Le tableau est _____ professeur.
2. Le professeur est _____ étudiants.
3. La fenêtre est _____ mur.
4. La télévision est _____ commode.
5. François est _____ dentiste.
6. Bernadette entre _____ classe.

c. Écrivez la question avec la forme appropriée de l'adjectif interrogatif (*quel, quelle, quels, quelles*).

Modèle: Noël est le 25 décembre.
À quelle date est Noël?

1. C'est le 6 mai.
2. La fête de Maurice est le 3 avril.
3. Les jours de la fin de semaine sont samedi et dimanche.
4. Nous sommes en automne.
5. Nous sommes en décembre.
6. C'est lundi.

d. Insérez l'article défini qui convient. (Attention aux contractions: *au, aux, du, des.*)

1. Les étudiants arrivent (de) _____ bibliothèque.
2. Mme Brulot va (à) _____ restaurant.
3. Tu arrives (de) _____ États-Unis.
4. Marc va (à) _____ église.
5. Elles rentrent (de) _____ cinéma.

e. Posez la question avec l'inversion.

Modèle: Il mange à la cafétéria.
Où mange-t-il?

1. Les étudiants arrivent de Moncton.
2. M. Gagnon va à Chicago.
3. Elle va à Miami.
4. Les CD sont sous la chaise.
5. Luc rentre de Calgary.
6. Il regarde la télévision dans la chambre.

f. Faites une suggestion à un(e) ami(e).

Modèle: (aller) à Montréal.

Va à Montréal.

1. (chanter) _____ une chanson.
2. (aller) _____ au cinéma Cartier.
3. (regarder) _____ le film à la télévision.
4. (rester) _____ chez toi ce soir.
5. (ne pas manger) _____ au restaurant.
6. (étudier) _____ dans ta chambre.
7. (ne pas travailler) _____ à la bibliothèque.
8. (parler) _____ de toi.
9. (écouter) _____ un nouveau CD.
10. (être) _____ gentil(le).

g. Mettez à la forme négative.

1. Elle mange des croissants.
2. Regardons un film.
3. Écoute le professeur.
4. Vous jouez aux échecs.
5. Il va à New York.
6. Elles parlent d'une autre étudiante.

h. Écrivez la date en toutes lettres.

Modèle: 4/8

le quatre août

3/6   20/1   8/5   21/2   30/7   13/9   11/11

i. Répondez aux questions selon le modèle. (Employez un pronom tonique.)

Modèle: Le professeur est-il devant les étudiants?

Oui, il est devant eux.

1. André est-il derrière Lucie?
2. Vas-tu chez Alain?
3. Les étudiants parlent-ils du professeur?
4. Le professeur est-il devant toi?
5. Marie regarde-t-elle la télévision avec les autres étudiantes?

j. Donnez un ordre négatif à vos camarades.

Modèle: manger / dans / classe

Ne mangez pas dans la classe!

1. marcher / derrière / autres étudiants
2. fumer / dans / bibliothèque
3. aller / dans / parc
4. entrer / dans / chambre
5. rester / devant / discothèque
6. fumer / chez / dentiste

Lecture

Quel est ton signe?

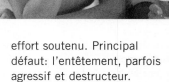

Le Bélier:
du 21 mars au 20 avril

Les gens nés sous le signe du Bélier ont un besoin permanent d'activité. Énergiques, enthousiastes et audacieux, ils ont le goût de la domination et sont parfois autoritaires, agressifs et égoïstes.

Le Taureau:
du 21 avril au 20 mai

Tenace, endurant, acharné au travail, sincère et fidèle, le Taureau a un sens pratique très développé. Il n'est pas exempt d'avidité, de jalousie et de rigidité.

Les Gémeaux:
du 21 mai au 21 juin

Caractérisés par l'intelligence et l'intuition, l'imagination et la fantaisie, ils montrent des tendances à la dispersion, à l'opportunisme, au manque de profondeur.

Le Cancer:
du 22 juin au 22 juillet

De tempérament sensible, le Cancer est très attaché à la famille et aux traditions. Sédentaire et porté à la rêverie, il n'a pas toujours assez d'esprit d'initiative.

Le Lion:
du 23 juillet au 22 août

Fierté mais aussi vanité, ambition mais aussi despotisme. La vitalité des Lions est exemplaire, mais parfois excessive, en particulier dans le domaine sensuel.

La Vierge:
du 23 août
au 22 septembre

Tenaces et méthodiques, les personnes nées sous ce signe aiment la précision. Elles sont dévouées aux autres, mais semblent souvent timides et trop critiques.

La Balance:
du 23 septembre
au 22 octobre

Elle cherche l'équilibre, l'harmonie et la justice. Charmante, aimable et pacifique, c'est une bonne organisatrice. Comme elle déteste les conflits, elle est parfois trop accommodante.

Le Scorpion:
du 23 octobre
au 21 novembre

Indépendant, tenace, le Scorpion est capable d'une grande concentration et d'un effort soutenu. Principal défaut: l'entêtement, parfois agressif et destructeur.

Le Sagittaire:
du 22 novembre
au 20 décembre

Le Sagittaire est curieux d'apprendre et d'étudier. Sociable, optimiste, idéaliste, il est parfois impulsif et impatient.

Le Capricorne:
du 21 décembre
au 19 janvier

Ce sont des gens persévérants et disciplinés dans la poursuite de leurs ambitions. Ils sont peu tolérants envers les autres.

Le Verseau:
du 20 janvier au 18 février

L'amitié est très importante pour les gens du Verseau. Originaux, philanthropes, ils cherchent à améliorer le sort de l'humanité et sont portés vers l'utopie.

Le Poisson:
du 19 février au 20 mars

Dévoués, honnêtes, portés au mysticisme, les Poissons tombent parfois dans la crédulité et la nonchalance.

acharné	relentless	**né(e)**	born
aimable	kind, amiable	**organisateur, organisatrice**	organizer
apprendre	to learn	**pacifique**	peaceable
autre	other	**persévérant(e)**	persevering
améliorer	to improve	**philanthrope** (m./f.)	philanthropist
amitié (f.)	friendship	**Poissons** (m. pl.)	Pisces (fishes)
avidité (f.)	greed	**porté(e)**	inclined
Balance (f.)	Libra (scales)	**poursuite** (f.)	pursuit
Bélier (m.)	Aries (ram)	**principal(e)**	main
Capricorne (m.)	Capricorn (goat)	**profondeur** (f.)	depth
Cancer (m.)	Cancer (crab)	**rêverie** (f.)	daydreaming
conflit (m.)	conflict	**rigidité** (f.)	inflexibility
défaut (m.)	fault, failing	**Sagittaire** (m.)	Sagittarius (archer)
despotisme (m.)	despotism, bullying	**Scorpion** (m.)	Scorpio (scorpion)
dévoué(e)	devoted	**sédentaire**	sedentary,
discipliné(e)	disciplined		stay-at-home
dispersion (f.)	lack of	**sembler**	to seem
	concentration	**sens** (m.)	sense
domaine (m.)	area	**sensible**	sensitive
entêtement (m.)	stubbornness	**sort** (m.)	fate, lot
envers	toward	**soutenu(e)**	sustained
esprit		**souvent**	often
d'initiative (m.)	initiative	**Taureau** (m.)	Taurus (bull)
fantaisie (f.)	imagination	**utopie** (f.)	utopia
Gémeaux (m. pl.)	Gemini (twins)	**vers**	toward
goût (m.)	taste	**Verseau** (m.)	Aquarius (water
Lion (m.)	Leo (lion)		bearer)
méthodique	methodical	**Vierge** (f.)	Virgo (virgin)
montrer	to show		

QUESTIONS

1. Quel est ton signe?
2. Est-ce que la description donnée dans le texte est une bonne description de toi?
3. Quels signes sont caractérisés par la ténacité, l'endurance ou la persévérance?
4. Quels signes sont caractérisés par le goût de l'autorité?
5. Quels signes montrent une attitude altruiste, une ouverture envers les autres personnes?
6. Quel est le signe des gens utopistes? des gens attachés aux traditions?
7. Quelles qualités préfères-tu?
8. Quels défauts détestes-tu?
9. Consultes-tu l'horoscope dans le journal (toujours, jamais, quelquefois, souvent)?

SITUATIONS – CONVERSATIONS

1. Parle-moi de toi.

   a) Quelles sortes de films regardes-tu?

   Je regarde des films comiques, intellectuels, dramatiques, des films d'épouvante (*Dracula*), des films d'espionnage (*James Bond*), des westerns, des films policiers, etc. Et toi?

   b) Quel genre de musique aimes-tu?

   J'aime le jazz, le rap, le classique, l'opéra, les chansons poétiques, les chansons folkloriques, le blues, la musique country, etc. Et toi?

   c) Où travailles-tu en été?

   Je travaille à l'université, dans un bureau, dans un restaurant, dans un magasin, dans un parc, dans un camp de vacances, dans une ferme, dans la construction, etc. Et toi?

   d) Où vas-tu en vacances en été?

   Je vais à la campagne, à la mer, à la montagne, près d'un lac, près d'une rivière, dans une grande ville, sur une île, etc. Et toi?

   e) Quels sports pratiques-tu en été / au printemps / en automne / en hiver?

   Je pratique le ski de fond, le ski alpin, le ski nautique, la natation, la plongée sous-marine, la voile, l'équitation, le cyclisme, la course à pied, la boxe, le karaté, le judo, la planche à voile, le hockey, le football, le volley-ball, etc. Et toi?

2. Quelles qualités recherchez-vous chez le / la partenaire idéal(e)? Quels défauts n'acceptez-vous pas? Est-ce que ce sont les mêmes qualités et défauts que vous avez?

3. Désignez des objets et des personnes dans la classe et demandez à un(e) autre étudiant(e) de dire où ils / elles sont situé(e)s.

   Exemple: Où est John?
   Il est en face de Paul, à côté de la fenêtre.

4. Décrivez la position d'un objet dans votre chambre.

   Exemple: L'ordinateur est sur le bureau, à côté du mur, sous la fenêtre.
   Où est le téléphone? le réveille-matin? la télévision? la radio? le tapis?, etc.

5. Décrivez un objet de la classe avec des mots et des gestes. Les autres étudiants devinent (*guess*).

   Exemple: Il est petit et long. Il est sur le bureau du professeur. Il est noir.
   (un stylo)

6. Demandez à un(e) autre étudiant(e):

   De quelle couleur est... (le mur, le stylo, le tableau, le ciel, la chaise, le livre, etc.)?
   Il / Elle est... (jaune, rouge, bleu, etc.).

   Les couleurs: jaune + rouge = orange   jaune + bleu = vert
   rouge + bleu = violet   blanc + noir = gris

COMPOSITIONS

1. Parlez-moi de votre meilleur(e) ami(e). Comment est-il / elle? Qu'est-ce qu'il / elle aime ou n'aime pas?

2. Donnez les positions des objets de votre chambre.

 # PRONONCIATION

(Students can listen to the audio track for this exercise on MyFrenchLab; instructors will find it on CD 1, Track 19.)

I. L'élision

The **e muet** in **que**, **je**, **le**, **ce**, **ne**, **de** is dropped before a word beginning with a vowel sound or an **h muet**. When writing, the **e** is replaced by an apostrophe.

> Est-ce **qu'**il est intelligent?
> **Qu'**est-ce **qu'**elle regarde?
> **J'**ai un livre.
> Je **n'**ai pas de livre.
> **L'**homme est assis.
> Il **n'**a pas d'ordinateur.

II. La lettre h

H is never pronounced in French. However, **le h muet** and **le h aspiré** are distinguishable. The difference between the two becomes apparent through the phenomena of **élision** and **liaison**.

Compare:

	h muet		**h aspiré**
élision:	l'homme, j'habite	*pas d'élision:*	le héros, je hèle
liaison:	les‿hommes	*pas de liaison:*	les hangars
	des‿habits		des homards

III. Un / Une

1) Before a vowel or a silent **h**:

The consonant **n** is pronounced and linked with the initial vowel of the following word (**liaison**). However, **un** is pronounced with a nasal sound and **une** without a nasal sound.

> Compare: un arbre / une idée
> /œ̃ - na/ /y - ni/

Répétez:

un ami / une amie	un habit / une habitude
un arbre / une armoire	un ombilic / une ombre
un Italien / une Italienne	un ordre / une ordonnance
un ogre / une ogresse	un homme / une omelette
un avocat / une avocate	un étudiant / une étudiante

Replace the definite article by an indefinite article.

Exemple: l'arbre (m.)

     un arbre

l'ordinateur (m.)	l'hiver (m.)
l'Espagnole (f.)	l'homme (m.)
l'oreille (f.)	l'épouse (f.)
l'enfant (m.)	l'ombre (f.)

2) Before a consonant:

Un: The **n** is not pronounced and the vowel is nasalized.
Une: The **n** is pronounced and the vowel is not nasalized.

Compare: un bruit / une branche
          /œ̃ - b/ /yn - b/

Répétez:

un Canadien / une Canadienne	un sportif / une sportive
un chien / une chienne	un camarade / une camarade
un conducteur / une conductrice	un marchand / une marchande
un disciple / une disciple	un chat / une chatte

Replace the definite article by an indefinite article:

le bibelot	la table	la branche	le tapis	le tableau
la chaise	le stylo	la chambre	la fenêtre	le tronc

IV. Le / La / Les

1) Contrast **le** / **la**

Répétez:

le bout / la boule	le rosé / la rosée
le prix / la prise	le pli / la plie
le but / la bulle	le lit / la lie
le riz / la rime	le cours / la cour

2) Contrast **le / les**

Répétez:

le livre / les livres	le jour / les jours
le dimanche / les dimanches	le bruit / les bruits
le piano / les pianos	le disque / les disques
le soir / les soirs	le cahier / les cahiers

 WEBLINKS

Date, months

http://french.about.com/library/begin/bl_dates.htm

www.quia.com/jg/66065.html

Describing people

www.bbc.co.uk/education/languages/french/experience/looking_good/index.shtml

Penpals (Students of the world—*Étudiants du monde*)

www.studentsoftheworld.info/

Stress pronouns

http://french.about.com/library/weekly/aa121999.htm

Definite article

http://french.about.com/library/weekly/aa082401.htm

www.orbilat.com/Languages/French/Grammar/Syntax/Articles/French-Syntax-Articles_Definite.html

Prepositions of place

www.erp.oissel.onac.org/anglais/prepositions%20of%20place.htm

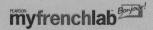 Visit MyFrenchLab at www.MyFrenchLab.com to access additional resources such as audio tracks, oral practice, the *cahier de laboratoire,* and self-grading quizzes.

La ville de Québec

VOCABULAIRE UTILE

Noms

aéroport (m.)	airport
aspect (m.)	appearance; facet
avocat(e) (m./f.)	lawyer
cafétéria (f.)	cafeteria
campagne (f.)	countryside
centre commercial (m.)	shopping centre
centre-ville (m.)	downtown
chanteur, chanteuse	singer
devoir (m.)	assignment
école (f.)	school
édifice (m.)	(public) building
église (f.)	church
examen (m.)	test, exam
fin (f.)	end
gouvernement (m.)	government
heure (f.)	time; hour
horaire (m.)	timetable; schedule
immeuble (m.)	building
industrie (f.)	industry
jardin (m.)	garden
journée (f.)	day
laboratoire (m.)	laboratory
maison (f.)	house
monument (m.)	monument
municipal(e)	municipal, local
musée (m.)	museum
pays (m.)	country
piscine (f.)	swimming pool
place (f.)	square
priorité (f.)	priority
problème (m.)	problem
projet (m.)	project, plan
programme (m.)	program
promenade (f.)	walk, stroll
quartier (m.)	district, neighbourhood
règlement (m.)	regulation, rules
route (f.)	road
rue (f.)	street
situation (f.)	situation
site (m.)	site
système (m.)	system
touriste (m./f.)	tourist
travail (m.)	work
université (f.)	university
vacances (f. pl.)	vacation, holidays
ville (f.)	town, city
voiture (f.)	car
voix (f.)	voice
vue (f.)	view

Adjectifs

puissant(e)	powerful
quotidien, quotidienne	daily
responsable	responsible
touristique	touristy (adj.)
triste	sad

Verbes

interroger	to question
préparer	to prepare
souhaiter	to wish
visiter	to visit

Adverbes

bien	well
demain	tomorrow

Prépositions

à	at
à cause de	because of, on account of

après	after	**Expressions**	
selon	according to	**temps: le — libre**	spare time
		heure: tout à l'—	later, in a short while
Conjonction			
parce que	because	**revenir: ne pas en —**	to be astonished

GRAMMAIRE ET EXERCICES ORAUX

4.1 Les verbes réguliers en *-ir*

The second group of regular verbs has infinitives ending in **-ir**. These verbs are conjugated by dropping the **-ir** from the infinitive and adding the endings shown below.

finir (to finish/to end/to complete)

Présent de l'indicatif				*Impératif*
je	fin**is**	nous	✳fin**issons**	fin**is**
tu	fin**is**	vous	fin**issez**	fin**issons**
il / elle / on	fin**it**	ils / elles	fin**issent**	fin**issez**

Other verbs conjugated like **finir** include

avertir (to inform/to warn)	Le professeur avertit les étudiants.
bâtir (to build)	Ils bâtissent une maison.
choisir (to choose)	Choisis un cours intéressant.
démolir (to demolish)	On démolit la vieille école.
établir (to establish/to set)	La municipalité établit des priorités.
fleurir (to bloom)	Les lilas fleurissent.
obéir à (to obey)	Obéissons à l'autorité.
punir (to punish)	Il punit le chien.
réfléchir à (to think about/to consider)	Je réfléchis à la proposition de Jean.
réussir à (to succeed/to pass [a test])	Il réussit à l'examen.

A number of **-ir** verbs are formed from adjectives:

grand	⟶	**grandir** (to grow/to get bigger)
gros	⟶	**grossir** (to gain weight)
jeune	⟶	**rajeunir** (to get younger)
large	⟶	**élargir** (to widen/to broaden)
pâle	⟶	**pâlir** (to grow pale)
vieux	⟶	**vieillir** (to grow old)

Verbs formed from colour adjectives usually have the meaning of "to become white/red, etc."
(**Rougir** also means "to blush.")

blanc	⟶ **blanchir**		jaune	⟶ **jaunir**
bleu	⟶ **bleuir**		noir	⟶ **noircir**
blond	⟶ **blondir**		rouge	⟶ **rougir**
brun	⟶ **brunir**		vert	⟶ **verdir**

 ## EXERCICES ORAUX

a. Complétez les phrases avec le verbe qui convient à la forme appropriée.

1. Je _____ (bâtir / démolir) un garage pour ma nouvelle voiture.
2. Nous _____ (brunir / pâlir) en hiver.
3. Les enfants _____ (punir / obéir à) leurs parents.
4. Les gens timides _____ (pâlir / rougir) souvent.
5. Au printemps, les plantes _____ (verdir / rougir).
6. Avec une bonne alimentation, les enfants _____ (grandir / grossir), mais ils ne _____ (grandir / grossir) pas.

b. Posez la question. Un(e) autre étudiant(e) répond.

Modèle: tu / grossir / en hiver

Est-ce que tu grossis en hiver?
Oui / Non, je (ne) grossis (pas) en hiver.

1. on / élargir / les rues de la ville
2. tu / rougir / facilement
3. les gens âgés / rajeunir / au printemps
4. les plantes / jaunir / en automne
5. tu / brunir / en été
6. les roses / fleurir / en hiver
7. tu / choisir / toujours / des cours difficiles
8. tu / établir / des priorités
9. la justice / punir / les criminels
10. tu / réussir / toujours / aux examens
11. vous / bâtir / une maison
12. nous / obéir / aux règlements de l'université

c. Employez l'impératif selon les modèles.

Modèle: obéir

Obéis!

1. réfléchir au problème
2. choisir une route
3. réussir à l'examen
4. finir la promenade
5. avertir la police
6. finir le travail

Modèle: finir

Finissons!

7. bâtir une nouvelle société
8. démolir le vieil édifice
9. choisir le bon moment

10. élargir les rues
11. obéir aux règlements municipaux
12. réfléchir à nos projets

Modèle: ne pas choisir

Ne choisissez pas!

13. ne pas rougir
14. ne pas vieillir
15. ne pas démolir le quartier

16. ne pas grossir
17. ne pas punir les enfants
18. ne pas obéir aux dictateurs

4.2 L'heure

1) **Quelle heure est-il?** (What time is it?)

Il est six heures.

Il est midi moins cinq.

Il est sept heures moins le quart.

Il est trois heures et quart.

Il est huit heures et demie.*

Il est deux heures moins vingt.

Il est deux heures vingt.

Il est minuit moins dix.

2) Questions:

À quelle heure déjeunes-tu?

— Je déjeune à sept heures.

De quelle heure **à** quelle heure travailles-tu?

— Je travaille de neuf heures à trois heures.

* There is always an **e** at the end of **demi**, except for **midi et demi** and **minuit et demi**.
  A half hour = **une demi-heure**.

3) To avoid ambiguity regarding a.m./p.m., the following expressions are used:

du matin (from midnight till noon): Il est huit heures du matin.

de l'après-midi (from noon till 5:59 p.m.): Je rentre à cinq heures de l'après-midi.

du soir (from 6 p.m. till midnight): Le spectacle est à huit heures du soir.

4) A 24-hour system is used (on radio, television, in airports, etc.):

seize heures = (4:00 p.m.) quatre heures de l'après-midi

treize heures quinze = (1:15 p.m.) une heure et quart de l'après-midi

quatorze heures trente = (2:30 p.m.) deux heures et demie de l'après-midi

vingt heures quarante-cinq = (8:45 p.m.) neuf heures moins le quart du soir

5) Some useful expressions:

être à l'heure (to be on time)

être en avance (to be early)

être en retard (to be late)

EXERCICES ORAUX

a. Quelle heure est-il?

1. Il est... *du matin*.

| 7 h 30 | 10 h 15 | 8 h 20 | 10 h 45 | 7 h 50 | 3 h 30 |

2. Il est... *de l'après-midi*.

| 2 h 10 | 1 h 50 | 3 h 40 | 5 h 15 | 4 h 45 | 3 h 35 |

3. Il est... *du soir*.

| 9 h 00 | 9 h 50 | 11 h 15 | 10 h 40 | 7 h 35 | 8 h 30 |

4. Il est *midi* (12 h 00); il est *minuit* (00 h 00).

| 12 h 10 | 00 h 15 | 11 h 50 | 11 h 45 | 12 h 30 | 00 h 20 |

b. Posez la question à un(e) autre étudiant(e).

1. À quelle heure es-tu dans la classe de français?
2. À quelle heure es-tu au lit?
3. À quelle heure es-tu devant la télévision?
4. À quelle heure es-tu à la cafétéria?
5. À quelle heure la classe de français finit-elle?
6. À quelle heure arrives-tu à l'université?

c. Répondez en faisant une phrase complète.

1. De quelle heure à quelle heure dînes-tu?
2. De quelle heure à quelle heure travailles-tu à la bibliothèque?
3. De quelle heure à quelle heure es-tu au laboratoire?
4. De quelle heure à quelle heure es-tu au lit?
5. De quelle heure à quelle heure es-tu à l'université?
6. De quelle heure à quelle heure regardes-tu la télévision?

d. Répondez par des phrases complètes.

Où es-tu généralement...
1. à huit heures du matin?
2. à midi?
3. à une heure de l'après-midi?
4. à six heures du soir?
5. à onze heures du soir?
6. à trois heures du matin?

e. Posez la question à un(e) autre étudiant(e).

Arrives-tu généralement à l'heure / en avance / en retard...
1. au cinéma?
2. au travail?
3. dans la classe de français?
4. à l'aéroport?
5. chez le dentiste?
6. chez le coiffeur?
7. à un rendez-vous?
8. au match de football?

4.3 Le verbe irrégulier *venir*

Venir (to come) is an irregular verb.

Présent de l'indicatif				*Impératif*
je	viens	nous	venons	viens
tu	viens	vous	venez	venons
il / elle / on	vient	ils / elles	viennent	venez

Other verbs conjugated like **venir** are **devenir** (to become) and **revenir** (to come back).

Je viens d'Halifax.   Je reviens de la bibliothèque.   Il devient paresseux.

4.4 Rappel: *de* (from) + nom de ville

Je viens **de** Vancouver.   Elle revient **de** Trois-Rivières.

Contractions: de + le = **du**   Victor revient **du** laboratoire.

de + les = **des**   Il vient **des** États-Unis.

EXERCICES ORAUX

a. Substituez au pronom sujet les mots entre parenthèses et faites les changements appropriés.

1. Je viens de Calgary. (nous, Claudine, les enfants, vous)
2. Elle devient intelligente. (Pierre, tu, nous, je)
3. Ils reviennent du cinéma. (vous, je, tu, elle, nous)

b. Répondez aux questions.

1. De quelle ville viens-tu?
2. De quel pays vient le tango?
3. À quelle heure viens-tu en classe?
4. À quelle heure reviens-tu de l'université le soir?
5. En quelle saison les oiseaux reviennent-ils des pays chauds?
6. Quand deviens-tu fatigué(e)?

c. Faites une phrase en choisissant parmi les éléments suggérés.

1. En hiver, je / devenir / énergique / morose / fatigué(e) / optimiste / sédentaire / actif(ive).
2. Au printemps, nous / redevenir / malheureux / joyeux / dynamiques / aimables / mélancoliques.
3. Le samedi, les centres commerciaux / devenir / calmes / actifs.
4. En été / l'université / la piscine / le travail / les sports / les promenades / les cours de français / les vacances / devenir / ma priorité.
5. Dans les grandes villes, les problèmes de pollution / devenir / faciles / importants / difficiles / dangereux.
6. Quand on a des problèmes, on / devenir / charmant / fatigué / tenace / stressé.

d. Posez la question à un(e) autre étudiant(e) selon le modèle.

Modèle: tu / venir / avec moi à la bibliothèque

Viens-tu avec moi à la bibliothèque?

1. tu / revenir / au laboratoire demain
2. le professeur / venir / avec nous au cinéma
3. tu / venir / au parc avec nous
4. nous / revenir / en classe demain
5. nous / devenir / intelligents dans la classe de français

e. Dites à un(e) autre étudiant(e)...

Modèle: de venir à la réception.

Viens à la réception.

1. de venir à la bibliothèque.
2. de ne pas venir au restaurant.
3. de ne pas venir demain.
4. de revenir à l'heure.
5. de revenir dans le jardin.
6. de venir chez vous.

f. Dites à d'autres étudiants...

   Modèle: de ne pas venir en classe.
   Ne venez pas en classe.

   1. de ne pas venir dimanche soir.   3. de ne pas venir avec vous.
   2. de ne pas devenir agressifs.   4. de ne pas revenir en retard.

4.5 La possession: préposition *de* — adjectifs possessifs

1) The preposition **de** is used to indicate possession:

   le livre de Julien   Julian's book
   l'auto d'Hélène   Helen's car
   la maison de Paul   Paul's house
   la serviette du professeur   the professor's briefcase

2) Possessive adjectives:

Masculine singular	*Feminine singular*	*Plural*	
mon	**ma / mon**	**mes**	my
ton	**ta / ton**	**tes**	your
son	**sa / son**	**ses**	his/her/its
notre	**notre**	**nos**	our
votre	**votre**	**vos**	your
leur	**leur**	**leurs**	their

Possessive adjectives agree in gender and number with the noun modified rather than with the owner:

   André mange *sa soupe.*   Andrew is eating his soup.
   Marie prépare *son repas.*   Mary is preparing her meal.
   Le chien cherche *sa balle.*   The dog is looking for its ball.

The feminine adjectives **ma**, **ta**, **sa** become **mon**, **ton**, **son** before a feminine singular noun beginning with a vowel or a silent **h**:

   Je mange *ma* pêche. / Je mange *mon* orange.
   Ta voiture est puissante. / *Ton* auto est puissante.
   Il parle avec *sa* mère. / Il parle avec *son* amie.

EXERCICES ORAUX

a. Répondez affirmativement.

Est-ce que c'est...

1. ma classe?
2. notre voiture?
3. son quartier?
4. ton auto?
5. notre jardin?
6. ta maison?

7. leur piscine?
8. mon taxi?
9. son professeur?
10. sa chaise?
11. ma voiture?
12. leur ville?

Est-ce que ce sont...

13. tes tables?
14. ses chiens?
15. ses amis?
16. nos livres?
17. mes priorités?
18. ses cahiers?

19. nos photos?
20. leurs chats?
21. vos chiens?
22. leurs enfants?
23. tes parents?
24. ses projets?

b. Transformez selon les modèles.

Modèles: l'auto de Paul
son auto

l'auto de mes parents
leur auto

1. l'école de Francine
2. le chien du professeur
3. les amis de Michel
4. le professeur de Jean et de Suzanne
5. les problèmes de ton père

6. le garage de Pierre
7. les stylos de la secrétaire
8. les parents des étudiants
9. les projets du directeur
10. la chambre de mon amie

c. Répondez aux questions.

1. As-tu ton stylo?
2. Regardes-tu ton livre?
3. Sommes-nous dans notre classe?
4. Aimez-vous votre université?
5. Viens-tu en classe avec ton chien?

6. Tes parents sont-ils jeunes?
7. Est-ce que tes parents aiment leur ville?
8. Habites-tu dans la maison de tes parents?
9. Écoutez-vous votre professeur?
10. Réfléchis-tu à tes devoirs?

d. Répondez aux questions selon le modèle.

> *Modèle:* Où est le livre d'Hélène? (sur le bureau)
> *Son livre est sur le bureau.*

1. Où est ma serviette? (derrière la porte)
2. Où habitent les parents d'Henri? (à Québec)
3. Où est l'auto de Brigitte? (dans le garage)
4. Où sont les livres de Pierre? (sous la chaise)
5. Où est ma guitare? (à côté de l'ordinateur)
6. Où va l'ami de Lucie? (à Winnipeg)
7. Où vos amis dansent-ils? (à la discothèque)
8. Où est le chien de tes amis? (dans le jardin)

4.6 Les adverbes interrogatifs

Où / D'où (where/from where)

> Où vas-tu? — Je vais au jardin zoologique.
> D'où viens-tu? — Je viens du terrain de golf.

Quand (when)

> Quand revient-il? — Il revient lundi.

Comment (how)

> Comment vas-tu? — Je vais bien, merci.
> Comment est ton amie? — Elle est jolie et sympathique.

Pourquoi (why)

> Pourquoi es-tu triste? — Parce que j'ai des problèmes.

1) After these interrogative adverbs, either **est-ce que** or inversion may be used:

> Comment vas-tu à Toronto?   Où est-ce que Pierre travaille?
> Comment est-ce que tu vas à Toronto? Où Pierre travaille-t-il?

2) To answer a question beginning with **pourquoi, parce que** (because), or **à cause de** (because of) may often be used. **Parce que** is a conjunction followed by a clause. **À cause de** is a preposition followed by a noun or a pronoun:

> Pourquoi es-tu heureux? — *Parce que* j'ai une nouvelle amie.
> Pourquoi aimes-tu le chanteur? — *À cause de* sa belle voix.

EXERCICES ORAUX

a. Posez des questions avec l'adverbe interrogatif approprié.

> *Modèles:* Je vais bien.   Il revient lundi.
> *Comment vas-tu?*   *Quand revient-il?*

1. Nous allons au musée.
2. Elle revient demain.
3. Il arrive en taxi.
4. Il est intéressant.
5. Je reviens de la piscine.
6. Il va à Ottawa.

7. Il est absent parce qu'il est en vacances.
8. Les cours finissent vendredi.
9. Les étudiants mangent à la cafétéria.
10. Mon père travaille au centre-ville.
11. Ma mère est au centre commercial.
12. Arthur va dans le jardin.

b. Remplacez *est-ce que* par l'inversion.

1. Où est-ce que Paul va?
2. Comment est-ce que Claudine travaille?
3. Pourquoi est-ce que les enfants chantent?
4. Quand est-ce que tes parents reviennent?

5. D'où est-ce qu'Hélène vient?
6. Quand est-ce que les enfants regardent la télévision?
7. Où est-ce que M. Vincent bâtit une maison?
8. Comment est-ce que tes parents reviennent de l'aéroport?

c. Répondez aux questions. (Use *parce que* or *à cause de* according to the answer suggested.)

1. Pourquoi aimes-tu ce film? (il est intéressant)
2. Pourquoi es-tu en retard? (ma voiture)
3. Pourquoi obéis-tu aux règlements? (ils sont raisonnables)
4. Pourquoi es-tu fatigué(e)? (mon travail)
5. Pourquoi les arbres jaunissent-ils? (nous sommes en automne)

4.7 *Aller* + infinitif (le futur proche)

Aller in the present tense followed by an infinitive may be used to indicate that an event will (or will not) take place in the near future.

Je vais revenir demain.	I am going to come back tomorrow.
Nous n'allons pas regarder la télé.	We are not going to watch television.

EXERCICES ORAUX

a. Mettez les verbes au futur proche.

Modèle: (aujourd'hui) Il choisit un cours.
(demain) Il va choisir un cours.

1. Nous regardons un bon film.
2. Vous venez au rendez-vous.
3. Il parle au policier.
4. Ils obéissent au règlement.
5. Vous revenez avec nous.
6. Elle prépare le dîner.
7. Tu réussis à l'examen.
8. Je visite le musée.
9. Il finit son travail.
10. Elles choisissent un restaurant.

b. Faites des phrases au futur proche avec des éléments extraits des quatre colonnes.

demain	je	visiter	le centre-ville
ce soir	nous	aller à	le musée
samedi	mon chien	rester à / dans	la piscine
cet été	les touristes	manger à	le parc
	les enfants	marcher dans	le zoo
	mes parents	jouer dans	la maison
	mes amis	travailler à	le centre commercial
			la bibliothèque
			le jardin

c. Répondez aux questions.

1. Où vas-tu aller demain?
2. Le / la professeur(e) va-t-il / elle être en retard demain?
3. Quand vas-tu aller à la bibliothèque?
4. Vas-tu réussir à l'examen?
5. Les enfants vont-ils grandir?
6. Allons-nous finir la leçon?
7. Vas-tu réfléchir à ta composition?
8. Allez-vous venir au parc avec moi?
9. Comment vas-tu rentrer chez toi?

d. Posez la question à un(e) autre étudiant(e) qui va répondre à la question.

Modèle: Où / manger? (à la cafétéria)
Question: Où vas-tu manger?
Réponse: Je vais manger à la cafétéria.

1. Quand / manger? (à 5 h de l'après-midi)
2. Quand / danser? (samedi)
3. Où / danser? (à la discothèque)
4. Où / travailler? (à la piscine)
5. Comment / revenir? (en taxi)
6. Comment / aller à la Nouvelle-Orléans? (en train)

e. Répondez aux questions.

Où allez-vous aller cet après-midi? ce soir? demain? demain soir? la semaine prochaine? l'année prochaine? pendant vos vacances d'été? pendant vos vacances d'hiver?

4.8 Les nombres

50	cinquante	100	cent
51	cinquante et un	101	cent un
52	cinquante-deux	102	cent deux
60	soixante	200	deux cents
61	soixante et un	201	deux cent un
62	soixante-deux	412	quatre cent douze
70	soixante-dix	1000	mille
71	soixante et onze	1001	mille un
72	soixante-douze	1231	mille deux cent trente et un
80	quatre-vingts	1986	mille neuf cent quatre-vingt-six /
81	quatre-vingt-un		dix-neuf cent quatre-vingt-six
82	quatre-vingt-deux	2000	deux mille
90	quatre-vingt-dix	1 000 000	un million
91	quatre-vingt-onze	1 000 000 000	un milliard
92	quatre-vingt-douze		

✳ Note:

1) The letter *s* is added to *vingt* in *quatre-vingts* and to *cent* in multiples of one hundred (*deux cents*, etc.), but it is dropped when these are followed by another number (*quatre-vingt-un, trois cent quarante*).

2) A hyphen is used in compound numbers from 0 to 100.

3) *Et* is used in 21, 31, 41, 51, 61, 71 but not in 81, 91, 101.

EXERCICES ORAUX

a. Répétez.

53	98	73	103	748
80	84	95	218	992
67	59	82	573	546
91	70	76	690	888
72	67	99	100	666
1840	1900	2680	10 000	111 000
1980	1600	8949	80 300	230 000
1971	1990	7850	30 640	845 000
1984	1975	6374	40 950	738 940

b.　Donnez la réponse correcte.

　　　Modèle: 20 + 20 = 40
　　　Vingt plus vingt font quarante.

plus							
20 + 50 =		100 + 30 =		1100 + 250 =			
40 + 2 =		300 + 50 =		800 + 500 =			
60 + 15 =		600 + 66 =		600 + 400 =			
80 + 3 =		820 + 24 =		320 + 700 =			
70 + 20 =		460 + 13 =		5850 + 23 =			

fois							
10 × 10 =		20 × 3 =		25 × 5 =			
100 × 10 =		45 × 2 =		80 × 3 =			
100 × 100 =		20 × 4 =		90 × 4 =			
1000 × 1000 =		9 × 9 =		50 × 7 =			

EXERCICES ÉCRITS

a.　Complétez les phrases avec la forme correcte du verbe approprié.

réussir	finir	brunir	verdir
avertir	réfléchir	établir	rougir
démolir	vieillir	punir	obéir

1. Tu _____ à l'examen.
2. Ils _____ la vieille église.
3. Les enfants _____ à leurs parents.
4. Louise _____ à l'agent de police.
5. Vous _____ devant une jeune fille.
6. Je _____ souvent à mes problèmes.
7. Les arbres _____ en automne au Québec.
8. Les feuilles _____ au printemps.
9. Paul _____ son chien.
10. Elle _____ toujours en été.
11. Nous _____ un nouveau système.
12. Mes parents _____ bien.

b.　Répondez par des phrases complètes.

　　Où es-tu généralement...

1. à 8 h 00 du matin? (la maison)
2. à 10 h 00 du matin? (la classe)
3. à 12 h 00? (la cafétéria)
4. à 3 h 00 de l'après-midi?
　 (la bibliothèque)
5. à 6 h 00 du soir? (le restaurant)
6. à 8 h 00 du soir? (le parc)
7. à 11 h 00 du soir? (mon lit)

c.   Complétez les phrases avec les verbes *venir, revenir* et *devenir*.

1. Je _____ avec vous.
2. Tu ne _____ pas dimanche?
3. Lise _____ en classe demain?
4. Elles _____ lundi soir.
5. Nous _____ à l'université en septembre.
6. Vous _____ en classe jeudi.
7. Tu _____ au musée demain.
8. Charles _____ du laboratoire.
9. Ils _____ de Montréal.
10. Le livre _____ intéressant à la fin.
11. Il _____ raisonnable.
12. Nous _____ responsables.

d.   Employez *de* / *du* / *de la* / *de l'* / *d'*.

1. Le livre vient _____ bibliothèque.
2. Robert revient _____ Winnipeg.
3. Louise vient _____ cafétéria.
4. Nous revenons _____ cinéma.
5. Ils reviennent _____ discothèque.
6. Vous revenez _____ université.
7. Il revient _____ centre commercial.
8. Elles reviennent _____ cours de maths.
9. Elle vient _____ Angleterre.

e.   Remplacez *le, la, les* par les adjectifs possessifs.

mon / ma / mes	ton / ta / tes	son / sa / ses
l'ami	les stylos	le programme
le livre	le bureau	l'amie
la table	la ville	l'université
les devoirs	la télévision	le problème
la tasse	la rue	l'idée
la maison	les exercices	l'examen
le taxi	le chien	la réponse

notre / nos	votre / vos	leur / leurs
le quartier	l'appartement	les ennemis
les vacances	les parents	l'enfant
le jardin	la chambre	la réponse
la maison	l'ordinateur	le téléphone
le pays	la province	le laboratoire
la profession	l'automobile	l'édifice
l'adresse	l'équipe	les chaises

f.   Mettez au futur proche.

1. Madeleine finit son travail.
2. Tu bâtis une maison.
3. Vous réfléchissez un moment.
4. Jules et Pierre téléphonent au professeur.
5. Elles marchent avec toi.

6. Nous allons au centre-ville.
7. J'écoute le concert.
8. Tu choisis un cours de géologie.
9. Ils parlent à leur avocate.
10. On ne démolit pas l'école.

11. Je ne grossis pas.
12. Tu reviens demain matin.
13. Elle ne prépare pas son examen.
14. Il ne visite pas Québec.
15. Nous ne regardons pas le monument.

g. Formez la question avec l'adverbe interrogatif approprié.

Modèle: Je réfléchis *parce que j'ai des problèmes.*
Pourquoi réfléchis-tu?

1. Ils vont *en autobus au cinéma.* (2 questions)
2. Gaston va dîner *au restaurant demain.* (2 questions)
3. Ils arrivent *samedi.* (1 question)
4. Simone est *intelligente.* (1 question)
5. Il a deux automobiles *parce qu'il est riche.* (1 question)
6. J'aime Paul *à cause de son charme.* (1 question)
7. Elle revient *de Victoria.* (1 question)
8. Nous rentrons *en taxi.* (1 question)

h. Transformez les phrases suivantes selon le modèle.

Modèle: Mes cheveux deviennent blonds en été.
Mes cheveux blondissent en été.

1. Sa peau devient brune au soleil.
2. Les feuilles deviennent rouges en automne.
3. Leur enfant devient grand.
4. Les arbres deviennent verts au printemps.
5. Tu deviens pâle quand tu es fatiguée.
6. Les pages de mon livre deviennent jaunes.
*7. Nous devenons gros quand nous mangeons trop.
8. On redevient jeune quand on est heureux.

Lecture

Une promenade dans Québec

Perchée au sommet des falaises escarpées du Cap Diamant, la ville de Québec domine le Saint-Laurent. Seule ville fortifiée au nord de Mexico, Québec est une des villes les plus romantiques. Les remparts offrent une vue superbe sur la Basse-Ville. Les célèbres rues pavées du Vieux-Québec, bordées d'immeubles historiques magnifiquement conservés, font partie du patrimoine mondial de l'UNESCO*. Non loin de là, les plaines d'Abraham, jadis le théâtre d'une bataille historique, constituent aujourd'hui un grand parc, connu sous le nom de parc des Champs-de-Bataille.

La Basse-Ville de Québec, où Samuel de Champlain fonda la première colonie en 1608, offre un voyage dans le temps, de la place Royale au quartier du Petit-Champlain, où s'alignent boutiques, restaurants et bistrots au charme pittoresque. Le Musée de la civilisation fait la part belle aux animations interactives et multimédias, sans oublier des expositions plus traditionnelles sur des thèmes aussi variés que la vie des premiers colons, l'évolution de la musique canadienne-française et l'influence des télé-communications dans notre vie quotidienne.

Situé dans la Haute-Ville, le superbe Château Frontenac, avec ses tourelles et pignons de style médiéval, est l'un des édifices les plus photographiés du pays. De la terrasse Dufferin, touristes et photographes confondus jouissent d'une vue imprenable sur le fleuve. De là, une promenade s'impose à travers les plaines d'Abraham jusqu'au Musée du Québec, où l'on peut admirer des expositions remarquables sur l'histoire du Québec, de la fondation de la Nouvelle-France à nos jours.

L'animation nocturne est à son comble aux terrasses de la Grande-Allée Est. Si Québec est renommée pour sa gastronomie française, les restaurants de la ville n'en servent pas moins des spécialités de tous les pays.

Extrait de *Redécouvrez le Canada*

* UNESCO: organisation des Nations Unies pour l'éducation, la science et la culture

(s')aligner	to line up	moins	less
allée (f.)	avenue	mondial(e)	world (adjective)
animation (f.)	activity; life, liveliness	nocturne	night (adjective)
bas, basse	low; lower	nom (m.)	name
bataille (f.)	battle	nord (m.)	north
bistrot (m.)	café	notre	our
bordé(e)	lined	offrir	to offer
célèbre	famous	oublier	to forget
château (m.)	castle	part: faire la — belle	to give pride of place
colon (m.)	settler	partie: faire — de	to be part of
comble: à son —	at its height	patrimoine (m.)	heritage
confondu(e)	mixed	pavé(e)	cobbled
connu(e)	known	perché(e)	perched
conservé(e)	preserved	peut (pouvoir)	can
exposition (f.)	exhibition	pignon (m.)	gable
escarpé(e)	steep	plaine (f.)	plain
falaise (f.)	cliff	plus: le(s) —	the most
fleuve (m.)	river	quotidien, enne	daily
fonder	to establish	remparts (m. pl.)	ramparts, city walls
haut(e)	high; upper		
(s')imposer	to be necessary	renommé(e)	famous
imprenable	unrestricted	sans	without
jadis	formerly, long ago	situé(e)	located
jusqu'à	up to, all the way to	temps (m.)	time
jouir	to enjoy	terrasse (f.)	outside (café, restaurant)
jours: de nos —	at the present time, nowadays	tourelle (f.)	turret
		travers: à —	across
là	there	vie (f.)	life
loin	far	voyage (m.)	travel, trip

QUESTIONS

1. Où est située la ville de Québec?
2. Qu'est-ce que le Saint-Laurent?
3. Quelle est la particularité de Québec en Amérique du Nord?
4. Pourquoi les rues du Vieux-Québec sont-elles remarquables?
5. Pourquoi les plaines d'Abraham ont-elles le nom de parc des Champs-de-Bataille?
6. Pourquoi la Basse-Ville offre-t-elle un voyage dans le temps?
7. Qu'est-ce qu'on trouve dans le quartier du Petit-Champlain? Et au Musée de la civilisation?
8. Quelle est la particularité du Château Frontenac?
9. Où peut-on regarder des expositions sur l'histoire du Québec?
10. Où est-il intéressant d'aller le soir?

SITUATIONS – CONVERSATIONS

1. Décrivez votre ville natale (where you were born):

   nom de la ville, situation géographique, aspect physique, industries principales, sites touristiques, monuments célèbres, particularités.

2. Quelle ville souhaitez-vous visiter et pourquoi?

   Exemple: Je souhaite visiter Québec / Montréal / Toronto / Winnipeg / New York / Paris / Los Angeles parce qu'il y a des monuments historiques; parce que mes parents habitent là; parce qu'il y a des restaurants exotiques; parce que l'architecture est exceptionnelle; parce que le site est merveilleux; parce que j'aime l'ambiance / l'atmosphère de la ville / les théâtres / les clubs de nuit / les cinémas / l'opéra / les spectacles / le stade, etc.

3. Quel est votre horaire quotidien? Votre emploi du temps pendant une journée? une semaine? une année?

   Exemple: Le lundi, je vais à l'université; le mardi, je reste à la maison; le mercredi, je vais au marché; etc.

4. Préparez votre alibi pour une journée précise. L'inspecteur Poirot va vous interroger.

   Exemple: Dans la journée du 8 août, de 8 h 00 à 11 h 00 du matin, je suis au lit. De 11 h 00 à 2 h 00, je mange à la cafétéria. De 2 h 00 à 4 h 00, je suis dans mes classes de maths et de géographie, etc.

COMPOSITIONS

1. Racontez une visite dans une ville et décrivez les monuments et les sites historiques.

2. Décrivez l'organisation de votre fin de semaine. Employez le futur proche.

 ## PRONONCIATION

(Students can listen to the audio track for this exercise on MyFrenchLab; instructors will find it on CD 2, Track 1.)

I. Consonnes finales — consonnes finales + e muet

1) Generally, final consonants are not pronounced:
   troi**s**, bon**d**, droi**t**, peti**t**, chinoi**s**, lon**g**

2) The final consonants **c**, **f**, **l**, **r** are usually pronounced:
   ave**c**, sporti**f**, se**l**, pa**r**

3) The final **e** is silent (**-es** and **-ent** as plural forms and/or verb endings are also silent):
   disqu**e**, commod**e**, activ**e**, dynamiqu**e**, livre**s**, parl**ent**

4) The consonant that precedes the final **e** is pronounced:

> droit¢, petit¢, chinois¢, gran**d**¢, bar**b**¢
>
> *Répétez:*
>
> il est grand / elle est grande
>
> il est content / elle est contente
>
> il est heureux / elle est heureuse
>
> il est épatant / elle est épatante
>
> il est blond / elle est blonde
>
> il est présent / elle est présente
>
> il est absent / elle est absente
>
> il est impatient / elle est impatiente

✳ Note:

When the following word begins with a consonant, the final consonant in *cinq, six, huit,* and *dix* is not pronounced:

> cin**q** arbres / cin**q** livres
>
> si**x** enfants / si**x** disques
>
> hui**t** oiseaux / hui**t** pots
>
> di**x** hommes / di**x** cahiers

II. O ouvert — o fermé (/ɔ/ – /o/)

1) **O ouvert** (/ɔ/) is generally found in a closed syllable (a syllable ending with a pronounced consonant).

2) **O fermé** (/o/) is found in an open syllable (not ending with a pronounced consonant), in a syllable closed by a /z/ sound, or when it is spelled **au**, **eau**, or **ô**.

> *Répétez:* /ɔ/
>
> d'accord, sport, téléphone, porte, molle, robe
>
> *Répétez:* /o/
>
> rose, ôte, beau, stylo, nos, vos, gauche
>
> *Répétez d'après le modèle:*

beau / bol	faux / folle
mot / molle	nos / nord
peau / porc	tôt / tord
sot / sort	saule / sol
badaud / dormir	paume / pomme
vôtre / votre	rauque / roc

 **WEBLINKS**

Telling time
http://french.about.com/library/begin/bl_time.htm

Possessive adjectives quiz
www.quia.com/pop/83414.html
http://french.about.com/library/weekly/aa102599t.htm

Asking for directions
www.bbc.co.uk/languages/french/lj/directions/index.shtml

Québec's official tourist site (in English)
www.bonjourquebec.com/qc-en/accueil0.html

Virtual tours of Québec
www.bonjourquebec.com/qc-en/photos0.html

Practise numbers in French
http://video.aol.com/video-detail/french-lessons-on-numbers/3416690062
www.syvum.com/cgi/online/serve.cgi/squizzes/french/frenchnumbers2.tdf?0

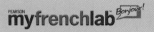 Visit MyFrenchLab at www.MyFrenchLab.com to access additional resources such as audio tracks, oral practice, the *cahier de laboratoire,* and self-grading quizzes.

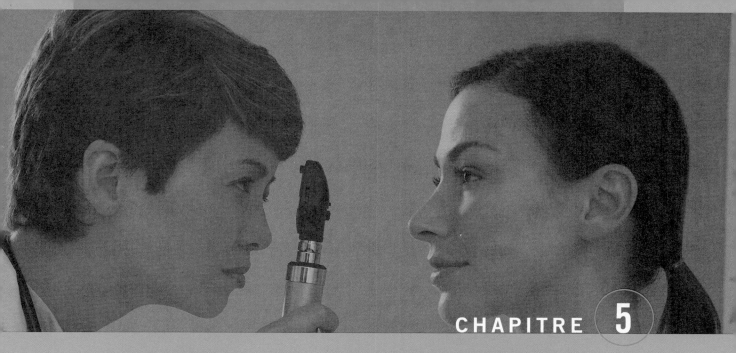

À votre santé!

Thèmes

- La santé et la maladie
- Mes désirs et mes aptitudes
- Le corps humain
- Exprimer mon état de santé, mes besoins, mon âge
- Visite chez le médecin

Lecture

La santé... en huit points

Grammaire

5.1 Les verbes réguliers en *-re*

5.2 Les adjectifs démonstratifs

5.3 *Venir de* + infinitif (le passé immédiat)

5.4 Les verbes irréguliers *vouloir* et *pouvoir*

5.5 Les expressions idiomatiques avec *avoir*

VOCABULAIRE UTILE

Noms

adresse (f.)	address
argent (m.)	money
bière (f.)	beer
bruit (m.)	noise
carte (f.)	card
chanteur, chanteuse	singer
chirurgien, chirurgienne	surgeon
cinéma (m.)	movie theatre
clinique (f.)	clinic
comprimé (m.)	tablet
copain, copine	buddy, friend
dentiste (m./f.)	dentist
distractions (f. pl.)	entertainment
docteur (m.)	doctor
dossier (m.)	file
grippe (f.)	flu
hôpital (m.)	hospital
infirmier, infirmière	nurse
insulte (f.)	insult
jus (m.)	juice
lettre (f.)	letter
lunettes (f. pl.)	glasses
maladie (f.)	sickness, disease
médecin (m.)	physician, doctor
médicament (m.)	medicine, drug
moto (f.)	(motor)bike
opération (f.)	operation, surgery
ordonnance (f.)	prescription
paix (f.)	peace
patient(e)	patient
pharmacie (f.)	pharmacy, drugstore
pharmacien, pharmacienne	pharmacist
pilule (f.)	pill
piscine (f.)	swimming pool
plage (f.)	beach
poids (m.)	weight
radiographie (f.)	X-ray
raie (f.)	stripe
remède (m.)	medicine; remedy
rhume (m.)	cold
salle d'attente (f.)	waiting room
santé (f.)	health
sirop (m.)	syrup
tache (f.)	spot
temps (m.)	time
urgence (f.)	emergency
verre (m.)	glass
voiture (f.)	car
vin (m.)	wine

Adjectifs

court(e)	short
distrait(e)	absent-minded, inattentive
épais, épaisse	thick
étroit(e)	narrow
grave	serious
large	wide
malade	sick
nerveux, nerveuse	nervous; high-strung
pointu(e)	pointed
préoccupé(e)	preoccupied
rond(e)	round

Verbes

avaler	to swallow
consulter	to consult
cultiver	to cultivate; to grow (plants)
embrasser	to kiss
étouffer	to choke
faire	to do, to make
goûter	to taste

guérir	to cure; to get well	**Adverbe**	
		très	very
prendre	to take		
protéger	to protect	**Expressions**	
rassurer	to reassure	**À votre santé!**	Cheers! Good health!
respirer	to breathe		

téléphoner	to phone,
	  to call
		exercice:
		  faire de l'—
			to exercise

tousser	to cough	**forme: rester en —**	to stay in shape

GRAMMAIRE ET EXERCICES ORAUX

5.1 Les verbes réguliers en *-re*

The third group is made up of regular **-re** verbs. The **-re** ending is dropped from the infinitive and the following endings are added:

attendre (to wait/to wait for)

	Présent de l'indicatif			*Impératif*
j'	**attends**	nous	**attendons**	**attends**
tu	**attends**	vous	**attendez**	**attendons**
il / elle / on	**attend***	ils / elles	**attendent**	**attendez**

Other verbs conjugated like **attendre** include

entendre	(to hear)	J'entends un bruit étrange.
perdre	(to lose)	Vous perdez la tête!
rendre	(to hand back/to return)	Nous rendons le livre.
répondre à	(to answer)	Ils ne répondent pas aux lettres.
vendre	(to sell)	Vends-tu ta voiture?

EXERCICES ORAUX

a. Répétez les phrases en remplaçant le sujet par les mots entre parenthèses.

1. Tu (les enfants, nous, l'infirmière) attends le médecin.
2. Vous (le professeur, les étudiantes, je) rendez des livres à la bibliothèque.
3. La chirurgienne (les infirmiers, nous, tu) répond aux questions des patients.
4. Nous (une copine, mes amis, vous) perdons la tête régulièrement.

* Note that in the inversion **attend-il / elle / on**, the letter **d** is pronounced /t/.

b. Répondez aux questions.

1. Est-ce que tu entends le téléphone?
2. Entendez-vous le professeur?
3. Répondez-vous aux questions du médecin?
4. Est-ce que le docteur répond aux questions des patients?
5. Rends-tu des livres à la bibliothèque?
6. Le / la professeur(e) rend-il / elle les compositions aux étudiants?
7. Est-ce que tu vends ta voiture?
8. Vends-tu ton ordinateur?
9. Est-ce qu'on vend des pilules à la pharmacie?
10. Est-ce que tu perds du poids?
11. Est-ce que vous perdez votre temps à l'université?
12. Perds-tu ton argent à la loterie?
13. Perds-tu ton argent au poker?
14. Attends-tu tes amis après la classe?
15. Attendez-vous le / la dentiste quand il / elle est en retard?

c. Posez la question avec l'inversion.

Modèle: Pierre rend le livre à la bibliothèque.
Pierre rend-il le livre à la bibliothèque?

1. Vous entendez la musique.
2. Solange vend ses CD.
3. Il perd la tête.
4. L'infirmière attend les enfants.
5. Elle rend les lunettes à Hubert.
6. Il répond au téléphone.

d. Employez l'impératif d'après les modèles.

Modèle: rendre le livre à la bibliothèque
Rends le livre à la bibliothèque.

1. attendre cinq minutes
2. ne pas vendre la maison
3. ne pas perdre l'argent
4. répondre au téléphone

Modèle: répondre aux questions
Répondons aux questions.

5. attendre l'infirmière
6. vendre la voiture
7. rendre l'argent à Suzanne
8. ne pas perdre notre temps

Modèle: ne pas vendre vos livres
Ne vendez pas vos livres.

9. attendre l'ambulance
10. ne pas perdre l'adresse de la clinique
11. rendre l'argent à Guy
12. ne pas répondre aux insultes

5.2 Les adjectifs démonstratifs

	Singular	*Plural*
Masculine before a consonant	**ce**	**ces**
Masculine before a vowel sound	**cet**	**ces**
Feminine	**cette**	**ces**

The demonstrative adjective agrees in gender and number with the noun modified:

ce garçon   ⟶   ces garçons

cet homme   ⟶   ces hommes

cette table   ⟶   ces tables

These forms correspond to the English "this" or "that" ("these" or "those"). In French, however, the distinction between "this" and "that" is not usually made except for emphasis or to distinguish between two items or groups of items, in which case **-ci** and **-là** are added to the noun modified:

> **J'aime cette *maison-ci*, mais Hélène aime cette *maison-là*.**
> I like this house but Helen likes that house.

Le corps humain

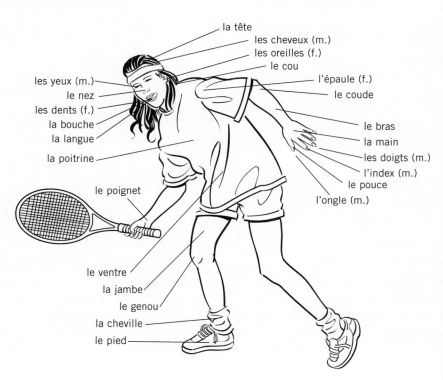

- la tête
- les cheveux (m.)
- les oreilles (f.)
- le cou
- les yeux (m.)
- le nez
- les dents (f.)
- la bouche
- la langue
- la poitrine
- l'épaule (f.)
- le coude
- le bras
- la main
- les doigts (m.)
- l'index (m.)
- le pouce
- l'ongle (m.)
- le poignet
- le ventre
- la jambe
- le genou
- la cheville
- le pied

EXERCICES ORAUX

a. Remplacez *le / la / les* par *ce / cet / cette / ces.*

le concert	l'homme	l'épaule	les genoux
les filles	la femme	la profession	le front
l'enfant	le bras	le dos	l'oreille
l'animal	la jambe	les dents	le doigt
la voiture	les cheveux	la bouche	les organes
le problème	la poitrine	le coude	les pieds
le matin	l'après-midi	l'œil	la dent
le soir	les yeux	le nez	les ongles

b. Répondez selon le modèle.

Modèle: Attends-tu cet homme? (une femme)
Non, mais j'attends cette femme.

1. Attends-tu ce taxi? (un autobus)
2. Est-ce que tu vends ce CD? (un livre)
3. Vas-tu avaler ce comprimé? (une pilule)
4. Allons-nous finir ce chapitre aujourd'hui? (un exercice)
5. Écoutes-tu ce chanteur? (une chanteuse)

c. Répondez selon le modèle.

Modèle: Rends-tu ce livre-ci?
Non, mais je rends ce livre-là.

1. Attends-tu cet autobus-ci?
2. Est-ce qu'on démolit cet hôpital-ci?
3. Vas-tu vendre cette voiture-ci?
4. Vas-tu choisir ce dentiste-là?
5. Allons-nous dans ce restaurant-ci?
6. Réponds-tu à ces questions-ci?

d. Répondez aux questions selon le modèle.

Modèle: Quelle leçon étudies-tu?
J'étudie cette leçon-ci.

1. Quels médicaments achètes-tu?
2. Quelle leçon étudiez-vous?
3. Quel cours vas-tu choisir?
4. Quel CD allons-nous écouter?
5. À quelles questions les étudiants répondent-ils?
6. Quel livre vas-tu acheter?
7. Quels patients sont en avance pour leur rendez-vous?
8. Quel enfant est malade?
9. Quelles plantes aimes-tu?

5.3 *Venir de* + infinitif (le passé immédiat)

Venir in the present tense followed by **de + infinitif** indicates that the action or event referred to by the infinitive has just taken place:

Je viens de finir ce travail.   I have just finished this work.

Il vient de téléphoner au médecin.   He has just phoned the doctor.

EXERCICES ORAUX

a. Composez des phrases au passé immédiat en combinant des éléments des deux colonnes.

les patients	téléphoner à l'hôpital
le médecin	avaler des pilules
l'infirmière	répondre au téléphone
la pharmacienne	rentrer de la clinique
je	vendre des pilules
nous	rassurer les malades
	passer une radiographie
	parler au médecin

b. Posez une question à un(e) autre étudiant(e) qui répond selon le modèle.

Modèle: tu / consulter un médecin / parler à une infirmière
Vas-tu consulter un médecin?
Non, je viens de parler à une infirmière.

1. elle / aller aux urgences / parler à un médecin au téléphone
2. vous / prendre des médicaments / prendre des vitamines
3. tu / étudier dans ta chambre / finir mes devoirs
4. ce patient / sortir de l'hôpital / avoir une opération
5. les enfants / jouer au hockey / rentrer de la piscine
6. nous / étudier le chapitre trois / finir le chapitre quatre

5.4 Les verbes irréguliers *vouloir* et *pouvoir*

vouloir (to want/to wish)				pouvoir (to be able/allowed to)			
je	veux	nous	voulons	je	peux	nous	pouvons
tu	veux	vous	voulez	tu	peux	vous	pouvez
il / elle / on	veut	ils / elles	veulent	il / elle / on	peut	ils / elles	peuvent

1) **Vouloir** may be followed by a noun or an infinitive:

   Je veux des vitamines.

   Elle veut aller aux urgences.

2) **Pouvoir** is usually followed by an infinitive. It may indicate ability to do something or permission to do something:

Pouvez-vous réparer ma voiture?	Can you (are you able to) repair my car?
Les enfants ne peuvent pas entrer dans ce cinéma.	Children are not allowed (to go) in this cinema.

EXERCICES ORAUX

a. Construisez des phrases selon le modèle.

> *Modèle:* Je veux travailler. Et toi?
>
> *Moi aussi, je veux travailler.*

1. Je veux aller à Banff. Et lui? Et toi? Et eux? Et Hélène?
2. Nous voulons manger. Et vous? Et elles? Et toi? Et Stéphane?
3. Je peux attendre cinq minutes. Et eux? Et lui? Et vous? Et elles?
4. Nous pouvons aller au cinéma. Et toi? Et Pascale? Et les enfants? Et vous?

b. Faites des phrases selon le modèle.

> *Modèle:* Robert / manger du dessert / perdre du poids
>
> *Robert ne peut pas manger de dessert; il veut perdre du poids.*

1. mes amis / aller au cinéma / finir leurs devoirs
2. je / attendre mes amies / arriver au concert à l'heure
3. nous / regarder la télé avec vous / jouer aux échecs
4. tu / perdre ton temps / devenir riche
5. mes parents / venir avec nous au restaurant / attendre leurs amis à l'aéroport
6. elle / fumer des cigarettes / rester en forme

c. Faites des phrases affirmatives ou négatives avec les éléments des trois colonnes.

les infirmières	pouvoir	guérir
les patients	vouloir	répondre aux questions
les enfants		réussir aux examens
je		passer une radiographie
la pharmacienne		aller chez le dentiste
nous		parler avec un médecin
le docteur		perdre du temps
les étudiants		attendre patiemment
		manger à la cafétéria de l'hôpital
		rester au lit

d. *Si tu veux, tu peux.* Formez des phrases selon le modèle avec des éléments des trois colonnes.

Modèle: Si ton amie *veut* de l'argent, elle *peut* travailler.

ton amie	de l'argent	aller à la plage
tu	la santé physique	consulter un médecin
nous	des distractions	aller au cinéma
le professeur	la santé mentale	rester au lit
les enfants	du plaisir	aller à la piscine
le chien	des amis	avaler des pilules
on	la paix	vendre des voitures
	le succès	jouer au poker
	la popularité	marcher dans le parc
		cultiver un jardin
		étudier

5.5 Les expressions idiomatiques avec *avoir*

avoir... ans		J'ai dix-huit ans.
(to be ... years old)		
avoir l'air	**+ adjectif**	Elle a l'air intelligent(e).*
(to seem/to	**+ de + nom**	Il a l'air d'un bandit.
look like)	**+ de + infinitif**	Ils ont l'air de travailler dur.
avoir besoin de	**+ nom**	Les étudiants ont besoin de vacances.
(to need)	**+ infinitif**	J'ai besoin de consulter un médecin.
avoir chaud / froid		J'ai chaud en été.
(to be warm/cold)		Nous avons froid en hiver.
avoir envie de	**+ nom**	As-tu envie d'un dessert?
(to feel like)	**+ infinitif**	J'ai envie de regarder ce film.
avoir faim / soif		J'ai faim; je veux un sandwich.
(to be hungry/thirsty)		Il a soif; il veut un verre de jus.
avoir hâte de	**+ infinitif**	J'ai hâte de rentrer chez moi.
(to be eager/impatient)		Elle a hâte d'avoir dix-huit ans.
avoir l'intention de	**+ infinitif**	Nous avons l'intention de
(to intend)		visiter Montréal.
avoir peur de	**+ nom**	Il a peur des maladies.
(to be afraid of)	**+ infinitif**	Ils ont peur de grossir.
avoir mal à	**+ nom**	J'ai mal à la tête / aux yeux / au
(to have a ...ache)		ventre / au dos / aux dents.
avoir raison / tort de	**+ infinitif**	J'ai raison. Toi, tu as tort.
(to be right/wrong)		Elle a raison de vouloir réussir.

* The adjective can be made to agree either with **l'air** (masculine singular) or with the subject.

EXERCICES ORAUX

a. Répondez aux questions.

1. Quel âge as-tu?
2. Quel âge a ton copain?
3. Quel âge a ta copine?
4. As-tu chaud en hiver?
5. As-tu froid en été?
6. Quand avons-nous chaud généralement?
7. Est-ce qu'on a froid dans un sauna?
8. As-tu faim à midi? à minuit?
9. Vas-tu avoir faim ce soir?
10. Est-ce qu'on a soif dans le désert?
11. Est-ce qu'on a soif après un match de tennis?

b. Répondez aux questions selon le modèle.

Modèle: As-tu envie d'un verre de bière? (d'un verre de vin)
Non, je n'ai pas envie d'un verre de bière, mais j'ai envie d'un verre de vin.

1. As-tu envie d'une nouvelle voiture? (d'une nouvelle télévision)
2. As-tu envie d'un livre? (d'un CD)
3. As-tu envie de regarder un film? (d'aller à la discothèque)
4. As-tu envie de manger un sandwich? (de manger un croissant)
5. As-tu besoin d'une aspirine? (d'un bon café)
6. As-tu besoin d'une moto? (d'une voiture)
7. As-tu besoin d'aller chez le médecin? (d'aller chez le dentiste)
8. As-tu peur du professeur? (de l'examen)
9. As-tu peur des chiens? (des serpents)
10. As-tu peur d'aller chez le dentiste? (d'avoir mal aux dents)

c. Répondez aux questions selon le modèle.

Modèle: Antoine a l'air malade. (fatigué)
Non, il a plutôt l'air fatigué.

1. Pierrette a l'air dynamique. (nerveux)
2. Guy a l'air distrait. (préoccupé)
3. Il a l'air d'un acteur de cinéma. (d'un boxeur)
4. Elle a l'air d'une avocate. (d'une pharmacienne)
5. Le chien a l'air d'avoir faim. (d'avoir soif)
6. Cet enfant a l'air d'avoir peur. (d'être fatigué)

d. Répondez aux questions.

1. As-tu l'intention de devenir riche?
2. As-tu hâte de travailler?
3. Avez-vous hâte d'avoir des vacances?
4. Avez-vous l'intention de protéger l'environnement?
5. Les gens ont-ils raison de bien manger?
6. Les femmes ont-elles tort de vouloir l'égalité?

e. Vous êtes médecin. Posez la question à un(e) autre étudiant(e).

> *Modèle:* Avez-vous mal / la tête? (les oreilles)
> *Question: Avez-vous mal à la tête?*
> *Réponse: Non, mais j'ai mal aux oreilles.*

1. Avez-vous mal / les yeux? (les sinus)
2. Avez-vous mal / le dos? (le ventre)
3. Avez-vous mal / les pieds? (les jambes)
4. Avez-vous mal / la tête? (les yeux)
5. Avez-vous mal / les genoux? (les chevilles)
6. Avez-vous mal / les bras? (les coudes)
7. Avez-vous mal / le cou? (la tête)
8. Avez-vous mal / le ventre? (la poitrine)
9. Avez-vous mal / l'estomac? (la tête)
10. Avez-vous mal / le cœur? (la poitrine)

f. Faites des phrases à partir des éléments donnés.

> *Modèle:* Il / avoir peur / vieillir
> *Il a peur de vieillir.*

1. Isabelle / avoir hâte / rentrer chez elle
2. Vous / avoir raison / consulter un médecin
3. Les étudiants / avoir l'air / aimer ce cours
4. Tu / avoir tort / perdre ton temps
5. Je / avoir l'intention / perdre du poids
6. Nous / avoir envie / réussir

✏ EXERCICES ÉCRITS

a. Mettez le verbe à la forme correcte.

1. Ils _____ l'autobus numéro 38. (attendre)
2. Elle _____ un bruit bizarre. (entendre)
3. Je _____ ma vieille auto. (vendre)
4. Hubert _____ souvent la tête. (perdre)
5. Nous _____ à sa lettre. (répondre)
6. Tu _____ le livre à Jean. (rendre)
7. Il _____ un taxi. (attendre)
8. Lise et Jeanne _____ la musique. (entendre)

b. Posez la question avec l'adverbe interrogatif approprié (*où / quand / comment / pourquoi*) et en employant l'inversion.

> *Modèle:* Il attend l'autobus *devant l'hôpital.*
> *Où attend-il l'autobus?*

1. Il perd son temps *dans les discothèques.*
2. On vend des médicaments *à la pharmacie.*
3. Elle répond *correctement* aux questions du médecin.
4. Il vend ses livres *parce qu'il a besoin d'argent.*
5. Les cours finissent *à dix-sept heures.*

c. Employez l'impératif et dites à un(e) ami(e) de…

1. rendre le disque à son amie.
2. ne pas perdre l'ordonnance du médecin.
3. attendre l'arrivée du médecin.
4. répondre à la question de l'infirmière.
5. ne pas vendre sa belle voiture.

d. Remplacez *le / la / les* par *ce / cet / cette / ces*.

la pilule	les jambes	la pharmacienne	le malade
le pied	la gorge	l'infirmière	la malade
la tête	le médecin	l'enfant	l'étudiant
le dos	la spécialiste	les adultes	les maladies

e. Mettez les verbes *pouvoir* et *vouloir* à la forme correcte.

pouvoir

1. Tu _____ partir avant midi.
2. Nous_____ attendre madame Gagnon.
3. Vous_____ répondre à la question.
4. Elle_____ entendre la conversation.
5. Je_____ finir l'exercice.
6. Ils_____ inviter leurs amis.

vouloir

1. Je _____ aller à l'hôpital.
2. Nous _____ regarder un film à la télé.
3. Ils _____ finir les devoirs après la classe.
4. Elles _____ un comprimé.
5. Tu _____ une bière.
6. Il _____ une nouvelle ordonnance.

f. Répondez aux questions par des phrases complètes.

1. Est-ce que tu veux travailler ce soir?
2. Est-ce que vous voulez venir aux urgences?
3. Pouvons-nous finir ce chapitre aujourd'hui?
4. Peux-tu entrer dans les discothèques?
5. Veux-tu aller à la clinique ce soir?
6. Voulez-vous venir au restaurant avec moi?
7. Est-ce que les enfants veulent jouer au hockey?
8. Est-ce que les étudiants veulent réussir aux examens?
9. Veux-tu perdre du poids?
10. Veux-tu perdre ton argent dans les casinos?
11. Peux-tu jouer de la guitare? du piano? du violon?
12. Peux-tu aller sur Mars?
13. Tes parents veulent-ils venir dans notre classe?
14. Voulez-vous réussir à l'examen de français?
15. Pourquoi veux-tu étudier la médecine?
16. Où veux-tu aller ce soir?
17. Quelle sorte de voiture veux-tu?
18. Quand vas-tu pouvoir aller à Montréal?
19. À quelle heure peux-tu rentrer chez toi?
20. Où peut-on regarder un film?

g. Répondez aux questions selon le modèle.

Modèle: Est-ce que tu vas à la bibliothèque?
Non, je viens d'aller à la bibliothèque.

1. Est-ce que tu regardes un film?
2. Est-ce que Monique finit son travail?
3. Est-ce que vous réfléchissez à cette question?
4. Est-ce que les enfants écoutent la radio?
5. Est-ce qu'il vend sa voiture?

h. Complétez les phrases avec imagination.

> *Modèle:* Quand je suis fatigué(e), je... (avoir mal à)
> *Quand je suis fatigué(e), j'ai mal aux yeux.*

1. Quand je suis à la discothèque, je... (avoir envie de)
2. J'admire Renée parce qu'elle... (avoir l'air de)
3. Je veux rentrer chez moi parce que je... (avoir hâte de)
4. Quand on est fatigué, on... (avoir besoin de)
5. Demain, je... (avoir l'intention de)
6. Solange ne veut pas être malade parce qu'elle... (avoir peur de)
7. On va chez le dentiste quand on... (avoir mal à)

i. Répondez aux questions par des phrases complètes.

1. Quel âge as-tu?
2. Quel âge a le professeur?
3. Quand est-ce que tu as chaud / soif / faim / froid?
4. Quand as-tu peur?
5. Quand as-tu mal à la tête?
6. Quelle voiture as-tu envie d'avoir?
7. Quelle ville as-tu l'intention de visiter?
8. De quoi as-tu hâte?
9. Quand as-tu l'air intelligent / important / malade / stupide?
10. De quoi as-tu besoin présentement?

Lecture
La santé... en huit points

Si vous suivez les conseils des experts de la santé, vous avez sûrement à la maison du jus de canneberge, des vitamines, des minéraux, du son d'avoine, de l'ail et d'autres produits semblables. Vous disposez aussi d'une liste de choses à manger le mardi et non le jeudi, d'aliments à combiner et d'autres à éviter. Entre les rendez-vous d'affaires, les visites chez le médecin, les deux soirées de yoga par semaine, la leçon de Tai-Chi ou de workout du samedi et la séance de thérapie du vendredi, vous avez l'intention d'entreprendre un régime. Certains jours, vous arrive-t-il d'avoir envie d'arrêter tout ça?

Sans rejeter toutes les suggestions, il est possible de mettre de côté certaines extravagances et d'adopter un mode de vie sain et équilibré. Rappelez-vous qu'un mode de vie sain est un retour à l'essentiel; comblez les véritables besoins de votre corps et de votre esprit. Voici les huit points essentiels à surveiller:

1) Prenez un petit déjeuner.

Votre organisme a besoin de nourriture le matin. Un bon petit déjeuner comprend un fruit, un produit laitier, des protéines (viande, œufs, fromage ou beurre d'arachides), des glucides et des fibres sous la forme de céréales, de pain ou de muffin de blé entier.

2) Consommez des fruits et des légumes frais.

Les aliments à l'état naturel renferment davantage de vitamines et de minéraux. Certaines fibres des fruits et des légumes contribuent à la réduction du cholestérol. De plus, le bêta-carotène présent dans ces aliments prévient le cancer.

3) Des vitamines et des minéraux.

Un régime équilibré procure tous les minéraux et vitamines dont vous avez besoin. Si vous ne mangez pas de viande rouge, choisissez des grains et des légumineuses.

4) Des aliments riches en fibres.

Le pain, les céréales de grains entiers, les fruits et les légumes sont tous d'excellentes sources de fibres.

5) Buvez beaucoup d'eau.

De nombreuses personnes sont déshydratées sans le savoir. Une règle simple consiste à boire un verre de liquide non-caféiné à chaque repas. Avant l'exercice, un verre d'eau glacée et après l'exercice, un verre d'eau tiède.

6) Faites de l'exercice régulièrement.

L'exercice renforce le cœur, les poumons et les muscles. Donc, marchez, faites du jogging, ramez ou nagez pendant au moins vingt minutes à un taux de 60 à 85% de votre capacité maximale d'effort, de trois à cinq fois par semaine.

7) Riez et profitez de la vie.

Pour être en santé, le bonheur est un élément de base. Alors riez avec vos parents, vos amis, les personnes qui vous aiment, voilà l'important.

8) Cherchez à vous épanouir.

S'occuper des autres, consacrer du temps aux jeunes, à de vieux parents, à une œuvre de charité; tout ça est une garantie de bonne santé mentale et physique.

Extrait du magazine *Châtelaine*

affaires (f.)	business
ail (m.)	garlic
aliment (m.)	food
apporter	to bring
arrêter	stop
avoine (f.)	oats
blé (m.)	wheat
boire	to drink
bonheur (m.)	happiness
canneberge (f.)	cranberry
chaque	each
combler	to fill in
comprendre	to include
consacrer	to devote
conseil (m.)	advice
chose (f.)	thing
davantage	even more
devoir	to have to
eau (f.)	water
entier, ière	whole
entreprendre	to begin
entouré(e)	surrounded
épanouir	to open out
équilibré(e)	well-balanced
esprit (m.)	mind
état (m.)	state
éviter	to avoid
frais, fraîche	fresh
glacé(e)	iced
goût (m.)	taste
laitier, ière	dairy (product)
légumineuse (f.)	leguminous plant, legume
mettre	to put
mode (m.)	way
nager	to swim
nourriture (f.)	food
pain (m.)	bread
pendant	during
prendre	to take

prévenir	to prevent	**sentiment** (m.)	feeling
procurer	to supply	**(se) sentir**	to feel
ramer	to row	**signifier**	to mean
régime (m.)	diet	**simplement**	simply
règle (f.)	rule	**son** (m.)	bran
rejeter	to reject	**suivre**	to follow
renfermer	to contain	**surveiller**	to watch
renforcer	to reinforce	**taux** (m.)	rate
retour (m.)	return	**tiède**	lukewarm
rire	to laugh	**véritable**	real
sans	without	**viande** (f.)	meat
savoir	to know	**vie** (f.)	life
séance (f.)	session	**vivre**	to live
semblable	similar		

QUESTIONS

1. Qu'est-ce que vous avez à la maison si vous suivez les conseils des experts?
2. Qu'est-ce qu'il y a sur votre liste?
3. Quelles autres activités avez-vous aussi?
4. Est-il nécessaire d'écouter les experts? Que vous propose-t-on à la place?
5. De quoi avez-vous besoin le matin?
6. Pourquoi les fruits et les légumes?
7. Où trouve-t-on des minéraux? Et des fibres?
8. Quelle quantité d'eau doit-on boire à chaque repas?
9. Pourquoi faire de l'exercice?
10. Quels autres conseils donne-t-on pour être en bonne santé?

SITUATIONS – CONVERSATIONS

1. *Une visite chez le médecin.* Un(e) étudiant(e) joue le rôle du médecin et deux autres jouent les rôles de la secrétaire et de la patiente / du patient. Inspirez-vous du modèle ci-dessous.

   a) (*Avec la secrétaire du médecin*)

SECRÉTAIRE:	Bonjour Monsieur.
PATIENT:	Bonjour, je suis Louis Dupras et j'ai rendez-vous à 7 h 00 avec le docteur Lafontaine.
SECRÉTAIRE:	Est-ce que c'est votre première visite? Est-ce que vous avez un dossier ici?
PATIENT:	Oui, c'est ma première visite et je n'ai pas de dossier.
SECRÉTAIRE:	Votre carte d'assurance-santé, s'il vous plaît.
PATIENT:	Voici ma carte.
SECRÉTAIRE:	Passez à la salle d'attente. Le docteur va vous appeler dans quelques minutes.
PATIENT:	Très bien, merci.

b) (*Avec le médecin*)

LE MÉDECIN:	Bonjour Monsieur. Quel est l'objet de votre visite?
PATIENT:	Bonjour Docteur. Eh bien, j'ai mal à la tête et à la gorge. Je tousse, j'ai le nez bouché et j'ai aussi mal aux oreilles.
LE MÉDECIN:	Eh bien, ce n'est pas grave. Vous avez une grippe. Voici une ordonnance et vous allez revenir dans quinze jours.
PATIENT:	Très bien, merci Docteur. Au revoir.
Autres symptômes:	Je tousse, je respire mal, j'étouffe. J'ai mal au cœur. J'ai une douleur dans la poitrine. J'ai de la fièvre. J'ai des étourdissements, je perds connaissance.
Autres maladies:	le rhume, la grippe, une pneumonie, une bronchite.
Des médicaments:	des aspirines, du sirop, des antibiotiques, des onguents.

2. Qu'est-ce qu'on peut faire avec... (What can you do with …)

les yeux? le nez? la bouche? l'estomac? les pieds? les jambes? les poumons? les mains? les oreilles? les doigts? les bras?

Modèle: Avec la tête, je pense.

(Verbes: respirer, digérer, marcher, entendre, embrasser, écouter, regarder, goûter, travailler, jouer d'un instrument, etc.)

3. Décrivez votre animal favori.

J'aime les chats / les chiens / les souris / les vaches / les écureuils / les lions / les tigres / les girafes / les éléphants / les kangourous, etc.

Le pelage (fur) est blanc / brun / noir, avec des raies / des taches / des couleurs différentes, etc.
Le cou est très long / court / étroit / large, etc.
La queue (tail) est longue / courte / épaisse, etc.
Les pattes (legs) sont longues / courtes, etc.
Le museau, la gueule (mouth) est rond(e) / pointu(e), etc.

4. Pour rester en bonne santé, on a besoin...

de manger des fruits, de respirer de l'air pur, de consulter un médecin, de manger modérément, d'éviter l'alcool, de marcher plusieurs heures par jour, de jouer d'un instrument de musique, de surveiller son alimentation, de faire du sport, de ne pas fumer, etc.

COMPOSITIONS

1. Vous êtes malade. Écrivez une courte lettre à votre professeur pour expliquer la situation.
2. Quelles sont les mauvaises habitudes qui sont nuisibles à votre santé?
3. Décrivez un régime de vie recommandé pour rester en bonne santé.

PRONONCIATION

(Students can listen to the audio track for this exercise on MyFrenchLab; instructors will find it on CD 2, Track 11.)

Contraste i, u, ou (/i/ − /y/ − /u/)

1) La voyelle i (/i/)

Répétez d'après le modèle:

ris	petit	image	amiral
si	radis	idée	habiter
mi	mardi	idem	politique
dit	lundi	arriver	

2) La voyelle u (/y/)

(Bring your tongue to the front as for /i/, but round the lips.)

Répétez d'après le modèle:

dit / du	mi / mu	lit / lu	débit / début
ni / nu	pis / pu	pli / plu	habit / abus
si / su	riz / rue	bris / bru	pari / paru
fi / fut	vit / vu	cri / cru	écrit / écru

Répétez d'après le modèle. (Try not to say **biu, miu, piu**.)

bu	buvez	rébus	amusant
pu	pudique	repu	rebuter
mû	musique	ému	débuter

3) La voyelle ou (/u/)

(Rounded lips as for /y/, but bring your tongue towards the back; for /y/, the tongue is pushed towards the front.)

Répétez d'après le modèle:

tu / tout	mu / mou	bru / broue
bu / bout	pu/ pou	truc / trouve
rue / roue	vu / vous	bulle / boule
du / doux	nu / nous	furet / fourré

4) Contraste /i/ − /y/ − /u/

Répétez d'après le modèle:

vit / vu / vous	pis / pu / pou	mi / mue / mou
rit / rue / roux	fit / fût / fou	ni / nu / nous
si / su / sous	dit / du / doux	lit / lu / loue

 **WEBLINKS**

Idioms with *avoir*
www.experiencelanguage.co.uk/brushup/avoir.jsp

Demonstrative adjectives
http://french.about.com/library/weekly/aa012900t.htm

Vocabulary—body parts
http://lexiquefle.free.fr/vocab.swf
www.kn.att.com/wired/fil/pages/listlespartml.html

Health Canada—*Santé Canada*
www.youth.gc.ca/yosubcat.jsp?&lang=fr&geo=0&flash=1&ta=1&cat=4

Health and fitness
www.bbc.co.uk/education/languages/french/experience/health/index.shtml

 Visit MyFrenchLab at www.MyFrenchLab.com to access additional resources such as audio tracks, oral practice, the *cahier de laboratoire*, and self-grading quizzes.

CHAPITRE **6**

Le magasinage et la mode

Thèmes

- Les vêtements
- Dans un magasin de vêtements
- La mode
- Exprimer les quantités
- Exprimer l'obligation, la probabilité, l'intention
- Poser des questions avec *qui, que*

Lecture

Quels vêtements porter au Québec?

Grammaire

6.1 Modifications orthographiques de quelques verbes réguliers en *-er*

6.2 *Amener — apporter — emmener — emporter*

6.3 L'article partitif

6.4 Le verbe irrégulier *devoir*

6.5 Les pronoms interrogatifs *qui* et *que*

6.6 Construction — verbe + infinitif

6.7 Les pronoms relatifs *qui* et *que*

VOCABULAIRE UTILE

Noms

achat (m.)	purchase	**repos** (m.)	rest
anniversaire (m.)	birthday	**robe** (f.)	dress
argent (m.)	money	**sucre** (m.)	sugar
bouteille (f.)	bottle	**supermarché** (m.)	supermarket
châle (m.)	shawl	**vendeur, vendeuse**	salesclerk
chaleur (f.)	heat	**vêtement** (m.)	piece of clothing
chance (f.)	luck	**vitrine** (f.)	display window
commentaire (m.)	comment	**voyage** (m.)	travel, trip
complet (m.)	suit		
conférencier,		**Adjectifs**	
conférencière	lecturer, speaker	**compliqué(e)**	complicated
couture (f.)	sewing	**déprimé(e)**	depressed
couturier (m.)	fashion designer	**sale**	dirty
eau (f.)	water		
foulard (m.)	scarf	**Verbes**	
fromage (m.)	cheese	**blesser**	to hurt, to injure
magasin (m.)	store		
magasinage (m.)	shopping	**emprunter**	to borrow
mode (f.)	fashion	**fermer**	to close
moutarde (f.)	mustard	**féliciter**	to congratulate
ombre (f.)	shadow; shade	**rencontrer**	to meet
pain (m.)	bread		
poulet (m.)	chicken	**Expressions**	
récompense (f.)	reward	**comptant: payer —**	to pay cash
repas (m.)	meal	**courses: faire des —**	to go shopping
		mode: à la —	fashionable

GRAMMAIRE ET EXERCICES ORAUX

6.1 Modifications orthographiques de quelques verbes réguliers en *-er*

Spelling changes before silent endings (*-e, -es, -ent*)

1) In verbs like **acheter** (to buy), **amener** (to bring), **emmener** (to take), the letter **e** that precedes the final consonant in the stem takes an **accent grave (è)** before a silent ending:

j'ach**è**te, tu ach**è**tes, il ach**è**te, ils ach**è**tent

but nous achetons, vous achetez

2) In verbs like **préférer** (to prefer), **espérer** (to hope), **répéter** (to repeat), **précéder** (to precede), the **accent aigu** over the **e** that precedes the final consonant in the stem changes to an **accent grave** before a silent ending:

 je préfère, tu préfères, il préfère, ils préfèrent

 but nous préférons, vous préférez

3) In verbs like **appeler** (to call; to telephone) and **jeter** (to throw; to throw away), the final consonant in the stem is doubled before a silent ending:

 j'appelle, tu appelles, il appelle, ils appellent

 but nous appelons, vous appelez

 je jette, tu jettes, il jette, ils jettent

 but nous jetons, vous jetez

4) In verbs ending in **-yer**, the **y** changes to **i** before a silent ending. (In verbs ending in **-ayer**, like **payer**, the **y** may be retained as an optional spelling.)

ennuyer (to bore/to bother):	**payer** (to pay for):
j'ennuie, tu ennuies, il ennuie, ils ennuient	je paie, tu paies, il paie, ils paient
but nous ennuyons, vous ennuyez	*but* nous payons, vous payez

Verbs ending in *-ger* and *-cer*

1) With verbs whose stems end in **g** like **manger** (to eat) or **obliger** (to force/to compel), whenever the ending does not begin with **e** or **i**, the letter **e** must be inserted between the stem and the ending, as in the **nous** form of the present tense:

 nous mangeons, nous obligeons

2) With verbs whose stems end in **c**, like **commencer** (to begin) or **agacer** (to bother/to irritate), a **cédille** must be placed under the letter **c (ç)** whenever the ending does not begin with **e** or **i**, as in the **nous** form of the present tense:

 nous commençons, nous agaçons

 EXERCICES ORAUX

a. Substituez au sujet les mots entre parenthèses.

1. Lucien appelle le vendeur chez lui. (tu, elles, vous, je, nous)
2. André jette de vieux souliers. (je, ils, l'étudiant, nous)
3. Tu espères une récompense. (vous, elles, Suzanne, je)
4. Elles achètent des vêtements. (vous, je, nous, Lucien)
5. Ils paient comptant. (nous, tu, Juliette, je)

b. Posez une question à un(e) autre étudiant(e) à partir des éléments donnés.
L'autre étudiant répond.

> *Modèle:* Quand / tu / acheter / des bottes
> *Quand achètes-tu des bottes?*
> *J'achète des bottes en hiver / quand j'ai froid, etc.*

1. Pourquoi / tu / jeter tes vieux vêtements
2. Pourquoi / on / acheter à crédit
3. Quand / on / emmener son chien chez le vétérinaire
4. Où / tu / amener ton ami(e) pour son anniversaire
5. Quand / vous / jeter vos notes de cours
6. Quand / vous / répéter après le professeur
7. À quelle heure / le cours de français / commencer
8. Quand / nous / ennuyer nos amis
9. À quelle heure / tu / espérer rentrer chez toi ce soir
10. Comment / tu / payer tes achats dans les magasins
11. Quand / les enfants / agacer leurs parents
12. À quelle heure / tu / préférer dîner
13. Quand / les examens / commencer
14. Quand / tu / appeler / tes parents
15. Quand / vous / appeler / la police
16. Où / tu / préférer magasiner
17. Quand / il / amener son ami(e) au restaurant
18. Quand / nous / emmener le professeur au restaurant
19. Quand / le verbe / précéder le sujet en français
20. Quand / nous / commencer le chapitre sept

c. Répondez aux questions selon le modèle.

> *Modèle:* J'achète des vêtements. Et vous? (des CD)
> *Nous, nous achetons des CD.*

1. Je mange un sandwich. Et vous? (un biscuit)
2. Je commence une nouvelle leçon. Et vous? (un nouveau cours)
3. Je jette mes vieux tapis. Et vous? (nos vieux vêtements)
4. Je préfère la bière. Et vous? (le vin)
5. J'espère aller à Montréal demain. Et vous? (pouvoir jouer au tennis)
6. J'appelle mes parents. Et vous? (nos amis)

6.2 *Amener — apporter — emmener — emporter*

amener (une personne/un animal)
apporter (une chose)
} to bring (along)

emmener (une personne/un animal)
emporter (une chose)
} to take (along)

David amène sa petite amie chez lui.
Sylvie emmène son chien chez le vétérinaire.
J'apporte une bouteille de vin pour le repas.
Quand il va en voyage, il emporte un imperméable.

 EXERCICES ORAUX

a. Répondez aux questions par des phrases complètes.

1. Est-ce que vous amenez vos amis chez vous?
2. Est-ce que tu emportes des livres de la bibliothèque?
3. Quelles choses est-ce que vous apportez au cours de français?
4. Où amène-t-on une personne blessée?
5. Où amène-t-on un animal blessé?
6. Quelle(s) personne(s) emmenez-vous à la discothèque?
7. Quels vêtements est-ce que tu emportes quand tu pars en voyage?
8. Quand emmène-t-on une personne chez le médecin?
9. Quelles choses est-ce que tu apportes à un ami malade?
10. Quels vêtements apportez-vous à la plage?

b. Complétez la phrase par le verbe (*amener / apporter / emmener / emporter*) qui convient.

1. Au revoir, Pierre. Je rentre chez moi. Est-ce que je peux _____ ce CD?
2. Revenez chez nous demain. Vous pouvez _____ vos amis.
3. Reste au lit: Je vais _____ tes médicaments.
4. Gilbert va aller en Italie. Il a l'intention d'_____ sa famille avec lui.

6.3 L'article partitif

Forms of the partitive article

du   before a masculine singular noun beginning with a consonant

de la before a feminine singular noun beginning with a consonant

de l'   before a masculine or feminine noun beginning with a vowel sound

des   before a plural noun

1) The partitive article is used before singular mass nouns (referring to items that are not countable): **de l'argent**, **de la musique**, **du mérite**. The plural form of the partitive article is used before countable nouns (**des fleurs**) and nouns that are always plural, like **des gens** (people). The partitive article is used when referring to an undetermined amount of the item mentioned, and thus corresponds to "some" or "any." While "some" and "any" are frequently omitted in English, in French the partitive article must be stated:

Je veux de la salade.	I want (some) salad.
Elle mange du pain.	She is eating (some) bread.
Ils regardent des photos.	They are looking at (some) pictures.

2) When they precede a noun that is the direct object of a verb, all forms of the partitive article are reduced to **de** after a negative expression such as **ne... pas**:

J'ai **de l'**argent.	⟶	Je n'ai pas **d'**argent.
Elle écoute **de la** musique.	⟶	Elle n'écoute pas **de** musique.

This change does not occur after a verb like **être**, which is not a transitive verb (that is, it does not take a direct object):

> Ce sont **des** gens intelligents.
> Ce ne sont pas **des** gens intelligents.

3) The use of the partitive article must be clearly distinguished from that of the definite article. The definite article is used when speaking about a particular item or with nouns used abstractly or in a general sense. The partitive article is used when speaking about an undetermined amount of the item to which the noun refers. Do not be confused by the fact that, in English, articles are not usually placed before abstract nouns, or that "some" is frequently omitted before nouns.

Compare:

She likes plants.	Elle aime **les** plantes.
She buys plants.	Elle achète **des** plantes.
Talent is a gift.	**Le** talent est un don.
He has talent.	Il a **du** talent.

 ## EXERCICES ORAUX

a. Répondez aux questions affirmativement et négativement.

Est-ce que tu as...
1. de l'argent?
2. de la chance?
3. de l'ambition?
4. du courage?

5. du talent?

6. de la patience?

7. de l'enthousiasme?

8. de la ténacité?

9. de l'imagination?

10. de l'énergie?

Est-ce que tu manges...

11. de la salade?

12. du fromage?

13. du pain?

14. du porc?

15. du bœuf?

16. de la moutarde?

Est-ce que tu veux...

17. du vin?

18. de la bière?

19. du café?

20. du thé?

21. du whisky?

22. de la vodka?

23. de l'eau?

24. de la limonade?

b. Employez les mots indiqués d'après le modèle.

Modèle: Je n'ai pas... mais j'ai...

Je n'ai pas d'argent, mais j'ai de l'ambition.

du courage, de l'enthousiasme, de l'énergie, du talent, de l'ambition, de la chance, de la patience, du tact, de la ténacité, de l'imagination, de l'intuition

c. Changez l'article défini en article partitif.

le respect	la lumière	l'ombre
l'amabilité	le sel	l'obscurité
l'eau	le sucre	le poulet
la neige	l'air	la moutarde

d. Mettez à la forme négative.

1. Elle mange de la salade.
2. Il a de l'argent.
3. C'est de la moutarde.
4. Ils invitent des gens intéressants.
5. J'entends du bruit.
6. Elle écoute du jazz.
7. Nous avons de la patience.
8. J'apporte de la vodka.
9. Tu as de la patience.
10. Il veut du café.
11. Elle achète du porc.
12. Elle prépare de la soupe.

e. Article défini ou article partitif? Complétez les phrases suivantes en employant l'article approprié.

1. J'aime _____ salade. Je mange _____ salade tous les jours.

2. As-tu _____ patience? _____ patience est une vertu.

3. Voulez-vous acheter _____ café? _____ café de Colombie est excellent.

4. Pas de fromage pour moi, merci. Je vais manger _____ dessert. Je ne digère pas _____ fromage.

5. _____ chance de Suzanne est extraordinaire. As-tu _____ chance, toi aussi?

6.4 Le verbe irrégulier *devoir*

Présent de l'indicatif

je	dois		nous	devons
tu	dois		vous	devez
il / elle / on	doit		ils / elles	doivent

1) **Devoir** followed by a noun may mean "to owe":

Je dois dix dollars à mon ami.

I owe my friend ten dollars.

2) In the present tense, and followed by an infinitive, **devoir** may express

a) necessity or obligation (must/to have to):

Nous devons rendre les livres à la bibliothèque.

We must return the books to the library.

On doit payer ses dettes.

One must pay one's debts.

b) probability (must):

Il doit avoir chaud après ce match.

He must be hot after that match.

c) intention or expectation (to be supposed to):

Je dois rencontrer Marie au centre commercial ce soir.

I am supposed to meet Mary at the shopping centre tonight.

Il doit arriver cet après-midi.

He is supposed to arrive this afternoon.

EXERCICES ORAUX

a. Changez la forme du verbe selon le sujet entre parenthèses.

1. Je dois emprunter de l'argent. (tu / elle / nous / vous)

2. Il doit être fatigué après le magasinage. (ils / vous / les touristes / elle)

3. Elle doit arriver demain soir. (tu / il / nous / les enfants)

b. Répondez à la question.

1. Est-ce que tu dois de l'argent à la banque?
2. À quelle heure le magasin doit-il fermer?
3. Quand devons-nous avoir l'examen?
4. Est-ce que vous devez rendre des livres à la bibliothèque?
5. Dois-tu retrouver tes amis après le cours?
6. Les vendeurs doivent-ils être enthousiastes?
7. Le professeur doit-il être intéressant?
8. Est-ce que je dois essayer la chemise?
9. Est-ce que tu dois de l'argent à tes parents?
10. Devons-nous répéter cet exercice?

c. Répondez aux questions d'après le modèle.

Modèle: À quelle heure Armand arrive-t-il? (à cinq heures)
Armand doit arriver à cinq heures.

1. À quelle heure rentres-tu chez toi?
2. À quelle heure vas-tu à la bibliothèque?
3. À quelle heure la classe finit-elle?
4. Quand vas-tu à Shawinigan?
5. Quand vas-tu chez le médecin?
6. Quand rencontres-tu tes amis?
7. Pourquoi vas-tu à la pharmacie?
8. Qu'est-ce que tu étudies ce soir?
9. Retournes-tu au magasin bientôt?
10. Quand joues-tu au badminton?

d. Transformez les phrases selon le modèle.

Modèle: Le professeur est fatigué après la classe.
Oh! oui, il doit être fatigué.

1. Hélène a chaud après ce match de tennis.
2. Les enfants ont peur après ce film.
3. Le chien a soif après cette promenade.
4. Elle est déprimée après cet examen difficile.
5. Nous parlons français après les cours.
6. Il a envie d'un bon café après ce gros repas.
7. Tu es fatiguée après ce long magasinage.
8. Édouard est nerveux après cet accident.
9. Vous êtes en forme après les exercices.
10. Tu as besoin de repos après ces examens.

e. *Pouvoir et devoir.* Répondez aux questions selon le modèle.

Modèle: Peux-tu jouer avec nous? (étudier)
Non, je dois étudier.

1. Peux-tu aller au magasin? (finir un devoir)
2. Est-ce que je peux emprunter ton parapluie? (emporter avec moi)
3. Pouvez-vous attendre l'autobus avec nous? (rentrer à la maison tout de suite)
4. Les enfants peuvent-ils regarder la télévision? (aller au lit)
5. Est-ce que Paul peut emmener le chien chez le vétérinaire? (aller à son cours)
6. Est-ce que nous pouvons jouer au badminton ce soir? (aller au centre commercial)

6.5 Les pronoms interrogatifs *qui* et *que*

Qui

To ask a question about a person, the interrogative pronoun **qui** is used.

1) To ask the identity of a person, use **Qui est-ce**:

    Qui est-ce?   C'est Bernard.

                         C'est le professeur.

                         C'est le père de Léonard.

                         Ce sont mes voisins.

2) **Qui** may be used as the subject of an interrogative sentence:

    Qui joue du piano? — Moi, je joue du piano.

    Qui veut aller au centre-ville? — Suzanne et Pierre veulent aller au centre-ville.

3) **Qui (+ inversion)** or **Qui est-ce que (qui + est-ce que)** may also be used as the direct object of a verb:

    Qui regardes-tu? — Je regarde la vendeuse.

    Qui est-ce que vous écoutez? — Nous écoutons le professeur.

Que

The interrogative pronoun **que** is used to ask a question about a thing.

1) To ask someone to identify or name something, use **Qu'est-ce que c'est**:

    Qu'est-ce que c'est?   C'est un veston.

                              Ce sont des chaussures.

2) **Qu'est-ce qui (que + est-ce qui)** is used as the subject of an interrogative sentence:

    Qu'est-ce qui est sur la table? — C'est mon châle.

    Qu'est-ce qui fatigue René? — C'est la chaleur.

3) **Que (+ inversion)** or **Qu'est-ce que (que + est-ce que)** are used as direct object of the verb:

    Que regardes-tu? — Je regarde la robe de cette femme.

    Qu'est-ce que tu écoutes? — J'écoute un opéra.

 EXERCICES ORAUX

a. Utilisez *Qui est-ce?* ou *Qu'est-ce que c'est?* d'après les modèles.

    Modèles: C'est mon ami.   Ce sont des insectes.

    Qui est-ce?   *Qu'est-ce que c'est?*

1. C'est le professeur de Lucien.
2. C'est une bouteille.
3. Ce sont des robes.
4. C'est un couturier.
5. C'est Mme Barrault.

6. Ce sont des étudiants en médecine.
7. Ce sont des poulets.
8. C'est mon père.
9. C'est Mila.
10. C'est un foulard.

b. Posez la question appropriée d'après les modèles.

Modèles: J'écoute du jazz.   Elle écoute Claude.

Qu'est-ce que tu écoutes?   *Qui écoute-t-elle?*

1. Elle mange de la crème glacée.
2. Elle veut des vêtements.
3. Nous écoutons le couturier.

4. Je vais rencontrer une amie de Jean.
5. Ils emportent leurs récompenses.
6. J'emmène ma mère au défilé de mode.

c. Posez la question appropriée d'après les modèles.

Modèles: Ma cravate est sous la chaise.   Luc joue aux échecs.

Qu'est-ce qui est sous la chaise?   *Qui joue aux échecs?*

1. Ces vendeuses travaillent dans une boutique.
2. Ces vêtements coûtent cher.
3. Hélène vient d'arriver.

4. Ce complet est élégant.
5. Charles va acheter une chemise.
6. Les examens fatiguent les étudiants.

d. Complétez la phrase interrogative avec *Qu'est-ce qui* ou *Qu'est-ce que.*

1. _____ agace le professeur?
2. _____ tu vas acheter au magasin?
3. _____ tes amis vont apporter au pique-nique?
4. _____ nous devons porter pour aller à cette réception?

5. _____ ennuie les enfants?
6. _____ est sous la table?
7. _____ vous voulez acheter?
8. _____ précède le verbe dans la phrase?

6.6 Construction — verbe + infinitif

Certain verbs expressing a sentiment, wish, movement, or perception are frequently followed by an infinitive.

1) Verbs expressing like, dislike, or preference:

aimer	**Elle aime dessiner.**
	She likes to draw.
adorer	**J'adore regarder les vitrines.**
	I love to look in the display windows.
aimer mieux	**J'aime mieux jouer que travailler.**
	I would rather play than work.

préférer   **J'aime les vêtements à la mode, mais je préfère porter des vêtements confortables.**
I like fashionable clothes but I prefer to wear comfortable clothes.

détester   **Il déteste aller dans les magasins.**
He hates going into stores.

2) Verbs expressing a wish:

désirer   **Elle désire avoir des enfants.**
She wants to have children.

espérer   **J'espère aller au Mexique.**
I hope to go to Mexico.

souhaiter   **Il souhaite devenir couturier.**
He would like to become a fashion designer.

3) **pouvoir, vouloir,** and **devoir**:

pouvoir   **Pouvez-vous réparer ma jupe?**
Can you fix my skirt?

vouloir   **Il veut danser avec Béatrice.**
He wants to dance with Beatrice.

devoir   **On doit regarder ce film.**
We must watch this film.

4) **aller** and **venir**:

aller   **Va acheter un foulard.**
Go *and* buy a scarf.

venir   **Viens écouter ce CD.**
Come *and* listen to this CD.

5) Other verbs like

penser*   **Je pense aller en vacances aux États-Unis.**
I intend to spend my vacation in the United States.

compter   **Il compte arriver ce soir.**
He expects to arrive tonight.

✳ Note:

1) Verbs of perception like *écouter, entendre,* and *regarder* may be followed by an infinitive clause. The subject of the infinitive is different from the subject of the verb of perception.

Elle écoute son ami jouer.
Elle écoute son ami jouer de la guitare.

* **Penser** usually means "to think." Followed by an infinitive, it is equivalent to "to intend to" or "to expect to."

Nous entendons les étudiants répéter.

Nous entendons les étudiants répéter la phrase.

2) If the infinitive is not followed by an object, its subject may come after rather than before it:

Elle écoute jouer son ami.

Nous entendons répéter les étudiants.

EXERCICES ORAUX

a. Répondez aux questions.

1. Est-ce que vous désirez apprendre la couture?
2. Est-ce que tu aimes mieux aller dans les boutiques ou au centre commercial?
3. Détestes-tu travailler?
4. Espérez-vous réussir vos études?
5. Est-ce que tu adores aller au concert?
6. Comptes-tu acheter un chapeau?
7. Souhaites-tu rencontrer le premier ministre?

b. Dites à un(e) autre étudiant(e) de...

1. venir regarder la télévision.
2. aller rendre ses livres à la bibliothèque.
3. venir manger chez vous.
4. aller acheter une ceinture.
5. venir écouter vos CD.
6. aller chercher ses lunettes.

c. Transformez les phrases d'après le modèle.

Modèle: Elle écoute son ami. Son ami chante.

Elle écoute son ami chanter.

1. Luc regarde Sylvie. Sylvie danse.
2. Les étudiants écoutent le professeur. Le professeur parle.
3. J'entends mon voisin. Il joue du piano.
4. Entends-tu Lise? Elle répond à la directrice.
5. Je veux regarder Marc. Marc joue au football.
6. Tu dois écouter le conférencier. Il parle.
7. Elle aime entendre Jean-Pierre Rampal. Il joue de la flûte.

d. Répondez aux questions selon le modèle.

Modèle: J'aime aller au théâtre. Et toi? (préférer / au cinéma)

Moi, je préfère aller au cinéma.

1. J'adore jouer au base-ball. Et toi? (aimer mieux / au hockey)
2. Nous espérons visiter l'Angleterre. Et vous? (compter / l'Italie)
3. Pierre veut devenir couturier. Et Lucie? (souhaiter / psychologue)
4. Sylvain désire avoir des enfants. Et Hélène? (préférer / réussir sa carrière)
5. Je compte aller à Chicoutimi demain. Et toi? (devoir / à Québec)

6.7 Les pronoms relatifs *qui* et *que*

A relative pronoun serves two purposes:

1) It connects two clauses, a main clause and a subordinate (relative) clause of which it is part and in which it has a grammatical function (subject, direct object, etc.);

2) It stands for a noun or pronoun (*its antecedent*) previously mentioned in the main clause.

He is talking to *a man who* looks intelligent.

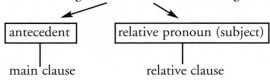

Qui

Qui is the *subject form* of the relative pronoun, whether its antecedent is a person (who/that) or a thing (which/that):

Je n'aime pas les gens *qui* ont toujours raison.
I do not like people who are always right.
Elle préfère les vêtements *qui* ne coûtent pas cher.
She prefers clothes which are inexpensive.

Que

1) **Que** is the *direct object form* of the relative pronoun. Its antecedent may be a person (whom/that) or a thing (which/that):

Elle admire un chanteur *que* je déteste.
She admires a singer whom I hate.
Où est la cravate *que* je viens d'acheter?
Where is the tie which I have just bought?

2) In English, a relative pronoun that is the direct object in the relative clause is frequently omitted, but in French it must always be expressed:

I like the dress you are going to buy.

J'aime la robe *que* tu vas acheter.

EXERCICES ORAUX

a. Transformez les phrases selon le modèle.

Modèle: Regarde cette jeune fille.

Elle entre dans le magasin.

Regarde cette jeune fille qui entre dans le magasin.

1. Elle porte une blouse. *Cette blouse* est très élégante.
2. Il aime une jeune fille. *Cette jeune fille* préfère son ami.
3. Pierre vient d'acheter un oiseau. *Cet oiseau* ne chante pas.
4. Ne porte pas cette chemise. *Elle* est sale.
5. Nous allons féliciter un ami. *Il* vient de réussir à son examen.

b. Combinez les phrases selon le modèle.

Modèle: Je dois rendre ce livre. Je viens de finir *ce livre.*

Je dois rendre ce livre que je viens de finir.

1. N'emporte pas ces vêtements. Je veux essayer *ces vêtements.*
2. Elle souhaite rencontrer ce couturier. Elle admire *ce couturier.*
3. Allons acheter cette robe. Tu désires *cette robe.*
4. Mes parents viennent d'inviter ce couple. Je n'aime pas *ce couple.*
5. Je vais chercher un magazine. Tu vas aimer *ce magazine.*

c. Transformez les phrases en employant *qui* ou *que.*

1. Pierre vient d'acheter ce veston. *Il* n'a pas de boutons.
2. Nous venons de regarder un film. Nous recommandons *ce film.*
3. C'est une jupe. *Cette jupe* est à la mode.
4. Elle attend un ami. *Cet ami* vient de Chicago.
5. Veux-tu cette cravate? Je porte *cette cravate* dans les grandes occasions. que
6. Parlons à cet étudiant. *Il* travaille dans une boutique.

d. Remplacez les tirets par *qui* ou *que.*

1. J'aime beaucoup la jupe _____ tu portes.
2. Il entre dans les magasins _____ ont l'air bon marché.
3. Tu dois rappeler cette femme _____ vient de téléphoner. qui

4. Elle préfère acheter des vêtements _____ sont confortables.

5. Quand vas-tu commencer le travail _____ le professeur vient de donner?

6. J'attends mes amis _____ sont en retard.

7. Je vais au concert entendre ce musicien _____ tu détestes.

8. Va consulter le médecin _____ travaille à l'hôpital Ste-Marie.

9. Voici les souliers _____ je viens d'acheter.

e. Complétez les phrases.

1. J'aime les hommes qui...

2. J'adore les femmes qui...

3. Je vais acheter la chemise que...

4. Il vient de regarder un film que...

5. N'achète pas le veston qui...

6. Elle parle d'une avocate qui...

7. Je déteste les couleurs que...

8. Je préfère les bottes qui...

EXERCICES ÉCRITS

a. Écrivez la forme correcte du verbe entre parenthèses.

1. Tu (préférer) _____ la blouse au chandail.

2. Vous (emmener) _____ vos parents au concert.

3. Elle (envoyer) _____ une lettre à son ami.

4. Je (espérer) _____ aller à Vancouver.

5. Elles (jeter) _____ leurs vieilles robes.

6. Le sujet (précéder) _____ normalement le verbe.

7. Il (acheter) _____ une chemise.

8. Vous (payer) _____ comptant.

9. Il (appeler) _____ sa petite amie.

10. Nous (commencer) _____ le repas.

b. Selon le contexte, utilisez un des verbes: *amener, emmener, apporter* ou *emporter* à la forme appropriée.

1. Quand il vient chez nous, il _____ sa guitare et nous chantons ensemble.

2. Les infirmiers _____ le malade à l'hôpital.

3. Quand on va en voyage, on _____ son passeport.

4. Paul _____ son chien quand nous allons marcher.

c. Remplacez les tirets par la forme correcte de l'article partitif.

1. Justine a _____ ambition, mais elle n'a pas _____ patience.

2. Ce musicien a _____ talent.

3. Voulez-vous _____ bière ou _____ vin?

4. Tu as _____ chance: tu vas bientôt avoir _____ vacances.

5. Veux-tu _____ sucre dans ton café?

6. Lucien n'a pas _____ argent.

d. Complétez les phrases avec imagination et avec un infinitif.

Modèle: Les étudiants espèrent...

Les étudiants espèrent avoir une bonne note.

1. Les touristes aiment...
2. Un gourmet adore...
3. Je ne peux pas...
4. Pensez-vous...
5. Ce musicien désire...
6. Les journalistes souhaitent...
7. Les étudiants doivent...
8. Le professeur déteste...
9. Venez...
10. Veux-tu...
11. Ce vieil homme désire...
12. Va...
13. Ma mère préfère...
14. Nous comptons...

e. Répondez aux questions avec *devoir*.

Modèle: Qu'est-ce que tu achètes? (un veston)

Je dois acheter un veston.

1. Qu'est-ce qu'on rend à la bibliothèque? (des livres)
2. Quand le train arrive-t-il? (à cinq heures)
3. Qu'est-ce que nous mangeons? (de la viande)
4. Qui attendez-vous? (Lucie et Jacques)
5. Est-ce que Daniel est dans sa chambre? (Oui)
6. Qui rencontre-t-elle? (un journaliste)

f. Voici la réponse. Posez la question appropriée aux mots en italique.

Modèle: Elle termine *sa composition*.

Qu'est-ce qu'elle termine?

1. Elle écoute *la radio*.
2. C'est *mon professeur*.
3. Les spectateurs regardent *le film*.
4. Nous allons acheter *des chandails*.
5. C'est *une sculpture moderne*.
6. Je viens de rencontrer *une infirmière*.
7. Ce sont *mes voisins*.
8. Il compte acheter *une robe* pour Martine.

g. Transformez les phrases selon le modèle. Employez *qui* ou *que*.

Modèle: Regarde la jeune fille. Elle porte une jupe bleue.

Regarde la jeune fille qui porte une jupe bleue.

1. Nous venons de voir un film. Ce film terrifie les enfants.
2. Apporte ce CD. Tu viens d'acheter ce CD.
3. Peux-tu payer cette jupe? Tu veux acheter cette jupe.
4. Je dois rencontrer un ami. Il est en retard.
5. Nous commençons un travail. Il est long et compliqué.

6. Peux-tu apporter le parapluie? Il est derrière la porte.

7. J'espère rencontrer cet homme. Tu admires cet homme.

h. Remplacez les tirets par *qui* ou par *que*.

1. Sa femme déteste les vêtements _____ il aime porter.

2. Voilà le complet _____ je veux acheter.

3. Va chercher la cravate _____ est dans ta chambre.

4. Je n'aime pas parler aux gens _____ ont l'air arrogant.

Lecture

Quels vêtements porter au Québec?

Les vêtements d'hiver

En hiver, il est très important, en plus d'avoir un bon manteau, de se protéger les mains, la tête et les pieds contre le froid. Il faut se méfier du vent qui refroidit considérablement la température extérieure et éviter de porter une jupe sans un manteau long par-dessus.

Vous aurez donc besoin des vêtements suivants:

- un manteau d'hiver doublé (les vêtements d'hiver européens ne sont souvent pas suffisamment doublés pour affronter le froid sibérien qui s'installe durant les mois de janvier et février);

- des bottes de neige imperméables. Pour faire fondre la glace et la neige dans les rues (la chaussée devient très glissante et peut être dangereuse), les employés de la ville répandent du sel sur la chaussée. Ce sel endommage le cuir des bottes. Pour protéger vos bottes, il est bon de les enduire d'un corps gras;

- des gants chauds ou des mitaines (moufles)*;

- une tuque (chapeau de laine) ou un chapeau de fourrure;

- un chandail de laine et de bonnes chaussettes;

- un foulard en laine pour protéger votre visage du froid.

Ne vous habillez pas trop chaudement sous votre manteau, car les bâtiments de l'Université sont bien chauffés, parfois même surchauffés. Les bulletins de météo peuvent vous aider à choisir les vêtements appropriés pour la journée. Prenez également soin de bien hydrater votre peau avec une crème protectrice afin de la prémunir contre les effets du froid (*Nutriderm, Keri Lotion, etc.*).

Où trouver des vêtements d'hiver

Vous pourrez trouver des vêtements d'hiver dans des magasins à grande surface comme Sears, Zellers et La Baie situés au centre commercial

---

* Words like *mitaines* (mittens) and *tuque* (knitted cap) are used in Canada but not in Europe: Since this guide is intended for foreign students, the standard French word is given in parentheses.

Place Laurier, à Sainte-Foy. Ces magasins offrent un bon rapport qualité-prix. Les centres commerciaux mentionnés sont situés à quelques minutes de marche de l'Université.

Les boutiques spécialisées en vêtements de sport vendent à des prix souvent plus élevés, mais offrent des vêtements qui sont par contre de très grande qualité. Des boutiques spécialisées du centre commercial Place de la Cité offrent, entre autres, des produits québécois.

Les vêtements d'été

Pour l'été, vous avez besoin de vêtements légers: T-shirts, chemises à manches courtes, robes d'été, pantalons courts, sandales, chaussures légères ou espadrilles. Si vous allez en forêt, couvrez-vous des pieds à la tête, ne vous parfumez surtout pas, évitez les vêtements de couleur foncée et utilisez un produit chasse-moustique (citronnelle par exemple). Ces précautions vous éviteront de pénibles épisodes de démangeaison (en forêt, les moustiques se régalent de votre présence).

Extrait du *Guide de séjour des étudiantes et des étudiants étrangers de l'Université Laval*

à quelques minutes de marche	within walking distance
afin de	in order to
affronter	to brave
aider	to help
approprié(e)	appropriate, right
avec	with
bâtiment (m.)	building
bien	well
bon rapport qualité-prix (m.)	value for money
bulletin de météo (m.)	weather forecast
car	for, because
centre commercial (m.)	shopping centre
chasse-moustique (m.)	mosquito repellent
chauffé(e)	heated
chaussée (f.)	pavement
chaussure (f.)	shoe
contre	against
court(e)	short
corps gras (m.)	greasy substance
(se) couvrir	to cover up
crème protectrice (f.)	protective cream
cuir (m.)	leather
démangeaison (f.)	itching
donc	therefore
doublé(e)	lined
durant	during
effet (m.)	effect
élevé(e)	high
employé (m.)	employee
endommager	to damage
enduire	to coat
entre autres	among other things
espadrille (f.)	sneaker
faut: il —	one must, it is necessary
foncé(e)	dark
fondre: faire —	to melt
forêt (f.)	forest, woods
fourrure (f.)	fur
gant (m.)	glove
glace (f.)	ice
glissant(e)	slippery
(s')habiller	to dress
hydrater	to moisturize
imperméable	waterproof
(s')installer	to settle down, to take hold
journée (f.)	day
laine (f.)	wool
léger, légère	light
magasin à grande surface (m.)	department store
manche (f.)	sleeve
(se) méfier de	to be careful about
neige (f.)	snow
offrir	to offer
par contre	on the other hand
par-dessus	on top
(se) parfumer	to wear perfume
peau (f.)	skin
prendre soin	to take care
plus	more
porter	to wear

prémunir	to protect	**situé(e)**	located, situated
prix (m.)	price	**souvent**	often
produit (m.)	product	**suffisamment**	enough
protéger	to protect	**suivant(e)**	following
refroidir	to cool	**surtout**	above all
(se) régaler	to gorge on	**trop**	too
répandre	to spread, to sprinkle	**trouver**	to find
sans	without	**utiliser**	to use
sel (m.)	salt	**vent** (m.)	wind
sibérien, sibérienne	Siberian	**visage** (m.)	face

QUESTIONS

1. En plus d'avoir un manteau, qu'est-ce qui est important en hiver?
2. Pourquoi faut-il se méfier du vent?
3. Pourquoi est-il nécessaire d'avoir un manteau doublé?
4. Pourquoi est-il recommandé d'avoir des bottes imperméables?
5. Quels autres vêtements sont nécessaires?
6. Est-ce qu'il est recommandé de porter des vêtements chauds sous son manteau?
7. Pourquoi est-il recommandé d'hydrater sa peau?
8. Quel est l'avantage des magasins à grande surface?
9. Comment sont les vêtements vendus dans les boutiques spécialisées?
10. De quoi est-ce qu'on a besoin en été?
11. Quelles précautions faut-il prendre si on va en forêt et pourquoi?

Les vêtements

un chapeau

des lunettes (f.)

un manteau

une chemise

une cravate

un chandail

un veston

une ceinture

une jupe

un imperméable

un pantalon

un bas

une chaussette

une botte

un soulier

un parapluie

EXPRESSIONS UTILES

acheter à crédit	to buy on credit	**essayer (un vêtement)**	to try on (an article of clothing)
aubaine (f.)	bargain		
bon marché*	inexpensive	**être bien / mal habillé(e)**	to be well/badly dressed
chic*	chic/smart		
confortable	comfortable	**excentrique**	eccentric
coûter cher / pas cher	to be expensive/ inexpensive	**garde-robe** (f.)	wardrobe
		lèche-vitrines: faire du —	to go window shopping
dépenser de l'argent	to spend money		
démodé(e)	out of style	**neuf, neuve***	brand new
élégant(e)	elegant	**usé(e)**	worn out
en coton, en laine, en nylon	(made of) cotton, wool, nylon	**payer comptant**	to pay cash
		porter	to wear

SITUATIONS – CONVERSATIONS

1. *Dans un magasin de vêtements.* Un(e) étudiant(e) joue le rôle d'un vendeur / d'une vendeuse; un(e) autre étudiant(e) joue le rôle d'un(e) client(e). Variez les achats: sous-vêtements, chaussures, vêtements de sport, d'été, d'hiver, etc. Le vendeur / la vendeuse prend les mesures du client / de la cliente et donne des conseils. Le client / la cliente peut être facile / difficile, payer comptant, acheter à crédit, payer par chèque, etc.

   Inspirez-vous du modèle ci-dessous.

   (Au rayon des hommes)

   LE VENDEUR: Bonjour Monsieur. Je peux vous aider?

   DANIEL: Oui, je veux acheter un pantalon.

   LE VENDEUR: Essayez ce pantalon-ci. Cette couleur est très à la mode en ce moment.

   DANIEL: Je n'aime pas porter du gris. Je préfère le bleu marine.

   LE VENDEUR: Voilà un pantalon bleu qui est élégant et confortable.

   DANIEL: En effet, je vais l'essayer.

   (Il revient de la cabine d'essayage.)

   DANIEL: J'achète ce pantalon. Combien coûte-t-il?

   LE VENDEUR: Il est assez bon marché; il coûte seulement cinquante dollars. Vous avez une carte de crédit?

   DANIEL: Non, je paie comptant.

---

* **Bon marché** and **chic** do not change when modifying a feminine or plural noun.

   Neuf, in contrast to **nouveau**, always comes after the noun modified.

(Au rayon des femmes)

BRIGITTE: Mademoiselle, s'il vous plaît!

LA VENDEUSE: Oui, Mademoiselle. Vous désirez essayer cette robe? La cabine est par ici...

                (Brigitte revient de la cabine d'essayage.)

BRIGITTE: Est-ce qu'elle est en coton?

LA VENDEUSE: Moitié coton, moitié fibres synthétiques. Ce modèle vous va bien.

BRIGITTE: Est-ce qu'elle coûte très cher?

LA VENDEUSE: Vous avez de la chance, c'est une vraie aubaine! Elle coûte seulement trente dollars.

BRIGITTE: Dans ce cas, j'achète!

2. Qu'est-ce que tu portes quand tu vas à la discothèque? tu es en classe? tu vas camper? tu es sur une plage? tu participes à une réunion de famille? tu as un rendez-vous d'amoureux?

3. Quelle importance accordez-vous aux vêtements pour vous-même? pour d'autres personnes? Quand aimez-vous être élégant(e)? Quels vêtements préférez-vous sur une personne de l'autre sexe?

4. Complétez avec imagination à tour de rôle.

    J'aime les hommes qui...   J'adore manger les choses qui...

    Je préfère les femmes qui...   J'aime mieux les vêtements qui...

    Je déteste les films qui...   Je souhaite rencontrer le politicien qui...

    Je n'aime pas les professeurs qui...

5. Qu'est-ce que vous devez faire cet après-midi? demain matin? demain soir? lundi prochain? cette année? l'année prochaine?

6. De quoi est composée la garde-robe typique d'un étudiant ou d'une étudiante?

COMPOSITIONS

1. Vous allez dans un magasin acheter de nouveaux vêtements. Racontez.

2. Quelle est l'importance de la mode pour vous?

 # PRONONCIATION

(Students can listen to the audio track for this exercise on MyFrenchLab; instructors will find it on CD 2, Track 22.)

I. E fermé / e ouvert (/e/ – /ɛ/)

E fermé (closed **e**) – /e/

The sound /e/ never occurs in closed syllables (syllables ending in a consonant sound). In an open syllable, the sound /e/ is associated with various spellings:

1) **er** at the end of a noun, adjective, or infinitive:

    invit*er*, march*er*, premi*er*, étrang*er*

2) **é, ée, és, ées**:

    *é*t*é*, fatigu*é*, arm*ée*, désol*és*, aim*ées*

3) **es** in one-syllable words:

    m*es*, t*es*, s*es*, c*es*, l*es*, d*es*

4) **ez**:

    ch*ez*, vous parl*ez*, vous finiss*ez*, n*ez*

5) the verb ending **ai**:

    j'*ai*, je chanter*ai* (future tense)

    Répétez:

    J'ai l'été pour travailler.   Vous venez de chez René.
    Allez chercher mes clés.   Vous devez espérer.
    Ces ouvriers sont fatigués.   Vous répétez comme un bébé.

E ouvert (open **e**) – /ɛ/

In a closed syllable, the sound /ɛ/ is associated with the following spellings:

1) **e, è, ê**:

    *e*rrer, emm*è*ne, esp*è*re, t*ê*te, b*ê*te

2) **aî, ai, ei**:

    locat*ai*re, pl*ai*re, m*aî*tre, tr*ei*ze, n*ei*ge

In an open syllable, it is associated with the spellings:

1) **è, ê, et**: gr*è*s, for*ê*t, bill*et*, ball*et*

2) **ai, aid, aie, ais, ait, aix**: m*ai*s, p*ai*x, l*ai*d, d*ai*s
    However, the tendency is to use /e/ instead of /ɛ/ in an open syllable.

    Répétez:

    Il amène son père au ballet.
    Le locataire plaît à ma mère.

Il reste treize cigarettes dans le paquet.

La neige est épaisse dans la forêt.

Contraste /e/ – /ɛ/

Répétez:

répétez / répète	préférez / préfère
précédez / précède	digérez / digère
espérez / espère	référez / réfère
ouvrier / ouvrière	postier / postière
épicier / épicière	boulanger / boulangère
premier / première / premièrement	
dernier / dernière / dernièrement	
particulier / particulière / particulièrement	

II. La lettre c

1) The letter **c** is pronounced /s/ when followed by **e, i,** or **y**:

   citer, cerf, racine, macérer, cyanure

2) It is pronounced /k/ when followed by other vowels:

   cadeau, coder, cure, cancan, conseil, écouter

3) The **cédille** placed under **c** indicates that the sound /s/ is retained before vowels other than **e, i,** or **y**:

   maçon, tronçonner, commençons, agaçons

III. La lettre g

1) the letter **g** is pronounced /ʒ/ when followed by **e, i,** or **y**:

   gêner, geindre, gymnastique, rage, agir, genre

2) It is pronounced /g/ when followed by other vowels:

   gâteau, gond, gant, gober, ambigu, goûter

3) When the letter **e** is inserted between **g** and a vowel other than **e, i,** or **y**, it indicates that **g** must be pronounced /ʒ/:

   nous mangeons, nous obligeons

4) When the letter **u** is inserted between **g** and **e, i,** or **y**, it is not pronounced but it indicates that **g** must be pronounced /g/:

   guerre, digue, fatigué, langue, guitare, Guy

WEBLINKS

Amener, etc.

http://french.about.com/library/weekly/aa071500.htm

Partitive article

http://french.about.com/library/weekly/aa112499.htm

www.orbilat.com/Languages/French/Grammar/Syntax/Articles/French-Syntax-Articles_Partitive.html

Relative pronouns (*qui, que*)

www.laits.utexas.edu/tex/gr/pror1.html

www.languageguide.org/francais/grammar/relative/

Shopping

www.bbc.co.uk/education/languages/french/experience/shopping/index.shtml

Clothes

http://french.about.com/library/begin/bl_clothing.htm

www.vocab.co.uk/vocabulary/uk/french/clothing.htm

www.klbschool.org.uk/interactive/french/clothes1.htm

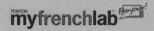 Visit MyFrenchLab at www.MyFrenchLab.com to access additional resources such as audio tracks, oral practice, the *cahier de laboratoire*, and self-grading quizzes.

CHAPITRE 7

Les études et la carrière

VOCABULAIRE UTILE

Noms

acteur, actrice	actor
avocat(e) (m./f.)	lawyer
baccalauréat (m.)	B.A.
cahier (m.)	notebook
calculatrice (f.)	calculator
carrière (f.)	career
chance (f.)	luck
chocolat (m.)	chocolate
commerçant(e) (m./f.)	storekeeper
directeur, directrice	director, manager
doctorat (m.)	Ph.D.
employeur, employeuse	employer
employé(e) (m./f.)	employee
éponge (f.)	sponge
fermier, fermière	farmer
informaticien, informaticienne	computer scientist; data processor
ingénieur(e) (m./f.)	engineer
instituteur, institutrice	schoolteacher
invité(e) (m./f.)	guest
journal (m.)	newspaper
loisirs (m. pl.)	spare time (activities)
magnétoscope (m.)	video recorder
maîtrise (f.)	master's degree
manteau (m.)	overcoat
note (f.)	grade; note
nourriture (f.)	food
nouvelles (f. pl.)	news
nuage (m.)	cloud
odeur (f.)	smell
plombier, plombière	plumber
policier, policière	police officer
raisin (m.)	grape
savon (m.)	soap
séjour (m.)	stay
soldat(e) (m./f.)	soldier
soleil (m.)	sun
tempête (f.)	storm
traducteur, traductrice	translator
vie (f.)	life

Adjectifs

économe	thrifty
frais, fraîche	fresh; cool
libre	free
sec, sèche	dry

Verbes

aider	to help
assister à	to attend
compter sur	to count on
dépenser	to spend
garder	to keep
inviter	to invite
neiger	to snow
pleuvoir	to rain
regretter	to regret
rencontrer	to meet
trouver	to find

Adverbes

bien	well
bientôt	soon
ensemble	together
mal	badly
moins	less

Prépositions

pendant	during, for
pour (+ inf.)	to, in order to

Expressions

désordre: en —	messy, untidy
cours: suivre un —	to take a course

GRAMMAIRE ET EXERCICES ORAUX

7.1 Le verbe irrégulier *partir*

Présent de l'indicatif

je	**pars**	**nous**	**partons**
tu	**pars**	**vous**	**partez**
il / elle / on	**part**	ils / elles	**partent**

The imperative of **partir** is regular: Its three forms are identical to those of the **tu, nous,** and **vous** forms in the present tense.

Partir means "to leave/to go away" and is often used with **pour** (for) and **de** (from), or accompanied by an adverbial expression. It must be distinguished from two other verbs:

1) **aller. Partir** may be used by itself, but **aller** must be followed by a preposition:

Je pars.   I am going/I am leaving.
Je vais chez Paul.   I am going to Paul's.

2) **quitter** (to leave a place/a person/an activity) and **laisser** (to leave something or someone behind), which are transitive verbs:

Le train **part** de Détroit à six heures.
Les étudiants **quittent** l'université à six heures.
M. Adam vient de **quitter** sa femme.
Elle **laisse** ses livres dans la classe.
Ils **partent** en vacances et **laissent** leurs enfants chez les grands-parents.

Other verbs conjugated on the same pattern as **partir** are

dormir	(to sleep):	dors, dors, dort, dormons, dormez, dorment
mentir	(to lie):	mens, mens, ment, mentons, mentez, mentent
sentir	(to smell/to feel):	sens, sens, sent, sentons, sentez, sentent
servir	(to serve):	sers, sers, sert, servons, servez, servent
sortir	(to go out):	sors, sors, sort, sortons, sortez, sortent

 ## EXERCICES ORAUX

a. Répondez aux questions.

1. À quelle heure pars-tu de chez toi le matin?
2. Tes parents partent-ils souvent en voyage?
3. Partons-nous en voyage ensemble?
4. Laissez-vous vos livres dans la classe?
5. Où laisses-tu ton chien (ton chat, ton ordinateur, etc.)?

6. À quelle heure sortez-vous de la classe?

7. Quel soir sors-tu avec tes amis?

8. Où vont les étudiants quand ils sortent?

9. Qu'est-ce qui sent bon?

10. Où sent-on de bonnes odeurs?

11. Est-ce que les fleurs sentent bon ou mauvais?

12. Combien d'heures dors-tu?

13. Combien d'heures dorment les jeunes enfants?

14. Dormez-vous pendant le cours de français?

15. Où est-ce qu'on dort mal généralement?

16. Qui sont les gens qui mentent souvent, selon vous?

17. Est-ce que vous mentez au professeur?

18. Est-ce que le professeur ment aux étudiants?

19. Où est-ce qu'on sert du vin (du café, des sandwichs)?

20. Quand les gens servent-ils du champagne à leurs invités?

b. Demandez à un(e) autre étudiant(e) s'il / si elle...

1. dort pendant la classe de français.

2. sort avec ses amis le samedi soir.

3. part pour Montréal demain.

4. quitte la maison à neuf heures.

5. ment à ses parents.

6. ment à ses amis.

7. sert du vin à ses cousins.

8. sert du caviar à ses invités.

9. dort pendant la journée.

10. sent la bonne odeur de la cafétéria.

c. Complétez les phrases suivantes en utilisant la forme appropriée de l'un des verbes suivants: *aller, laisser, partir, quitter.*

1. Hélène veut _____ son emploi à Toronto. Elle souhaite _____ pour Vancouver.

2. Quand je _____ au magasin, je _____ mon chien à la maison.

3. Il est minuit. Je dois _____ et rentrer chez moi. Est-ce que je peux _____ mes livres chez vous?

4. Elle pense au divorce. Elle veut _____ son mari.

d. Répondez selon le modèle.

Modèle: Nous sortons ce soir. Et toi? (demain soir)
Moi, je sors demain soir.

1. Moi, je dors mal avant un examen. Et vous? (bien)

2. Les enfants dorment douze heures par jour. Et vous? (huit heures)

3. Tu sers de la bière à tes invités. Et tes parents? (du thé)

4. Nous partons pour Winnipeg demain. Et toi? (Calgary)

5. Cet homme ment souvent. Et ses amis? (rarement)

6. Ces fruits sentent bon. Et ce fromage? (mauvais)

7.2 Le verbe irrégulier *faire*

Présent de l'indicatif

je	fais	nous	faisons
tu	fais	vous	faites
il / elle / on	fait	ils / elles	font

The imperative of **faire** is regular.

Faire (to do/to make) is used in a variety of expressions:

1) *Studies:*

faire des études	to study/to take classes
faire des études de français / d'anglais /	to study French/English/medicine/
de médecine / de danse, etc.	dance, etc.
faire du français, etc.	to study French, etc.
faire des exercices	to do exercises
faire un travail	to do an assignment
faire un baccalauréat / une maîtrise	to do a Bachelor's degree/a Master's

2) *At home:*

faire la cuisine	to do the cooking
faire le ménage	to do the housework
faire la vaisselle	to do the dishes

3) *Sports:*

faire du sport	to take part in sports
faire du tennis / du ski	to play tennis/to ski

4) *Miscellaneous:*

faire 10 kilomètres à pied	to walk 10 kilometres
faire 100 kilomètres en voiture	to drive 100 kilometres
faire l'amour	to make love
faire la guerre	to make war
faire des affaires	to do business
faire des progrès	to make progress
faire son lit	to make one's bed
faire des courses	to go shopping

EXERCICES ORAUX

a. Répondez aux questions.

1. Est-ce que tu fais du français? de l'anglais? de la physique?
2. Est-ce que vous faites des exercices en classe de français?
3. Faites-vous des études universitaires?
4. Fais-tu des études de médecine?
5. Est-ce que tu fais un baccalauréat? une maîtrise? un doctorat?
6. Vas-tu faire une maîtrise après ton baccalauréat?
7. Les banquiers font-ils des affaires?
8. Qui fait la vaisselle chez vous?
9. Est-ce que vous faites le ménage dans la classe?
10. Est-ce que le professeur fait la vaisselle dans la classe?
11. Fais-tu du sport? Quel(s) sport(s)?
12. Est-ce que vous faites des progrès en français?

b. Demandez à un(e) autre étudiant(e) s'il / si elle...

1. fait des mathématiques; de la psychologie; de la chimie; de l'anglais; du russe.
2. fait un baccalauréat; une maîtrise; un doctorat.
3. fait la cuisine; la vaisselle; son lit.
4. fait une composition pour le professeur de français.
5. veut faire du sport.

c. Répondez aux questions.

1. Que faisons-nous en ce moment?
2. Combien de kilomètres fais-tu pour venir à l'université?
3. Pourquoi fais-tu des études?
4. Quand fais-tu la cuisine?
5. En quelle saison fait-on du ski? du tennis?
6. Quelles nations font la guerre en ce moment?

d. Votre ami(e) a un problème. Donnez la solution en employant une expression avec *faire*.

Modèle: J'ai mal à la tête.
Fais une promenade!

1. Je veux perdre du poids.
2. Ma chambre est en désordre.
3. J'ai faim. Je veux manger un bon repas.
4. Je n'ai pas envie de rester ici cet été.
5. Je veux devenir riche.
6. Je n'ai plus de nourriture à la maison.
7. J'ai l'intention de devenir médecin.
8. J'ai un baccalauréat, mais je veux continuer mes études.

7.3 *Quel temps fait-il?*

Il fait beau. / Il fait mauvais. / Il fait tempête.

Il fait chaud. / Il fait froid.

Il fait (du) soleil. / Il fait frais.

Il fait sec. / Il fait humide.

Le ciel est bleu et pur. / Le ciel est couvert de nuages.

Les précipitations:	Il pleut (pleuvoir). Il neige (neiger). Il grêle (grêler).
La température:	Combien fait-il? Il fait 25 degrés.
	Il fait combien? Il fait moins 10.

EXERCICES ORAUX

a. Répondez aux questions.

1. Quel temps fait-il aujourd'hui?
2. Quel temps fait-il au printemps? en été? en automne? en hiver?
3. En hiver, il neige. Et en été?
4. Quel temps fait-il à Miami en été?
5. Quel temps fait-il à Edmonton en hiver?
6. Il fait combien aujourd'hui?
7. En général, combien fait-il en hiver? en été?
8. Est-ce qu'il pleut aujourd'hui?
9. Est-ce qu'il neige?
10. Qu'est-ce que tu fais quand il pleut? quand il y a une tempête?
11. Comment est le ciel aujourd'hui?
12. Quel temps va-t-il faire demain?
13. Est-ce qu'il va pleuvoir demain? Est-ce qu'il va neiger? Est-ce qu'il va grêler?
14. Est-ce qu'il va neiger à Noël?
15. Est-ce qu'il va faire beau pendant la fin de semaine?
16. Est-ce qu'on attrape facilement un rhume quand il fait froid et humide?
17. Est-ce qu'il y a du brouillard en automne?

7.4 Les pronoms interrogatifs *qui* et *quoi* après une préposition

Qui and **quoi** are the interrogative pronouns used as objects of prepositions.

1) **Qui** refers to persons:

> À qui parles-tu? — Je parle à Francine.
>
> Avec qui sors-tu? — Je sors avec Marcelle.
>
> À côté de qui es-tu assis(e)? — Je suis assis(e) à côté de Guy.
>
> À qui penses-tu? — Je pense à mon amie Louise.

2) **Quoi** refers to things:

> À quoi est-ce que tu joues? — Je joue au poker.
>
> De quoi joues-tu? — Je joue du violon.
>
> À quoi réfléchis-tu? — Je réfléchis à l'exercice.
>
> Avec quoi fais-tu la vaisselle? — Je fais la vaisselle avec du savon et une éponge.

EXERCICES ORAUX

a. Posez la question qui correspond à la réponse donnée.

> *Modèle:* Elle joue *aux cartes.*
>
> *À quoi joue-t-elle?*

1. Je pense *à ma composition.* À quoi pensé-je
2. Nous jouons *du piano.* De quoi jouons nous
3. Ils jouent *au baseball.* à quoi joue-t-il
4. Nous parlons *de nos études.* De quoi parlons
5. Elles parlent *de leur instituteur.* De quoi
6. Je vais téléphoner *à Sylvie.* À qui vais-je
7. Les parents pensent *à leurs enfants.* à qui
8. J'ai besoin *d'argent.*
9. Elle a envie *d'une nouvelle robe.*
10. Ils ont besoin *de toi.*
11. Je pense *à toi.*
12. Elles ont peur *du professeur.*
13. On fait du vin *avec du raisin.*
14. Henri sort *avec Jacinthe.*
15. Il fait la vaisselle *avec une éponge.*
16. Elle est assise *derrière Lucien.*
17. Ils comptent *sur leurs amis.*

7.5 *Il y a*

1) **Il y a** (there is/there are) is used to indicate the presence of persons or things. It may be followed by singular or plural nouns:

> Il y a un conférencier dans la salle.
>
> Il y a des étudiants dans le corridor.

2) To form a question, one may use either **est-ce qu'il y a** or **y a-t-il**:

> Est-ce qu'il y a une caméra dans le centre commercial?
>
> Y a-t-il un ordinateur dans ta chambre?

3) After **il n'y a pas**, the indefinite and partitive articles all become **de**:

Il y a un arbre dans le jardin. Il n'y a pas **d'**arbre.

Il y a du sucre dans mon café. Il n'y a pas **de** sucre.

EXERCICES ORAUX

a. Répondez aux questions.

1. Est-ce qu'il y a un tableau dans la classe? une girafe? une télévision? un professeur? une automobile?

2. Qu'est-ce qu'il y a sur le bureau du professeur? derrière le professeur? sur le mur? au plafond?

b. Demandez à un(e) autre étudiant(e) s'il y a...

1. un ordinateur dans sa chambre.
2. des illustrations dans ce livre.
3. un sandwich dans sa serviette.
4. des vampires en Transylvanie.
5. des rhinocéros en Alaska.
6. un bon film à la télé ce soir.
7. des livres intéressants à la bibliothèque.
8. des nuages dans le ciel.
9. un examen demain.
10. des gens sympathiques à l'université.

c. Répondez aux questions.

1. Est-ce qu'il va y avoir un cours de français demain?
2. Est-ce qu'il va y avoir un examen la semaine prochaine?
3. Est-ce qu'il va y avoir beaucoup de gens sur la terre en l'an 2050?
4. Où est-ce qu'il y a des arbres?
5. Où y a-t-il des animaux exotiques?
6. Combien y a-t-il d'étudiants dans la classe?
7. Combien est-ce qu'il y a d'étudiants à l'université?
8. Pourquoi est-ce qu'il y a de la pollution dans les villes?

7.6 *Il faut*

1) The irregular verb **falloir** (to be necessary) is only used with the pronoun **il**. **Il faut** may be followed by a noun or an infinitive:

Il faut du talent pour être artiste.   One needs talent to be an artist.

Il faut travailler pour réussir.   It is necessary to work in order to succeed.

2) The negative form **il ne faut pas** does not mean "it is not necessary" but rather "one must not":

Il ne faut pas fumer dans le centre commercial.

Il ne faut pas avoir peur des difficultés.

3) The expression corresponding to "it is not necessary to" is **il n'est pas nécessaire de**, which is followed by an infinitive:

> **Il n'est pas nécessaire d'**avoir une calculatrice pour faire une addition.

 ## EXERCICES ORAUX

a. Répondez aux questions avec un nom.

> *Modèle:* Qu'est-ce qu'il faut pour réussir?
> *Il faut de l'ambition.*

1. Qu'est-ce qu'il faut pour être un bon étudiant?
2. Qu'est-ce qu'il faut pour être un bon professeur?
3. Qu'est-ce qu'il faut pour être un bon acteur?
4. Qu'est-ce qu'il faut pour être amusant?
5. Qu'est-ce qu'il faut pour être heureux?
6. Combien de personnes faut-il pour avoir un jury?
7. Combien de cartes faut-il pour jouer au poker?
8. Qu'est-ce qu'il faut pour réussir ses études?

b. Répondez aux questions avec un infinitif.

> *Modèle:* Que faut-il faire pour bien dormir? (faire de l'exercice)
> *Il faut faire de l'exercice.*

1. Que faut-il faire pour avoir de bonnes notes? (travailler)
2. Que faut-il faire pour avoir un baccalauréat? (faire des études)
3. Que faut-il faire pour être en forme? (faire du sport)
4. Que faut-il faire pour être heureux? (garder son sens de l'humour)
5. Que faut-il faire pour avoir des amis? (montrer de la générosité)

c. Répondez aux questions d'après le modèle.

> *Modèle:* Qu'est-ce qu'il ne faut pas faire quand on a un rhume? (sortir dans le froid)
> *Il ne faut pas sortir dans le froid.*

Qu'est-ce qu'il ne faut pas faire...

1. quand on a du travail? (regarder la télé)
2. quand on est sportif? (fumer)
3. quand on est à l'hôpital? (faire du bruit)
4. quand on veut être économe? (dépenser beaucoup d'argent)
5. quand on est en classe? (dormir)

7.7 Les pronoms personnels objets directs

Personal pronouns change according to their grammatical function in the sentence. Here are the forms of the *direct object pronouns*:

Subject pronouns	*Direct object pronouns*
je	**me***
tu	**te***
il	**le***
elle	**la***
nous	**nous**
vous	**vous**
ils	**les**
elles	**les**

Le, la, les may stand for

1) a proper noun:

   Est-ce que tu admires *Gaston?* — Oui, je *l'*admire.

2) a noun preceded by a definite article (**le, la, les**):

   Attends-tu *l'autobus?* — Je *l'*attends.

3) a noun preceded by a demonstrative adjective:

   Veux-tu *ce livre?* — Je *le* veux.

4) a noun preceded by a possessive adjective:

   Est-ce qu'il écoute *mes disques?* — Oui, il *les* écoute.

A direct object pronoun precedes the verb, even if the verb is in the infinitive and follows another conjugated verb:

Affirmative	*Negative*	*Interrogative (inversion)*
Il **la** regarde.	Il ne **la** regarde pas.	**La** regarde-t-il?
Tu **m'**écoutes.	Tu ne **m'**écoutes pas.	**M'**écoutes-tu?
Nous allons **l'**acheter.	Nous n'allons pas **l'**acheter.	Allons-nous **l'**acheter?
Elle veut **le** jeter.	Elle ne veut pas **le** jeter.	Veut-elle **le** jeter?

* Before a vowel sound, **me** becomes **m'**, **te** becomes **t'**, **le** and **la** both become **l'**: il *m'*écoute, je *t'*entends, nous *l'*emportons.

EXERCICES ORAUX

a. Remplacez les mots en italique par des pronoms.

1. Je prépare *le repas.* Je le prépare
2. Nous aimons *les étudiants.* Nous les aimons
3. Ils adorent *ce professeur.* Ils l'adorent
4. Il trouve *la leçon* intéressante. Il la trouve
5. Vous n'avez pas *votre cahier.* Vous ne l'avez pas

6. Elle préfère *la musique classique.*
7. Écoutez-vous *la radio?*
8. On étudie *l'anatomie* dans ce cours.
9. Finissez-vous *le travail* bientôt?
10. J'écoute *la conférencière.*

b. Répondez aux questions avec des pronoms, affirmativement et négativement.

Modèle: Aimes-tu le livre?

Oui, je l'aime.
Non, je ne l'aime pas.

1. Achètes-tu le journal?
2. Regardes-tu le film?
3. Explique-t-il le problème?
4. Est-ce que tu tolères le racisme?
5. Finit-elle sa composition?

6. Attend-on l'autobus?
7. Est-ce que vous écoutez vos parents?
8. Aidons-nous les enfants?
9. Est-ce que tu aimes ces exercices?
10. Regrettez-vous cette décision?

c. Formulez la question, selon le modèle.

Modèle: Je regarde la télévision.

La regardes-tu?

1. J'ai le journal d'aujourd'hui.
2. Il quitte sa femme.
3. Vous achetez ce manteau.
4. Ils étudient les sciences sociales.

5. Nous écoutons la nouvelle chanson.
6. Elle sert le dîner.
7. Je fais les exercices.
8. On invite les étudiants de première année.

d. Répondez aux questions.

Est-ce que / qu'...

1. tu me regardes?
2. je vous regarde?
3. elle te regarde?
4. nous te regardons?
5. vous me regardez?
6. il me regarde?
7. vous m'écoutez?
8. tu m'écoutes?
9. je t'écoute?
10. vous nous écoutez?

11. nous vous écoutons?
12. ils vous écoutent?
13. vous pouvez m'entendre?
14. tu peux m'entendre?
15. je peux te rencontrer?
16. tu peux me rencontrer?
17. vous pouvez nous rencontrer?
18. nous pouvons vous rencontrer?
19. tu vas m'inviter?
20. je vais vous inviter?

e. Demandez à un(e) autre étudiant(e) s'il / si elle…

> *Modèle:* vous regarde.
>
> *Est-ce que tu me regardes?*

1. vous écoute.
2. vous trouve intelligent(e).
3. vous trouve intéressant(e).
4. veut vous inviter à sortir.
5. peut vous attendre.
6. va vous accompagner à la bibliothèque.
7. vous déteste.
8. vous aime.
9. va vous aider.
10. vient d'arriver en classe.

f. Répondez à la question avec un pronom, affirmativement ou négativement.

> *Modèle:* Viens-tu d'acheter *ce livre?*
>
> *Oui, je viens de l'acheter.*
> *Non, je ne viens pas de l'acheter.*

1. Vas-tu regarder *la télévision* ce soir?
2. Faisons-nous *cet exercice?*
3. Manges-tu *ton sandwich* dans la classe?
4. Est-ce que je vais inviter *les étudiants* au restaurant?
5. Aimes-tu écouter *les politiciens?*
6. Devons-nous faire *les exercices?*
7. Est-ce que tu fais *la vaisselle?*
8. Rendez-vous *vos livres* à la bibliothèque?
9. Écoutes-tu *la radio?*
10. Est-ce que tu adores *la musique rap?*

7.8 Les expressions de quantité

Expressions of quantity are followed by **de** before a noun rather than by the full partitive article. Most may be used with both countable and uncountable nouns:

+ *Uncountable noun (Singular)*	+ *Countable noun (Plural)*
assez de temps (enough)	**assez** d'avocats (enough)
beaucoup de travail (a lot of)	**beaucoup** de projets (many)
combien de sucre? (how much)	**combien** de stylos? (how many)
peu de chance (little)	**peu** de nouvelles (few)
tant de courage (so much)	**tant** de femmes (so many)
trop de chocolat (too much)	**trop** de problèmes (too many)

There are a few special cases:

1) **un peu de** (a little) is used exclusively with uncountable nouns whereas **quelques** (a few) is used only with countable nouns:

> *un peu de* talent / *quelques* amis

2) **quelques** (a few) and **plusieurs** (several) are used only with plural countable nouns; they are not followed by **de** and they have the same form with both masculine and feminine nouns:

plusieurs hommes / *plusieurs* femmes

quelques garçons / *quelques* filles

3) **la plupart** (most) is followed by the full partitive article and may be used with either countable or uncountable nouns; the partitive article agrees with whatever follows the expression.

la plupart du temps (most of the time)

la plupart des gens (most people)

EXERCICES ORAUX

a. Répondez aux questions.

1. Y a-t-il beaucoup d'étudiants dans la classe?
2. Avez-vous trop de travail?
3. Est-ce qu'il y a assez de travail dans ce cours?
4. As-tu trop d'argent, assez d'argent ou seulement un peu d'argent?
5. Manges-tu assez de fruits?
6. As-tu beaucoup de CD ou seulement quelques CD?
7. Dépenses-tu trop d'argent?
8. As-tu assez de talent pour être acteur / actrice?
9. Est-ce que les étudiants ont trop de loisirs?
10. Est-ce que tu as peu d'imagination?

b. Demandez à un(e) autre étudiant(e) s'il / si elle...

1. a beaucoup de vêtements.
2. a peu d'ambition.
3. mange trop de chocolat.
4. fait assez d'exercices.
5. a besoin d'un peu de chance.
6. veut écouter quelques disques.
7. aime avoir quelques amis.
8. aime un peu de sucre dans son café.
9. a trop de travaux.
10. fait trop de compositions.
11. n'a pas assez de temps libre.
12. regarde beaucoup de films.

c. Remplacez les tirets par une expression de quantité appropriée.

1. Il faut _____ argent pour faire des études.
2. Il fume _____ cigarettes: ce n'est pas bon pour sa santé.
3. Je n'ai pas _____ ambition pour devenir avocat(e).
4. Aux échecs, il faut _____ patience.
5. C'est un homme admirable: il a _____ courage!

d. Quelle est votre idée d'une vie parfaite?

Il faut avoir   beaucoup de...   un peu de...

assez de...   quelques...

pas trop de...   peu de...

7.9 Noms de profession avec *être*

1) The indefinite article (**un, une, des**) is not used before an unmodified noun indicating a profession after the verbs **être** and **devenir**:

Je suis ingénieur.   Tu vas devenir médecin.

Il est mécanicien.   Elle va être dentiste.

Ils sont étudiants.   Elle veut devenir avocate.

2) If the noun indicating a profession is modified by an adjective, the indefinite article must be used:

Je suis un étudiant brillant.

Elle va devenir une excellente architecte.

3) After **c'est** and **ce sont**, the indefinite article must also be used:

C'est un ingénieur.

C'est une commerçante.

Ce sont des étudiants.

4) When should one use, for instance, **il est architecte** rather than **c'est un architecte** and vice versa? (Both forms may be translated as "He is an architect.")

C'est un architecte is used when one wants to *identify* that person: It answers a question (which may be implied) such as **Qui est-ce?**

Il est architecte is used to *characterize* a person whose identity is known or has been previously stated: It could answer such a question as **Que fait-il dans la vie?**

EXERCICES ORAUX

a. Employez *c'est (ce sont)* ou *il / elle est (ils / elles sont)*.

Modèles: ingénieur   des fermiers

Il est ingénieur.   *Ce sont des fermiers.*

1. musicienne   9. une commerçante

2. un policier   10. un vendeur

3. une avocate   11. des professeurs

4. un fermier   12. institutrice

5. fermière   13. un instituteur

6. informaticien   14. infirmières

7. des mécaniciens   15. électriciens

8. une pharmacienne   16. une informaticienne

b. Changez la phrase selon les modèles.

Modèles: Il est plombier. (mauvais)   Elles sont architectes. (bonnes)
C'est un mauvais plombier.   *Ce sont de bonnes architectes.*

1. Elle est infirmière. (jeune)
2. Ils sont médecins. (excellents)
3. Elle est directrice de banque. (compétente)
4. Il est psychiatre. (prudent)
5. Il est musicien. (extraordinaire)
6. Elles sont avocates. (dynamiques)
7. Elle est traductrice. (intelligente)
8. Ils sont dentistes. (nouveaux)

c. Répondez à la question "Qui est-ce?" selon le modèle.

Modèle: Madame Dufresne / musicienne / excellente
C'est Madame Dufresne. Elle est musicienne. C'est une excellente musicienne.

1. Paul Charest / plombier / qualifié
2. Hélène / infirmière / remarquable
3. l'amie de mon frère / étudiante / brillante
4. mon voisin / informaticien / brillant
5. Monsieur Desrochers / instituteur / dévoué
6. Madame Larue / psychiatre / bonne

7.10 *C'est, Ce sont; Il / Elle est; Ils / Elles sont*

1) **C'est, Ce sont**

+ article + nom (avec ou sans adjectif)
C'est le livre de Jean.
C'est une table.
C'est une jeune femme.
Ce sont des cahiers.
C'est un étudiant intelligent.

+ nom propre
C'est Hélène.
C'est Mme Bertrand.
Ce sont les Morel.

2) **Il / Elle est; Ils / Elles sont**

+ nom de profession (sans article)
Il est pilote.
Elles sont vendeuses.

+ adjectif (sans nom)
Elle est pratique.
Ils sont jeunes.
Il est intelligent.

+ préposition + nom
Elle est sur la table.
Il est à Toronto.
Ils sont dans l'appartement.

EXERCICES ORAUX

a. Employez *C'est (Ce sont)* ou *Il / Elle est (Ils / Elles sont)*.

1. _____ une calculatrice; _____ très utile.
2. _____ Marc Bellac; _____ un jeune architecte; _____ à Montréal.
3. _____ une institutrice; _____ amusante.
4. _____ des outils; _____ dans le studio.
5. _____ les Duval; _____ sympathiques; _____ à côté des Marchand.
6. _____ des psychologues compétents; _____ à l'université.

EXERCICES ÉCRITS

a. Remplacez les tirets par la forme correcte du verbe entre parenthèses.

1. (Sentir) _sentez_ -vous cette bonne odeur?
2. Marcel et Hélène (sortir) _sortent_ ce soir?
3. Je ne (mentir) _mens_ pas à mes amis.
4. Nous (partir) _partons_ pour New York demain.
5. Elle (dormir) _dort_ dix heures par nuit.

b. Répondez aux questions.

1. À quelle heure sors-tu de chez toi le matin?
2. À quelle heure sortons-nous de la classe?
3. À quelle heure part l'autobus pour le centre-ville?
4. Est-ce que tu mens parfois à tes employeurs?
5. Est-ce que les criminels mentent à la police?
6. Qu'est-ce qui sent bon? mauvais?
7. Qu'est-ce qu'on sent quand on entre dans la cuisine?
8. Est-ce que tu sers du vin à tes invités?

c. Complétez les phrases en employant une expression appropriée avec faire: *faire des affaires, faire la cuisine, faire la guerre, faire l'amour, faire des mathématiques.*

1. Les soldats _font la guerre_
2. Cet étudiant _fait des maths._
3. Les banquiers _font des affaires_
4. Les amoureux _font l'amour_
5. Ce gourmet _fait la cuisine_

d. Répondez aux questions.

1. Faites-vous du sport? Quel(s) sport(s)?
2. Aimes-tu faire la cuisine?
3. Que fais-tu à l'université?
4. Qu'est-ce que tu aimes faire le dimanche?
5. Combien de kilomètres fais-tu en auto par semaine?

e. Répondez aux questions avec *deux* expressions sur le temps pour chaque réponse.

1. Quel temps fait-il en été?
2. Quel temps fait-il aujourd'hui?
3. Quel temps fait-il en hiver?
4. Quel temps va-t-il faire demain?

f. Posez la question qui correspond à la réponse donnée.

1. Nous avons besoin *d'amour*. *De quoi avons-nous besoin?*
2. Je sors *avec Hugo*. *Je sors avec qui?*
3. Elle a envie *de vacances*. *De quoi a-t-elle envie?*
4. Yvette pense *à sa mère*. *À qui pense-t-elle?*
5. Ils jouent *au tennis*. *À quoi jouent-ils?*
6. Elles parlent *de politique*. *De quoi parlent-elles?*

g. Répondez aux questions par des phrases complètes. Employez *Il y a* ou *Il n'y a pas*.

1. Y a-t-il des acteurs dans un film?
2. Est-ce qu'il y a du bruit dans une bibliothèque? *Il n'y a pas de bruit*
3. Est-ce qu'il y a de la bière dans un cocktail? *oui*
4. Y a-t-il des gens sur la planète Mars? *non*
5. Y a-t-il des arbres dans la classe? *non*

h. Choisissez une des expressions de la liste suivante pour compléter les phrases: *travailler, manger des fruits, écouter avec attention, mentir, dormir*.

1. Dans la classe, il faut *écouter* .
2. Quand on est fatigué, il faut *dormir* .
3. Quand on est très riche,
   il n'est pas nécessaire de *travailler* .
4. Quand on veut être honnête,
   il ne faut pas *mentir* .
5. Pour avoir assez de vitamines,
   il faut *manger* .

i. Répondez aux questions.

1. Pourquoi faut-il faire du sport?
2. Quand faut-il porter un manteau?
3. Quelles qualités faut-il avoir pour être heureux?
4. À quelle heure faut-il venir en classe?
5. Où faut-il aller quand on veut rencontrer des gens?
6. Que faut-il porter quand on va à la plage?
7. Où faut-il aller quand on est très malade?
8. Où faut-il aller quand on a mal aux dents?

j. Remplacez les mots en italique par des pronoms.

1. L'étudiant fait *son devoir*.
2. Elle espère gagner *le championnat*.
3. Nous comptons avoir *nos vacances* en juillet.
4. Je n'ai pas envie de manger *cette salade*.
5. Ils n'ont pas besoin de faire *ces exercices*.
6. Elle admire *Roberta Bondar*.
7. Nous allons attendre *Marcelle* à la gare.
8. Trouvez-vous *ce livre* intéressant?
9. Regardes-tu *ce film*?
10. Il fait *sa composition*.
11. Ils mangent *la soupe*.
12. Elle achète *notre voiture*.
13. Je finis *ce travail*.
14. Elle attend *Pierre*.
15. Je n'entends pas *ce bruit*.
16. Je n'aime pas *ce professeur*.
17. Il aime *Sonia*.

k. Répondez d'après le modèle.

> *Modèle:* Est-ce que tu m'écoutes?
> *Oui, je t'écoute.*

1. Est-ce que je te regarde?
2. Écoutons-nous la radio?
3. Est-ce que vous voulez m'inviter? *oui, nous voulons t'inviter*
4. Irma veut-elle cette robe? *elle la veut*
5. Est-ce que je dois t'écouter? *oui, tu dois m'écouter*
6. Espères-tu vendre ton vieil ordinateur? *oui, j'espères le vendre*

7. Comptez-vous nous rencontrer demain? *oui, nous comptons vous rencontrer...*
8. Allons-nous finir nos études? *Oui, nous allons les finir*
9. Est-ce qu'il faut faire cet exercice? *oui, il faut le faire*
10. Peux-tu me donner ce livre? *oui, je peux le donner*

l. Remplacez les tirets par une expression de quantité appropriée: *beaucoup de, trop de, tant de, un peu de, quelques, peu de.*

1. Tu vas être malade: tu manges <u>trop de</u> chocolat.
2. C'est merveilleux: tu as <u>beaucoup</u> chance! /tant
3. Les gens pauvres ont <u>peu d'</u> argent.
4. Les gens riches ont <u>trop</u> argent.
5. Il faut avoir au moins <u>un peu de</u> patience.
6. Je ne désire pas des choses extraordinaires: je veux seulement avoir <u>quelques</u> amis.

m. Employez *C'est (Ce sont)* ou *Il / Elle est (Ils / Elles sont)*.

1. <u>C'est</u> un vieux médecin; <u>il est</u> à l'hôpital Saint-Vincent; <u>il est</u> fatigué.
2. <u>C'est</u> Olivier; <u>C'est</u> un nouvel étudiant; <u>Il est</u> dans ma classe.
3. <u>C'est</u> la mère de Jean; <u>elle est</u> infirmière.
4. <u>C'est</u> mon copain; <u>Il est</u> gentil.
5. <u>C'est</u> une excellente institutrice; <u>elle est</u> dynamique.
6. <u>Ils sont</u> électriciens; <u>ils sont</u> dans la maison.

Lecture

Quel niveau de scolarité et quelles compétences exige-t-on de nos jours de la part des travailleurs?

On ne saurait trop insister sur le fait qu'il est important d'avoir fait de bonnes études de base et, de plus en plus, des études et de la formation postsecondaires. Pour toutes les professions, on a considérablement relevé la barre pour ce qui est de la scolarité et des compétences. Bien qu'on compte encore beaucoup de professions de premier échelon qui exigent peu de compétences, bon nombre d'entre elles exigent davantage de compétences fondamentales. Comme on relève toujours la barre des compétences, les travailleurs devront apprendre pendant toute leur vie. La notion d'éducation permanente fait partie intégrante de la quête de la réussite.

Pour ce qui est de la scolarité, les exigences se sont élargies au cours des dix dernières années. De 1990 à 1999, la proportion de travailleurs en Ontario qui possèdent un diplôme d'études postsecondaires a augmenté dans tous les groupes professionnels.

La fusion de la formation, de la scolarité et des compétences, phénomène relativement récent, se manifeste surtout dans les nouveaux emplois et les emplois en constante évolution liés à la haute technologie. Par exemple, la description de travail des spécialistes d'Internet, selon une étude du ministère de la Sécurité économique du Minnesota, mentionne à la fois le savoir-faire technique, la capacité de résoudre des problèmes et celle d'interagir avec les consommateurs. En plus de programmer des logiciels et de produire et de mettre à jour des pages Web pour des clients, les spécialistes d'Internet installent et réparent le matériel informatique et fournissent un soutien technique aux utilisateurs en répondant à leurs appels téléphoniques, en leur rendant visite sur place et en leur faisant parvenir des messages électroniques. Ces professionnels participent également à la création, à la révision et à la distribution du matériel de documentation et de formation techniques.

Le besoin en connaissances ou en compétences liées à un emploi précis ne se limite pas à quelques professions ou emplois. Aujourd'hui, les employeurs recherchent chez tous les travailleurs un ensemble de compétences qu'on appelle compétences relatives à l'employabilité. Le Conference Board of Canada a dressé le profil des compétences relatives à l'employabilité, compétences essentielles exigées des travailleurs canadiens. Le profil fait état des compétences fondamentales nécessaires à l'employabilité, c'est-à-dire:

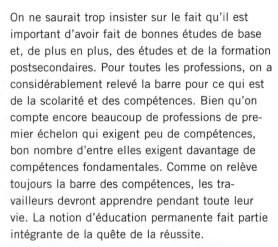

- **compétences scolaires:** jettent les assises nécessaires à l'acquisition de bonnes compétences en communication, capacité d'analyser, d'évaluer et de résoudre des problèmes; apprendre de nouvelles fonctions et de nouvelles façons de faire le travail lorsque la technologie change.

- **qualités personnelles:** attitude positive; capacité d'assumer des responsabilités et d'être fiable; capacité de composer avec les changements qui surviennent dans le milieu de travail et de faire preuve d'initiative; respect des autres.

- **esprit d'équipe:** compétences nécessaires pour travailler avec les autres et obtenir les meilleurs résultats. L'importance de ces compétences est corroborée par de récentes offres d'emploi qu'ont affichées des employeurs dans les journaux de Toronto. Ces annonces reflètent également le fait que la connaissance de l'informatique devient rapidement une partie intégrante des exigences en matière de "connaissances générales".

Extrait de l'article "Survol des tendances de l'emploi en Ontario" du site Web Emploi-Avenir Ontario

afficher	to post
annonce (f.)	advertisement
appel (m.)	call
assises: jeter les —	to lay the foundation
assumer	to take on
augmenter	to increase
base: de —	basic
besoin (m.)	need
bien que	although
bon nombre d'entre (nous)	many of (us)
changement (m.)	change
comme	as, since
compétences (f. pl.)	qualification, skill
composer avec	to deal with
compte: on —	there are
connaissance(s) (f.)	knowledge
consommateur (m.)	consumer
corroborer	to confirm
cours: au — de	during, over
davantage de	more
dernier, dernière	last
diplôme (m.)	degree
documentation: matériel de —	information, instructions
dresser le profil	to draw up a description
échelon (m.)	level
éducation permanente (f.)	continuing education
également	also
(s')élargir	to increase
emploi (m.)	job, occupation
employabilité (f.)	job suitability
en plus de	aside from
encore	still
ensemble (m.)	series, set
esprit d'équipe (m.)	team spirit
état: faire —	to mention, to state
exigence (f.)	requirement
exiger	to demand, to require
façon de faire (f.)	way of doing
fait (m.)	fact
fait: avoir —	to have done
fiable	reliable
fois: à la —	at the same time
fonction (f.)	role, task, work
formation (f.)	training
fournir	to provide
fusion (f.)	combination
haut(e)	high
informatique (f.)	information technology
installer	to set up
intégrante: faire partie —	to be an integral part
interagir	to interact
jour: mettre à —	to update
journal (m.)	newspaper
lié à	connected with
logiciel (m.)	software
(se) manifester	to appear
matériel informatique (m.)	computer hardware
matière: en — de	with regards to
milieu (m.)	environment
niveau (m.)	level
offre d'emploi (f.)	job opportunity
part: de la — de	from
parvenir: faire —	to send
pour	for
pour ce qui est de	as for, regarding
place: sur —	on the premises
plus: de — en —	more and more
précis(e)	particular
premier, première	first
preuve: faire — de	to show
produire	to produce
quête (f.)	quest, search
refléter	to reflect
relatif, relative à	relating to
relever la barre	to raise the bar
rendre visite à	to visit
réparer	to repair
rechercher	to look, to search for
résoudre	to solve
réussite (f.)	success
saurait: on ne —	one could not
savoir-faire (m.)	know-how
selon	according to
scolaire	academic
scolarité (f.)	schooling
soutien (m.)	support
survenir	to come up
tous, toutes	all
travailleur (m.)	worker
trop	too much
utilisateur (m.)	user
vie (f.)	life

QUESTIONS

1. Qu'est-ce qui est de plus en plus important?
2. Pourquoi les travailleurs vont-ils devoir apprendre toute leur vie?
3. Qu'est-ce qui montre que les exigences en matière de scolarité sont de plus en plus grandes?
4. Où se manifeste surtout la fusion de la formation, de la scolarité et des compétences?
5. Quel phénomène est relativement récent?
6. Quels sont les différents aspects du travail des spécialistes d'Internet?
7. Qu'est-ce que les employeurs recherchent chez tous les travailleurs?
8. Quel organisme a dressé le profil des compétences relatives à l'employabilité?
9. Quel est le rôle des compétences scolaires?
10. De quelles qualités personnelles faut-il faire preuve?
11. Qu'est-ce qui prouve que l'esprit d'équipe est une qualité recherchée par les employeurs?
12. Pourquoi faut-il connaître l'informatique?

SITUATIONS – CONVERSATIONS

1. Vous voulez passer une année dans une université québécoise. Vous parlez de vos projets à un(e) ami(e) qui étudie à cette université. Posez des questions, demandez des renseignements à votre ami(e).
— Comment sont les professeurs? les cours? les étudiants?
— Pouvez-vous trouver des cours dans votre domaine de spécialisation?
   Y a-t-il beaucoup d'examens?
— Les classes sont-elles petites ou grandes? Les contacts entre les étudiants et les professeurs sont-ils faciles?
— Pourquoi votre ami(e) est-il / elle à cette université?

2. Qu'est-ce que vous étudiez? Pourquoi? Quelle est votre matière préférée? Que pensez-vous du système universitaire en général? Comment trouvez-vous les méthodes d'enseignement? Partagez-vous la mentalité des autres étudiants?

3. Exposez vos projets d'avenir. Quelle profession allez-vous choisir? Quelles études devez-vous faire? Quels cours devez-vous suivre?

   Je veux devenir vendeur / vendeuse, directeur / directrice de banque, instituteur / institutrice, médecin, dentiste, psychiatre, psychologue, travailleur / travailleuse social(e), professeur(e), architecte, notaire, avocat / avocate, infirmier / infirmière, ingénieur, pilote d'avion.

   Je dois faire un baccalauréat, une maîtrise, un doctorat, un diplôme spécialisé, un stage (avocat, expert-comptable), un internat (médecin, psychiatre).

   Je dois suivre des cours de français, d'anglais, d'allemand, d'espagnol, de littérature, de philosophie, de psychologie, de sociologie, d'économie, de sciences politiques, d'histoire, de géographie, de chimie, de physique, de biologie, de mathématiques, d'informatique, d'administration, de comptabilité, de finance, de droit.

COMPOSITIONS

1. Vous faites des études: parlez de vos joies et de vos frustrations, des avantages et des inconvénients, de vos rapports avec les professeurs et avec les autres étudiants.

2. Comment organisez-vous votre programme d'études? Quelles sont les matières que vous étudiez? Quels sont vos cours? Comment travaillez-vous et où? Qu'est-ce que vous préférez étudier et pourquoi?

3. Quand on est étudiant, qu'est-ce qu'il faut faire? Qu'est-ce qu'il ne faut pas faire? Qu'est-ce qu'il n'est pas nécessaire de faire?

4. Qu'est-ce que vous voulez devenir? Qu'est-ce que vous devez étudier pour exercer cette profession?

PRONONCIATION

(Students can listen to the audio track for this exercise on MyFrenchLab; instructors will find it on CD 3, Track 1.)

I. Comment reconnaître les voyelles nasales?

A vowel is *nasal* when followed by **n** or **m** in three instances:

1) vowel + **n** or **m** at the end of a word:

   maison, main, paysan, brun

2) vowel + **n** or **m** + final consonant (unpronounced):

   chantons, devant, saint

3) vowel + **n** or **m** + pronounced consonant:

   manche, lundi, ombre, imparfait

A vowel is *not nasal* when followed by **n (nn)** or **m (mm)** + vowel (pronounced or silent):

   femme, pardonner, aimer, plume, inutile, imaginer

Exception: At the beginning of a word, **en** and **em** are always nasal:

   emporter, emmener, entendre, enfant

   Répétez:

   1. fin / fine   son / sonne
       bon / bonne   nain / naine
       don / donne   pan / panne

   2. inutile / indien   anis / année
       amener / amputer   inné / indiscret
       image / impropre   amour / ampoule

3. marchand / marchande   maint / mainte
    blond / blonde   long / longue
    adolescent / adolescente   parent / parente
    atteint / atteinte   étudiant / étudiante

II. Le son /r/ — r + voyelle — consonne + r

(Back of the tongue raised towards the soft palate; tip of the tongue against the lower front teeth.)

Répétez d'après le modèle:

1. le gant / le rang / le grand   le goût / le roux / grouiller
    le gond / le rond / gronder   le gave / la rave / grave
    le gain / le rein / grincer

2. rincer   rage   rive   robe   réfléchir   retirer   ronce   rang
    rein   radis   riz   rot   rébus   redire   ronge   ranci
    éreinté rave   rideau rôder   récif   repu   rond   ramper

3. gras / gris / gros / grue / gré / grand / gronder / grincer
    cri / cru / croûte / crasse / craie / cran / crin
    pré / pris / proue / prends / produit / pratique
    bras / briser / brouter / bru / brandir / brin
    drap / drôle / dru
    très / trou / tronc / train

WEBLINKS

Many more expressions with *faire*
http://french.about.com/library/verb/bl_faire_ex.htm

Weather
www.expertvillage.com/video/10280_free-french-language-lessons-online-weather.htm

School and studies
www.smartphrase.com/French/fr_school_voc.shtml
http://cr.middlebury.edu/public/french/Lexique/ecole/ecole_mainpage.html

Education in Canada & in Québec
www.educationcanada.cmec.ca/
www.meq.gouv.qc.ca/

Professions
www.lingolex.com/jobfr.htm
www.youtube.com/watch?v=DJ80vZpo8XY

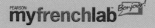

CHAPITRE 8

Les sports

Thèmes

- Les sports et l'équipement
- La place des sports dans ma vie
- Mes sports favoris
- Les sports d'hiver
- Mes activités au passé
- Exprimer le temps passé

Lecture

Le ski alpin

Grammaire

8.1 Les verbes irréguliers *prendre* et *mettre*

8.2 Les pronoms objets indirects

8.3 Les verbes irréguliers *savoir* et *connaître*

8.4 Le passé composé avec *avoir*

8.5 *Il y a* + une expression de temps

8.6 Le pronom relatif *où*

8.7 L'adjectif *tout*

VOCABULAIRE UTILE

Noms

arbitre (m.)	referee	**pente** (f.)	slope
ballon (m.)	ball	**piste** (f.)	trail; run
bicyclette (f.)	bicycle	**progrès** (m.)	progress
cadeau (m.)	present, gift	**raquette** (f.)	racket; snowshoe
candidature (f.)	application		
casque (m.)	helmet	**règle** (f.)	rule
casquette (f.)	cap	**règlement** (m.)	regulation
champion, championne	champion	**renseignement** (m.)	piece of information
coéquipier, coéquipière	team mate	**saut** (m.)	jump
course (f.)	race; running	**ski** (m.)	ski; skiing
descente (f.)	way down; descent; downhill	**ski de fond** (m.)	cross-country skiing
		ski alpin (m.)	downhill skiing
entraînement (m.)	training, practice	**vélo** (m.)	bicycle
entraîneur (m.)	coach		
équipe (f.)	team	**Adjectifs**	
équipement (m.)	equipment	**blessé(e)**	injured
fois (f.)	time	**dernier, dernière**	last
gant (m.)	glove	**gagnant(e)**	winning; winner
glace (f.)	ice	**sage**	good; wise; well-behaved
gymnastique (f.)	gymnastics		
indice (m.)	clue		
joueur, joueuse	player	**Verbes**	
maillot de bain (m)	swimming trunks; swimsuit	**descendre**	to come down, to go down
		donner	to give
moniteur, monitrice	instructor	**(s')entraîner**	to train
montagne (f.)	mountain	**gagner**	to win
motoneige (f.)	skidoo, snowmobile	**patiner**	to skate
neige (f.)	snow		
partenaire (m./f.)	partner	**Expressions**	
partie (f.)	game, match	**question: poser une —**	to ask a question
patin (m.)	skate	**visite: rendre — à**	to visit (someone)

GRAMMAIRE ET EXERCICES ORAUX

8.1 Les verbes irréguliers *prendre* et *mettre*

Présent de l'indicatif

prendre (to take)		mettre (to put/to put on/to set)	
je	prends	je	mets
tu	prends	tu	mets
il / elle / on	prend	il / elle / on	met
nous	prenons	nous	mettons
vous	prenez	vous	mettez
ils / elles	prennent	ils / elles	mettent

The imperative forms of **prendre** and **mettre** are regular.

Apprendre (to learn) and **comprendre** (to understand) are conjugated like **prendre**.

Permettre (to allow/to permit), **promettre** (to promise) and **soumettre** (to submit) are conjugated like **mettre**.

Exemples:	*Je prends des leçons de ski.*	I am taking ski lessons.
	Prenez votre temps.	Take your time.
	Nous apprenons le judo.	We are learning judo.
	Je ne comprends pas pourquoi.	I do not understand why.
	Elle met un maillot de bain.	She puts on a swimsuit.
	Mets les balles sur la table.	Put the balls on the table.
	Je vais mettre la table.	I am going to set the table.

✳ Note:

The following constructions with **permettre, promettre,** and **soumettre**:

1) **Ils permettent *à* leurs enfants *de* faire de l'alpinisme.**

   They allow their children to go mountain-climbing.

   Elle promet *à* son père *de* remporter la médaille d'or.

   She promises her father that she is going to win the gold medal.

2) **Je viens *de* soumettre un travail *au* professeur.**

   I have just submitted an assignment to the professor.

   Ils promettent une récompense *à* Paul.

   They are promising Paul a reward.

EXERCICES ORAUX

a. Mettez les verbes au présent.

prendre

1. Je _____ l'autobus.
2. Tu _____ tes skis.
3. Il _____ sa raquette.
4. Elle _____ ses patins.

5. Nous _____ nos gants.
6. Vous _____ vos balles.
7. Ils _____ leur équipement.
8. Elles _____ leur temps.

mettre

9. Je _____ mon chapeau.
10. Tu _____ ton chandail.
11. Il _____ sa casquette.
12. Elle _____ son maillot de bain.

13. Nous _____ nos souliers.
14. Vous _____ vos gants.
15. Ils _____ leurs lunettes.
16. Elles _____ leurs patins.

b. Composez des phrases avec les éléments des trois colonnes.

je	apprendre	une récompense
l'équipe	comprendre	à jouer au hockey
les joueurs	mettre	les règles du jeu
la monitrice	promettre	une pause
les enfants	prendre	de gagner la partie
nous		de faire beaucoup d'efforts
		à faire du vélo
		la décision de l'arbitre

c. Dites à un(e) autre étudiant(e)...

Modèle: de prendre ses skis.

Prends tes skis.

1. de ne pas mettre de tuque.
2. d'apprendre les règles du jeu.
3. de ne pas mettre son imperméable.

4. de prendre du repos.
5. de ne pas mettre la table.
6. de promettre une récompense aux gagnants.

d. Posez la question à un(e) autre étudiant(e).

1. Quels vêtements mets-tu en hiver? en été?
2. Prends-tu un gant pour jouer au baseball?
3. Combien de langues apprends-tu?
4. Comprends-tu l'espagnol? l'allemand? le russe? le japonais?
5. Vas-tu prendre des vacances cet été?
6. Quand devons-nous soumettre une composition au professeur?
7. Est-ce que tu promets à tes coéquipiers de faire des efforts?

e. Répondez selon le modèle.

> *Modèle:* J'apprends l'arabe. Et vous?
> *Nous apprenons l'arabe aussi.*

1. Les joueurs font une pause.
   Et l'arbitre?
2. Henri met ses patins. Et ses amis?
3. Nous comprenons ce poème. Et toi?

4. L'entraîneur a promis d'être patient.
   Et les joueurs?
5. Je soumets ma candidature. Et vous?
6. Ils apprennent les règles du jeu. Et Sylvain?

8.2 Les pronoms objets indirects

Subject pronouns	Indirect object pronouns
je	me
tu	te
il	lui
elle	lui
nous	nous
vous	vous
ils	leur
elles	leur

1) The indirect object pronouns **lui** and **leur** stand for a noun indicating a person preceded by the preposition **à**:

> Vas-tu parler *au professeur?* — Oui, je vais *lui* parler.
> Est-ce qu'il répond *aux étudiants?* — Oui, il *leur* répond.
> Téléphones-tu *à Sylvie?* — Oui, je *lui* téléphone.

2) Like direct object pronouns, indirect object pronouns precede the verb, even when the verb is in the infinitive and follows another conjugated verb:

Affirmative	*Negative*	*Interrogative (inversion)*
Il *nous* parle.	Il ne *nous* parle pas.	*Nous* parle-t-il?
Tu *lui* téléphones.	Tu ne *lui* téléphones pas.	*Lui* téléphones-tu?
Elle doit *leur* obéir.	Elle ne doit pas *leur* obéir.	Doit-elle *leur* obéir?

EXERCICES ORAUX

a. Remplacez les mots en italique par un pronom objet indirect.

1. Je téléphone *à Jacques*. Je lui téléphone
2. Ils parlent *aux joueurs*. leur
3. Nous obéissons *à l'arbitre*. lui
4. J'explique la leçon *à mon camarade*. Je la lui explique
5. Tu adresses la lettre *à la monitrice*.
6. Il parle *à ses athlètes*.

7. Tu vas donner ton numéro *à l'instructrice.*

8. Vous répondez *au professeur.*

9. Pierre demande un renseignement *à Jeanne.*

10. Il va répéter les règles *aux joueurs.*

11. Paul achète des fleurs *à la gagnante.*

12. Je donne un examen *à mes élèves.*

13. Il achète des fruits *aux enfants.*

14. Daniel va donner le livre *à Louise.*

15. Il va téléphoner *à l'arbitre.*

16. Philippe aime donner des conseils *à ses amis.*

17. Je veux acheter une raquette *à mon partenaire.*

18. Il espère passer le ballon *à son coéquipier.*

b. Répondez aux questions.

Est-ce que / qu'…

1. tu me parles?
2. je te parle?
3. tu lui parles?
4. il te parle?
5. tu me téléphones?
6. je te téléphone?
7. elle te téléphone?
8. tu lui téléphones?
9. je te réponds?
10. tu me réponds?
11. vous nous répondez?
12. nous vous répondons?
13. vous nous téléphonez?
14. nous vous téléphonons?
15. vous nous promettez d'être sages?
16. ils vous promettent de revenir?
17. je vous permets d'entrer?
18. vous lui permettez de partir?
19. tu veux me parler?
20. elle veut te parler?
21. vous voulez me parler?
22. nous voulons lui parler?
23. vous devez m'obéir?
24. nous devons lui obéir?
25. ils doivent t'obéir?
26. je peux te téléphoner?
27. tu peux me téléphoner?
28. nous pouvons vous téléphoner?
29. vous pouvez nous téléphoner?

c. Posez la question selon le modèle.

Modèle: Je leur téléphone.

Est-ce que tu leur téléphones? / Leur téléphones-tu?

1. Il me téléphone.
2. Ils m'obéissent.
3. Elle nous parle.
4. Je lui obéis.
5. Elle me donne un chèque.
6. Il nous permet de sortir.
7. Je vais lui téléphoner ce soir.
8. Nous préférons leur téléphoner.
9. Elle veut m'acheter une cravate.
10. Il doit nous répondre demain.

d. *Qu'est-ce que tu fais quand…?* Répondez à la question selon le modèle.

Modèle: Qu'est-ce que tu fais quand le professeur te pose une question? (répondre)

Je lui réponds.

Qu'est-ce que tu fais quand…

1. un ami a mal à la tête? (donner une aspirine)
2. tu ne comprends pas le professeur? (poser une question)

3. le chef d'équipe donne un ordre? (obéir)

4. tu rends visite à tes grands-parents? (apporter un cadeau)

5. tes copains te rendent visite? (servir du café)

6. une amie te demande de l'argent? (faire un chèque)

8.3 Les verbes irréguliers *savoir* et *connaître*

Présent de l'indicatif

	savoir	connaître
je	sais	connais
tu	sais	connais
il / elle / on	sait	connaît
nous	savons	connaissons
vous	savez	connaissez
ils / elles	savent	connaissent

The imperative of **connaître** is regular; the imperative forms of **savoir** are **sache, sachons, sachez**. Both **savoir** and **connaître** mean "to know"; however, they are used differently and are not interchangeable:

1) **Connaître** means to know (to be acquainted with or to be familiar with) a person or a place:

> Je connais Claire Dubé.
> Il connaît bien Winnipeg.
> Connais-tu ce restaurant?

2) **Savoir** means to know facts, to be informed about something:

> Je sais la conjugaison du verbe être.
> Elle ne sait pas mon nom.

3) **Savoir** may be followed by an infinitive or a subordinate clause introduced by **que** (that), but not **connaître**:

> Je sais patiner.
> Nous savons qu'il est malade.

✳ Note:

"Can" in English is sometimes used as an equivalent for "to know how to," in which case it corresponds to *savoir* in French. Compare:

Elle *sait* nager.	She can swim. (She knows how to swim.)
Elle *peut* nager longtemps.	She can swim a long time. (She is able to . . .)

EXERCICES ORAUX

a. Répondez aux questions.

1. Savez-vous la date du match de boxe?
2. Savez-vous l'adresse du professeur?
3. Sais-tu le numéro de téléphone du centre sportif?
4. Sais-tu jouer au hockey?
5. Sais-tu jouer de la guitare?
6. Savez-vous parler espagnol?
7. Sais-tu faire la cuisine?

b. Répondez aux questions.

1. Connais-tu la Nouvelle-Écosse?
2. Connais-tu la Floride?
3. Connaissez-vous les montagnes Rocheuses?
4. Est-ce que tes parents me connaissent?
5. Connaissez-vous la musique de Mozart?
6. Connais-tu bien Détroit?
7. Connais-tu tous les joueurs de l'équipe?

c. Demandez à un(e) autre étudiant(e) s'il / si elle...

1. sait nager.
2. sait faire du ski.
3. sait jouer aux échecs.
4. sait faire la cuisine.
5. connaît Québec.
6. connaît Londres.
7. connaît les livres de Mordecai Richler.
8. connaît un bon médecin.

d. Employez *savoir* ou *pouvoir*, selon le contexte.

1. Une mécanicienne _sait_ réparer une voiture.
2. Nous _pouvons_ faire du sport en hiver.
3. Un bon athlète _peut_ nager pendant trois heures.
4. Ce bébé a dix mois et il _____ déjà marcher.
5. Ce joueur blessé ne _____ pas marcher très vite.

e. Répondez aux questions selon le modèle.

Modèle: Connais-tu Hélène Richard? (pas très bien / être étudiante)
Je ne la connais pas très bien, mais je sais qu'elle est étudiante.

1. Connais-tu le professeur Marceau? (pas personnellement / être un bon professeur)
2. Connais-tu le père de Jean? (pas bien / être architecte)
3. Est-ce que tes parents connaissent Christiane? (pas / être étudiante)
4. Connaissez-vous l'Île de Vancouver? (pas / être un très bel endroit)
5. Connais-tu les romans de Margaret Atwood? (pas du tout / avoir du succès)

8.4 Le passé composé avec *avoir*

1) The **passé composé** is used to indicate that an action or situation occurred in the past. It corresponds to both the simple past (I ate) and the present perfect (I have eaten) in English.

2) The **passé composé** is formed by using the present tense of an auxiliary verb (**avoir** or **être**) followed by the past participle of the verb. For most verbs, the auxiliary verb which is used is **avoir**.

3) The past participle of regular verbs consists of the stem plus an ending. The endings for the three regular verb groups are as follows:

Group	Infinitive	Stem	Ending
1. -er	manger	mang-	-é
2. -ir	finir	fin-	-i
3. -re	attendre	attend-	-u

Passé composé

j'	ai mangé	ai fini	ai attendu
tu	as mangé	as fini	as attendu
il / elle / on	a mangé	a fini	a attendu
nous	avons mangé	avons fini	avons attendu
vous	avez mangé	avez fini	avez attendu
ils / elles	ont mangé	ont fini	ont attendu

4) In the negative, **ne** precedes **avoir** and **pas** follows it:

Il *n'*a *pas* répondu à ma question.

5) In a question with inversion, the subject pronoun follows the form of **avoir**:

As-tu parlé à l'arbitre?

Ton coéquipier a-t-il téléphoné?

6) The direct and indirect object pronouns precede **avoir**:

Il m'a regardé.

Elle ne lui a pas téléphoné.

Leur ont-ils répondu?

7) Here are the past participles of the irregular verbs that were presented in previous chapters and that take **avoir** as an auxiliary verb:

avoir	j'ai **eu**	pouvoir	j'ai **pu**
connaître	j'ai **connu**	prendre[†]	j'ai **pris**
devoir	j'ai **dû**	savoir	j'ai **su**
être	j'ai **été**	vouloir	j'ai **voulu**
faire	j'ai **fait**	falloir (il faut)	il a **fallu**
mettre[*]	j'ai **mis**	pleuvoir (il pleut)	il a **plu**

For verbs conjugated like **dormir (mentir, sentir, servir)**, add the ending **-i** to the stem: **j'ai dormi, j'ai menti, j'ai senti, j'ai servi.**

[*] promettre: *promis*; permettre: *permis*; soumettre: *soumis*

[†] apprendre: *appris*; comprendre: *compris*

EXERCICES ORAUX

a. Mettez au passé composé.

-er	-ir	-re
1. Je demande.	11. Elle réfléchit.	21. Il attend.
2. Il écoute.	12. Vous obéissez.	22. Tu perds.
3. Nous regardons.	13. Ils démolissent.	23. Nous entendons.
4. Vous donnez.	14. Elles fleurissent.	24. Vous vendez.
5. Ils mangent.	15. Nous réussissons.	25. Ils rendent.
6. Tu parles.	16. Il grossit.	26. Nous répondons.
7. Il trouve.	17. Ils vieillissent.	27. Ils vendent.
8. Elles acceptent.	18. Je finis.	28. Elle rend.
9. Vous refusez.	19. Tu choisis.	29. Nous attendons.
10. Nous marchons.	20. Vous établissez.	30. Ils perdent.

b. Mettez à la forme négative.

Modèle: J'ai joué au soccer.

Je n'ai pas joué au soccer.

1. Il a invité des camarades.
2. Ils ont regardé le match à la télé.
3. J'ai puni les joueurs.
4. Nous avons obéi à la monitrice.
5. Elle a fini son entraînement.
6. Tu as rougi.
7. Vous avez attendu le signal.
8. Il a vendu sa motoneige.
9. J'ai répondu à la question.
10. Nous avons vendu nos skis.

c. Mettez à la forme interrogative. Employez l'inversion.

Modèle: Vous avez mangé.

Avez-vous mangé?

1. Il a fini son entraînement.
2. Vous avez attendu l'autobus.
3. Cet étudiant a réussi à son examen.
4. Ils ont perdu la partie.
5. Marie a parlé à son moniteur.
6. Ils ont choisi un autre coéquipier.
7. Tu as répondu à la lettre de ton entraîneur.
8. Le médecin a examiné les blessés.

d. Mettez les verbes au passé composé.

1. Je ne comprends pas cette leçon.
2. Il apprend le patinage.
3. Nous prenons le train.
4. Elle dort huit heures.
5. Tu sers du jus aux athlètes.
6. Il ment à ses partenaires.
7. Il pleut.
8. Il faut réparer la motoneige.
9. Elles font de la course à pied.
10. Il fait du sport.
11. Vous faites de la gymnastique.
12. Il a des difficultés.

13. Nous avons un ballon.
14. Ils sont malades.
15. Elle est championne de ski alpin.
16. Je connais des patineurs.
17. Nous mettons la table.
18. Il promet une moto à son fils.
19. Elle permet à ses enfants de regarder le match de hockey.

e. Complétez les phrases avec le participe passé de l'un des verbes de la liste suivante: *perdre, avoir, vendre, faire, acheter, gagner, pouvoir, mettre.*

1. J'ai _____ mes vieux patins et, avec l'argent, j'ai _____ une nouvelle paire de skis.
2. Les joueurs de hockey ont _____ leur casque et leurs gants pour aller sur la glace.
3. Nous avons _____ beaucoup de ski l'hiver dernier.
4. Il a _____ très mal à la tête; c'est pourquoi il n'a pas _____ participer à notre match de football.
5. Nous sommes contents: notre équipe a _____ la partie! L'équipe adverse a _____ parce que deux de ses joueurs ont _____ un accident.

f. Posez la question à un(e) autre étudiant(e) au *passé composé.* L'autre étudiant(e) répond affirmativement ou négativement.

Modèle: Faire du patinage l'hiver dernier.
Est-ce que tu as fait du patinage l'hiver dernier?
Oui, j'ai fait du patinage l'hiver dernier.
Non, je n'ai pas fait de patinage l'hiver dernier.

1. Connaître des joueurs de baseball.
2. Acheter un vélo de montagne.
3. Pouvoir faire du tennis l'été dernier.
4. Apprendre à nager très jeune.
5. Être membre d'une équipe sportive.
6. Vouloir devenir champion / championne.
7. Gagner la partie avec son équipe la dernière fois qu'ils ont joué.
8. Vendre son équipement de hockey. (football, baseball, ski, etc.)

8.5 *Il y a* + une expression de temps

Il y a followed by an expression of time has the meaning "ago." It may be used with a verb in the **passé composé**.

Il a quitté le Canada il y a un mois.
He left Canada a month ago.

La partie de tennis a commencé il y a cinq minutes.
The tennis game started five minutes ago.

Quand as-tu fait du ski? — Il y a deux jours.
When did you go skiing? — Two days ago.

EXERCICES ORAUX

a. *La dernière fois.* Posez la question à un(e) autre étudiant(e) qui répond selon le modèle.

   Modèle: Nager à la piscine.

   Quand as-tu nagé à la piscine pour la dernière fois?
   J'ai nagé à la piscine il y a trois jours (deux mois, etc.).

   1. Faire du ski (du vélo, du tennis, etc.).
   2. Regarder un match de boxe
      (de hockey, etc.) à la télé.
   3. Acheter un nouvel équipement sportif.
   4. Jouer une partie de badminton
      (de ping-pong, etc.).
   5. Manger au restaurant.
   6. Visiter un musée.
   7. Faire la vaisselle.
   8. Rendre visite à ses parents.
   9. Préparer un repas gastronomique.
   10. Prendre une décision importante.

b. Faites des phrases à partir des éléments donnés en employant *il y a* et en mettant le verbe au passé composé.

   Modèle: Je / téléphoner / à Sylvain / une heure

   J'ai téléphoné à Sylvain il y a une heure.

   1. Le match / commencer / dix minutes
   2. Nous / faire du ski / deux jours
   3. Il / quitter l'équipe / un mois
   4. Ma sœur / vendre sa voiture / trois
      semaines
   5. Je / jouer au hockey / longtemps

8.6 Le pronom relatif *où*

1) **Où** is a relative pronoun that means "where" when its antecedent is a noun indicating a place:

   C'est le restaurant *où* j'ai dîné hier.

   This is the restaurant where I had dinner yesterday.

   Québec est une ville *où* j'aime marcher.

   Québec is a city where I love to walk.

2) **Où** as a relative pronoun may also mean "when" if its antecedent is a noun indicating a time period:

   2005 est l'année *où* j'ai quitté Montréal.

   2005 is the year when I left Montreal.

   Mes parents m'ont donné une moto le jour *où* j'ai eu dix-huit ans.

   My parents gave me a motorcycle the day I turned eighteen.

EXERCICES ORAUX

a. Transformez les phrases selon le modèle.

Modèle: Je connais la rue. Tu habites *dans cette rue.*
Je connais la rue où tu habites.

1. Je connais un restaurant. On sert des repas japonais *dans ce restaurant.*
2. Il aime les centres de ski. Il y a beaucoup de gens *dans ces centres de ski.*
3. Le Yukon est une région. Il fait très froid *dans cette région.*
4. Je vais t'amener dans un musée. On peut voir des poteries anciennes *dans ce musée.*
5. Il fait du ski de fond dans un bois. Il y a de belles pistes *dans ce bois.*

b. Transformez les phrases selon le modèle.

Modèle: J'ai été malade *cette semaine-là.*
C'est la semaine où j'ai été malade.

1. Nous avons joué au tennis *ce matin-là.*
2. J'ai fini mes études secondaires *cette année-là.*
3. Il a beaucoup neigé *ce mois-là.*
4. Il a eu un accident de ski *ce jour-là.*
5. Nous avons gagné le match *ce soir-là.*

c. Complétez les phrases avec *que / qu'* ou *où.*

1. Montréal est une ville _____ j'aime.
2. C'est une ville _____ il y a beaucoup d'activités.
3. Je connais un bois _____ il y a beaucoup de pistes de ski de fond.
4. Je vais essayer les patins _____ je viens d'acheter.
5. L'été est la saison _____ je préfère.
6. L'hiver est la saison _____ je fais des voyages.
7. Je vais t'emmener à un lac _____ on peut patiner.
8. Les Laurentides sont une région _____ il faut visiter.
9. Il veut aller vivre dans un pays _____ il fait toujours soleil.

8.7 L'adjectif *tout*

The adjective **tout (toute / tous / toutes)** agrees with the noun it modifies and precedes the determiner (article or possessive adjective or demonstrative adjective). It corresponds to "all" or "whole" in English:

J'ai écouté *tout* l'opéra.	I listened to the whole opera.
Il a fait du ski *toute* la journée.	He skied the whole day.
***Tous* ces joueurs sont excellents.**	All those players are excellent.
Elle a acheté *toutes* mes vieilles robes.	She bought all my old dresses.

Note the expressions **tout le monde** (everybody) and **tous les jours** (every day):

Il connaît *tout* le monde.   He knows everybody.

Il joue au football *tous* les jours.   He plays football every day.

EXERCICES ORAUX

a. Refaites les phrases selon le modèle.

Modèle: *Ces joueurs* sont compétents.

Tous ces joueurs sont compétents.

1. *La partie* a été intéressante.
2. Il a compris *la leçon.*
3. J'ai donné *mes disques* à Guy.
4. *Les étudiants* sont fatigués après les examens.
5. *Mes vêtements* sont sales.
6. Il a mangé *le gâteau.*
7. Elle a fait *la vaisselle.*
8. Tu as menti à *tes amis.*
9. J'ai besoin de *ces livres.*

b. Répondez aux questions selon le modèle.

Modèle: Veux-tu écouter *mes CD?*

Oui, je veux écouter tous tes CD.

1. As-tu peur de *ces animaux?*
2. Peux-tu faire *ces exercices?*
3. Dois-tu faire *le ménage?*
4. Est-ce que tu connais *mes amies?*
5. Est-ce que tu comptes réussir *tes examens?*

EXERCICES ÉCRITS

a. Mettez les phrases au passé composé.

Modèle: Je regarde les Jeux olympiques.

J'ai regardé les Jeux olympiques.

1. Il met ses skis. il a mis
2. Nous prenons la bicyclette. nous avons pr
3. Ils apprennent le golf.
4. Je ne comprends pas cette leçon. Je n'ai pas compris
5. Il connaît l'entraîneur de l'équipe. Il a connu
6. Je téléphone à mon instructeur. J'ai télé
7. Elle brunit au soleil. elle a bruni
8. Nous rendons l'argent à Jean. nous avons rendu
9. Ils choisissent une nouvelle piscine.
10. Je réponds à sa lettre. J'ai répondu   ils ont choisi
11. Vous attendez un taxi.
12. Il veut venir avec moi.
13. Ils doivent partir.
14. Nous avons quelques problèmes. nous avons eu
15. Elles ne savent pas réparer le filet. elles n'ont pas su
16. Ils sont perdants.
17. Je fais du ski de fond.
18. Vous choisissez un nouveau club.
19. Il avertit l'arbitre.
20. Valérie fait de la gymnastique.

b. Employez *savoir* ou *connaître* au présent selon le contexte.

1. Babette _sait_ jouer aux échecs.
2. Nous _con._ l'entraîneur de Jean.
3. Ils _con_ Mme Raymond.
4. Je _sait_ faire la cuisine.

5. Tu _con_ Thunder Bay?
6. Vous _conu_ mon nom.
7. Il _____ mon père.
8. Elles _____ que je fais du ski.

c. Complétez les phrases avec un des verbes suivants au présent.
apprendre, mettre, permettre, comprendre, promettre, prendre, soumettre.

1. Luc _____ l'autobus pour Montréal.
2. Ils _____ une récompense aux gagnants.
3. Nous _____ les règles du tennis.
4. Mme Dufy _____ à ses enfants d'aller aux Jeux olympiques.

5. Vous _____ la raison de mon absence.
6. Tu _____ un chandail.
7. Je _____ un projet à l'instructrice.

d. Répondez affirmativement selon le modèle. Employez les pronoms objets indirects.

Modèles: Téléphones-tu à ta mère?
Oui, je lui téléphone.

Vas-tu me téléphoner?
Oui, je vais te téléphoner.

1. Est-ce que vous me parlez?
2. Est-ce que tu me téléphones?
3. Est-ce que je vous réponds?
4. Est-ce que je vous promets de bonnes notes?
5. Est-ce que tu veux me parler?
6. Est-ce que je peux te téléphoner?
7. Peux-tu me donner tes vieux skis?

8. Est-ce que ton père va t'acheter une voiture?
9. Obéis-tu à tes moniteurs?
10. Est-ce que tu me promets d'être à l'heure?
11. A-t-il promis une médaille aux gagnants?
12. As-tu parlé au médecin?
13. Est-ce qu'on doit obéir aux arbitres?
14. Est-ce que tu nous permets de fumer?

e. Complétez les phrases suivantes avec imagination.

1. 1980 est l'année où...
2. New York est une ville où...
3. Je connais une discothèque où...

4. Septembre est le mois où...
5. Ste-Anne est la station de ski où...

f. Refaites les phrases selon le modèle en employant la forme correcte de *tout*.

Modèle: Je comprends *la leçon.*
Je comprends toute la leçon.

1. Sylvie admire *les joueurs de football.*
2. Je connais *les livres de Marie-Claire Blais.*
3. Elle a aimé *le film.*

4. J'ai jeté *mes vieux vêtements.*
5. *Cette leçon* est difficile.
6. Il a répondu *aux questions.*

g. Répondez aux questions selon le modèle en employant *il y a* plus l'expression entre parenthèses.

> *Modèle:* Vas-tu manger un sandwich? (une heure)
> *Non, j'ai mangé un sandwich il y a une heure.*

1. Vas-tu faire du ski de fond? (deux jours)
2. Vas-tu prendre un café? (dix minutes)
3. Vas-tu vendre tes patins? (un mois)
4. Vas-tu mettre la table? (une demi-heure)
5. Va-t-il pleuvoir? (une heure)

Lecture

Le ski alpin

Si tu as déjà chaussé une paire de planches et dévalé une piste enneigée, tu es peut-être déjà un "mordu" de ski alpin. Ce sport d'hiver se pratique depuis environ 100 ans, mais on a retracé des vestiges de ce mode de transport aussi loin qu'en l'an 2500… avant Jésus-Christ! Transport? Eh oui! Les Suédois et les Norvégiens de cette époque utilisaient les skis pour traverser les contrées nordiques plus rapidement. Les Scandinaves pratiquent alors ce qu'on appelle aujourd'hui le ski de randonnée, ski de fond, ou encore ski nordique, qui a précédé de quelques années le ski alpin aux Jeux olympiques d'hiver.

Le ski alpin en tant que sport nous vient du centre de l'Europe, plus précisément d'Autriche et de Suisse, où s'élèvent les Alpes, cette majestueuse chaîne de montagnes qui borde de nombreux pays. Dès 1890, Arthur Conan Doyle, auteur des aventures de Sherlock Holmes, dévale les pentes alpines, contribuant ainsi à faire mousser un nouveau sport: le ski alpin. Six ans plus tard, les Français fondent le premier "ski-club" et, en 1924, on organise des compétitions de niveau olympique aux premiers Jeux d'hiver de Chamonix. Parmi les épreuves, on compte la descente et les slaloms spécial, géant et super-géant, en plus du saut le plus spectaculaire, qui s'effectue à partir d'un tremplin.

Les premiers skis sont constitués de deux planches de bois de pin, solides mais flexibles, équipées de fixations de fortune. Au fil des ans, avec les possibilités d'assembler de nouveaux matériaux, l'équipement se raffine si bien qu'aujourd'hui, les skis sont plus légers et les fixations plus sécuritaires, et des vêtements isothermiques permettent aux skieurs de mieux résister au "facteur vent," qui transforme leurs doigts et orteils en petits glaçons en un rien de temps…

Au Canada, on pratique surtout le ski alpin dans les régions montagneuses comme les Rocheuses, dans l'Ouest, et dans les Appalaches et les Laurentides, au Québec. Au début du [dernier] siècle, les villages québécois de Saint-Sauveur et de Sainte-Adèle sont déjà bien connus des skieurs montréalais qui s'amènent les vendredis soirs par le P'tit train du Nord — le train dont parle si bien Félix Leclerc dans sa chanson. Pour quelques dollars par fin de semaine, on logeait chez l'habitant — comme ce barbier qui mettait des chambres à la disposition des skieurs — on mangeait au casse-croûte du coin et surtout, on dévalait les pentes de ces vieilles montagnes arrondies que sont les Laurentides. Puis, fourbus mais contents, les sportifs reprenaient le chemin de "la grand'ville" à bord du célèbre train, en se rappelant les meilleurs moments de la journée et en se jurant bien de revenir le plus tôt possible! Aujourd'hui, le "P'tit train" n'est plus, mais les skieurs sont toujours fidèles au rendez-vous!

Extrait de "Le ski alpin", article d'Alain Fournier, paru dans *Vidéo-Presse*

alors	then	fil: au — des ans	as the years go by
s'amener	to come	fonder (un club)	to start
an (m.), année (f.)	year	fortune: de —	makeshift
arrondi(e)	rounded	fourbu(e)	exhausted
aussi... que	as . . . as	glaçon (m.)	icicle; ice cube
Autriche (f.)	Austria	habitant(e) (m./f.)	local person
bois (m.)	wood	jour (m.), journée (f.)	day
bord: à —	on board	(se) jurer	to promise (oneself)
border	to line		
casse-croûte (m.)	snack bar	léger, légère	light
célèbre	famous	loger	to stay the night
chaîne de montagnes (f.)	mountain range	loin	far
chausser	to put on (footwear)	majestueux, majestueuse	majestic, magnificent
chemin: reprendre le — de	to go back to	meilleur(e)	better
compter parmi	to rank among	mordu(e)	enthusiast, buff
connu(e)	known	mousser: faire —	to boast
constituer	to make up	niveau (m.)	level
contrée (f.)	land, region	Norvégien, Norvégienne	Norwegian
début (m.)	beginning	parmi	among
déjà	already	partir: à — de	from
depuis	since	pays (m.)	country
dévaler	to hurtle down	permettre (à qqn de faire)	to enable (s.o. to do)
disposition: mettre à la —	to put at the disposal	peut-être	perhaps
effectuer	to make, to perform	pin (m.)	pine
		planche (f.)	plank
(s')élever	to rise	(se) raffiner	to become more sophisticated
en tant que	as		
environ	about	(se) rappeler	to remember
époque (f.)	time, age, era	retracer	to trace back
épreuve (f.)	event, test	rien: en un — de temps	in no time at all
fidèle: être — au rendez-vous	to keep an appointment	Scandinave	Scandinavian

sécuritaire	safe	**tôt: le plus —**	as soon as
si bien que	so that	**possible**	possible
siècle (m.)	century	**traverser**	to cross
Suédois, Suédoise	Swede	**tremplin** (m.)	ski-jump
Suisse (f.)	Switzerland	**vestige** (m.)	trace
tard	late		

QUESTIONS

1. Comment devient-on un "mordu" de ski alpin?
2. À quelle époque commence-t-on à utiliser des "skis"? À quoi servent les skis à cette époque?
3. Où a commencé le ski de randonnée? Et le ski alpin? Expliquez cette différence d'origine entre les deux.
4. Qui est Conan Doyle? Quelle a été sa contribution au ski alpin?
5. Quand a-t-on fondé le premier club de ski alpin?
6. Quand et à quelle époque le ski alpin devient-il un sport olympique?
7. À quoi sert un tremplin?
8. Quels sont les principaux progrès dans l'équipement de ski?
9. Quelles sont les régions où on fait du ski au Canada?
10. Qui prend le "P'tit train du Nord" au début du dernier siècle? Pour aller où?
11. Quels sont à cette époque les charmes de ces fins de semaine?
12. À quoi pensent les skieurs quand ils reprennent le train?

SITUATIONS – CONVERSATIONS

1. À quels sports vous adonnez-vous? Où et quand?

   Je fais   — du football, du baseball, du golf, du tennis, du soccer, du hockey, du hockey sur gazon, du ballon-balai, du basket-ball, du judo, du karaté, du ski alpin, du ski de randonnée (de fond), du canotage, du patinage, du cyclisme, du squash, du jogging, etc.

   — de la natation, de la boxe, de la lutte, de la plongée sous-marine, de la voile, de la planche à voile, de la gymnastique, de la course à pied, de l'équitation, de l'alpinisme, etc.

2. Faites-vous partie d'une équipe sportive? De quel sport s'agit-il? Combien y a-t-il de membres dans l'équipe? Qui est votre entraîneur(e)? Comment est-il / elle? Quelle position jouez-vous dans l'équipe? (à la défense / à l'offensive / à l'aile gauche ou droite / à l'avant ou à l'arrière / gardien de but, etc.) Pratiquez-vous souvent ce sport? Quand? À quel endroit? Quelle sorte de joueur / joueuse êtes-vous? (agressif / ive, détendu(e), brutal(e), indépendant(e), etc.) Quelles sont vos plus graves erreurs au jeu? vos meilleurs moments?

3. Pour pratiquer votre sport favori, de quoi avez-vous besoin?

SPORT	ENDROIT	ÉQUIPEMENT

a) D'ÉQUIPE

extérieur

le football, le baseball, etc.	terrain ou stade	un ballon, des gants, des souliers cloutés, un bâton, etc.

intérieur

le basket-ball, le curling le ballon-balai, etc.	un gymnase, un terrain	des balles, des balais, des rondelles, etc.

b) INDIVIDUEL

extérieur

le ski, la course à pied, l'équitation, la natation, le cyclisme, le jogging, le canotage, le patinage, etc.	une piste, des pentes, une piscine, une patinoire, une rivière / un lac, etc.	des skis, un cheval, un maillot, une bicyclette, des patins, un canot et des rames, etc.

intérieur

la natation, le patinage, la plongée, la gymnastique, etc.	une piscine, une patinoire, un gymnase, etc.	un costume, une bouteille d'oxygène, des palmes, des appareils, des barres, etc.

c) AVEC PARTENAIRE

extérieur

le golf, le tennis, le canotage, etc.	un terrain, un court, une rivière / un lac, etc.	des bâtons, des balles, des raquettes, un canot, etc.

intérieur

le squash, le racquetball, etc.	un court, etc.	des balles et des raquettes, etc.

d) DE COMBAT

la boxe, la lutte, le judo, le karaté, etc.	un matelas, une arène, etc.	un costume, des gants, un maillot, etc.

4. Pourquoi aimez-vous les sports? Quelle place ont-ils dans votre vie? (Réponses possibles: pour la détente, pour les loisirs, pour rencontrer des amis, par habitude, pour développer mes muscles, pour évaluer mes aptitudes, par goût de la compétition, pour rester en bonne santé, par obligation envers l'équipe, pour plaire à mes parents / à mes amis, etc.)

5. Préparez pour les amateurs de sports un bulletin de nouvelles sportives.

6. Racontez la partie la plus excitante que vous avez vue.

   Exemple: *Une partie de hockey — Les Canadiens ont gagné 5 à 4 contre les Oilers —*
   Wayne Gretzky a compté 3 buts et a obtenu 2 punitions, etc.

7. Donnez des indices sur votre athlète favori(te): nous allons deviner de qui il s'agit.

   Exemple: *Indice: C'est le plus grand joueur de hockey de nos jours.*
   Réponse: Wayne Gretzky

   Indice: Il a été champion poids lourd à deux reprises.
   Réponse: Muhammad Ali

8. Connaissez-vous les sports? Comment joue-t-on au tennis? au hockey? au baseball? (Décrivez l'équipement nécessaire, le nombre de joueurs, les règles du jeu.)

9. Comment devient-on champion?

COMPOSITIONS

1. Est-ce que vous pensez que l'importance accordée aux sports à la télévision est justifiée? Expliquez.

2. Est-il bon d'obliger les enfants à pratiquer des sports dès leur plus jeune âge?

3. Préparez une interview d'une personnalité sportive. Quelles questions allez-vous poser? Un(e) autre étudiant(e) joue le rôle de l'athlète que vous avez choisi(e).

4. Est-ce que, en général, vous préférez la compagnie d'un sportif ou d'un intellectuel? Expliquez pourquoi.

5. Quel est le sport idéal, à votre avis, et pour quelles raisons?

PRONONCIATION

(Students can listen to the audio track for this exercise on MyFrenchLab; instructors will find it on CD 3, Track 10.)

Les voyelles nasales /ɑ̃/ et /ɔ̃/

I. Le son /ɑ̃/

The nasal vowel /ɑ̃/ is associated with the spellings **an, am, en,** and **em** (when **n** or **m** is not pronounced).

Répétez:

1. bas / ban   chat / chant   ça / sang
   pas / pan   tas / tant   là / lent
   ras / rang   va / vent

2. chant / chante   lent / lente   rend / rendu
   rang / range   pend / pendu   tend / tendu

3. ampoule   endormir   jument
   entier   parent   hareng
   embrasser   marchand   devant

II. Le son /õ/

The nasal vowel /õ/ is associated with the spellings **on** and **om** (when **n** or **m** is not pronounced).

Répétez:

1. tôt / ton   pot / pont   dos / don
   rot / rond   sot / son   vos / vont
   mot / mon   faux / font   lot / long

2. son / songe   bon / bonté   plomb / plombier
   rond / ronde   mon / montez   front / frontière
   pont / ponte   long / longueur   blond / blondir

3. ombre   plafond   répondre
   ongle   canon   dénombrer
   bison   prison   démontrer

III. Contraste /ã/ – /õ/

For /õ/, round the lips. For /ã/, bring the tongue forward.

Répétez:

on / an   tremper / tromper
bon / banc   ranger / ronger
don / dans   bandit / bondit
rond / rang   angle / ongle
mont / ment   ambre / ombre

WEBLINKS

Passé composé

www.laits.utexas.edu/tex/gr/tap2.html

http://uregina.ca/LRC/HotPot/French/Elementaire/exercises/V/v052.htm

http://uregina.ca/LRC/HotPot/French/Elementaire/exercises/V/v053.htm

Savoir and *connaître*

http://french.about.com/library/weekly/aa011500.htm

Tout

http://french.about.com/library/weekly/aa121500ad.htm

Skiing in Québec

www.skiquebec.qc.ca/index.php

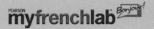 Visit MyFrenchLab at www.MyFrenchLab.com to access additional resources such as audio tracks, oral practice, the *cahier de laboratoire*, and self-grading quizzes.

CHAPITRE 9

Les voyages

Thèmes

- Les voyages que j'ai faits
- Les pays et les continents
- Les moyens de transport
- Je parle du passé

Lecture

Le Yukon et l'Alaska,
deux trajets époustouflants

Grammaire

9.1 Le passé composé
avec *être*

9.2 L'accord du participe
passé des verbes
conjugués avec *avoir*

9.3 Les pronoms *en* et *y*

9.4 Les verbes irréguliers
dire, écrire, lire, rire
et *sourire*

9.5 Les prépositions
avec les noms
géographiques

9.6 Les noms de nationalité

9.7 Les moyens de
transport

VOCABULAIRE UTILE

Noms

agence (f.)	agency	**ouvrier, ouvrière**	(manual) worker
ascenseur (m.)	elevator	**projet** (m.)	plan, project
auteur(e)	author	**pétrole** (m.)	petroleum, oil
bébé (m.)	baby	**pomme de terre** (f.)	potato
billet (m.)	ticket	**roman** (m.)	novel
carte postale (f.)	postcard	**siège** (m.)	seat
croisière (f.)	cruise	**toit** (m.)	roof
cuisine (f.)	cooking; kitchen	**valise** (f.)	suitcase
dame (f.)	lady	**vérité** (f.)	truth
demande (f.)	application; request		

Adjectifs

célibataire	single, unmarried
prochain(e)	next

dépliant publicitaire (m.)	advertising leaflet
étage (m.)	floor
erreur (f.)	error, mistake
horaire (m.)	schedule, timetable

Verbes

raconter	to tell, to relate
regarder	to look at

itinéraire (m.)	itinerary
journal (m.)	newspaper
langue (f.)	language; tongue
liberté (f.)	freedom, liberty
mensonge (m.)	lie

Expressions

monde: parcourir le —	to travel the world
voyage: faire un —	to take a trip; to go on a journey
voyage: un — organisé	package tour

GRAMMAIRE ET EXERCICES ORAUX

9.1 Le passé composé avec *être*

1) A few verbs, which usually indicate motion or transition, use **être** instead of **avoir** as an auxiliary verb in the **passé composé** and other compound tenses. Some of these verbs are regular **-er** verbs and their past participle ends in **é**:

arriv*er*	(to arrive)	arriv*é*
entr*er*	(to enter)	entr*é*
mont*er*	(to go up)	mont*é*
pass*er*	(to pass by)	pass*é*
rentr*er*	(to go home/to come back in)	rentr*é*

retourn*er*	(to go back/to return)	retourn*é*
rest*er*	(to stay/to remain)	rest*é*
tomb*er*	(to fall)	tomb*é*

One verb is a regular **-re** verb; its past participle ends in **-u**:

descend*re*	(to go down)	descend*u*

Other verbs conjugated with **être** are irregular:

all*er*	(to go)	all*é*
ven*ir*	(to come)	ven*u*
deven*ir*	(to become)	deven*u*
reven*ir*	(to come back)	reven*u*
part*ir*	(to leave)	part*i*
sort*ir*	(to go out)	sort*i*
mour*ir*	(to die)	m*ort*
naît*re*	(to be born)	n*é*

2) When **être** is used as the auxiliary verb, the past participle agrees in gender and number with the subject. *—always agree (only for être)*

	Masculine subject	*Feminine subject*
Singular	Je suis entr*é*.	Je suis entr*ée*.
	Tu es sort*i*.	Tu es sort*ie*.
	Il est descend*u*.	Elle est descend*ue*.
Plural	Nous sommes part*is*.	Nous sommes part*ies*.
	Vous êtes arriv*és*.	Vous êtes arriv*ées*.
	Ils sont tomb*és*.	Elles sont tomb*ées*.

✱ Note:

If the formal *vous* is used to address one person, the past participle is singular (masculine or feminine). When *nous, vous,* or *ils* refer to a mixed group, the past participle is masculine plural.

EXERCICES ORAUX

a. Mettez les verbes au passé composé.

1. Il monte dans l'autobus.
2. Le chien monte sur le siège.
3. Nous montons au premier étage.
4. Je descends du train.
5. Le chat descend de l'auto.
6. Vous descendez en ascenseur.

7. Il passe par Drummondville pour aller à Montréal.
8. Je passe devant le complexe sportif.
9. Nous passons par la rue Queen.
10. L'ouvrier tombe du toit.
11. La vieille dame tombe dans sa cuisine.
12. Je tombe sur la glace.
13. Nous restons à la maison.
14. Elle reste chez elle samedi.
15. Il reste sportif.
16. Elles restent célibataires.
17. Jean retourne à Toronto.
18. Vous revenez de voyage.
19. Il part en Afrique.
20. Nous allons en vacances.

b. Répondez aux questions.

1. À quelle heure êtes-vous arrivé(e)s en classe?
2. À quelle heure sommes-nous entré(e)s dans la classe?
3. Es-tu sorti(e) hier soir?
4. Es-tu rentré(e) tard hier soir?
5. À quelle heure es-tu rentré(e) hier soir?
6. Es-tu resté(e) dans ta chambre hier soir?
7. Êtes-vous venu(e)s en classe hier soir?
8. Es-tu déjà monté(e) sur un toit?
9. Sommes-nous allé(e)s en voyage ensemble?
10. Es-tu passé(e) par le parc ce matin?
11. Es-tu allé(e) au centre sportif aujourd'hui?
12. En quelle année es-tu né(e)?
13. En quelle année est mort le président Kennedy?
14. Es-tu tombé(e) sur la glace cet hiver?
15. Es-tu monté(e) dans un autobus ce matin?

c. Qu'est-ce que Simone a fait hier? Faites attention au choix de l'auxiliaire *avoir* ou *être*.

1. arriver à l'université à neuf heures
2. prendre un café à la cafétéria
3. parler avec ses amis
4. aller à ses cours
5. manger un sandwich à midi
6. entrer à la bibliothèque
7. retourner en classe
8. sortir de l'université à trois heures
9. rentrer chez elle
10. téléphoner à des amis
11. rester dans sa chambre
12. faire ses devoirs

d. Répondez aux questions selon le modèle en employant *il y a*.

Modèle: Est-ce que Pierre va aller à Montréal demain? (deux jours)
Il est allé à Montréal il y a deux jours.

1. Tes amis rentrent-ils de voyage bientôt? (une semaine)
2. Vas-tu retourner à Vancouver l'été prochain? (un mois)
3. Est-ce que Claire part pour Chicago cet après-midi? (dix heures)
4. L'avion arrive bientôt? (une demi-heure)
5. Est-ce que notre train entre en gare bientôt? (cinq minutes)
6. Quand est-ce que ta sœur revient de vacances? (trois jours)

e. Demandez à votre voisin(e) où il / elle est allé(e) hier soir? avant-hier? il y a trois jours? la semaine dernière? le mois dernier? l'été / l'hiver dernier?

9.2 L'accord du participe passé des verbes conjugués avec *avoir*

When **avoir** is used as an auxiliary verb in compound tenses, the past participle is invariable. However, if the direct object *precedes* the verb, then the past participle must agree in gender and number with the direct object. Here are the main cases when the direct object may precede the verb:

— only agree if d.o before verb

1) When the direct object is a pronoun:

J'ai acheté cette valise. ⟶ Je *l'*ai achet*ée*.

Ils ont attendu les enfants. ⟶ Ils *les* ont attend*us*.

2) When the direct object is the relative pronoun **que** (the past participle agrees with its antecedent):

La leçon *qu'*il a appris*e*
Les fruits *que* j'ai achet*és*

3) In an interrogative sentence with the adjective **quel**:

Quelle valise as-tu achet*ée?*
Quels disques as-tu chois*is?*

Though the agreement of the past participle is of concern mainly in written French, it affects pronunciation whenever the feminine ending **-e** (or **-es**) is added to a past participle ending in a consonant, since the consonant must then be pronounced. Compare:

Le chandail qu'il a mis	/	La robe qu'elle a mis*e*
Les exercices que j'ai faits	/	Les erreurs que j'ai fait*es*
Le cadeau qu'il m'a promis	/	La récompense qu'il m'a promis*e*

EXERCICES ORAUX

a. Répondez affirmativement aux questions selon le modèle.

Modèle: As-tu fait la vaisselle?
Oui, je l'ai faite.

1. As-tu compris la leçon?
2. As-tu compris ce livre?
3. Avez-vous compris les exercices?
4. Avez-vous compris les questions?
5. As-tu appris la leçon?
6. As-tu appris les règles du jeu?
7. As-tu fait le ménage?
8. Avez-vous fait la cuisine hier?
9. Avez-vous fait la composition?
10. As-tu mis le livre sur la table?
11. As-tu mis ta serviette sur la table?
12. As-tu soumis ta demande au directeur?

b. Transformez les phrases selon le modèle.

> *Modèle:* Elle a mis une jolie robe.
> *La robe qu'elle a mise est jolie.*

1. Il a appris une leçon difficile.
2. J'ai f̶a̶i̶t̶
3. Elle

4. Il a promis une récompense généreuse.
5. Ils ont pris une voiture neuve.

[handwritten note: en – de, quantity / y – place, à]

c. Posez la

> *Modè*
> *Quell*

1. Il a m
2. Elle a mis une jupe.
3. Vous lui avez promis une récompense.

4. Nous avons appris des règles.
5. Elle a compris la lecture.
6. Ils ont pris des fleurs.

9.3 Les pronoms *en* et *y*

En

En replaces

1) **de** as a preposition of place (from) plus its object:

> Est-il revenu *de Trois-Rivières?* — Oui, il **en** est revenu hier.

2) the partitive article (**du, de la, de l', des, de**) plus a noun:

Il a *de l'argent.*	⟶	Il **en** a.
Elle n'a pas *d'argent.*	⟶	Elle n'**en** a pas.
Je mange *des fruits.*	⟶	J'**en** mange.

3) a noun preceded by a number or an expression of quantity. The number or expression is retained and placed after the verb:

As-tu *une voiture?*	⟶	Oui, j'**en** ai une.
Combien *de cours* as-tu?	⟶	J'**en** ai cinq.
J'ai trop *de travail.*	⟶	J'**en** ai trop.
Il a beaucoup *d'amis.*	⟶	Il **en** a beaucoup.

4) **de** as a preposition required by a verb plus the noun following it if the noun represents a thing:

Joues-tu *du piano?*	⟶	Oui, j'**en** joue.
Elle a besoin *de solitude?*	⟶	Elle **en** a besoin.
Il est content *de ses notes.*	⟶	Il **en** est content.

If the noun refers to a person, the stress pronoun is used:

Ils sont fiers de *leur fils?*   ⟶   Ils sont fiers de **lui**.

Y

Y replaces

1) a preposition of place (**à, dans, devant, sur,** etc.) plus its object:

Il va *à Montréal.*   ⟶   Il **y** va.

Elle reste *dans sa chambre.*   ⟶   Elle **y** reste.

2) **à** as a preposition required by a verb plus the noun following it if the noun represents a thing:

Je réfléchis *à mes problèmes.*   ⟶   **J'y** réfléchis.

Il répond *aux questions.*   ⟶   Il **y** répond.

If the noun refers to a person, the indirect object pronoun is used:

Il répond *au professeur.*   ⟶   Il **lui** répond.

✳ Note:

1) Both *en* and *y* precede the verb. They precede the auxiliary verb in compound tenses. They precede the infinitive when it is preceded by another conjugated verb:

Vas-tu à la banque?   ⟶   **Y** vas-tu?

✳ Je suis allé(e) à la banque.   ⟶   J'**y** suis allé(e). *both passé*

Je n'ai pas de stylo.   ⟶   Je n'**en** ai pas.

✳ Elle veut acheter une robe.   ⟶   Elle veut **en** acheter une. *conj ... infinitive*

2) *En* may be used with the expression *il y a*:

Y a-t-il des absents? — Oui, il y **en** a. / Non, il n'y **en** a pas.

Y a-t-il un film à la télé? — Oui, il y **en** a un. / Non, il n'y **en** a pas.

3) With *en*, there is no agreement of the past participle of verbs using *avoir* in compound tenses:

As-tu acheté des chemises? — Oui, j'en ai achet**é**.

Compare with

As-tu jeté tes chemises? — Oui, je les ai jet**ées**.

EXERCICES ORAUX

a. Répondez aux questions affirmativement en employant *en*.

1. Le café vient-il de Colombie?
2. Manges-tu de la viande?
3. Aimes-tu manger de la viande tous les jours?
4. Vas-tu prendre des précautions en voyage?
5. As-tu acheté des billets d'avion?
6. Tes parents parlent-ils de leurs voyages?
7. As-tu besoin de vacances?
8. Es-tu satisfait(e) de ta nouvelle voiture?

b. Répondez aux questions selon le modèle.

Modèle: As-tu trop d'argent? (assez)
Non, je n'en ai pas trop. J'en ai assez.

1. As-tu plusieurs voitures? (une)
2. As-tu assez voyagé? (trop peu)
3. As-tu acheté deux billets d'avion? (un seul)
4. Vas-tu emporter beaucoup de valises? (deux)
5. Y a-t-il trop de passagers dans l'avion? (pas assez)
6. Avons-nous trop de temps libre? (trop peu)

c. Répondez aux questions en employant soit *en*, soit un pronom objet direct.

1. Est-ce que tu emportes *ton passeport* en voyage?
2. As-tu *un visa?*
3. As-tu déjà visité *l'aéroport de Mirabel?*
4. Est-ce que tu aimes bien prendre *l'autobus?*
5. As-tu pris *des vacances* cette année?
6. Est-ce qu'il faut *de l'argent* pour voyager?
7. Est-ce que tu donnes *un pourboire* au chauffeur de taxi?
8. Est-ce que tes amis te racontent *leurs voyages?*
9. Est-ce que tu parles *de tes voyages* à tes amis?

d. Remplacez les mots en italique par *y*.

1. Luc est entré *dans le jardin.*
2. Nous sommes allés *à la gare.*
3. Il est resté longtemps *en Colombie-Britannique.*
4. Il n'a pas répondu *à la question.*
5. Ils n'ont pas réfléchi *aux conséquences.*
6. Elle veut aller *au cinéma.*
7. Je dois rester *dans la classe.*
8. Il doit descendre *au terminus.*
9. Je vais chercher Jean *à l'aéroport.*
10. Nous pensons *à une croisière.*

e. Répondez affirmativement en employant *y, lui* ou *leur* selon le cas.

1. As-tu réfléchi *à ce problème?*
2. Est-ce que tu réponds *aux questions?*
3. As-tu répondu *au professeur?*
4. As-tu répondu *à la lettre de l'agence de voyages?*
5. As-tu parlé *aux autres passagers?*

f. Répondez à la question.

> *Modèle:* Combien y a-t-il de cours avant l'examen?
> *Il y en a cinq (dix, beaucoup, pas assez, etc.)*

Combien y a-t-il...

1. de sièges dans une voiture ordinaire?
2. de sièges dans un 747?
3. de provinces au Canada?
4. d'états aux États-Unis?
5. de pays dans l'Union européenne?
6. de pages dans ce livre?

9.4 Les verbes irréguliers *dire, écrire, lire, rire* et *sourire*

Présent de l'indicatif

	dire (to say)	écrire (to write)	lire (to read)
je, j'	dis	écris	lis
tu	dis	écris	lis
il / elle / on	dit	écrit	lit
nous	disons	écrivons	lisons
vous	dites	écrivez	lisez
ils / elles	disent	écrivent	lisent

✳ Note:

These verbs follow a similar pattern of conjugation except for the form *vous dites* (compare with *vous faites*).

Présent de l'indicatif

rire (to laugh)

je	ris	nous	rions
tu	ris	vous	riez
il / elle / on	rit	ils / elles	rient

Sourire (to smile) is conjugated like **rire**.

Participes passés:

dire ➝ dit   rire ➝ ri   écrire ➝ écrit   sourire ➝ souri   lire ➝ lu

EXERCICES ORAUX

a. Répondez selon le modèle.

Modèle: Qui écrit des articles dans les journaux? (journalistes)
Les journalistes écrivent des articles dans les journaux.

1. Qui vous dit bonjour en classe? (vous)
2. Qui me dit bonjour? (nous)
3. Qui dit qu'il va faire beau demain? (les météorologues)
4. Qui écrit des cartes postales? (les touristes)
5. Qui écrit des compositions en français? (nous)
6. Qui lit vos compositions? (vous)
7. Qui lit ce livre? (nous)
8. Qui lit vos lettres? (mes amis)
9. Qui vous sourit dans un magasin? (les vendeurs / les vendeuses)
10. Qui sourit à un bébé? (ses parents)
11. Qui rit devant des clowns? (les enfants)

b. Mettez les phrases suivantes au passé composé.

1. Tu lui dis de téléphoner.
2. Il écrit une carte postale.
3. Nous lisons le journal.
4. Elles disent la vérité.
5. Vous lisez beaucoup.
6. Pourquoi rit-il?
7. Pourquoi souriez-vous?
8. Nous n'écrivons pas de lettres.

c. Répondez aux questions.

1. À qui dis-tu bonjour le matin?
2. Dis-tu toujours la vérité?
3. À qui écris-tu régulièrement?
4. As-tu écrit une composition cette semaine?
5. Qui a écrit *Hamlet*?
6. Est-ce que tu lis beaucoup?
7. Est-ce que tu lis les journaux? Quels journaux?
8. Qu'est-ce que vous lisez en vacances?
9. Qu'est-ce que tu aimes lire?
10. À qui souris-tu généralement?
11. Est-ce qu'on rit quand on va chez le dentiste?

9.5 Les prépositions avec les noms géographiques

Here is a list of types of geographical names with the prepositions, which must be used 1) when someone is going there or someone or something is located there; 2) when someone or something is coming from there.

Names of cities

1) going to/being there: use **à**.

    Je vais **à** Victoria.   Le Parlement est **à** Ottawa.

2) coming from/place of origin: use **de / d'**.
    Elle vient **de** Kingston.   Je reviens **d'**Halifax.

Names of countries and continents

1) going to/being there:

   a) before feminine names (ending: silent e): use **en**.
      en Afrique, en Amérique, en Asie, en Australie, en Europe, en Angleterre, en Chine,
      en France, en Russie
      (one exception: **le** Mexique — **au** Mexique)

   b) before masculine names: use **au / aux**.
      au Brésil, au Canada, au Japon, aux États-Unis

2) coming from/place of origin:
   a) before feminine names: use **de / d'**.
      d'Allemagne, d'Australie, d'Espagne, d'Italie, de France
   b) before masculine names: use **du / des**.
      du Guatemala, du Japon, des États-Unis

Names of Canadian provinces

1) l'Alberta, la Colombie-Britannique, l'Ontario, la Nouvelle-Écosse, la Saskatchewan

   a) going to/being there: use **en**.
      en Ontario, en Saskatchewan
   b) place of origin: use **de la** or **de l'** (before a vowel).
      de l'Alberta, de la Colombie-Britannique

2) le Manitoba, le Nouveau-Brunswick, le Québec

   a) going to/being there: use **au**.   b) place of origin: use **du**.
      au Manitoba, au Québec   du Nouveau-Brunswick

3) Terre-Neuve, l'Île-du-Prince-Édouard

   a) going to/being there: use **à**.   b) place of origin: use **de**.
      à Terre-Neuve, à l'Île-du-Prince-Édouard   de Terre-Neuve, de l'Île-du-Prince-Édouard

Names of states (U.S.)

1) names that have a French version:

   a) going to/being there: use **en**.
      en Californie, en Caroline du Nord, en Floride, en Louisiane

   b) place of origin: use **de** or **de la** (with compound names).
      de Californie, de Pennsylvanie, de la Caroline du Sud, de la Virginie de l'Ouest

2) other names:

   a) going to/being there: use **dans le** (except **au** Texas).
      dans le Maine, dans le Missouri

   b) place of origin: use **du** or **de l'** (before a vowel).
      du Minnesota, de l'Ohio

EXERCICES ORAUX

a. Répondez selon le modèle.

Modèle: Où est l'Université de Montréal?
À Montréal, au Québec, au Canada, en Amérique du Nord.

1. le Château Frontenac? (Québec)
2. le mont Royal? (Montréal)
3. la tour CN? (Toronto)
4. Terre des Hommes? (Montréal)
5. Marineland? (Niagara Falls)
6. la statue de la Liberté? (New York)
7. la Maison Blanche? (Washington)
8. le Kremlin? (Moscou)
9. le Parlement canadien? (Ottawa)
10. le Palais de Buckingham? (Londres)
11. la tour Eiffel? (Paris)
12. le Stampede? (Calgary)

b. Répondez selon le modèle.

Modèle: D'où vient le cognac? (France)
Le cognac vient de France.

D'où vient / viennent...
1. le Dixieland? (Louisiane)
2. le pétrole? (Alberta)
3. l'électricité? (Québec)
4. les cigares? (Cuba)
5. les ordinateurs? (États-Unis)
6. le gruyère? (Suisse)
7. le café? (Brésil)
8. le caviar? (Russie)
9. le baseball? (États-Unis)
10. le golf? (Écosse)
11. le tango? (Argentine)
12. le champagne? (France)
13. les pêches? (Ontario)
14. les pommes de terre?
(l'Île-du-Prince-Édouard)
15. la tequila? (Mexique)
16. le flamenco? (Espagne)
17. la Toyota? (Japon)
18. la Mercedes? (Allemagne)
19. la Rolls-Royce? (Angleterre)
20. l'Alfa-Roméo? (Italie)

c. Substituez au nom en italique les noms entre parenthèses en employant la préposition appropriée.

1. Je vais aller en *Angleterre* l'an prochain. (Australie, Japon, Mexique, Espagne, Pérou)
2. Nous sommes allés aux *États-Unis* l'été dernier. (Portugal, Chine, Suisse, Chili, Afrique)
3. Je veux aller en *Alberta* pour les vacances. (Québec, Terre-Neuve, Colombie-Britannique)
4. Est-ce que ton cousin est au *Texas*? (Vermont, Virginie, Louisiane, Missouri, Floride)
5. Elle vient de *Chine.* (Japon, Suède, Brésil, États-Unis)
6. Je reviens de *Terre-Neuve.* (Québec, Saskatchewan, Manitoba, Colombie-Britannique, Nouveau-Brunswick)

9.6 Les noms de nationalité

Countries	Names of nationalities	
	Masculine	*Feminine*
l'Angleterre	un Anglais	une Anglaise
l'Allemagne	un Allemand	une Allemande
le Canada	un Canadien	une Canadienne
la Chine	un Chinois	une Chinoise
l'Espagne	un Espagnol	une Espagnole
les États-Unis	un Américain	une Américaine
la France	un Français	une Française
la Grèce	un Grec	une Grecque
l'Irlande	un Irlandais	une Irlandaise
l'Italie	un Italien	une Italienne
le Mexique	un Mexicain	une Mexicaine
le Portugal	un Portugais	une Portugaise
la Russie	un Russe	une Russe
la Suède	un Suédois	une Suédoise
la Suisse	un Suisse	une Suisse
la Turquie	un Turc	une Turque

Names of nationalities are capitalized when they are used as nouns to refer to people. Otherwise they are not capitalized:

C'est un Japonais.	He is a Japanese (citizen).
Il est japonais.	He is Japanese.
J'ai une voiture japonaise.	I have a Japanese car.
Il apprend le japonais.	He is learning Japanese.

EXERCICES ORAUX

a. Répondez aux questions selon le modèle.

Modèle: Est-ce que Pierre est né en France?
Oui, c'est un Français.

1. Est-ce que Debby est née aux États-Unis?
2. Est-ce qu'Élizabeth est née au Canada?
3. Est-ce que Dimitri est né en Russie?
4. Est-ce que Spiros est né en Grèce?
5. Est-ce que Maria est née au Mexique?
6. Est-ce qu'Heidi est née en Suisse?
7. Est-ce qu'Erin est née en Irlande?
8. Est-ce que Klaus est né en Allemagne?

b. Répondez aux questions.

1. Es-tu canadien(ne)?
2. Est-ce que la Rolls-Royce est une voiture allemande?
3. Est-ce que la BMW est une voiture suisse?
4. Est-ce que l'Ohio est une province canadienne?
5. Est-ce que Dickens est un auteur américain?
6. Est-ce que Madrid est une ville grecque?
7. Quelles sont les langues officielles au Canada? en Italie? en Suisse?
8. Quelle est la langue officielle du Brésil? du Pérou? de la Suède?

9.7 Les moyens de transport

L'avion (**un avion** = a plane)

un aéroport	airport	**un pilote**	pilot
la douane	customs	**un(e) agent(e) de bord**	flight attendant
un passeport	passport	**décoller**	to take off
un visa	visa	**atterrir**	to land

Le train

une gare	train station	**un wagon**	car
un billet	ticket	**un wagon-restaurant**	diner
un aller simple	one-way (ticket)	**un aller-retour**	round trip (ticket)

Le bateau

un port	harbour	**une cabine**	cabin
une réservation	reservation	**une couchette**	bunk bed
une croisière	cruise	**un pont**	deck

Le métro

une station	station	**un ticket**	ticket
descendre à une station	to get off at a station		

L'autobus

un terminus	bus station	**un conducteur /**	
un arrêt	bus stop	**une conductrice**	driver
un autobus	bus, coach	**un express**	express bus

Le taxi

un chauffeur	driver	**un pourboire**	tip
un client / une cliente	customer	**payer la course**	to pay the fare

L'automobile

un / une automobiliste	car driver	**descendre de voiture**	to get out of a car
un conducteur /		**un chauffeur**	driver
une conductrice	driver	**un passager /**	
monter en voiture	to get in a car	**une passagère**	passenger

À pied (on foot)

aller (à l'université) à pied	to go (to the university) on foot
marcher	to walk
faire une promenade	to take a walk
traverser la rue	to cross the street
le trottoir	the sidewalk

Note the following contrasts:

1) — **aller à... en** avion, **en** train, etc.
   — **prendre** l'avion (le train, etc.) **jusqu'à...**

   Je vais à Montréal en train.
   Je prends le train jusqu'à Montréal.

2) — **dans** l'avion, **dans** le train, **dans** l'autobus (on a plane, a train, or a bus);
   — **sur le bateau** (on a boat).

3) — **les passagers** is used for plane or boat passengers;
   — **les voyageurs** is used for train or bus passengers.

EXERCICES ORAUX

a. Répondez par une phrase complète selon le modèle.

   Modèle: Comment es-tu allé(e) à New York?
   J'y suis allé(e) en avion / en train / en voiture.

   Comment es-tu allé(e) à Londres? à Paris? à la bibliothèque?
   à Cuba? au magasin? à l'Île-du-Prince-Édouard?
   à Montréal? à Vancouver? en Chine? aux États-Unis?
   à Toronto? à Terre-Neuve? à la station Henri-Bourassa?
   au cinéma? au zoo?

b. Répondez aux questions.

1. À quel aéroport prenez-vous généralement l'avion?
2. As-tu peur quand l'avion décolle? quand il atterrit?
3. Que fait un(e) agent(e) de bord?
4. Où est-ce qu'on prend le train?
5. Faut-il faire une réservation pour prendre le bateau?
6. As-tu déjà fait une croisière en bateau?
7. Où peut-on acheter des tickets de métro?
8. Est-ce qu'un autobus express fait beaucoup d'arrêts?
9. Est-ce que tu donnes des pourboires aux chauffeurs de taxi?

c. Rendez-vous d'un endroit à un autre et utilisez le plus grand nombre de moyens de transport.

Exemple: J'ai pris l'avion jusqu'à Paris, ensuite j'ai pris le train jusqu'à Marseille, ensuite...

EXERCICES ÉCRITS

a. Mettez les verbes au passé composé. Faites attention à l'accord du participe passé.

1. Hier soir, Ariane (sortir) _est sortie_ avec Frédéric. Ils (aller) _sont allés_ à une agence de voyages.
2. Lise (venir) _est venue_ m'apporter un itinéraire de vacances.
3. Les enfants (arriver) _sont arrivés_ de l'école à quatre heures et ils (monter) _sont montés_ dans leur chambre pour changer de vêtements.
4. Après les cours, Rose (rester) _est restée_ à la bibliothèque pour faire sa composition.
5. Mes parents (partir) _sont partis_ en vacances.
6. La grand-mère de Simon (mourir) _est morte_ il y a deux jours.
7. Marguerite (naître) _est née_ au Canada, mais elle (aller) _est allée_ habiter aux États-Unis.
8. Il (tomber) _est tombé_ quand il (descendre) _est descendu_ du toit.
9. Nos amis (retourner) _sont retournés_ au Manitoba.
10. Après leurs études, elles (devenir) _sont devenues_ médecins.

b. Répondez aux questions affirmativement. Employez *y* ou *en*.

Modèles: Vas-tu à Montréal?

J'y vais.

As-tu un billet d'autobus?

J'en ai un.

1. Sont-ils allés *au cinéma* hier soir? _oui, ils y sont allés_
2. Est-il retourné *au Québec?* _oui, il y retourné_
3. Est-elle partie *de Vancouver?* _oui, elle y est partie_
4. Est-ce qu'elles font *du ski?* _en_
5. Est-il revenu *de voyage?* _il en revenu_
6. Est-ce que René est *dans le jardin?* _elle y est_

7. A-t-elle répondu *aux questions?*

8. Est-ce qu'ils veulent réfléchir *à notre proposition?*

9. Est-ce qu'il a acheté *un vélo?*

10. As-tu beaucoup *de travail?*

11. Ont-elles apporté *des brochures?*

12. Est-ce qu'il pense acheter *deux bicyclettes?*

13. Est-ce qu'elle prend *des vitamines?*

14. Descends-tu *du train?*

15. Achètes-tu *des billets?*

16. Vont-ils *aux États-Unis?*

17. Êtes-vous resté(e)s longtemps *au Manitoba?*

18. Réfléchis-tu *à ce projet?*

19. Avez-vous *des réservations?*

20. Pensez-vous prendre *une couchette?*

c. Répondez aux questions par des phrases complètes.

1. Combien de compositions françaises as-tu écrites?

2. Quel livre lis-tu en ce moment?

3. À qui écris-tu des lettres?

4. Quel journal as-tu lu récemment?

5. Avec qui est-ce que tu ris?

6. À qui souris-tu généralement?

d. Répondez aux questions affirmativement selon le modèle. Employez un pronom personnel objet direct ou le pronom *en.* Faites attention à l'accord du participe passé.

Modèle: As-tu acheté cette voiture?

Oui, je l'ai achetée.

1. A-t-elle compris cette leçon?

2. As-tu écouté ce disque?

3. A-t-il fini sa croisière?

4. As-tu réservé la chambre?

5. A-t-il acheté des tickets de métro?

6. As-tu regardé des photos?

7. Ont-ils rapporté des souvenirs?

8. As-tu consulté l'horaire des trains?

9. As-tu appris la leçon?

10. As-tu lu ces dépliants publicitaires?

11. A-t-elle fait des voyages?

12. As-tu pris ma valise?

13. As-tu lu mes cartes postales?

e. Employez la préposition correcte.

1. Terre des Hommes est _____ Montréal, mais la tour CN est _____ Toronto.

2. L'Assemblée Nationale est _____ Québec, mais _____ Ottawa, _____ Ontario, il y a la colline parlementaire.

3. La Maison Blanche est _____ Washington, _____ États-Unis, mais _____ Moscou, _____ Russie, il y a le Kremlin.

4. Le stade olympique est _____ Montréal, mais le Stampede est _____ Calgary, _____ Alberta.

f. Transformez les phrases en mettant les verbes en italique au passé composé. (Attention à l'accord du participe passé.)

> *Modèle:* Quelle revue *lis*-tu?
>
> *Quelle revue as-tu lue?*

1. Quel cours *choisit*-il?
2. La voiture qu'il *achète* coûte cher.
3. Quels films *regardes*-tu?
4. Quel livre *écrit*-il?
5. C'est la chemise que j'*achète*.

g. Répondez affirmativement selon le modèle.

> *Modèle:* Est-ce qu'elle est née en Angleterre?
>
> *Oui, elle est anglaise.*

1. Est-ce qu'il est né au Canada?
2. Est-ce qu'il est né au Japon?
3. Est-ce qu'elle est née en Irlande?
4. Est-ce qu'il est né aux États-Unis?
5. Est-ce qu'elle est née en Italie?
6. Est-ce qu'elle est née en Espagne?
7. Est-ce qu'il est né au Mexique?
8. Est-ce qu'il est né en Allemagne?
9. Est-ce qu'elle est née en Russie?
10. Est-ce qu'il est né au Québec?

h. Indiquez les moyens de transport appropriés.

> *Modèle:* Comment peut-on aller à New York?
>
> *On peut aller à New York en avion, en train, en autobus et en automobile.*

Comment peut-on aller...

1. à Vancouver?
2. à l'université?
3. en Alaska?
4. en Angleterre?
5. à Montréal?
6. à Terre-Neuve?
7. au centre-ville?
8. en Louisiane?

Lecture

Le Yukon et l'Alaska, deux trajets époustouflants

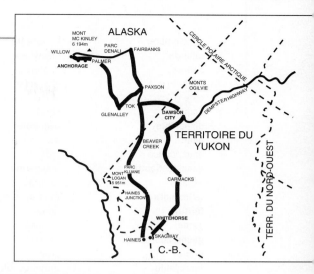

Vous avez l'intention de venir en vélo, en autobus, en voiture, en avion ou alors en bateau? Le Yukon et l'Alaska vont vite vous enchanter et ça naturellement, tout comme quand quelqu'un vous est instantanément sympathique.

Je vous propose deux itinéraires, un au Yukon et l'autre en Alaska, et j'espère que vous allez prendre la peine d'examiner vos options avant de suivre mes suggestions. J'ai pédalé sur presque toutes les routes de la région, je peux vous assurer qu'elles ont toutes un cachet bien spécial. Rappelez-vous simplement que les routes principales sont pour la plupart goudronnées en Alaska et partiellement goudronnées au Yukon, et comptez sur les chaînes de montagnes à traverser pour vous donner une idée des côtes à monter (et à descendre!). Règle générale, les côtes sont longues et douces, certaines sont courtes et à pic. Ailleurs, le terrain est normalement vallonné ou plat.

Situé à 384 km au nord d'Anchorage et à 192 km de Fairbanks, le parc national Denali s'étend sur une superficie de plus de 24 millions de km². La seule route existante fait 136 km avec seulement les 20 premiers accessibles aux véhicules motorisés privés. Le reste ne peut être visité qu'en autobus ou... en vélo! Tout comme le Dempster Highway au Yukon, cette route vous offre des panoramas sans précédent. En plus du mont McKinley (6194 m — le plus haut sommet en

Amérique du Nord), vous pouvez y voir plusieurs des 157 espèces d'oiseaux, des 37 espèces de mammifères et des 500 sortes de fleurs sauvages. De quoi vous couper le souffle!

Les étés dans le parc sont généralement frais, pluvieux et venteux car le mont McKinley crée ses propres conditions atmosphériques. Il y fait en moyenne de 2° à 20°C et il peut neiger tous les mois de l'année. Donc, apportez des vêtements chauds, en plus d'un insecticide, votre appareil photo et enfin vos jumelles, si vous avez de la place.

Il y a en tout 225 sites de camping dans le parc et il faut obtenir un permis de 14 jours. La demande est forte pour les permis et il est suggéré de faire la queue le matin pour avoir une chance. Finalement le monde inouï du parc Denali devient vôtre, surtout si vous avez choisi de vous y aventurer en vélo. La route est en terre battue, avec montées et descentes spectaculaires à tous points de vue. Gardez les yeux ouverts, spécialement pour les caribous et les ours gris. Ces derniers n'aiment pas les photographes surtout quand ils sont trop près et ils détestent les cyclistes qui ont tendance à les surprendre.

Tout cela fait partie de l'aventure incroyable que vous réservent l'Alaska et le Yukon.

Extrait d'un article de Louis Julien, publié dans le magazine *Vélo Mag*

(s')aventurer	to venture	ours (m.)	bear
ailleurs	elsewhere	ouvert(e)	open
battu(e)	beaten	pédaler	to pedal
cachet (m.)	character	peine (f.)	trouble
côte (f.)	slope	(à) pic	straight down
court(e)	short	plat(e)	flat
disponible	available	(la) plupart	
donc	so	des gens	most people
doux, douce	soft	plusieurs	many
époustouflant(e)	staggering	pluvieux, pluvieuse	rainy
espérer	to hope	près	near
(s')étendre	to stretch out	presque	almost
fort(e)	heavy	propre	own
garder	to keep	quelqu'un	someone
goudronné(e)	paved	sauvage	wild
gris(e)	grey	simplement	simply
incroyable	unbelievable	sommet (m.)	summit
inouï(e)	incredible	souffle (m.)	breath
jumelles (f. pl.)	binoculars	suivre	to follow
lecteur, lectrice	reader	surtout	above all
mammifère (m.)	mammal	terre (f.)	land
mettre	to put	traverser	to cross
montée (f.)	climb	vallonné(e)	undulating
moyenne (f.)	average	venteux, venteuse	windy
obtenir	to obtain	vôtre	yours

QUESTIONS

1. Nommez les deux itinéraires que propose l'auteur.
2. Où a-t-il pédalé?
3. Comment sont les routes principales? Et ailleurs?
4. Parlez du parc Denali. Où est-il situé? Quelle est sa superficie? Quels véhicules peuvent y accéder? Qu'est-ce qu'on y trouve? Comment est la température?
5. Que suggère-t-il d'apporter?
6. Combien de sites de camping y a-t-il?
7. Que faut-il obtenir d'abord? Pour combien de temps?
8. Comment sont les routes du parc?
9. Pourquoi faut-il garder les yeux ouverts?

SITUATIONS – CONVERSATIONS

1. Racontez un voyage que vous avez fait.

   Pourquoi êtes-vous allé(e) à cet endroit? Avec qui? Y êtes-vous allé(e) en avion, en train, en auto? Qu'est-ce que vous avez emporté? Qu'est-ce que vous avez visité? Quand êtes-vous parti(e) et revenu(e)? Qui avez-vous rencontré?, etc.

2. Qu'avez-vous fait pendant vos vacances, l'été dernier? l'hiver dernier?

   Réponses possibles: visiter un endroit, voir mes parents, faire du sport, aller à la mer, prendre du repos, faire du ski, faire un voyage, etc.

3. Quels pays ou quelles villes désirez-vous visiter, et pour quelles raisons?

   Raisons: la montagne, la mer, la plage, le climat, la nature, les sites, les monuments, les restaurants, les sports, les vestiges des différentes civilisations, l'héritage national, la langue, les coutumes, le paysage, etc.

4. Racontez un incident désagréable qui vous est arrivé en voyage.

   Quand est-ce arrivé? À quel endroit? À quel moment?
   Qu'est-ce que vous avez fait ou dit?, etc.

5. Avez-vous déjà voyagé en avion, en bateau, en train? Racontez votre premier voyage.

6. De tous les moyens de transport, lequel préférez-vous et pour quelles raisons?

7. Qu'est-ce qu'une automobile représente pour vous?

   Est-elle une nécessité? À quoi sert-elle? Est-elle à l'image de votre personnalité?

8. Présentez-vous au comptoir d'Air Canada, de WestJet, de l'Autobus Voyageur ou de Via Rail et achetez des billets pour un voyage. Un(e) étudiant(e) joue le rôle du / de la client(e); un(e) autre étudiant(e) le rôle de l'employé(e).

COMPOSITIONS

1. Racontez un voyage exceptionnel que vous avez fait. Comment avez-vous voyagé? Avec qui? Qu'est-ce que vous avez visité?

2. Existe-t-il un pays où vous souhaitez vivre? Pour quelles raisons?

3. Imaginez une conversation entre deux passagers d'un vol aérien.

4. Racontez un accident que vous avez eu dans le passé.

 # PRONONCIATION

(Students can listen to the audio track for this exercise on MyFrenchLab; instructors will find it on CD 3, Track 19.)

I. La voyelle nasale /ɛ̃/

The nasal vowel /ɛ̃/ is associated with the spellings **aim, ain, ein, eim, in, im, yn,** and **ym.**

   Répétez:

pain	vin	saint	syndicat
rein	mince	ceinture	indécis
daim	impur	symbole	plainte

It is also associated with the spelling **-en** after **é, i,** or **y** and with the spelling **in** after **o**:

Répétez:

Européen	moyen	soin	tien
bien	loin	foin	sien
rien	coin	mien	citoyen

II. Contraste /ɛ̃/ – /ɛ/

Répétez:

plein / pleine	mien / mienne	musicien / musicienne
vain / vaine	canadien / canadienne	européen / européenne
chien / chienne	américain / américaine	

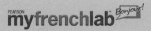

WEBLINKS

Agreement of past participle with *avoir*
www.francaisfacile.com/exercices/exercice-francais-2/exercice-francais-35623.php
www.aidenet.eu/conjugaison36.htm
http://uregina.ca/LRC/HotPot/French/Elementaire/exercises/V/v053.htm

Prepositions
http://french.about.com/library/weekly/aa062400c.htm
www.laits.utexas.edu/tex/gr/pre3.html

Means of transportation
www.smartphrase.com/French/fr_transport_voc.shtml
www.flale.com/html/vocabulaire_go.php?action=0&langue=fr&rubrique=v_voyager

Travel, holidays, tourism
www.bbc.co.uk/education/languages/french/experience/travel/index.shtml
http://cr.middlebury.edu/public/french/Lexique//vacances/vac_mainpage.html

CHAPITRE 10

Arts et spectacles

Thèmes

- Les arts et les spectacles
- Je décris une sortie en ville
- Mes activités quotidiennes
- Depuis quand et combien de temps je fais quelque chose

Lecture

Le hiphop: pas seulement de la musique

Grammaire

10.1 Les verbes pronominaux

10.2 Verbes pronominaux à sens idiomatique

10.3 Place et forme du pronom réfléchi

10.4 Place des pronoms objets avant le verbe

10.5 *Depuis* + présent de l'indicatif

10.6 Les adverbes

10.7 Les articles et la négation — rappel

VOCABULAIRE UTILE

Noms

acteur, actrice	actor, actress
aquarelle (f.)	watercolour
art (m.)	art
artiste (m./f.)	artist
ballet (m.)	ballet
chanteur, chanteuse	singer
chef d'orchestre (m.)	conductor
chevalet (m.)	easel
chœur (m.)	choir
cinéma (m.)	cinema; movie theatre
concert (m.)	concert
danse (f.)	dance
éloge (m.)	praise
exposition (f.)	exhibition, show
feu (m.)	traffic light
galerie (f.)	gallery
goût (m.)	taste
jumeau, jumelle	twin
musée (m.)	museum
musicien, musicienne	musician
œuvre d'art (f.)	work of art
opéra (m.)	opera
orchestre (m.)	orchestra; band
peintre (m./f.)	painter
peinture (f.)	painting; paint
pièce (f.)	play
pinceau (m.)	brush
public (m.)	audience, public
représentation (f.)	performance
rôle (m.)	role, part
salle (f.)	hall; theatre, cinema

sous-titre (m.)	subtitle
spectacle (m.)	show
succès (m.)	success
tableau (m.)	painting; board
talent (m.)	talent
théâtre (m.)	theatre
tournée (f.)	tour
variétés (spectacle de)	variety show
voisin(e) (m./f.)	neighbour

Adjectifs

faux, fausse	false, wrong
vrai(e)	true

Verbes

emprunter	to borrow
peindre	to paint
prêter	to lend
projeter (un film)	to project, to show
rendre	to give back
répéter	to rehearse

Préposition

au sujet de	about

Expressions

queue: faire la —	to stand in line
représentation: assister à une —	to attend a show
sortie: faire une — culturelle	to go on a cultural outing

GRAMMAIRE ET EXERCICES ORAUX

10.1 Les verbes pronominaux

Pronominal verbs

Pronominal verbs are used with a reflexive pronoun that represents the same person or thing as the subject. The reflexive pronoun is placed before the verb and must agree with the subject: **me, te, se, nous, vous** are reflexive pronouns.

Here are the present indicative forms of **se laver** (to wash). Note the correspondences between subject pronouns and reflexive pronouns:

je me lave	I wash (myself)
tu te laves	you wash (yourself)
il se lave	he washes (himself)
elle se lave	she washes (herself)
on se lave	one washes (oneself)
nous nous lavons	we wash (ourselves)
vous vous lavez	you wash (yourself/yourselves)
ils se lavent	they wash (themselves)
elles se lavent	they wash (themselves)

The reflexive pronouns **me, te,** and **se** become **m', t',** and **s'** before a vowel sound: **je m'habille** (I get dressed). The reflexive pronoun is placed immediately before the verb in the negative and interrogative constructions as well:

Elle ne s'habille pas.
Se lave-t-elle?

The reflexive pronoun may be either the direct object or the indirect object of the verb. Compare:

	Nonreflexive construction	*Reflexive construction*
Direct object	Elle regarde la fleur.	Elle se regarde.
Indirect object	Il parle à Jean.	Il se parle.

Meaning of pronominal verbs

Pronominal verbs indicate that the action of the verb is reflected back upon the subject. With a singular subject, the verb usually indicates *a reflexive* action:

Je me regarde.	I look at myself.
Il se parle.	He is talking to himself.

With a plural or compound subject, the verb may indicate *a reciprocal* action:

Alain et Suzanne se regardent.	Alain and Suzanne are looking at each other.
Nous nous parlons.	We talk to each other (one another).

Some regular *-er* pronominal verbs

s'arrêter	(to stop)	Il s'arrête au feu rouge.
se brosser	(to brush)	Elle se brosse les dents.
se coucher	(to go to bed)	Ils se couchent tôt.
s'habiller	(to dress)	Pierre s'habille bien.
s'inquiéter	(to worry)	Je m'inquiète parce qu'il est en retard.
se lever	(to get up)	Les enfants se lèvent tard le samedi.
se maquiller	(to put on make up)	Ma sœur se maquille beaucoup.
se peigner	(to comb)	Je me peigne.
se préparer	(to get ready)	Je me prépare pour le concert.
se promener	(to take a walk)	Nous nous promenons dans la Place-des-Arts.
se rencontrer	(to meet)	Vous vous rencontrez en face du cinéma.
se reposer	(to rest)	Il se repose après son spectacle.
se ressembler	(to look alike)	Les jumeaux se ressemblent.
se téléphoner	(to phone)	Ils se téléphonent souvent.

✳ Note:

All of these verbs are used in nonreflexive constructions as well. Similarly, many other verbs that have been presented so far may also be used pronominally.

s'inquiéter but je m'inquiète (tu, il)
= nous nous inquétons

EXERCICES ORAUX

a. Remplacez les tirets par la forme correcte du verbe.

1. se lever tôt

Je _____ .
Elle _____ .
Vous _____ .
Ils _____ .

2. se coucher tard

Nous _____ .
Elles _____ .
Vous _____ .
Tu _____ .

3. s'habiller vite

Je _____ .
Tu _____ .
Ils _____ .
Nous _____ .

4. se peigner les cheveux

Vous _____ .
Tu _____ .
Il _____ .
Elle _____ .

5. se brosser les dents

Il _____ .
Tu _____ .
Nous _____ .
Vous _____ .

6. se préparer à partir

Je _____ .
Ils _____ .
Tu _____ .
Vous _____ .

b. Répondez aux questions.

1. Est-ce que tu te laves le matin?
2. Est-ce que nous nous reposons en vacances?
3. Vous préparez-vous pour l'examen?
4. Est-ce que les chats et les chiens s'aiment bien?
5. Est-ce que je me promène dans la classe?
6. Les étudiants se rencontrent-ils au cinéma?
7. Est-ce que nous nous téléphonons?
8. Est-ce que vous vous inquiétez à cause de l'examen?
9. Est-ce que Roméo et Juliette s'aiment?
10. Est-ce que tu te regardes souvent dans le miroir?
11. T'habilles-tu avec élégance?

c. Demandez à un(e) autre étudiant(e) s'il / si elle...

1. se lave.
2. se promène dans le parc.
3. s'habille chaudement.
4. se repose à midi.
5. s'arrête au feu rouge.
6. se prépare pour l'examen.
7. se promène avec vous.
8. se lève tôt.
9. s'inquiète au sujet de ses cours.
10. se maquille.

d. Répondez aux questions.

1. Où les étudiants se rencontrent-ils?
2. Pourquoi s'habille-t-on élégamment pour le concert?
3. Pourquoi se lave-t-on?
4. Quand est-ce que tu te laves?
5. Pourquoi t'inquiètes-tu?
6. Où te promènes-tu?
7. Quand est-ce que vous vous téléphonez, tes parents et toi?
8. Est-ce que tes parents s'inquiètent à cause de toi?
9. Est-ce que vous vous ressemblez, ton père et toi? ta mère et toi?
10. Est-ce que tu t'habilles à la mode?
11. Quand est-ce que tu te reposes?

10.2 Verbes pronominaux à sens idiomatique

A number of pronominal verbs do not indicate a reflexive or reciprocal action but have an idiomatic meaning. Some of these verbs only exist in the pronominal form, like **se méfier de** (to mistrust/to distrust) or **se souvenir de** (to remember). They may also be verbs whose pronominal form has a meaning that is different from their nonpronominal form:

aller	to go	**s'en aller**	to go away/to leave
appeler	to call	**s'appeler***	to be named

* **S'appeler** may also have a reciprocal meaning, i.e., "Ils s'appellent au téléphone."(They call each other on the phone.)

attendre	to wait	s'attendre à	to expect
entendre	to hear	s'entendre avec	to get along with
rendre	to give back	se rendre à	to go to
servir	to serve	se servir de	to use
trouver	to find	se trouver	to be located

EXERCICES ORAUX

a. Répondez aux questions.

1. Est-ce que tu t'en vas après la classe? *m'en vais*
2. Est-ce que tu t'appelles Marc? *tu n'appelle pas*
3. Est-ce que tu t'appelles Sylvie?
4. Est-ce que je m'appelle Gaston?
5. Est-ce que tu t'entends avec tes professeurs?
6. Le chef d'orchestre s'entend-il bien avec les musiciens?
7. Les artistes s'entendent-ils bien ensemble?
8. Est-ce que vous vous rendez au théâtre après la classe? *ou je me rend*
9. Est-ce que tu te rends souvent à Montréal en train?
10. Est-ce que le public s'attend toujours à des miracles?
11. Est-ce que vous vous attendez à un spectacle intéressant?
12. Est-ce que tu te sers d'un pinceau?
13. Est-ce que je me sers du tableau?
14. Est-ce qu'on se sert de peinture pour une aquarelle?
15. Est-ce que l'acteur se sert de sa mémoire?
16. Est-ce que tu te souviens du chapitre un?
17. Est-ce que les vieux acteurs se souviennent de leur rôle?
18. Vous souvenez-vous de la première heure de cours?
19. Est-ce que tu te méfies de tout le monde?
20. Est-ce que les artistes se méfient des critiques?
21. Est-ce que le théâtre se trouve au centre-ville?

b. Demandez à un(e) autre étudiant(e) s'il / si elle...

1. s'entend bien avec les artistes.
2. se sert d'un ordinateur.
3. se souvient de sa première pièce de théâtre.
4. se rend chez lui / elle après la classe.
5. s'attend à un succès.
6. s'attend à avoir de bonnes notes.
7. s'appelle Honoré.
8. s'en va après la classe.
9. se rend au cinéma à pied.
10. se sert de son stylo.
11. se méfie des critiques.
12. s'attend à des éloges.
13. se souvient de la date de l'exposition.

c. Répondez aux questions.

1. De quoi te sers-tu pour peindre?
2. Où se trouve la bibliothèque?
3. Dans quelle ville se trouve la Place-des-Arts?
4. À quel genre de film est-ce que tu t'attends?
5. Avec qui t'entends-tu bien?
6. Avec qui est-ce que tu ne t'entends pas bien?
7. Est-ce que je me souviens de tous vos noms?
8. Comment s'appelle ton actrice favorite?
9. Comment est-ce que je m'appelle?
10. Comment t'appelles-tu?
11. De quoi nous servons-nous pour faire une aquarelle?
12. Où est-ce que tu te rends après la classe?

10.3 Place et forme du pronom réfléchi

When the pronominal verb is used in the affirmative imperative, the reflexive pronoun is placed after the verb. The reflexive pronoun **te** becomes **toi**. Compare:

Declarative	*Imperative*
Tu t'habilles.	Habille-toi.
Nous nous habillons.	Habillons-nous.
Vous vous habillez.	Habillez-vous.

When the verb is in the negative imperative, the reflexive pronoun remains before the verb:

Ne t'habille pas.   Ne nous habillons pas.   Ne vous habillez pas.

When the pronominal verb is used in the infinitive form after another conjugated verb, the reflexive pronoun must agree with the subject of that verb:

Je dois m'habiller.   Nous voulons nous promener.
Tu dois te laver.   Vous pouvez vous reposer.
Il aime se regarder.   Ils veulent se téléphoner.
Elle ne veut pas s'en aller.   Elles ne peuvent pas s'arrêter.
On doit se préparer.

EXERCICES ORAUX

a. Dites à un(e) autre étudiant(e) de...

Modèles: s'en aller.   ne pas s'inquiéter.
Va-t'en.   *Ne t'inquiète pas.*

1. s'attendre à des difficultés.   3. ne pas s'arrêter.
2. se servir d'un microphone.   4. ne pas s'en aller.

5. se rendre au concert.

6. ne pas s'attendre à des miracles.

7. se mettre au travail.

8. se trouver au théâtre à six heures.

9. se préparer à une surprise.

10. ne pas se servir de vos pinceaux.

11. se promener avec son chien.

12. se reposer.

13. ne pas se laver maintenant.

b. Demandez à un(e) autre étudiant(e) s'il / si elle...

Modèle: veut s'en aller.

Veux-tu t'en aller?

1. doit se rendre au musée.

2. aime se servir d'un ordinateur.

3. déteste se costumer.

4. espère pouvoir se reposer.

5. doit se préparer pour un concert.

6. sait se servir d'un pinceau.

7. peut se souvenir de la date de l'anniversaire de son père.

8. compte se rendre à Regina bientôt.

9. aime s'habiller à la mode.

10.4 Place des pronoms objets avant le verbe

Direct and indirect object pronouns along with **y** and **en** may be used in various combinations before a verb. The sequence in which they are placed is the following:

me	+	le	+	lui	+	y	+	en
te		la		leur				
se		les						
nous								
vous								

Exemples:

*Il **me** rend **mon livre**.*	⟶	*Il **me le** rend.*
*Il **lui** rend **son livre**.*	⟶	*Il **le lui** rend.*
*Il **y** a **des livres** ici.*	⟶	*Il **y en** a ici.*
*Je **leur** donne **des livres**.*	⟶	*Je **leur en** donne.*

In the negative, **ne** precedes the pronouns that precede the verb:

Il **ne** nous le donne pas.

In a question using inversion, the pronouns also precede the verb:

Vous les donne-t-il?

When an infinitive follows another conjugated verb, the pronouns precede the infinitive:

Elle veut **me les** donner.

When the verb is in the **passé composé**, the pronouns precede the auxiliary verb:

Il ne **m'en** a pas donné.
Nous **le lui** avons prêté.

EXERCICES ORAUX

a. Répondez aux questions d'après le modèle.

Modèle: Est-ce que tu me rends *mon livre?*
Oui, je te le rends.

1. Est-ce que tu lui donnes *ton livre?*
2. Est-ce que tu lui donnes *le tableau?*
3. Est-ce que tu lui donnes *les billets de théâtre?*
4. Est-ce que tu leur prêtes *ton violon?*
5. Est-ce que tu leur prêtes *ton ordinateur?*
6. Est-ce que tu leur prêtes *tes costumes?*
7. Est-ce que tu me rends *ma cravate?*
8. Est-ce que tu me rends *mon pinceau?*
9. Est-ce que tu me rends *mes disques?*
10. Est-ce que tu nous rends *nos magazines?*
11. Est-ce que tu nous rends *notre voiture?*
12. Est-ce que tu nous rends *nos photographies?*
13. Est-ce que tu le prêtes *à Serge?*
14. Est-ce que tu le donnes *à Monique?*
15. Est-ce que tu le vends *aux Archambault?*
16. Est-ce que tu la rends *aux danseurs?*
17. Est-ce que tu les donnes *aux musiciens?*

b. Même exercice.

Modèle: Est-ce que tu lui as prêté *la voiture?*
Oui, je la lui ai prêtée.

1. Est-ce que tu leur as prêté *le cahier?*
2. Est-ce que tu leur as prêté *le pinceau?*
3. Est-ce que tu leur as prêté *tes tambours?*
4. Est-ce que tu lui as donné *les billets?*
5. Est-ce que tu lui as donné *le CD?*
6. Est-ce que tu lui as donné *ta flûte?*
7. Est-ce que tu m'as prêté *ta caméra?*
8. Est-ce que tu m'as prêté *tes disques?*
9. Est-ce que je t'ai emprunté *ton livre?*
10. Est-ce que je t'ai emprunté *tes pinceaux?*
11. Est-ce que tu les as prêtés *à Jean?*
12. Est-ce que tu les as donnés *aux chanteurs?*
13. Est-ce que tu les as empruntés *aux Brault?*
14. Est-ce que tu les as vendus *à Réjeanne?*

c. Même exercice.

> *Modèle:* Est-ce que tu leur donnes *beaucoup d'argent?*
> *Oui, je leur en donne beaucoup.*

1. Est-ce que tu lui empruntes *de l'argent?*
2. Est-ce que tu lui empruntes *beaucoup d'argent?*
3. Est-ce que tu lui donnes *assez d'argent?*
4. Est-ce que tu lui donnes *de l'argent?*
5. Est-ce que tu lui sers *du vin?*
6. Est-ce que tu lui sers *de la bière?*
7. Est-ce que tu lui donnes *des plantes?*
8. Est-ce que tu leur prêtes *des photographies?*
9. Est-ce que tu lui empruntes *un livre?*
10. Est-ce que tu lui vends *une sculpture?*
11. Est-ce que tu lui prépares *deux sandwiches?*
12. Est-ce que tu leur donnes *trois chèques?*
13. Est-ce que tu lui parles *de tes problèmes?*
14. Est-ce que tu leur parles *de tes projets?*
15. Est-ce que tu lui as donné *des conseils?*
16. Est-ce que tu leur as servi *du champagne?*
17. Est-ce que tu lui as emprunté *de la peinture?*
18. Est-ce que tu lui as prêté *un peu d'argent?*
19. Est-ce que tu leur as acheté *un piano?*
20. Est-ce que tu leur as acheté *une guitare?*
21. Est-ce que tu leur as vendu *des tableaux?*
22. Est-ce qu'il y a *de l'eau?*
23. Est-ce qu'il y a *du vin?*
24. Est-ce qu'il y a *des comédiens?*
25. Est-ce qu'il y a *beaucoup de comédiennes?*
26. Est-ce qu'il y a *trois représentations?*

d. Même exercice.

> *Modèle:* Veux-tu m'emprunter *de l'argent?*
> *Oui, je veux t'en emprunter.*

1. Vas-tu me vendre *des disques?*
2. Vas-tu me servir *du café?*
3. Veux-tu me prêter *de l'argent?*
4. Veux-tu lui donner *un tableau?*
5. Dois-tu leur donner *des livres?*
6. Dois-tu leur donner *de l'argent?*
7. Peux-tu me prêter *un pinceau?*
8. Peux-tu nous acheter *des journaux?*

e. Même exercice.

> *Modèle:* Veux-tu me donner *ta bicyclette?*
> *Oui, je veux te la donner.*

1. Peux-tu me passer *ton stylo?*
2. Veux-tu me prêter *tes souliers?*
3. Vas-tu lui acheter *cette radio?*
4. Est-ce que je vais vous rendre *vos devoirs?*
5. Est-ce que tu peux me prêter *tes instruments?*
6. Est-ce que vous devez me donner *vos compositions?*
7. Est-ce que tu dois leur rendre *ces costumes?*
8. Est-ce que tu veux me vendre *la sculpture?*
9. Est-ce que tu vas nous vendre *tes cassettes?*
10. Est-ce que tu vas leur vendre *cette statue?*

10.5 *Depuis* + présent de l'indicatif

The present tense is used in conjunction with the preposition **depuis** to indicate that an action or condition began in the past and is still going on in the present. This corresponds to the use of the present perfect with "since" and "for" in English.

1) **Depuis quand?** (Since when/How long)

The preposition **depuis** may be followed by an expression that indicates the point in time when the action or condition began: It then has the meaning of "since." **Depuis quand** is used in a question that would elicit such an answer:

> **Depuis quand est-il malade? — Depuis mardi.**
> Since when has he been sick? — Since Tuesday.

> **Nous étudions le français depuis le mois de septembre.**
> We have been studying French since September.

2) **Depuis combien de temps?** (How long/For how long)

Depuis may also be followed by an expression indicating the length of time during which the action or condition has been going on. In this instance, its meaning corresponds to "for." **Depuis combien de temps** is used in the corresponding question:

> **Depuis combien de temps travaille-t-il?**
> **— Depuis deux ans.**
> How long has he been working?
> — For two years.

> **Il est malade depuis une semaine.**
> He has been sick for a week.

EXERCICES ORAUX

a. Répondez aux questions d'après le modèle.

> *Modèle:* Depuis quand es-tu ici? (hier)
> *Je suis ici depuis hier.*

1. Depuis quand sommes-nous dans la salle de théâtre? (10 h 30)
2. Depuis quand étudies-tu la musique? (septembre)
3. Depuis quand fais-tu du piano? (2006)
4. Depuis quand est-ce que tu joues ce rôle? (l'an dernier)
5. Depuis quand est-il malade? (dimanche)
6. Depuis quand sortent-ils ensemble? (le début des cours)

b. Répondez aux questions d'après le modèle.

> *Modèle:* Depuis combien de temps sommes-nous dans la classe? (une demi-heure)
> *Nous sommes dans la classe depuis une demi-heure.*

1. Depuis combien de temps fait-il froid? (deux semaines)
2. Depuis combien de temps pleut-il? (trois jours)
3. Depuis combien de temps as-tu mal à la tête? (10 minutes)
4. Depuis combien de temps est-ce que je parle? (une heure)
5. Depuis combien de temps vas-tu à l'académie de danse? (six mois)
6. Depuis combien de temps est-ce que tu t'habilles? (une demi-heure)
7. Depuis combien de temps est-il dans la salle de bain? (20 minutes)
8. Depuis combien de temps est-ce qu'elle est pianiste? (3 mois)
9. Depuis combien de temps sont-ils là? (5 jours)

c. Voilà la réponse. Posez la question appropriée, soit avec *depuis quand*, soit avec *depuis combien de temps*.

1. Il a le rôle depuis trois jours.
2. Nous nous promenons depuis ce matin.
3. Elle se repose depuis dix minutes.
4. Ils s'aiment depuis dix ans.
5. Je fais de la fièvre depuis samedi.
6. Elle regarde la télé depuis cet après-midi.
7. Il fait de la danse depuis un mois.
8. Elle se prépare depuis deux heures.
9. Il est en tournée depuis l'an dernier.
10. Nous travaillons dans cette troupe depuis 2004.
11. Ils se promènent depuis dix heures du matin.
12. Il dort depuis hier soir.
13. Elle répète depuis une demi-heure.
14. Je joue aux échecs depuis six mois.
15. Nous étudions la comédie depuis septembre.

10.6 Les adverbes

Formation

1) Many adverbs are formed by adding **-ment** to adjectives according to the following rules:

Add **-ment** to the *feminine* form of the adjective if its masculine form ends in a consonant:

fier	fière	fière**ment**
général	générale	générale**ment**
habituel	habituelle	habituelle**ment**
heureux	heureuse	heureuse**ment**
long	longue	longue**ment**
réel	réelle	réelle**ment**

Add **-ment** to the *masculine* form of the adjective if it ends in a vowel:

facile	facile**ment**	pratique	pratique**ment**
ordinaire	ordinaire**ment**	vrai	vrai**ment**

If the masculine form of the adjective ends in **-ant** or **-ent**, replace those endings with **-amment** and **-emment**:

constant ———▶ const**amment**   récent ———▶ réc**emment**

2) A number of frequently used adverbs are not formed from adjectives:

assez (*enough*)	là (*there*)	tard (*late*)
beaucoup (*a lot*)	mal (*badly*)	tôt (*early*)
bien (*well*)	même (*even*)	toujours (*always*)
déjà (*already*)	peu (*little*)	très (*very*)
encore (*still/yet*)	presque (*almost*)	trop (*too*)
enfin (*finally*)	quelquefois (*sometimes*)	vite (*quickly*)
ici (*here*)	souvent (*often*)	

Position in the sentence

1) When adverbs modify a verb in a simple tense, such as the present, the adverb immediately follows the verb (or **pas** in the negative):

> Il ne va pas **souvent** au cinéma.
> Il va **quelquefois** au théâtre.
> Elle parle **constamment** en classe.

When the verb is in a compound tense, such as the **passé composé**, short adverbs are placed between the auxiliary verb and the past participle, but adverbs in **-ment** may be placed after the past participle:

> Il a **presque** terminé.
> Nous sommes **déjà** allés chez eux.
> Elle a répondu **poliment**.

2) Adverbs modifying an adjective or another adverb are placed immediately before the word they modify:

> Il est **très** fatigué.

3) Adverbs modifying a whole sentence are placed at the beginning or at the end of the sentence:

> **Heureusement**, il ne nous a pas vus.

EXERCICES ORAUX

a. Voici le masculin de l'adjectif. Formez l'adverbe correspondant.
   actif; nouveau; malheureux; doux; rationnel; pénible; certain; énergique; grand; ancien; généreux; joli; sérieux; exceptionnel; attentif; constant; ardent

b. Formez les adverbes et insérez-les dans les phrases.

1. Jean-Louis joue au Grand Théâtre. (habituel)
2. Il a choisi de nouveaux acteurs. (final)
3. Vous jouez du piano. (merveilleux)
4. Ils ont oublié leur texte. (complet)
5. Elle parle de son spectacle. (abondant)
6. L'orchestre a acheté de nouveaux instruments. (heureux)
7. Charlotte aime le jazz. (réel)
8. Elle joue le même rôle. (constant)
9. Nous comprenons votre position. (absolu)
10. Nous apprécions votre critique. (véritable)

c. Insérez l'adverbe entre parenthèses dans la phrase, à la place appropriée.

1. Elle se lave le matin. (toujours)
2. Ils s'entendent avec leurs camarades. (bien)
3. Nous avons fini nos exercices. (presque)
4. Je suis allé(e) à la montagne. (souvent)
5. Est-ce que tu joues aux échecs? (encore)
6. J'ai dormi la nuit dernière. (trop)
7. Il compose une nouvelle pièce. (encore)
8. Je vais au théâtre (souvent)
9. Il vient à l'opéra. (quelquefois)
10. Il joue ce rôle. (mal)

10.7 Les articles et la négation — rappel

When a verb is in the negative, remember to apply the following rules concerning the articles that precede the direct object:

1) The definite articles **le, la, les** do not change:

Prends **la** serviette.   Ne prends pas **la** serviette.
Il écoute **les** musiciens.   Il n'écoute pas **les** musiciens.

2) The indefinite articles **un, une, des,** and the partitive articles **du, de la, de l', des** all become **de / d'**:

Il mange **un** sandwich.   Il ne mange pas **de** sandwich.
Elles vendent **des** livres.   Elles ne vendent pas **de** livres.
Il a apporté **du** vin.   Il n'a pas apporté **de** vin.
Il y a **de** l'eau ici.   Il n'y a pas **d'**eau ici.

This change does not occur after **être**:

C'est **un** acteur remarquable.   Ce n'est pas **un** acteur remarquable.
C'est **de la** folie.   Ce n'est pas **de la** folie.

EXERCICES ORAUX

a. Mettez à la forme négative.

1. Elle m'a emprunté de l'argent.
2. Je pense acheter des billets pour cette pièce.
3. Tu vas nous apporter un tableau.
4. Mon père veut me payer un piano.

5. Elle fait du théâtre depuis un an.
6. Je connais une pièce moderne.
7. C'est un comédien célèbre.
8. Allons écouter un concert.
9. Elle admire l'ami de Pierre.
10. Marc m'a prêté un disque de jazz.
11. Il faut manger de la viande.
12. Ce sont des artistes bizarres.
13. Elle porte un costume du XVIIᵉ siècle.
14. J'aime faire des cadeaux à mes amis.

EXERCICES ÉCRITS

a. Insérez le pronom réfléchi qui convient.

1. Nous _____ reposons pendant la fin de semaine.
2. Servez- _____ d'un ordinateur.
3. Nous _____ rencontrons à cinq heures.
4. Ne _____ inquiète pas!
5. Souviens- _____ de notre rendez-vous.
6. Elle _____ promène avec son chien.
7. Alain et Suzanne _____ entendent bien ensemble.

b. Répondez aux questions par des phrases complètes.

1. Est-ce qu'on s'arrête à un feu rouge?
2. Est-ce que tu t'inquiètes pour ton avenir?
3. Où est-ce que tu te promènes?
4. Comment t'appelles-tu?
5. Est-ce que tu te rends souvent à Calgary?
6. Où se trouve le cinéma?
7. Te sers-tu d'une calculatrice pour faire une addition?
8. Est-ce que tu t'attends à réussir à tes examens?
9. Est-ce que la trompette et le tuba se ressemblent?
10. Est-ce que tu te laves le matin?

c. Remplacez les tirets par le verbe pronominal approprié. Laissez le verbe à l'infinitif mais mettez le pronom à la forme qui convient.

Verbes: se servir, se promener, se reposer, s'attendre, s'en aller, s'aimer, se rencontrer, s'habiller, s'entendre

1. Quand on est fatigué, on doit _____ .
2. Pour peindre, j'aime _____ d'un pinceau.
3. Nous allons _____ demain pour en parler ensemble.
4. Elle veut _____ à la dernière mode.
5. As-tu envie de _____ dans le bois?
6. Si tu n'étudies pas, tu dois _____ à de fausses notes.
7. Je préfère _____ avec tout le monde, même avec des gens difficiles.
8. Comme tous les amoureux, vous espérez _____ toute votre vie.
9. Il est tard: je dois _____ .

d. Remplacez les mots en italique par des pronoms.

> *Modèle:* Il n'a pas prêté *sa voiture à Pierre.*
> *Il ne la lui a pas prêtée.*

1. Mon ami m'a rendu *deux livres.*
2. Il offre *un cadeau à ses parents.*
3. Elle achète *ses costumes à Montréal.*
4. Je vous ai prêté *ma caméra.*
5. Lui as-tu emprunté *de l'argent?*
6. Il n'a pas répondu *à son maître.*
7. Elles doivent me rendre *ma voiture.*
8. Tu dois la rendre *à Jean* demain.
9. Mon père va m'acheter *une flûte.*
10. Ses amies lui donnent *le billet.*

e. Répondez aux questions par des phrases complètes.

1. Depuis quand étudiez-vous la trompette?
2. Depuis combien de temps allez-vous au Conservatoire?
3. Depuis quand habitez-vous dans cette ville?
4. Depuis combien de temps le jazz existe-t-il?

f. Complétez les phrases suivantes.

1. Depuis un an, je…
2. Je fais du ballet depuis…
3. Nous n'avons pas vu de bon film depuis…
4. Depuis une heure, la chanteuse…
5. Depuis six mois, je…

g. Formez un adverbe et mettez-le dans la phrase.

> *Modèle:* Nous avons fini notre travail. (entier)
> *Nous avons entièrement fini notre travail.*

1. Elle a oublié l'heure. (complet)
2. Nous nous sommes mis à la tâche. (rapide)
3. Il nous a parlé de son rôle. (fréquent)
4. Les émissions de télévision sont intéressantes. (exceptionnel)
5. Elle répète une pièce. (pénible)
6. Ce film nous a impressionnés. (réel)
7. Ils n'ont pas répété la pièce. (suffisant)
8. Elles lui en ont parlé. (long)
9. Ils se téléphonent. (continuel)
10. Sa carrière d'acteur a été difficile. (malheureux)

h. Mettez à la forme négative.

1. Il a pris la clarinette.
2. Le chat joue du piano.
3. Ce sont des émissions intéressantes.
4. Il y a des flûtistes dans l'orchestre symphonique.
5. Ma voisine a acheté une aquarelle.
6. Cet enfant a du talent.
7. Il fait du soleil depuis trois jours.
8. C'est un tableau fascinant.

Lecture

Le hiphop: pas seulement de la musique

En tant que représentant artistique (dépisteur de talents) pour Universal Music Canada, David "Click" Cox parcourt le Canada à la recherche de nouveaux talents hiphop à promouvoir. "Le hiphop, dit-il, c'est une culture, pratiquement un style de vie. De Victoria à Halifax, et partout entre les deux capitales, j'ai eu l'occasion de saisir le profil du hiphop au Canada, tout comme les différentes interprétations que l'on en fait."

David constate que chaque région produit une musique distincte, avec son style et son message. "Toronto dégage une sorte d'agressivité crue comme c'est le cas pour certains artistes de Vancouver; pourtant, l'on reconnaît indéniablement chez ces derniers le style décontracté de la côte ouest. Dans les Prairies, beaucoup d'autochtones racontent leur quotidien en passant par le hiphop. À Halifax, la communauté noire la plus ancienne du pays en a long à raconter, depuis son arrivée au début du XVIIe siècle. Le hiphop représente tellement de variantes qu'il possède, au Canada, une structure qui lui est propre."

Selon David, même si le hiphop est d'origine américaine, plus précisément du Bronx, chacun s'en inspire et y ajoute sa propre expérience pour transmettre son message personnel et "avec un peu de chance, il crée une brèche et se démarque par rapport à ce qui se passe au sud de la frontière. Mais, de toute évidence, il y a présentement, dans notre pays, un mouvement qui s'affirme. Les artistes sont de plus en plus nombreux à faire parler d'eux, et beaucoup prennent en mains leur carrière et décident de la faire progresser, ce qui est extrêmement intéressant."

"Je trouve que le hiphop est une musique parfois très inspirante; c'est une musique qui ne laisse personne indifférent. Dans sa forme la plus simple, le hiphop procure une immense liberté d'expression et offre énormément de possibilités de participation. Vous pouvez, par exemple, rapper dans un coin avec vos amis, sans aucun instrument de musique."

David considère que le hiphop est bien plus qu'une musique. "Le hiphop est assurément une culture qui intègre plusieurs modes d'expression artistique. Bien plus, je pense, que dans n'importe quel autre genre de musique. C'est une culture qui absorbe non seulement les éléments du dancing, du DJing et du MCing, mais aussi le beatboxing (rythmer avec la bouche) et l'habillement. Ça devient un style de vie. Ce n'est pas essentiellement quelque chose qui s'écoute, mais plutôt quelque chose qui se vit."

Extrait du site Web de Culture Canada

s'affirmer	to assert oneself	**offrir**	to offer
ancien, ancienne	old	**ouest** (m.)	west
ajouter	to add	**parcourir**	to travel throughout
arrivée (f.)	arrival	**parfois**	sometimes
assurément	undoubtedly	**parler: faire — d'eux**	to attract notice
aucun(e)	any (not one)	**partout**	everywhere
autochtone (m./f.)	indigenous person	**se passer**	to go on
bien	much	**passant: en — par**	through
brèche (f.)	break, opening	**pays** (m.)	country
ça	it	**personne**	no one
cas (m.)	case	**plus**	more, most
chacun(e)	everyone	**plutôt**	rather
chance (f.)	luck	**posséder**	to possess
chaque	each	**pourtant**	however, yet
coin (m.)	corner	**pratiquement**	practically
constater	to note, to observe	**précisément**	precisely
côte (f.)	coast	**prendre en mains**	to take into one's hands
créer	to create	**présentement**	now, at present
cru(e)	raw	**procurer**	to provide
début (m.)	beginning	**produire**	to produce
dégager	to radiate	**profil** (m.)	profile, characteristics
décontracté(e)	relaxed	**promouvoir**	to promote
se démarquer	to stand out	**propre**	own; specific
dépisteur (m.)	scout	**quelque chose**	something
depuis	since	**quotidien** (m.)	daily life
derniers: ces —	the latter	**raconter**	to tell, to narrate
écouter	to listen	**rapper**	to rap
en tant que	as	**rapport: par — à**	in relation to
énormément de	lots of	**recherche** (f.)	search
évidence: de toute —	quite obviously	**reconnaître**	to recognize
frontière (f.)	border	**rythmer**	to create rhythm patterns
genre (m.)	kind, type	**saisir**	to grasp
indéniablement	undeniably	**sans**	without
s'inspirer	to derive inspiration	**selon**	according to
intégrer	to blend	**seulement**	only
laisser	to let	**siècle** (m.)	century
liberté (f.)	freedom	**sorte** (f.)	kind, sort
long: en avoir — à raconter	to have a lot to tell	**sud** (m.)	south
même si	even if	**tellement de**	so many
mouvement (m.)	trend	**tout comme**	just as
n'importe quel autre	any other	**transmettre**	to communicate
nombreux, nombreuses	numerous	**vivre**	to live, to experience
occasion (f.)	opportunity		

QUESTIONS

1. Qui est David Cox? En quoi consiste son travail?
2. Où cherche-t-il de nouveaux talents hiphop?
3. Comment est-ce qu'il définit le hiphop?

4. Qu'est-ce qu'il observe sur le hiphop dans les diverses régions?
5. En quoi le hiphop de Vancouver est-il semblable au hiphop de Toronto et en quoi est-il différent?
6. Qui s'exprime en passant par le hiphop dans les Prairies? Et à Halifax?
7. Est-ce que le hiphop au Canada est identique au hiphop américain? Comment David explique-t-il ce phénomène?
8. Qu'est-ce qui prouve que le hiphop est au Canada un mouvement qui s'affirme?
9. Comment le hiphop inspire-t-il la participation?
10. De quelle manière le hiphop est-il plus qu'une musique?

SITUATIONS – CONVERSATIONS

1. Vous voulez sortir en groupe. L'un(e) de vous veut aller au cinéma, un(e) autre veut aller à un concert de musique classique, un(e) autre encore veut aller au théâtre ou dans un club de jazz ou dans une discothèque, etc. Présentez des arguments pour justifier votre choix (les qualités uniques du spectacle que vous choisissez, la médiocrité des autres, etc.).

2. Parlez d'un film récent que vous avez aimé: la mise en scène; le jeu des acteurs; la photographie; l'histoire; les qualités comiques, dramatiques, sentimentales; l'imagination; la valeur psychologique, sociologique ou simplement humaine.

3. Décrivez votre tableau préféré. Qui est le peintre? Parlez de la composition, des couleurs, du sujet.

4. Vous êtes dans un bar, un café, une discothèque. Vous faites la connaissance d'une jeune femme ou d'un jeune homme qui vous intéresse. Faites la conversation.

5. Vous êtes à Montréal en visite. Vous ne connaissez pas la ville, mais vous y avez un(e) ami(e). Demandez-lui des conseils: où aller pour visiter des expositions, écouter de la musique, danser?

Exemple:	TON AMI(E):	Qu'est-ce que tu veux faire?
	TOI:	Je veux écouter de la musique.
	TON AMI(E):	Quel genre de musique?
	TOI:	Du jazz. Tu connais un bon club où il y en a?
	TON AMI(E):	Oui, j'en connais certains.
	TOI:	Je cherche un endroit où il n'y a pas trop de monde et où ce n'est pas trop cher.
	TON AMI(E):	Alors, va dans ce petit bar qui se trouve rue Saint-Denis.
	TOI:	Est-ce que c'est loin?
	TON AMI(E):	Non, tu peux y aller à pied.

COMPOSITIONS

1. Vous avez visité un musée d'art. Racontez votre visite et parlez des œuvres que vous avez admirées et qui vous ont impressionné(e).

2. Êtes-vous amateur de théâtre? de ballet? de cinéma? de musique? Exposez vos goûts, vos préférences. Allez-vous souvent au spectacle?

3. Décrivez un bar, un café ou une discothèque que vous aimez: le décor, la clientèle, l'ambiance.

 # PRONONCIATION

(Students can listen to the audio track for this exercise on MyFrenchLab; instructors will find it on CD 4, Track 1.)

I. Le son a (/a/)

Répétez d'après le modèle:

amour	arme	patte	voyage	banal
ami	appeler	rate	visage	final
adolescent	amener	date	arabe	terminal
agacer	année	chatte	salade	rural
abri	assis	latte	macabre	festival

II. Le r final

Répétez d'après le modèle:

1. | bar | fard | mare | retard |
    |---|---|---|---|
    | car | part | gare | départ |
    | dard | lard | rare | hasard |

2. | partir | finir | choisir | ouvrir |
    |---|---|---|---|
    | sortir | réfléchir | offrir | jaunir |

3. | mort | dors | port | encore |
    |---|---|---|---|
    | bord | sors | tort | adore |

4. | mur | dur | bure | parure |
    |---|---|---|---|
    | pur | sur | cure | hachure |

5. | pour | jour | amour | détour |
    |---|---|---|---|
    | tour | sourd | toujours | rebours |

6. | peur | sœur | laideur | rameur |
    |---|---|---|---|
    | cœur | beurre | horreur | chanteur |

WEBLINKS

Pronominal verbs

www.orbilat.com/Languages/French/Grammar/French-Verb-Pronominal.html

http://french.about.com/library/weekly/aa021900.htm

www.artsci.wustl.edu/~cfwilson/FeuilleVP.html

Depuis

http://lilt.ilstu.edu/jhreid/grammar/depuis.htm

Arts, going out

www.bbc.co.uk/education/languages/french/experience/arts/index.shtml

Adverbs

http://french.about.com/library/weekly/bltopicsub-adv.htm

www.orbilat.com/Languages/French/Grammar/French-Adverb.html

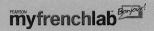 Visit MyFrenchLab at www.MyFrenchLab.com to access additional resources such as audio tracks, oral practice, the *cahier de laboratoire*, and self-grading quizzes.

Les jeunes et la vie

VOCABULAIRE UTILE

Noms

amoureux (m. pl.)	lovers
bâtiment (m.)	building
bonheur (m.)	happiness
ciel (m.)	sky
campagne (f.)	countryside
conquête (f.)	conquest
dauphin (m.)	dolphin
dieu (m.)	god
douche (f.)	shower
enfance (f.)	childhood
être humain (m.)	human being
femme d'affaires (f.)	businesswoman
guerre (f.)	war
homme d'affaires (m.)	businessman
lune (f.)	moon
lac (m.)	lake
mari (m.)	husband
natation (f.)	swimming
nourriture (f.)	food
pays (m.)	country
pêche (f.)	fishing; peach
perdrix (f.)	partridge
pièce (f.)	room
préparatifs (m. pl.)	preparations
remède (m.)	medication, remedy
singe (m.)	monkey
sorcière (f.)	witch
soucoupe (f.)	saucer
Tiers-Monde (m.)	Third World
vie (f.)	life

Adjectifs

cassé(e)	broken
fatigant(e)	tiring; arduous
haut(e)	high
impressionnant(e)	impressive
malchanceux, malchanceuse	unlucky
mondial(e)	worldwide
musclé(e)	muscular
myope	short-sighted
nombreux, nombreuse	numerous; large
nourrissant(e)	nutritious
pollué(e)	polluted
rose	pink
sage	wise

Verbe

coûter	to cost

Expressions

coup de foudre (m.)	love at first sight
avenir: considérer l'—	to look at the future
rose: voir la vie en —	to see life through rose-coloured glasses

GRAMMAIRE ET EXERCICES ORAUX

11.1 Le comparatif de l'adjectif

Comparative of superiority

The comparative of superiority in English is formed by using "more" before the adjective or by adding the suffix **-er** to the adjective (warmer). In French, only one structure is used: The adverb **plus** is placed before the adjective and **que/qu'** follows it:

> Paul est un garçon **plus** gentil **que** René.
> Un chimpanzé est **plus** intelligent **qu'**un chien.

Bon (good) has an irregular comparative form that is the equivalent of "better": **meilleur, meilleure, meilleurs, meilleures**.

> Le champagne est **meilleur que** la bière.
> Suzanne a une **meilleure** voiture **que** Lucie.

Bon marché (inexpensive) also has an irregular comparative form that is invariable: **meilleur marché**.

> Cette robe est **meilleur marché que** ton pantalon.

Comparative of equality: *aussi... que* (as ... as)

> Il est devenu **aussi** grand **que** son père.
> La politique est-elle **aussi** importante **que** l'économie?

Comparative of inferiority: *moins... que* (less ... than)

> Les enfants sont **moins** inhibés **que** les adultes.
> Le français est **moins** difficile **que** le chinois.

✳ Note:

The comparative occupies the same position as the adjective normally would, either before or after the noun modified:

> Jean est un **bel** homme.   C'est un garçon **sympathique**.
> Jean est un **plus bel** homme que René. C'est un garçon **plus sympathique** que son frère.

Stress pronouns may be used in comparisons after *que*:

> Hélène est meilleure que **moi** au tennis. Elle est plus intelligente que **lui**.

EXERCICES ORAUX

a. Faites des comparaisons (supériorité et infériorité) d'après le modèle.

> *Modèle:* Je suis aimable. Henri est plus aimable.
>
> *Henri est plus aimable que moi.*
> *Je suis moins aimable qu'Henri.*

1. Il est sportif. Elle est plus sportive.
2. Le train est rapide. L'avion est plus rapide.
3. Arthur est sympathique. Lucie est plus sympathique.
4. Tu es timide. Elle est plus timide.
5. Nous sommes dynamiques. Nos parents sont plus dynamiques.
6. Le lilas est joli. Les roses sont plus jolies.
7. Je suis jeune. Tu es plus jeune.
8. Vous êtes actives. Elles sont plus actives.
9. Juillet est chaud. Août est plus chaud.

b. Faites des comparaisons. Employez *meilleur* et *moins bon* d'après le modèle.

> *Modèle:* Un bon trait de caractère: la patience — l'impatience
>
> *La patience est un meilleur trait de caractère que l'impatience.*
> *L'impatience est un moins bon trait de caractère que la patience.*

1. Une bonne viande: le bœuf — le veau.
2. Un bon sport: la natation — le golf.
3. Un bon investissement: une maison — une voiture de sport.
4. Une bonne solution: un compromis — une dispute.
5. Un vêtement bon marché: un pantalon — une robe de soirée.

c. Faites la comparaison appropriée (supériorité, infériorité ou égalité) avec un des adjectifs suivants: *jeune, long, bon marché, intellectuel, grand, riche, ambitieux, sentimental, malchanceux.*

> *Modèle:* Elle a douze ans. Tu as douze ans.
>
> *Elle est aussi jeune que toi.*
> *Tu es aussi jeune qu'elle.*

1. Alain lit dix livres par mois. Catherine en lit deux par an.
2. Henri mesure 1 mètre 75. Gilbert mesure 1 mètre 75.
3. Février a 28 jours. Janvier a 31 jours.
4. Une radio coûte 50 dollars. Une télévision coûte 500 dollars.
5. M. Brault est millionnaire. Mme Proulx est millionnaire.
6. Jean veut devenir maçon. Sylvie veut devenir premier ministre.
7. Hélène a une jambe cassée. Lucien est dans le coma.
8. Arthur attend la femme de sa vie. Marcel veut faire beaucoup de conquêtes.

d. Répondez aux questions.

1. Es-tu moins grand(e) que ton père?
2. Es-tu plus petit(e) que ta mère?
3. Le singe est-il aussi intelligent que l'être humain?
4. Sommes-nous aussi intelligents qu'Einstein?
5. Les chats sont-ils plus affectueux que les chiens?
6. Es-tu meilleur(e) en maths que moi?
7. Est-ce que le professeur est plus terrifiant que Dracula?
8. Sommes-nous plus sages que nos ancêtres?
9. Le jazz est-il moins dynamique que le rock?
10. Un être humain est-il moins intelligent qu'un ordinateur?
11. Le Tiers-Monde est-il aussi riche que les pays industrialisés?
12. Est-ce que l'avion est plus dangereux que la voiture?
13. Les Adirondacks sont-ils aussi impressionnants que les Rocheuses?
14. Les dauphins sont-ils plus intelligents que les chimpanzés?
15. Es-tu aussi musclé(e) qu'un gorille?
16. La campagne est-elle aussi polluée que la ville?
17. Les montagnes Rocheuses sont-elles plus hautes que l'Himalaya?
18. La viande est-elle meilleur marché que les fruits?
19. Est-ce que le vin est plus cher que la bière?
20. Est-ce que les Canadiens sont aussi nombreux que les Américains?

e. Donnez votre avis selon le modèle.

Modèle: l'argent / la santé / important
À mon avis, l'argent est aussi (plus, moins) important que la santé.

1. l'hiver / l'été / agréable
2. la cuisine italienne / la cuisine chinoise / délicat
3. un chien / un cheval / intelligent
4. un ordinateur / une machine à écrire / utile
5. le Canada / la France / diversifié
6. la crème glacée / la mousse au chocolat / bon
7. la moto / la voiture / dangereux
8. la viande / le poisson / bon pour la santé
9. la réussite professionnelle / la vie familiale / important
10. les livres / les voyages / enrichissants

11.2 Le superlatif de l'adjectif

1) Adjectives are made superlative by using the following constructions:

le / la / les plus... de $\left\{\begin{array}{l} \text{the most . . . in} \\ \text{the . . . -est . . . in} \end{array}\right.$

le / la / les moins... de the least . . . in

2) If the adjective precedes the noun, the construction is

le / la / les + plus / moins + adjective + noun + **de**

C'est la plus grande pièce de la maison.
It is the largest room in the house.
Ce sont les plus belles fleurs du jardin.
Those are the most beautiful flowers in the garden.

3) If the adjective follows the noun, the construction is

le / la / les + noun + **le / la / les** + **plus / moins** + adjective + **de**

Paul est l'étudiant le plus intelligent de la classe.
Paul is the most intelligent student in the class.
C'est le chapitre le moins difficile du livre.
It is the least difficult chapter in the book.

4) The superlative form of superiority of **bon** is **le meilleur / la meilleure / les meilleurs / les meilleures**:

Agathe est la meilleure étudiante de la classe.
Agatha is the best student in the class.

The superlative form of **bon marché** is **le / la / les meilleur marché** (invariable):

J'ai acheté la cravate la meilleur marché du magasin.
I bought the cheapest tie in the store.

EXERCICES ORAUX

a. Répondez aux questions.

1. Qui est le plus grand étudiant de la classe?
2. Quelle est la voiture la plus chère du monde?
3. Quelle est la plus grande ville du Canada?
4. Qui est l'homme le plus important du pays?
5. Qui est la femme la plus importante du pays?
6. Quelle est l'émission de télévision la plus stupide de toutes?
7. Qui est le meilleur boxeur du monde?
8. Qui est le meilleur acteur du cinéma américain?
9. Quel est ton cours le moins difficile?
10. Comment s'appelle ta meilleure amie? ton meilleur ami?
11. Quel est le sport le moins fatigant?
12. Qui est la personne la plus importante de ta vie?
13. Qui est le politicien le moins intéressant?
14. Quel est le plus haut bâtiment du campus?

b. Faites une phrase avec un superlatif d'après le modèle.

Modèle: le chien — fidèle — tous les animaux
Le chien est le plus fidèle de tous les animaux.

1. la rose — élégant — toutes les fleurs
2. Muhammed Ali — connu — tous les boxeurs
3. février — froid — tous les mois
4. la bombe atomique — terrifiant — toutes les armes
5. le bonheur — bon — tous les remèdes
6. Gandhi — pacifique — tous les hommes

c. Faites des phrases d'après le modèle (attention à la place de l'adjectif).

Modèle: peuplé / la Chine / le pays / la planète
La Chine est le pays le plus peuplé de la planète.

1. beau / les Rocheuses / les montagnes / l'Amérique du Nord
2. joli / Suzanne / la fille / la famille
3. sincère / Henri Dupont / le politicien / le pays
4. vieux / l'école / le bâtiment / la ville
5. drôle / cette comédie / la pièce / le festival
6. courageux / Martin / le joueur / l'équipe de football
7. chaud / août / le mois / l'année
8. grand / le Saint-Laurent / le fleuve / le Canada

11.3 Le verbe irrégulier *voir*

	Présent de l'indicatif			Participe passé
je	vois	nous	voyons	vu
tu	vois	vous	voyez	
il / elle / on	voit	ils / elles	voient	

Voir means "to see":

Il porte des lunettes parce qu'il ne *voit* pas bien.
Nous avons *vu* Nicole la semaine dernière.
Venez me *voir* la semaine prochaine.

EXERCICES ORAUX

a. Répondez aux questions.

   1. Est-ce que tu vois des arbres par la fenêtre?
   2. Est-ce que tu vois un médecin régulièrement?
   3. Est-ce que vous me voyez parfois à la bibliothèque?
   4. Est-ce que vous voyez vos amis à la cafétéria?
   5. Est-ce que nous voyons des films dans la classe de français?
   6. Est-ce que nous voyons la lune le soir?
   7. Est-ce qu'on voit l'ultraviolet?
   8. Est-ce que je vois dans l'avenir?
   9. Est-ce qu'une sorcière voit dans l'avenir?

b. Répondez aux questions.

   1. Quand as-tu vu un film pour la dernière fois?
   2. Où peut-on voir des tableaux d'Emily Carr?
   3. Est-ce que les amoureux voient la vie en rose?
   4. Où est-ce qu'on voit des animaux exotiques?
   5. Qu'est-ce qu'on voit dans un musée d'art?
   6. Voit-on souvent le premier ministre à la télévision?
   7. Est-ce que vous me voyez quelquefois faire du sport?
   8. Est-ce que vous m'avez vu(e) arriver à l'université?
   9. As-tu déjà vu une girafe?

11.4 Le verbe irrégulier *croire*

	Présent de l'indicatif			*Participe passé*
je	**crois**	nous	**croyons**	**cru**
tu	**crois**	vous	**croyez**	
il / elle / on	**croit**	ils / elles	**croient**	

Croire means "to believe":

> Tu ne me dis pas la vérité: je ne te *crois* pas.

It is used with the preposition **en** before a noun that refers to a deity, a person, or a thing when it means "to have faith in," "to believe in":

> Elle *croit en* Dieu.
> Elle *croit en* son mari.
> Les jeunes *croient en* l'avenir.

It is used with the preposition **à** before an abstract noun when it means "to believe in the reality or validity of something":

> Je ne *crois* pas *à* la parapsychologie.
> Il *croit à* l'existence de Dieu.
> Il *croit à* l'amour.

EXERCICES ORAUX

a. Répondez aux questions d'après le modèle.

>*Modèle:* Je te crois. Et lui?
>*Il te croit aussi.*

1. Je la crois. Et toi? Et lui? Et nous?
2. Elle me croit. Et toi? Et lui?
3. Vous me croyez. Et eux? Et elles? Et toi?
4. Nous te croyons. Et lui? Et toi?
5. Ils nous croient? Et elles? Et lui? Et vous?

b. Répondez aux questions.

1. Est-ce que tu crois les politiciens?
2. Est-ce que tu crois à la théorie de l'évolution?
3. Est-ce que tu crois en l'avenir?
4. Est-ce que tu crois au progrès?
5. Est-ce que les athées croient en Dieu?

c. Faites une phrase d'après le modèle à partir des éléments donnés, au choix.

>*Modèle:* mes amis / le sport le plus excitant
>*Mes amis croient que le sport le plus excitant, c'est le hockey.*

1. je / la meilleure équipe de baseball
2. nous / le cours le plus intéressant
3. mon (ma) meilleur(e) ami(e) / le plus beau film
4. mes parents / l'acteur / l'actrice le / la plus charismatique
5. le professeur / la plus belle ville
6. les étudiants / le plus grand musicien
7. les enfants / le repas le plus savoureux
8. les personnes âgées / l'activité la plus satisfaisante

11.5 Le passé composé des verbes pronominaux

Être is the auxiliary verb used in the formation of the **passé composé** of all pronominal verbs. The past participle of a pronominal verb having a *reflexive* or *reciprocal* meaning agrees in gender and number with the direct object if this object precedes the verb.

1) If the reflexive pronoun is the direct object of the verb, the past participle agrees with the reflexive pronoun.

se laver

je me suis	lavé(e)	nous nous	sommes lavé(e)s
tu t'es	lavé(e)	vous vous	êtes lavé(e)(s)
il s'est	lavé	ils se	sont lavés
elle s'est	lavée	elles se	sont lavées
on s'est	lavé		

2) If the reflexive pronoun is not the direct object of the verb, three situations may occur:

a) The verb has no direct object, hence the past participle does not agree:

Ils se sont parlé.
Elles se sont téléphoné.

Note that in these examples the reflexive pronoun is the indirect object of the verb.

b) The verb has a direct object but this object follows the verb, hence there is still no agreement of the past participle:

Ils se sont dit des insultes.   Elle s'est lavé les mains.

In this last sentence **les mains** is the direct object and the reflexive pronoun is considered to be the indirect object.

c) The verb is preceded by a direct object, in which case the past participle agrees with that object:

Est-ce que tu t'es lavé *les mains?* — Oui, je me *les* suis *lavées*.
Les lettres *qu'*ils se sont écri*tes* sont très belles.

The past participle of a pronominal verb having an idiomatic meaning normally agrees with the subject of the verb:

Elles se sont bien entendues.
Ils se sont rendus à New York.

EXERCICES ORAUX

a. Épelez la terminaison du participe passé.

1. Ils se sont (aimer).
2. Elles se sont (rencontrer).
3. Elle s'est beaucoup (reposer).
4. Il s'est (laver).
5. Elles se sont bien (amuser).
6. Ils se sont (promener).

b. Même exercice.

1. Elle s'est (brosser) les cheveux.
2. Elle s'est (laver) les mains.
3. Ils se sont (dire) des insultes.
4. Elles se sont (écrire).
5. Ils se sont (téléphoner).
6. Elles se sont (parler).

c. Même exercice.

1. Elle s'est (attendre) à un examen difficile.
2. Ils se sont (rendre) au bureau du directeur.
3. Il s'est (mettre) au travail.
4. Elles se sont (mettre) au travail.
5. Ils s'en sont (aller).
6. Elles se sont (servir) d'un ordinateur.

d. Mettez les phrases au passé composé.

Modèle: Je me couche tard.
Je me suis couché(e) tard.

1. Henri se lève à sept heures.
2. Madeleine se maquille soigneusement.
3. Mes parents se promènent sur le campus.
4. Nous nous rencontrons à la bibliothèque.
5. Les étudiants se préparent pour l'examen.
6. Nous nous téléphonons à midi.
7. Ils s'entendent bien avec leur professeur.
8. Mes amis se rendent à Toronto en train.
9. Je me sers d'un ordinateur.
10. Les enfants s'amusent bien au zoo.

11.6 Quelques autres verbes pronominaux

Here is a list of some additional pronominal verbs:

se baigner (to take a dip/to bathe)	Je me baigne dans le lac tous les matins.
se cacher (to hide)	Les perdrix se cachent dans les bois.
s'ennuyer (to be bored)	On s'ennuie quand on est malade.
s'habituer à (to get used to)	Elle s'est habituée à son nouveau travail.
se marier (avec) (to marry/to get married)	Il s'est marié avec son amie d'enfance.
se raser (to shave)	Il se rase avec un rasoir électrique.
se rendre compte de (to realize)	Je me rends compte des erreurs que j'ai faites.

EXERCICES ORAUX

a. Répondez aux questions.

1. Quand tu vas à la mer, est-ce que tu te baignes?
2. Aimes-tu te baigner dans l'eau très froide?
3. Est-ce que tu te peignes?
4. Est-ce que les acteurs se maquillent?
5. Est-ce que je me maquille?
6. À quelle heure t'es-tu levé(e) ce matin?
7. Est-ce que je m'habille à la mode?
8. Est-ce que toi et tes amis, vous vous voyez régulièrement?
9. Est-ce que tu vas te marier bientôt?

10. Avec qui vas-tu te marier?

11. Où les enfants se cachent-ils après un film d'épouvante?

12. Est-ce que tu t'ennuies dans la classe de français?

13. Est-ce que les enfants s'ennuient à l'école?

14. Est-ce que tu t'habitues à la vie universitaire?

15. Est-ce qu'on peut s'habituer à tout?

EXERCICES ÉCRITS

a. Faites des comparaisons avec *plus… que, moins… que* et *aussi… que*. Faites l'accord de l'adjectif.

> *Modèle:* la lune — grand — la terre
> *La lune est moins grande que la terre.*

1. le soleil — chaud — la lune
2. les clowns — amusant — les hommes d'affaires
3. les femmes — agressif — les hommes
4. la natation — dangereux — l'alpinisme
5. le train — rapide — l'avion
6. l'eau — nécessaire — la nourriture
7. les banquiers — riche — les secrétaires

b. Répondez aux questions par des phrases complètes.

1. À votre avis, quelle est la meilleure actrice de cinéma?
2. À votre avis, qui est le meilleur joueur de hockey du monde?
3. Quelle est la plus grande université au Canada?
4. Quelle est la voiture la moins chère?
5. Est-ce qu'une voiture est meilleur marché qu'une bicyclette?
6. Quelle est la plus grande planète du système solaire?
7. Est-ce que la France est aussi grande que le Canada?
8. Est-ce que New York est moins grand que Toronto?
9. Quel fruit est plus nourrissant, la banane ou la pêche?

c. Remplacez les tirets par la forme appropriée de *voir* ou de *croire*, au présent.

1. Je ne _____ pas de nuage dans le ciel.
2. Elle ne _____ pas au coup de foudre.
3. Vous _____ vos amis tous les jours.
4. Il _____ que je ne dis pas la vérité.
5. Nous _____ des films à la télévision.
6. _____ -tu qu'il va faire froid ce soir?
7. Les amoureux _____ la vie en rose.
8. _____ -vous à la télépathie?
9. Les myopes _____ mal sans lunettes.

d. Mettez les phrases au passé composé. Attention à l'accord du participe passé.

1. Pierre et Jean se regardent.
2. Elles se mettent au travail.
3. Elle se lève.
4. Brigitte se lave le visage.
5. Ils s'habituent à leur nouvelle vie.
6. Michel se brosse les cheveux.
7. Ils se marient.
8. Elles se téléphonent.
9. Elle se peigne les cheveux.
10. Quelle voiture s'achète-t-il?
11. Mes mains, je me les lave.
12. Elle s'ennuie.
13. Elles se maquillent.
14. Elles se brossent les dents.

e. Répondez aux questions par des phrases complètes.

1. Avec quoi te rases-tu?
2. À quelle heure t'es-tu levé(e) ce matin?
3. Quand est-ce que tu t'ennuies?
4. Avec qui est-ce qu'on se dispute généralement?
5. Avec qui la reine Élisabeth II s'est-elle mariée?
6. Est-ce que tu t'habilles à la mode?
7. Est-ce que vous vous écrivez, tes amis et toi?
8. Est-ce que toutes les femmes se maquillent?

Lecture

Des idées plein la tête

Si vous avez déjà entendu le terme "développement durable," vous savez sans doute que d'innombrables questions sont reliées à ce seul sujet de préoccupation. On n'a qu'à penser aux enjeux qui touchent l'environnement, le commerce, les droits de la personne, et quantité d'autres. C'est pourquoi nous avons créé la feuille de travail "Des idées plein la tête." Elle a pour but de vous aider à établir vos propres enjeux prioritaires en matière de développement durable.

Première partie

Voici une liste d'enjeux. Choisissez-en cinq que vous considérez comme importants pour l'avancement du développement durable au Canada.

La forêt	L'élimination de la pauvreté	Le commerce international
La pêche	L'informatique et la communication	Le rôle et la responsabilité de l'État
La qualité de l'air	La consommation et les modes de vie	L'agriculture
L'eau douce et l'eau souterraine	La biotechnologie	La privatisation des services publics
L'égalité entre les sexes	L'urbanisation (étalement urbain)	La surpopulation
L'énergie renouvelable	La mondialisation	Le rôle et l'influence des médias
Les changements climatiques	Les droits de la personne	La guerre et les conflits
Les moyens de transport écologiques	Le racisme	La désertification
Le tourisme écologique	Le VIH et le sida	L'emploi chez les jeunes
La santé et l'environnement	Les accords internationaux et la gouvernance mondiale	Le manque de sensibilisation à l'égard du développement durable
La gestion des déchets (ex.: dépotoirs)	Les produits chimiques (ex.: pesticides)	La biodiversité et la protection de l'habitat
Autre?	Autre?	Autre?

Ensuite, classez vos cinq réponses par ordre d'importance:

(plus grande importance) 1. 2. 3. 4. 5. (moins grande importance)

Deuxième partie

Selon vous, qui doit faire quelque chose pour faire avancer les enjeux prioritaires que vous avez énumérés à la partie 1? Pour chacun des acteurs énumérés ci-dessous, cochez la catégorie qui, à votre avis, décrirait le mieux le niveau de responsabilité qu'il faudrait confier à cet acteur. Ce type d'information sera nécessaire pour élaborer un plan d'action concret au Sommet mondial sur le développement durable. Les plans d'action les plus efficaces ne font pas que préciser ce qui doit être fait, mais ils présentent les acteurs qui devront réaliser les mesures proposées, comment ils devront le faire et dans quel délai!

	1) Grandement responsable	2) Responsable	3) Un peu responsable	4) Pas responsable	5) Je ne sais pas
A. Les organisations internationales (ex.: les Nations Unies)					
B. Le gouvernement fédéral					
C. Les gouvernements provinciaux					
D. Les autorités locales					
E. L'industrie					
F. Les citoyens					
G. Les ONG (organisations non gouvernementales)					
H. Les jeunes					
I. Autre, précisez:					

Nous espérons que vous êtes maintenant prêts à partager auprès d'autres jeunes les réflexions inspirées par cette feuille de travail. Les mêmes questions ont été posées à l'échelle du pays dans le cadre du sondage "Des idées plein la tête." Ainsi, plus de 1 300 jeunes Canadiens ont répondu aux questions.

Extrait de feuille de travail publiée par l'Association canadienne pour les Nations Unies et une initiative de Programme jeunesse 2002

accord (m.)	agreement	**innombrable**	innumerable
acteur (m.)	actor, agent	**lieu: avoir —**	to take place
aider	to help	**maintenant**	now
ainsi	as a result	**manque** (m.)	lack
auprès de	with	**matière: en — de**	concerning
avancer: faire —	to further	**mieux: le —**	(the) best
avancement (m.)	progress	**mode de vie** (m.)	lifestyle
avis: à votre —	in your opinion	**mondial(e)**	global
but: avoir pour —	to aim at	**mondialisation** (f.)	globalization
ci-dessous	below	**ne... que**	only
cocher	to check	**niveau** (m.)	level
comme	as; like	**pêche** (f.)	fishing; fisheries
commerce (m.)	trade	**peu: un —**	slightly
confier	to entrust	**plein: avoir des**	
consommation (f.)	consumption	**idées — la tête**	to be full of ideas
déchets (m. pl.)	solid waste	**poser (une question)**	to ask
décrire	to describe	**préciser**	to specify
dépotoir (m.)	landfill	**prêt(e)**	ready
délai: dans quel —	by when	**privatisation** (f.)	privatization
droit (m.)	right	**produits chimiques**	
durable	sustainable	(m. pl.)	chemicals
eau douce (f.)	fresh water	**propre**	own
eau souterraine (f.)	groundwater	**quelque chose**	something
efficace	effective	**relié(e)**	linked, connected
égalité (f.)	equality	**renouvelable**	renewable
élaborer	to develop	**responsabilité** (f.)	accountability
emploi (m.)	employment	**sans**	without
enjeu (m.)	issue	**savoir**	to know
énumérer	to list	**selon**	according to
espérer	to hope	**sensibilisation** (f.)	consciousness
établir	to establish		raising
étalement (m.)	spread	**services publics**	
faudrait: il —	one should	(m. pl.)	public institutions
feuille de travail (f.)	worksheet	**sexe** (m.)	gender
forêt (f.)	forest; forestry	**sida** (m.)	AIDS
gestion (f.)	management	**sujet de**	
gouvernance (f.)	government(s)	**préoccupation** (m.)	concern
grandement	highly	**surpopulation** (f.)	overpopulation
informatique (f.)	information technology	**toucher**	to affect

QUESTIONS

1. Que pensez vous des cinq thèmes que d'autres étudiants ont classés en tant qu'enjeux prioritaires?
2. Est-ce que vous privilégiez les mêmes enjeux?
3. À votre avis, qui a la plus grande responsabilité par rapport aux changements à apporter?
4. Quels sont les obstacles à la participation des jeunes, s'il en existe, que vous pourriez déterminer?

SITUATIONS – CONVERSATIONS

1. Racontez vos préparatifs du matin: se lever, s'habiller, se laver, se brosser les dents, se maquiller, etc. Employez le passé composé.

2. Racontez vos activités avec votre ami(e) préféré(e). Employez des expressions comme: se promener, se téléphoner, se rencontrer, se parler, se dire, se disputer, etc. Dites ce que vous faites et ce que vous ne faites pas ensemble.

3. Formez un groupe de trois ou quatre personnes. Faites des comparaisons entre vous. Employez beaucoup d'adjectifs divers: grand(e), petit(e), timide, intellectuel(le), actif(ive), sportif(ive), élégant(e), agressif(ive), etc.

4. Posez-vous des questions les uns aux autres. Employez des superlatifs.

   Qui est le meilleur acteur de cinéma?
   Quelle est la plus belle ville du monde?
   Quels sont les animaux les plus doux? les plus féroces?
   Quel est le moyen de transport le plus pratique?

5. À quoi croyez-vous? À quoi ne croyez-vous pas? Posez-vous ces questions les uns aux autres à propos des thèmes suivants et apportez des arguments:

   la télépathie, les soucoupes volantes, les fantômes, les maisons hantées, les extra-terrestres, la vie dans l'univers, la magie, le triangle des Bermudes, les miracles, le progrès de la science, le progrès de l'humanité, la Troisième Guerre mondiale, l'intelligence des ordinateurs.

6. Répondez aux questions suivantes selon vos convictions.

   Que pensez-vous de vos études? Quelles sont vos ambitions? Que voulez-vous faire dans la vie? Êtes-vous satisfait(e) de vos relations avec vos camarades? À qui confiez-vous vos problèmes? Pourquoi étudiez-vous? Quelle est votre attitude au sujet du mariage et des enfants?

COMPOSITIONS

1. Racontez au passé composé vos activités du matin depuis le moment où vous vous levez jusqu'au moment où vous partez de chez vous. Employez, entre autres, des verbes pronominaux.

2. Faites des comparaisons entre vous et vos parents, du point de vue physique et du point de vue psychologique.

3. Donnez votre opinion sur les sujets abordés dans la lecture.

 # PRONONCIATION

(Students can listen to the audio track for this exercise on MyFrenchLab; instructors will find it on CD 4, Track 11.)

Le son 1 (/l/)

Répétez d'après le modèle:

1. | lit | loupe | l'œuf | long | l'espoir | l'aide | lent | lin |
    |-------|-------|---------|--------|----------|--------|-------|-----|
    | lutte | large | l'homme | lézard | l'heure | lime | laine | Luc |

2. | mal | tulle | bile | boule | molle |
    |------|-------|------|-------|-------|
    | pèle | belle | seul | sale | |

3. un nouvel étudiant   une nouvelle auto
    un nouvel arbre   un nouvel outil
    une nouvelle odeur   un nouvel incident
    une nouvelle idée   une nouvelle encre

4. nous cherchons le chien   nous voyons le parc
    nous trouvons le pont   nous mangeons le gâteau
    nous jouons le jeu   nous finissons le travail
    nous prenons le train   nous regardons le film

5. | je l∅ crois | je l∅ dis | tu l∅ prends | tu l∅ finis |
    |-------------|-------------|--------------|---------------|
    | je l∅ vois | je l∅ mange | tu l∅ gardes | tu l∅ prépares |

6. | c'est d∅ l'eau | c'est d∅ la monnaie | il y a d∅ la place | il a d∅ l'appétit |
    |------------------|---------------------|----------------------|--------------------|
    | c'est d∅ la bière | c'est d∅ la salade | il y a d∅ l'ombre | il a d∅ la chance |
    | | | il y a d∅ la lumière | il a d∅ l'ambition |

 **WEBLINKS**

Passé composé—pronominal verbs
www.laits.utexas.edu/tex/gr/tap4.html
www.mtholyoke.edu/courses/lhuughe/FR201/A-201HTLMgram/201.20html
http://french.about.com/library/weekly/bl-agreement-cv.htm

Canadian International Development Agency
www.acdi-cida.gc.ca/CIDAWEB/acdicida.nsf/En/JUD-330142332-QR9#8

Canada World Youth
www.cwy-jcm.org

Comparative and superlative
www.learn-french-help.com/french-comparative-superlative-adjectives.html
http://alpha.furman.edu/~ballen/fr12/f12csup.htm

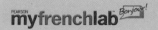 Visit MyFrenchLab at www.MyFrenchLab.com to access additional resources such as audio tracks, oral practice, the *cahier de laboratoire*, and self-grading quizzes.

Bon appétit

Thèmes

- La vie d'autrefois
- Différences entre l'an dernier et cette année
- La nourriture – les boissons – les aliments
- Testez vos connaissances en nutrition
- Dîner au restaurant *Les Gourmands*
- Faire un compliment sur un repas
- Plainte au restaurant
- Recette: mousse à l'érable

Grammaire

12.1 L'imparfait

12.2 Le pronom interrogatif *lequel*

12.3 Le verbe irrégulier *boire*

Lecture

Dis-moi comment tu manges... et je te dirai qui tu es

VOCABULAIRE UTILE

Noms

aliment (m.)	food
arachide (f.)	peanut
arête (f.)	fish bone
avocat(e)	lawyer
bateau (m.)	boat
bébé (m.)	baby
bonbon (m.)	candy
courant (m.)	current (power)
cuisine (f.)	cooking
départ (m.)	departure
emballage (m.)	wrapping
entreposage (m.)	storage
feuille (f.)	leaf
fringale (f.)	craving
minceur (f.)	slimness
patinage (m.)	skating
pièce (f.)	room
poids (m.)	weight
recette (f.)	recipe
traîneau (m.)	sleigh

Adjectifs

équilibré(e)	stable
frit(e)	fried
étranger, ère	foreign
inconnu(e)	unknown
joyeux, joyeuse	happy
léger, légère	light

Verbes

arroser	to sprinkle
commander	to order
congeler	to freeze
cuisiner	to cook
diminuer	to decrease
disposer	to arrange, to lay out

Verbes

maigrir	to lose weight
manquer	to lack
peler	to peel
(se) réunir	to gather
tapisser	to cover
trancher	to slice

Adverbes

autrefois	in the past
ensemble	together
partout	everywhere
souvent	often

Préposition

autour	around

Expressions

(en) tête-à-tête (m.)	alone together
boire aux frais de la princesse	to have a free drink
avoir une faim de loup	to be extremely hungry
mettre la table	to set/lay the table
sabler le champagne	to drink champagne, to celebrate
manger sur le pouce	to have a quick snack
avoir un appétit d'oiseau	to eat like a bird

GRAMMAIRE ET EXERCICES ORAUX

12.1 L'imparfait

The **imparfait** is a simple (one-word) past tense.

Formation

The **imparfait** is formed by dropping **-ons** from the nous form of the present tense and adding the endings **-ais, -ais, -ait, -ions, -iez, -aient**. All verbs, whether regular or irregular, follow this pattern, except **être**, whose stem in the **imparfait** is **ét-**.

finir		être		avoir	
je	finiss**ais**	j'	ét**ais**	j'	av**ais**
tu	finiss**ais**	tu	ét**ais**	tu	av**ais**
il / elle / on	finiss**ait**	il / elle / on	ét**ait**	il / elle / on	av**ait**
nous	finiss**ions**	nous	ét**ions**	nous	av**ions**
vous	finiss**iez**	vous	ét**iez**	vous	av**iez**
ils / elles	finiss**aient**	ils / elles	ét**aient**	ils / elles	av**aient**

Other examples:

chanter (nous *chant*ons) ⟶ je chantais

attendre (nous *attend*ons) ⟶ j'attendais

prendre (nous *pren*ons) ⟶ je prenais

lire (nous *lis*ons) ⟶ je lisais

With verbs in **-ger**, the letter **e** is inserted between **g** and the endings that begin with **a** (see Chapitre 6, p.125):

je man**geais**   *but*   nous man**gions**

With verbs in **-cer**, the **cédille** is used with **c** before the endings that begin with **a** (see Chapitre 6, p.125):

ils commen**çaient**   *but*   vous commen**ciez**

Uses of the imparfait

The **imparfait** is used to express *continuous* past actions or states of affairs and *habitual* past actions.

a) *Continuous past actions or states of affairs*

The **imparfait** indicates an action or state of affairs that was continuous or in progress in the past without indicating whether that action or state has ended:

Ce matin-là, il travaillait.   He was working that morning.

Il pleuvait hier.   It was raining yesterday.

The action and state in the above examples are presented as being in progress. This is often expressed in English by the continuous past, as in the translations above.

b) Since it expresses continuity, the **imparfait** is used to describe situations, persons, or things:

Il faisait très froid.	It was very cold.
Il y avait du soleil.	It was sunny.
Elle avait l'air intelligente.	She looked intelligent.

c) Verbs expressing mental states or activities in the past most often appear in the **imparfait**:

Il aimait ses parents.	He loved his parents.
Elle avait peur des inconnus.	She was afraid of strangers.
Je voulais devenir avocat.	I wanted to become a lawyer.

d) *Habitual past actions*

The **imparfait** may express that a past action occurred on a regular basis or was repeated an unspecified number of times:

Le samedi, il allait au cinéma.	On Saturdays, he would go to the cinema.
Quand j'étais enfant, j'allais à l'église.	When I was a child, I used to go to church.

Certain time expressions are often used with the imparfait:

autrefois	in the past, long ago
à cette époque-là	in those days
chaque jour / mois / année	every day / month / year
d'habitude	generally / usually
tous les jours / mois	every day / month
souvent	often

EXERCICES ORAUX

a. Mettez les verbes à l'imparfait.

faire
Tous les dimanches…
je _____ mes devoirs.
tu _____ du patinage.
il _____ du ski.
nous _____ la cuisine.

danser
Autrefois…
je _____ avec mes camarades.
vous _____ souvent la gigue.
ils _____ ensemble.
elle _____ toutes les nuits.

vouloir
Souvent…
il _____ me téléphoner.
elles _____ le cadeau.
nous _____ le regarder.

pouvoir
D'habitude…
je _____ y aller.
elles _____ prendre le train.
vous _____ vous reposer.

réfléchir

Souvent…

je _____ à mes problèmes.

vous _____ à vos vacances.

elle _____ aux conséquences.

elles _____ à leur départ.

aller

Chaque semaine…

j' _____ à l'église.

tu _____ chez tes parents.

il _____ à l'opéra.

ils _____ à la campagne.

finir

À cette époque-là…

nous _____ la soirée chez nos cousins.

ils _____ leurs devoirs.

tu _____ de préparer le réveillon.

elles _____ leur danse.

mettre

Le dimanche matin…

je _____ des bonbons sur la table.

vous _____ des fruits dans un bol.

ils _____ leurs vêtements neufs.

elle _____ son bébé au lit.

b. Mettez à l'imparfait.

1. C'est dimanche.
2. Il y a de la neige.
3. C'est l'hiver.
4. J'ai mal à la tête.
5. Il est fatigué.
6. Tu as toujours faim.
7. Ils sont heureux.
8. Il y a des gens partout.
9. Nous sommes toujours en retard.
10. Vous n'avez pas l'adresse.
11. Ils ont soif après le repas.
12. Il y a du vin.
13. C'est le jour de l'An.
14. Tu es joyeuse.
15. Il n'y a pas de bière.
16. C'est une fête religieuse.
17. Il n'a pas d'amis.
18. Ils ont envie d'un cognac.

c. Grand-mère, quand tu étais petite, est-ce que / qu'…

1. il neigeait beaucoup l'hiver?
2. tu allais à l'école en autobus scolaire?
3. il y avait des cours de français?
4. tu sortais avec tes amis la fin de semaine?
5. tu regardais la télévision tous les jours?
6. tu habitais la campagne?
7. tu aimais les études?
8. tu faisais des bonshommes de neige en hiver?
9. tu patinais sur la glace?
10. tu obéissais toujours à tes parents?
11. il y avait des automobiles?

d. Que faisaient-ils, hier soir, quand on a coupé le courant?

1. Georges (étudier) dans sa chambre.
2. Kim (finir) de laver ses vêtements.
3. Louis (écouter) de la musique rock dans le salon.
4. Fido (dormir) sur le plancher de la cuisine.
5. Marie (être) encore au téléphone avec son ami.
6. Papa (ranger) des choses dans le garage.
7. Maman (mettre) le couvert sur la table.
8. Le chat (se cacher) sous le lit de ma chambre.

e. Différences entre cette année et l'an dernier.

Cette année...   L'an dernier...

1. j'étudie à l'université.   je / j'_____.
2. j'habite sur le campus universitaire.   je / j'_____.
3. je sors tous les samedis avec mes amis.   je / j'_____.
4. je joue dans l'équipe de soccer.   je / j'_____.
5. je mange au resto le dimanche.   je / j'_____.
6. je fais souvent du sport au gymnase.   je / j'_____.
7. je téléphone à mes parents chaque semaine.   je / j'_____.

f. *Mes activités favorites.* Regardez les activités de la liste ci-dessous. Quand vous aviez douze ans, qu'est-ce que vous préfériez comme activités?

faire du sport / jouer à _____ / aller au cinéma / étudier beaucoup / lire des romans d'aventures / manger au restaurant / aller au chalet de mes parents / tricoter / faire de la voile / aller à la pêche, etc.

Moi, quand j'avais douze ans, je _____.

La nourriture

Les repas

1) **Le déjeuner / le petit déjeuner** (breakfast)

un jus de fruit	**du pain** (bread)	**un œuf** (egg)
un café	**du beurre** (butter)	**du jambon** (ham)
un thé	**de la confiture** (jam)	**des céréales** (cereal)

2) **Le dîner / le déjeuner** (lunch)

une soupe	**une omelette**	**du fromage** (cheese)
un sandwich	**une quiche**	**un biscuit** (cookie)
une salade	**un fruit**	**un gâteau** (cake)

3) **Le souper / le dîner** (dinner)

un hors-d'œuvre	**des pâtes** (f.) (pasta)	**une entrée**
des légumes (m.) (vegetables)	**de la viande** (meat)	**un dessert**

Les boissons

1) **non-alcoolisées** (non-alcoholic)

l'eau (f.) (water)
le chocolat chaud (hot chocolate)
le lait (milk)
la limonade (lemonade)
un jus de fruit (fruit juice)
le thé
le café
la tisane (herbal tea)

2) **alcoolisées** (alcoholic)

la bière
un cocktail
une liqueur (alcoholic drink)
le vin (blanc, rouge, rosé)
un apéritif
un digestif
le champagne
le cognac

Les aliments

1) **Les fruits**

les bleuets (m. pl.) (blueberries)   **une poire** (pear)

les cerises (f. pl.) (cherries)   **une pêche** (peach)

les fraises (f. pl.) (strawberries)   **un melon**

les framboises (f. pl.) (raspberries)   **les raisins** (m. pl.) (grapes)

2) **Les fruits de mer et les poissons**

une crevette (shrimp)   **un saumon** (salmon)

un homard (lobster)   **une truite** (trout)

un crabe   **un filet de sole**

3) **Les légumes**

une carotte (carrot)   **une pomme de terre** ou **une patate** (potato)

un concombre (cucumber)   **un oignon** (onion)

un chou (cabbage)   **une tomate** (tomato)

un chou-fleur (cauliflower)   **une patate douce** (sweet potato)

4) **Les pâtes**

des nouilles (f.) (noodles)   **des macaroni(s)** (m.)

des spaghetti(s) (m.)   **des lasagnes** (f.)

5) **La viande**

de l'agneau (m.) (lamb)   **du porc** (pork)

du bœuf (beef)   **du veau** (veal)

6) **La volaille** (poultry)

de la dinde (turkey)   **du canard** (duck)   **du poulet** (chicken)

EXERCICES ORAUX

a. Mes préférences.

1. Qu'est-ce que vous mangez généralement au déjeuner?
2. Quel est votre fruit préféré? votre légume favori?
3. Quelle est la viande que tu préfères?
4. Préfères-tu les carottes aux pommes de terre?
5. Aimes-tu le poisson? Quel genre de poisson?
6. Est-ce que vous mettez du sucre et du lait dans votre café?

b. Qu'est-ce qu'on mange quand on est végétarien?

quand on fête un anniversaire?   quand on est malade?

quand on va pique-niquer?   quand on a un rhume?

quand on n'a pas d'appétit?   quand on veut maigrir?

quand on a la fringale?   quand on veut grossir?

c. Qu'est-ce qu'on mange à un anniversaire? à Noël? au jour de l'An? à Pâques? à la fête des Mères?

d. Comment désigne-t-on une personne qui ne mange que des légumes? que de la viande? qui aime bien manger? qui mange avec excès? qui mange tout le temps? qui aime la cuisine raffinée? (Un(e) bec fin, carnivore, glouton, végétarien, gourmet, gourmand)

e. De quelle couleur? Répondez selon le modèle.

   Modèle: De quelle couleur sont les bananes?
   Les bananes sont jaunes.

   1. De quelle couleur sont les framboises? les pêches? les pommes? les fraises? les pommes de terre? les choux? les concombres? les carottes? les homards?
   2. De quelle couleur est le lait? le beurre? le jambon? le café? le sucre?

f. Maintenant et avant. (Attention aux pronoms.)

   Modèle: Maintenant, je mange des légumes, mais avant, je n'en mangeais pas.

   1. Maintenant, je choisis mes aliments, mais avant, je…
   2. Maintenant, je bois du vin, mais avant, je…
   3. Maintenant, je sais faire la cuisine, mais avant, je…
   4. Maintenant, j'apprécie les plats raffinés, mais avant, je…
   5. Maintenant, je vais dans les grands restaurants, mais avant, je…
   6. Maintenant, j'adore les pâtes italiennes, mais avant, je…
   7. Maintenant, je connais beaucoup de recettes, mais avant, je…

Testez vos connaissances en nutrition

1. Une pomme de terre peut remplacer une portion de…

   a) pain.   c) viande.
   b) légumes.   d) pain ou légumes.

2. Lequel (lesquels) de ces aliments est (sont) riche(s) en calcium?

   a) Le fromage   c) Le saumon en conserve (avec les arêtes)
   b) Le brocoli   d) Tous ces aliments

3. Quel est le meilleur choix dans un restaurant si vous suivez un régime pauvre en cholestérol?

   a) Spaghetti-sauce tomate   c) Omelette aux champignons
   b) Foie de veau à l'orange   d) Crevettes grillées

4. Lequel (lesquels) de ces suppléments nutritifs devez-vous acheter si vous manquez d'énergie?

   a) Des multivitamines   c) Les deux (a et b)
   b) Du ginseng   d) Aucune de ces réponses

5. La date indiquée sur les viandes et volailles fraîches est la date:

   a) de fraîcheur.

   b) de conservation.

   c) d'emballage.

   d) d'entreposage.

6. Le lait 2%…

   a) est enrichi en vitamine A.

   b) est enrichi en vitamine D.

   c) est enrichi en vitamines A et D.

   d) n'est pas enrichi en vitamines.

7. De quelle façon doit-on faire une activité physique pour perdre du poids?

   a) De façon intensive durant une courte période de temps (15-20 minutes)

   b) De façon intensive durant une longue période de temps (45-60 minutes)

   c) De façon modérée durant une courte période de temps (15-20 minutes)

   d) De façon modérée durant une longue période de temps (45-60 minutes)

8. Lequel de ces aliments ne se congèle pas?

   a) Le lait

   b) Le blanc d'œuf

   c) La gélatine aux fruits

   d) Aucun de ces aliments ne se congèle

9. Lequel de ces aliments peut se conserver à température ambiante?

   a) Les œufs

   b) Les fromages

   c) Le beurre

   d) Aucune de ces réponses

10. Pour diminuer les calories d'une recette, on peut remplacer la crème par…

    a) de la crème 15%.

    b) du yogourt nature.

    c) du fromage à la crème "léger".

    d) aucune de ces réponses.

11. Un régime nutritif équilibré doit contenir un minimum de…

    a) 500 calories.

    b) 800 calories.

    c) 1000 calories.

    d) 1500 calories.

12. Quel dîner est le plus équilibré pour la santé?

    a) Sandwich aux œufs + yogourt + pomme

    b) Salade de saumon + jus de légumes + raisins

    c) Sandwich au beurre d'arachides + muffin aux carottes

    d) Tous ces repas sont équilibrés

(Extrait du magazine *Fermières*)

Réponses au test à la page 250.

12.2 Le pronom interrogatif *lequel*

The interrogative pronoun **lequel** is used to distinguish between several persons or things. It corresponds to "which one" or "which ones."

	Singular	*Plural*
Masculine	**lequel**	**lesquels**
Feminine	**laquelle**	**lesquelles**

Laquelle des entrées as-tu choisie?
Lesquels des serveurs étaient absents?

Lequel may be used instead of the interrogative adjective **quel** + noun:

Je préfère un fruit.   — Quel fruit?
           — Lequel?
J'ai acheté des légumes.   — Quels légumes?
           — Lesquels?

Contractions occur when used with **à** or **de**, except for **laquelle**:

à + lequel ⟶ **auquel**   de + lequel ⟶ **duquel**
à + laquelle ⟶ **à laquelle**   de + laquelle ⟶ **de laquelle**
à + lesquels ⟶ **auxquels**   de + lesquels ⟶ **desquels**
à + lesquelles ⟶ **auxquelles**   de + lesquelles ⟶ **desquelles**

J'ai besoin d'un livre. — **Duquel** as-tu besoin?
Auxquelles des étudiantes a-t-il parlé?

EXERCICES ORAUX

a. Remplacez les mots en italique par une forme de *lequel*.

 1. *Quels livres de recettes* avez-vous lus? 6. *De quelle assiette* te sers-tu?
 2. *Quelle tarte* vas-tu faire ce soir?   7. *De quels animaux* a-t-il peur?
 3. *Quelles pommes* as-tu achetées?   8. *À quelle surprise* t'attendais-tu?
 4. *Quel journal* lis-tu?   9. *À quelles organisations* as-tu écrit?
 5. *À quel banquet* es-tu allé(e)?

b. À la cafétéria, votre ami vous demande de faire des choix. Utilisez une forme de *lequel*.

 1. Alors, _____ de ces   5. _____ de ces légumes?
   sandwiches choisis-tu?   6. _____ de ces gâteaux?
 2. _____ de ces fruits?   7. _____ de ces plats
 3. _____ de ces bières?   de nouilles?
 4. _____ de ces biscuits? 8. _____ de ces salades?

12.3 Le verbe irrégulier *boire*

Présent de l'indicatif				Participe passé	Imparfait
je	bois	nous	buvons	bu	je buvais
tu	bois	vous	buvez		nous buvions
il / elle / on	boit	ils / elles	boivent		

Boire means "to drink."

EXERCICES ORAUX

a. Remplacez le sujet par les mots entre parenthèses.

1. Pierre boit du jus de tomate.
   (nous, ils, on, je)
2. Je bois du café. (tu, elles, vous, il)

3. Elles ont bu de la bière.
   (je, elle, nous, tu)
4. Il buvait du vin. (tu, vous, elles, nous)

b. Répondez aux questions.

1. Est-ce que tu bois du vin au dîner?
2. Est-ce que les enfants boivent du cognac?
3. Est-ce que les athlètes doivent boire du lait?
4. Où est-ce que tu bois de la bière?
5. Quand est-ce que tu buvais un cocktail?

6. Qu'est-ce que tu bois au déjeuner? au dîner? au souper?
7. Qu'est-ce que tu bois quand il fait chaud? quand il fait froid?
8. Qu'est-ce qu'on boit quand on a un rhume?
9. Quand est-ce que tu as bu (pris) une liqueur?

Expressions utiles

Pour offrir une consommation
Voulez-vous boire quelque chose? Une limonade, un verre d'eau, une bière, un jus, un café, un thé, une tisane?
Est-ce que je peux t'offrir un verre?

En réponse
Je veux bien.   Non, merci.
Volontiers.
Avec plaisir.   Non, merci, je ne bois pas.
S'il vous plaît.

Pour porter un toast   **En réponse**
À votre santé!   À la vôtre!
Santé!
À ta santé!   À la tienne!
À notre santé!   À la nôtre!

EXERCICES ÉCRITS

a. Mettez les phrases suivantes à l'imparfait.

1. Nous apprécions les légumes.
2. Elle choisit des fruits.
3. Il vend des fruits et des légumes.
4. Je prends un café.
5. Ils écrivent à leurs parents.
6. Tu bois du champagne.
7. Vous voulez aller chez votre grand-père.
8. Mon cousin s'attend à une surprise.
9. Je m'entends bien avec mes beaux-parents.
10. Ma mère adore le homard.
11. Il dort le dimanche matin.
12. Ils se souviennent de l'oncle Robert.
13. Il y a des œufs pour le déjeuner.
14. Ma sœur attend mon père.
15. Nous mangeons de la dinde tous les jours.
16. Vous vous téléphonez souvent.
17. Tu dois t'ennuyer sans tes frères et sœurs.
18. Elle sert des liqueurs à ses invités.
19. Mon frère commence à travailler.

b. Remplacez l'adjectif interrogatif et le nom par un pronom interrogatif.

Modèle: Quelle nappe as-tu achetée?

Laquelle as-tu achetée?

1. Quel cours de cuisine préférez-vous?
2. Quels livres lisez-vous?
3. Quel film regardes-tu?
4. Quelles étudiantes savent faire des gâteaux?
5. Quelle sauce as-tu choisie?
6. À quel restaurant allons-nous?
7. De quelle tisane parles-tu?
8. À quelles serveuses avez-vous parlé?
9. De quels fruits as-tu besoin?

c. Le verbe *boire*. Conjuguez.

au présent

1. Je _____ du café.
2. Nous _____ du jus.
3. Ils _____ du thé.

à l'imparfait

4. Je _____ de la limonade.
5. Tu _____ de l'orangeade.
6. Vous _____ du thé glacé.

au passé composé

7. Le bébé _____ du lait.
8. Il _____ du chocolat chaud.
9. Elles _____ de la bière.

Lecture

Dis-moi comment tu manges... et je te dirai qui tu es

"Durant mon enfance en Zambie," raconte Margaret Visser, professeure à Toronto et auteure du livre *Rituels du dîner*, "nous mangions des fourmis volantes et si on refusait, c'était anormal." Dans son ouvrage, madame Visser remonte le cours de l'histoire pour étudier l'évolution des manières à table. Elle a voulu faire comprendre que l'acte de manger a ses rituels dans toutes les sociétés humaines.

Les femmes ont apparemment toujours été investies de la mission de sauvegarder et d'enseigner les rituels car ils sont liés au partage des ressources alimentaires et à la protection des plus petits ou des plus faibles. Selon l'auteure, le relâchement actuel des règles à table vient du peu de temps dont disposent les femmes de nos jours car elles ne sont plus les servantes qu'elles étaient. Ainsi, ont disparu les invitations par écrit, les nappes blanches, les plats de services étincelants, les services nombreux et les repas interminables.

Elle a observé d'un œil détaché les habitudes de table des Occidentaux. Elle a constaté que les Latins sont davantage attirés par le cérémonial que les Anglo-Saxons qui l'ont en horreur. Elle y voit l'influence du puritanisme chez les protestants et les traces d'anciennes fêtes païennes chez les catholiques. Par contre, elle a remarqué qu'on s'attend à plus de propreté en cette fin de siècle hygiénique qu'au Moyen-Âge où les ablutions se faisaient à table et permettaient aux autres convives d'en être témoins et, par le fait même, d'être rassurés.

Bien qu'il soit généralement impoli de régler ses différends à table, de discuter politique ou religion, la véritable condamnation sociale est de manger bruyamment (surtout la soupe) ou la bouche ouverte, de salir la table et d'allumer une cigarette ou un cigare. Paradoxe, il est conseillé de fermer la bouche mais également de parler à table car le silence peut-être interprété comme une marque d'agressivité.

Les traditions reproduisent les manières d'autrefois lors de fêtes religieuses ou de réunions familiales. Les repas de fête sont l'occasion idéale de mettre en pratique les manières appropriées. En ces occasions, personne ne songerait à regarder la télévision, pas plus qu'un Allemand ne couperait une pomme de terre avec son couteau ou qu'un Italien ne mangerait ses pâtes avec une cuillère. Même la façon de tenir les couverts trahit l'appartenance sociale. L'Européen garde sa fourchette dans la main gauche et son couteau dans la droite alors que le Canadien utilise la main droite aussi bien pour couper que pour porter la nourriture à sa bouche. Les Français mangent les avant-bras bien en vue sur la table, alors que les Américains, comme les Britanniques, ne montrent qu'un seul bras et déposent l'autre sur leur cuisse (ou celle de la voisine!).

Toutes les sociétés humaines, de la plus simple à la plus sophistiquée, ont leur étiquette à table. C'est une affaire de culture et de point de vue.

Extrait d'un article de Josée Blanchette publié dans *L'actualité*

alimentaire	food-related	**habitude** (f.)	habit
allumer	to light	**interminable**	endless
appartenance (f.)	belonging	**investir**	to invest
(s')attendre à	to expect	**Moyen-Âge** (m.)	Middle Ages
attirer	to attract	**nappe** (f.)	tablecloth
autrefois	in the past	**nourriture** (f.)	food
avant-bras (m.)	forearm	**ouvrage** (m.)	work
bruyamment	noisily	**païen, païenne**	pagan
conseiller	to advise	**par contre**	on the other hand
convive (m./f.)	guest at a meal	**partage** (m.)	sharing
couper	to cut	**porter**	to bring
cours (m.)	course	**propreté** (f.)	cleanliness
couteau (m.)	knife	**règle** (f.)	rule
couvert (m.)	cutlery	**régler**	to settle
cuillère (f.)	spoon	**relâchement** (m.)	slackening
différend (m.)	disagreement	**remonter**	to go back
disparaître	disappear	**salir**	to dirty
disposer de	to spare	**sauvegarder**	to safeguard
enseigner	to teach	**siècle** (m.)	century
étincelant(e)	sparkling	**songer**	to dream
étiquette (f.)	etiquette	**témoin** (m.)	witness
façon (f.)	way	**tenir**	to hold
faible (m.)	the weak one	**trahir**	to betray
fourchette (f.)	fork	**voisin(e)** (m./f.)	neighbour
fourmi (f.)	ant	**volonté** (f.)	will

QUESTIONS

1. Que mangeait Mme Visser en Zambie durant son enfance?
2. Qu'est-ce que l'auteure a étudié?
3. À quoi sont liés les rituels de la table?
4. Qu'est-ce qui a disparu de nos jours et pourquoi?
5. Quelle explication l'auteure donne-t-elle des habitudes des Latins et des Anglo-Saxons?
6. Pourquoi, au Moyen-Âge, faisait-on les ablutions à table?
7. Quelles sont les manières condamnables socialement?
8. Qu'est-ce qu'il est mal vu de faire à l'occasion d'une fête?
9. Quelles sont les différentes manières de tenir le couvert chez les Européens et chez les Canadiens?
10. Qu'est-ce qui justifie l'étiquette à table?

Restaurant Les Gourmands

Menu

Entrées

Crudités
Asperges vinaigrette
Quiche aux épinards

Soupes

Soupe à l'oignon
Crème de carottes
Velouté de légumes

Plats principaux

Brochette d'agneau
Jambon aux ananas
Grillade garnie
Entrecôte à l'ail

Desserts

Sorbet à l'orange
Mousse au sirop d'érable
Gâteau au chocolat

Boissons

Café / thé
Tisane

Vin maison: 1 litre – 1 demi-litre – 1 quart de litre. Blanc ou rouge

Au restaurant

LE SERVEUR: Voilà le menu, Madame.

LA CLIENTE: Merci.

LE SERVEUR: Êtes-vous prête à commander?

LA CLIENTE: Oui, je suis prête. Je prends une soupe à l'oignon et la brochette d'agneau.

LE SERVEUR: La brochette, saignante, rosée ou bien cuite?

LA CLIENTE: Rosée.

LE SERVEUR: Vous avez choisi le vin?

LA CLIENTE: Oui, un demi-litre de rouge, s'il vous plaît.

LE SERVEUR: Comme dessert, nous avons une mousse au sirop d'érable.

LA CLIENTE: Oui, s'il vous plaît.

LE SERVEUR: Très bien Madame, bon appétit.

Pour faire un compliment sur un repas

Ce plat, ce gâteau, ce dîner est succulent, délicieux, savoureux.

Merci pour le dîner, c'était délicieux.

Plainte au restaurant

Ce n'est pas ce que j'ai commandé.

Pouvez-vous le changer, s'il vous plaît.

La viande est trop (pas assez) cuite, saignante, dure.

Mon plat est froid.

Ce n'est pas frais.

Il y a une erreur dans l'addition.

SITUATIONS – CONVERSATIONS

1. Qu'est-ce que vous prenez pour le déjeuner, le dîner et le souper généralement?

2. En quoi consistait un repas typique dans votre famille? (Quelles viandes, quels légumes, quels desserts vos parents servaient-ils généralement?)

3. Quel était votre plat favori quand vous étiez enfant et de quoi était-il composé?

4. Nommez un mets typiquement américain; russe; français; belge; allemand; suisse; grec; anglais; canadien; québécois; espagnol; mexicain; chinois; japonais; hawaïen.

5. Composez un menu équilibré pour une journée.

6. Imaginez un menu pour un pique-nique, un brunch, un dîner en tête-à-tête.

7. Dans quel établissement trouve-t-on des beignes? de la viande? du fromage? des chocolats? du vin? des épices? du café? du poisson? des saucissons? du lait? (À la fromagerie, confiserie, pâtisserie, fruiterie, épicerie, poissonnerie, charcuterie, laiterie.)

8. Quel plat traditionnel servait-on dans votre famille? Quels en étaient les ingrédients?

9. Racontez un souvenir d'enfance qui vous est cher.

10. Comment étiez-vous quand vous étiez enfant? Étiez-vous sensible, délicat(e), normal(e), détendu(e)? Obéissiez-vous à vos parents? à vos professeurs? Quels étaient vos loisirs? Quelle sorte d'élève étiez-vous?

11. Donnez-moi votre recette favorite et les ingrédients qui la composent.

Recette: mousse à l'érable

180 ml de sirop d'érable

1 sachet de gélatine

45 ml d'eau froide

3 jaunes d'œufs

500 ml de crème à 35%

1 ml de rhum brun

60 g d'amandes grillées

- Faites chauffer le sirop à feu doux (low).
- Dans un bol, diluez la gélatine dans l'eau froide. Laissez reposer (let rest) 5 minutes.
- Placez le bol de gélatine dans l'eau chaude jusqu'à ce qu'elle soit bien dissoute.
- Incorporez la gélatine au sirop en remuant sans arrêt. Retirez du feu. Réservez.
- Dans un autre bol, fouettez les jaunes d'œufs, incorporez le sirop et battez jusqu'à ce que la préparation soit froide. Fouettez la crème et mélangez le tout. Placez au refrigérateur.
- Deux heures avant de servir, incorporez le rhum et décorez d'amandes. (4 portions)

Réponses au test:

1. b	4. d	7. d	10. b
2. d	5. c	8. c	11. c
3. a	6. c	9. d	12. a

COMPOSITIONS

1. Faites la critique d'un restaurant où vous avez mangé récemment et du plat qu'on vous y a servi.

2. Racontez un dîner extraordinaire que vous avez fait.

3. Préparez votre menu pour la semaine prochaine.

4. Racontez vos vacances pendant les fêtes quand vous étiez enfant.

 # PRONONCIATION

(Students can listen to the audio track for this exercise on MyFrenchLab; instructors will find it on CD 4, Track 20.)

Les sons eu fermé et eu ouvert (/ø/ – /œ/)

I. Eu fermé (/ø/)

The sound /ø/ is a closed vowel. It is associated with the spellings **eu** and **œu** and only occurs in an open syllable or in a closed syllable ending in /z/.

Répétez:
eux, peu, deux, jeu, bleu, bœufs, œufs, peut-être, généreux, généreuse, heureux, heureuse, curieux, curieuse, sérieux, sérieuse, précieux, précieuse, furieusement, peureusement, somptueusement, malheureusement

II. Eu ouvert (/œ/)

The sound /œ/ is an open vowel. It is associated with the spellings **eu** and **œu** and only occurs in closed syllables (not ending in /z/).

Répétez:

jeune, seul, aveugle, neuf, peuvent, veulent, intérieur, extérieur, voyageur, plusieurs, faveur, menteur, neuve, peuple, œuf, bœuf, feuille, œuvre

WEBLINKS

Imparfait

www.swarthmore.edu/Humanities/gmoskos1/interexercice/imparfait.htm
www.swarthmore.edu/Humanities/gmoskos1/interexercice/imparfait2.htm

Food: Shopping, ordering, eating out

www.bbc.co.uk/education/languages/french/talk/shopping/index.shtml
www.bbc.co.uk/education/languages/french/talk/eatdrink/index.shtml
www.bbc.co.uk/education/languages/french/experience/eat_out/index.shtml

Cuisine et nourriture

www.pendu.learningtogether.net/cuisine

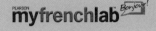 Visit MyFrenchLab at www.MyFrenchLab.com to access additional resources such as audio tracks, oral practice, the *cahier de laboratoire*, and self-grading quizzes.

CHAPITRE 13

La famille

Thèmes

- Les membres de ma famille
- Les étapes de la vie (les fréquentations — les fiançailles — le mariage — l'union libre — la mort)
- Raconter des événements du passé

Lecture

La famille! Quelle famille!

Grammaire

VOCABULAIRE UTILE

Noms

alliance (f.)	wedding ring
amant (m.)	lover
ami(e): petit(e) —	boyfriend; girlfriend
amitié (f.)	friendship
an (m.)	year
cadeau (m.)	gift
chandelle (f.)	candle
conjoint(e) (m./f.) **de fait**	common law husband/wife
deuil: être en —	mourning
encens (m.)	incense
époux, épouse	spouse
faire-part (m.)	wedding announcement
femme (f.)	wife; woman
fiançailles (f. pl.)	engagement
foyer (m.)	home
garde (f.) **des enfants**	custody
larmes (f. pl.)	tears
lien (m.)	tie
loisir (m.)	spare time
mari (m.)	husband
mariage (m.)	marriage, wedding
matière (f.)	subject
ménage (m.)	household; couple
meuble (m.)	piece of furniture
naissance (f.)	birth
noces (f. pl.)	wedding
oiseau (m.)	bird
vie commune (f.)	shared life
vitrine (f.)	shop window

Adjectifs

célibataire	single
émouvant(e)	touching
enceinte	pregnant
ému(e)	touched
fiancé(e): être — avec	to be engaged to
reconstitué(e)	blended (family)
seul(e)	alone
sexuel, elle	sexual

Verbes

accoucher d'un bébé	to give birth to a baby
assister à	to attend
élever un enfant	to bring up a child
s'entendre avec	to get along
se fiancer à	to get engaged
se marier avec, à	to get married to
(se) rencontrer	to meet
tomber amoureux (euse) de	to fall in love with
vivre en concubinage ou **en union libre**	to live common-law

Adverbes

d'abord	first
bien	well
ensuite	then
finalement	finally
mieux	better
sagement	quietly, wisely
souvent	often

Prépositions

après	after
depuis	since

Expressions

se mettre en ménage	to move in together as a couple
demander la main de quelqu'un	to ask for someone's hand in marriage
la lune de miel	honeymoon

Proverbe

tel père tel fils	like father like son

Les membres de ma famille

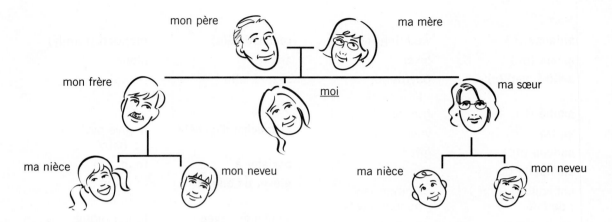

Mon père et ma mère sont **mes parents**.
Mon père est **le mari*** de ma mère.
Ma mère est **la femme*** de mon père.
Mon frère est **le fils** de mes parents.

Ma sœur est **la fille** de mes parents.
Le fils de mon frère / ma sœur est **mon neveu**.
La fille de ma sœur / mon frère est **ma nièce**.

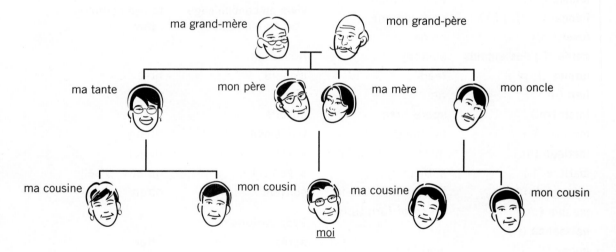

Mon grand-père et ma grand-mère sont **mes grands-parents**.
Le frère de mon père / ma mère est **mon oncle**. Sa sœur est **ma tante**.
Le fils de mon oncle / ma tante est **mon cousin**.
La fille de ma tante / mon oncle est **ma cousine**.
Je suis **le petit-fils** / **la petite-fille** de mes grands-parents.

* ou: l'ex-mari, l'ex-femme

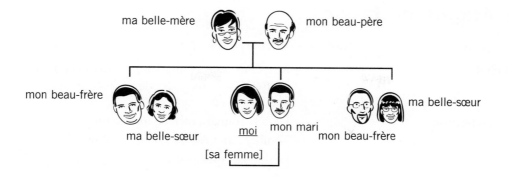

ma belle-mère   mon beau-père

mon beau-frère   ma belle-sœur

ma belle-sœur   <u>moi</u>   mon mari   mon beau-frère

[sa femme]

Les parents de mon mari / ma femme sont **mes beaux-parents**.

Les frères et les sœurs de ma femme / mon mari sont **mes beaux-frères** et **mes belles-sœurs**.

Le mari de ma sœur est aussi **mon beau-frère** et la femme de mon frère est aussi **ma belle-sœur**.

✳ Note:

Belle-mère and *beau-père* can also mean stepmother and stepfather. *Belle-fille* and *beau-fils* mean stepdaughter and stepson, or daughter-in-law and son-in-law. *Cousin germain* and *cousine germaine* mean first cousin.

EXERCICES ORAUX

a. Complétez les phrases d'après le modèle.

Modèle: Le mari de ma mère…

Le mari de ma mère est mon père.

1. La femme de mon père…
2. La sœur de mon père…
3. Le frère de ma mère…
4. Le fils de ma sœur…
5. La fille de mon frère…
6. Le fils de mon oncle…
7. La fille de mon oncle…
8. Le mari de ma sœur…
9. Le frère de ma femme…
10. Le père de mon mari…
11. La mère de ma femme…
12. La sœur de ma femme…

b. Répondez aux questions.

1. Combien de frères et de sœurs as-tu?
2. Combien de neveux et de nièces as-tu?
3. As-tu des cousins? De qui sont-ils les fils?
4. As-tu des cousines? De qui sont-elles les filles?
5. Où habitent tes grands-parents maternels et paternels?
6. Combien d'enfants tes grands-parents maternels ont-ils?
7. Est-ce que tes frères et tes sœurs sont mariés?
8. Où habitent tes oncles et tes tantes?

Les étapes de la vie

Les fréquentations — les fiançailles — le mariage — l'union libre — la mort

L'état civil	Être célibataire — marié(e) — divorcé(e) — veuf(ve) — conjoint(e) de fait
Les fréquentations	Faire la connaissance de quelqu'un Tomber amoureux(se) de quelqu'un Fréquenter quelqu'un
Les fiançailles	Se fiancer à quelqu'un Porter une bague de fiançailles
Le mariage	Épouser quelqu'un Se marier avec quelqu'un Faire un mariage religieux ou civil Célébrer les noces Porter une alliance Assister au mariage
Le concubinage ou **l'union libre**	Vivre ensemble Conjoints de fait qui cohabitent sans liens légaux
La séparation ou **le divorce**	Divorcer de quelqu'un Se séparer de quelqu'un Se réconcilier avec quelqu'un
La famille recomposée ou **reconstituée**	Deux familles qui vivent ensemble
La famille monoparentale	Famille avec un seul parent
La naissance	Être enceinte Attendre un enfant Donner naissance à un enfant Élever ses enfants
La mort	Une personne est morte ou décédée. Un veuf / Une veuve est en deuil. Assister aux funérailles

EXERCICES ORAUX

a. Racontez les étapes de la vie de votre grand-père et de votre grand-mère.

1. D'abord, mes grand-parents _____.

2. Ensuite, ils _____.

3. Après, ma grand-mère _____.

4. Plus tard, ils _____.

5. Finalement, _____.

GRAMMAIRE ET EXERCICES ORAUX

13.1 Contrastes entre l'imparfait et le passé composé

When using the **imparfait**, one presents an event in its duration, without indication of beginning or end (for instance, a state of mind free of time limits, or an action repeated an indeterminate number of times). The **passé composé**, on the other hand, presents an event in its completeness, ascribed to a particular moment or to a definite period of time. These contrasts may be best brought out by comparing the two tenses in similar sentences.

Passé composé

1) **Completed event**
Hier, il a plu à Vancouver.

It rained yesterday in Vancouver.
(The implication is that it stopped raining at some point.)

2) **Single occurrence**
L'an dernier, elle est allée à Montréal.

Last year she went to Montreal.

3) **Discontinuous event**
Quand j'ai vu le chien, j'ai eu peur.

I got scared when I saw the dog.
(At that moment, I started being scared.)

Imparfait

1) **Incomplete event**
Il pleuvait à Vancouver quand j'ai pris l'avion.

It was raining in Vancouver when I boarded the plane. *(Whether it stopped raining or not is not at issue here.)*

2) **Repetition or habitual action**
L'an dernier, elle allait souvent à Montréal.

Last year she used to go to Montreal often.

3) **Continuous event**
Quand j'étais enfant, j'avais peur des chiens.

When I was a child, I was *(continuously)* scared of dogs.

Several observations should be added to these comparisons:

1) **Completed/Incomplete event**

When using the **passé composé**, one is automatically ascribing a definite time limit to the past event. When using the **imparfait**, on the contrary, one is not concerned whether the event stopped or not, usually because it provides the continuous background, or context for other events narrated in the **passé composé**:

> **Hier, il *faisait* chaud quand nous *sommes partis*.**
> (The warm weather is the context within which our departure took place.)
> **Nous *allions partir* quand le téléphone *a sonné*.**
> (In this last sentence, our departure is the background against which the telephone rang.)

On the other hand, one automatically uses the **passé composé** when specifying the duration of a single event (with **pendant**, during, or **longtemps**, for a long time, for instance), its end (**jusqu'à**, until), or its beginning (**à partir de**, from):

> Sa femme *a eu* mal à la tête *pendant* trois jours.
> Le mariage *a longtemps constitué* la norme.
> Ils *sont restés* mariés *jusqu'à* l'été dernier.
> Ce couple *a habité* Hamilton *à partir de* 1985.

2) **Single occurrence/Repetition**

By contrast with the **passé composé**, the **imparfait** indicates that an action occurred several times or on a repetitive basis during an indeterminate period of time. However, if one specifies the number of times the event occurred or mentions a definite period of time, the **passé composé** must be used:

> L'hiver dernier, *il a neigé* seulement *trois fois*.
> *Entre le mois de décembre et le mois de février*, il *a* souvent *neigé*.

3) **Discontinuity/Continuity**

Verbs used to describe situations or denoting states of being, states of mind or mental processes are usually in the **imparfait** (in a past context) since their very meaning is associated with continuity. They are used in the **passé composé** to indicate that a situation or a state of mind *began* at a particular moment, which one usually specifies in the sentence:

> Autrefois, *je voulais* devenir musicien.
> *but*
> Le jour où j'ai entendu l'orchestre symphonique de Montréal, *j'ai voulu* devenir musicien.

EXERCICES ORAUX

a. *Le Grand Jour!* Décrivez la cérémonie de mariage de votre ami.

1. Ils se sont mariés le 7 août. Il (faire) _____ beau. Le soleil (briller) _____. Tout le monde (être) _____ joyeux.

2. La mariée est arrivée à l'heure. Elle (sourire) _____ de bonheur. Ses sœurs (porter) _____ de jolies robes. Sa mère (admirer) _____ ses filles.

3. L'officiant s'est placé devant l'autel. Il (tenir) _____ une chandelle à la main. Les parents (suivre) _____ les mariés. L'église (sentir) _____ l'encens.

4. Les fiancés se sont avancés. Ils (se regarder) _____ dans les yeux. Il (avoir) _____ les larmes aux yeux. Elle (être) _____ émue.

5. La célébration a commencé. La chorale (chanter) _____ un cantique. Les invités (écouter) _____ religieusement. Les enfants (s'asseoir) _____ sagement.

6. À la fin de la cérémonie, alors que les nouveaux mariés (sortir) _____, tout à coup un orage (éclater) _____ et il (se mettre) _____ à pleuvoir. Quel beau mariage!

b. Une fois ou souvent?

1. Mardi dernier, il (aller) _____ au cinéma.

2. Quand il était étudiant, il (sortir) _____ souvent avec des amis.

3. La semaine dernière, nous (faire) _____ du ski deux fois.

4. Franco (faire) _____ un voyage au Mexique l'été dernier.

5. Giselle (habiter) _____ chez ses grands-parents pendant trois mois.

6. Quand il était adolescent, il (penser) _____ devenir architecte, mais à l'âge de vingt ans, il (choisir) _____ la carrière de journaliste.

7. Je (vouloir) _____ faire de la boxe mais, quand je (avoir) _____ un accident, je (devoir) _____ abandonner mes projets.

8. Il (écrire) _____ à ses parents toutes les semaines, puis il (se marier) _____ et ses lettres (devenir) _____ moins fréquentes.

c. L'histoire d'Yvette et de Marcel.

Quand Yvette et Marcel (se rencontrer) _____, ils (avoir) _____ vingt ans. D'abord, ils (sortir) _____ ensemble pendant un an, puis ils (décider) _____ de vivre en concubinage parce qu'ils (vouloir) _____ faire l'expérience du mariage.

Yvette et Marcel (être) _____ heureux, ils (ne pas avoir) _____ de difficulté à vivre ensemble et ils (s'entendre) _____ bien. Après deux ans de vie commune, comme ils (désirer) _____ avoir des enfants, ils (choisir) _____ de se marier.

13.2 L'imparfait avec *depuis*

To indicate that an action or a state of affairs has been going on in the past until some other event took place, the **imparfait** is used with **depuis** (for/since). The verb describing the other event is in the **passé composé**.

In French, **depuis** is used with the present tense (Chapter 10), whereas "for" and "since" are used with the present perfect in English. Likewise, the **imparfait** is used in French, whereas the pluperfect is used in English.

Exemples:

1) **Elle travaillait depuis trois ans quand elle est tombée malade.**
   She had been working for three years when she became ill.
2) **Elle voyageait depuis le mois de janvier quand elle est tombée malade.**
   She had been travelling since January when she became ill.

Note the questions corresponding to 1 and 2:

1) *Depuis combien de temps* **travaillait-elle quand elle est tombée malade?**
   How long had she been working when she became ill?
2) *Depuis quand* **voyageait-elle quand elle est tombée malade?**
   Since when had she been traveling when she became ill?

EXERCICES ORAUX

a. Posez la question avec *depuis quand* ou *depuis combien de temps*.

   Modèle: Il la connaissait depuis deux ans quand ils se sont mariés.
   Depuis combien de temps la connaissait-il quand ils se sont mariés?

   1. Jim et Lucy sortaient ensemble depuis un an quand ils se sont fiancés.
   2. Elle était partie depuis six mois quand son père est décédé.
   3. Ils habitaient Montréal depuis l'année 2000 quand ils ont divorcé.
   4. Ils étudiaient à l'université depuis deux ans quand ils se sont rencontrés.
   5. Ils vivaient ensemble depuis le mois de mars quand ils se sont séparés.
   6. Paul et Jane étaient séparés depuis l'année 2005 quand ils se sont réconciliés.

b. Répondez aux questions.

> *Modèle:* Depuis combien de temps attendais-tu quand je suis arrivé(e)?
> (un quart d'heure)
> *J'attendais depuis un quart d'heure quand tu es arrivé(e).*

1. Depuis combien de temps avait-il mal aux dents quand il est allé chez le dentiste?
    (une semaine)
2. Depuis combien de temps pleuvait-il quand tu es sorti(e)? (20 minutes)
3. Depuis quand était-ce humide quand il a commencé à pleuvoir? (le matin)
4. Depuis combien de temps dormais-tu quand le téléphone t'a réveillé(e)?
    (une demi-heure)
5. Depuis combien de temps vivait-elle à Montréal quand elle a dû partir? (un an)
6. Depuis quand était-il étudiant quand il a abandonné ses études? (l'année 2004)
7. Depuis combien de temps avais-tu de la fièvre quand tu as décidé de venir à l'hôpital?
    (deux jours)
8. Depuis quand étaient-ils mariés quand ils ont eu un enfant? (l'année 2006)
9. Depuis combien de temps la connaissais-tu quand elle s'est mariée? (deux ans)
10. Depuis combien de temps habitait-elle Ottawa quand tu l'as rencontrée? (trois mois)

13.3 Le verbe irrégulier *recevoir*

Présent de l'indicatif				*Participe passé*	*Imparfait*	
je	**reçois**	**nous**	**recevons**	**reçu**	**je**	**recevais**
tu	**reçois**	**vous**	**recevez**		**nous**	**recevions**
il / elle / on	**reçoit**	**ils / elles**	**reçoivent**			

Recevoir means "to receive." **Apercevoir** (to catch a glimpse of), **s'apercevoir de** (to realize/to become aware of), and **décevoir** (to disappoint) are conjugated using the same pattern as **recevoir**. Note the **cédille** under **c** before **o** and **u**.

As-tu reçu mon faire-part?   J'ai aperçu Paul au mariage.

Quand j'étais enfant, je recevais   Ne décevez pas vos amis.

  beaucoup de cadeaux.   La note qu'il a reçue à l'examen le déçoit.

On aperçoit le soleil entre les nuages.   Il s'est aperçu de son erreur.

EXERCICES ORAUX

a. Remplacez le sujet par les mots entre parenthèses.

1. Je reçois plusieurs magazines. (Solange, nous, tu, ils)
2. Elle recevait des invités. (je, nous, tu, mes parents)
3. Nous avons reçu une lettre. (il, je, vous)

4. Il aperçoit le satellite. (nous, tu, je, elles)

5. Vous me décevez. (il, tu, elles)

6. Elle s'aperçoit de ses erreurs. (tu, je, ils, vous)

b. Demandez à un(e) autre étudiant(e) s'il / si elle...

1. reçoit souvent des cadeaux.

2. déçoit ses parents.

3. aperçoit le soleil par la fenêtre.

4. reçoit ses amis à Noël.

5. déçoit quelquefois ses amis.

6. aperçoit le professeur à la cafétéria quelquefois.

7. reçoit souvent des lettres d'amour.

c. Répondez aux questions.

1. Qu'est-ce que tu as reçu à ton anniversaire?

2. Qu'est-ce qui te déçoit à l'université?

3. Est-ce qu'on aperçoit des changements dans la famille?

4. Est-ce que tes amis te déçoivent?

5. Est-ce que tu recevais souvent des invités autrefois?

6. Est-ce que tu t'aperçois vite de tes erreurs?

7. As-tu aperçu une de tes cousines à la discothèque?

13.4 Les pronoms démonstratifs

	Singular	*Plural*
Masculine	**celui**	**ceux**
Feminine	**celle**	**celles**

The demonstrative pronouns refer to persons or things and agree in gender and number with the nouns they stand for. They are never used alone but are followed by

1) a relative clause:

Quelle robe voulez-vous? — **Celle** qui est dans la vitrine.

Quelles vidéos as-tu apportées? — **Celles** que tu voulais regarder.

2) **de** + noun:

Derrière la maison, il y a ma voiture et **celle de** mon père.

3) **-ci** or **-là** (this one/that one):

Tu vois ces maisons: J'habite **celle-ci** et Hélène habite **celle-là**.

Followed by **-ci** and **-là**, the demonstrative pronouns may mean "the latter" and "the former":

J'ai connu ces deux personnes à l'université. **Celle-ci** est devenue architecte; **celle-là** est devenue médecin.

Je travaille sur ces deux projets. **Celui-ci** est plus intéressant que **celui-là**.

Ceci and **cela** (this/that) are also demonstrative pronouns. They are mostly used to refer to facts, ideas, or situations. **Ceci** is often used to present some further idea:

>Je peux te dire **ceci**: je ne te comprends pas.

Cela is used to refer to an idea or a fact that has been previously mentioned:

>Je lui ai dit que j'étais malade. **Cela** l'a inquiété.
>Il ne veut pas étudier. Je ne comprends pas **cela**.

In spoken usage, **cela** is replaced by **ça**. **Ce** usually replaces **cela** or **ça** as the subject of **être**:

>**Cela** devient monotone.   **Ce sont** des événements importants.
>**Ça** va bien.   **C**'était une belle journée.

EXERCICES ORAUX

a. Remplacez les mots en italique par le pronom démonstratif approprié.

1. C'est *la voiture* que nous avons achetée.
2. C'est *l'université* où j'ai fait mon baccalauréat.
3. Veux-tu *l'album* que je viens de regarder?
4. As-tu vu *l'émission* que Radio-Canada a présentée?
5. J'ai jeté *les meubles* qui étaient usés.
6. Elle a envoyé *le faire-part* qui restait.
7. Il a mangé son dessert et *le dessert* de son père.
8. Avez-vous pris votre voiture ou *la voiture* de vos amis?
9. Il m'a parlé de ses problèmes et *des problèmes* de ses parents.

b. Que choisissez-vous?

>*Modèle:* Je vais acheter cette chemise-ci, et toi?
>*Moi, je vais acheter celle-là.*

1. J'aime ce pantalon-ci, et toi?   5. Je prends cet autobus-ci, et toi?
2. J'ai envie de ce gâteau-ci, et toi?   6. J'ai besoin de ce stylo-ci, et toi?
3. J'ai apporté ces cassettes-ci, et toi?   7. Je vais emporter ce livre-ci, et toi?
4. Je veux entrer dans ce restaurant-ci, et toi?

c. On regarde la photo de votre mariage et on vous pose des questions. Répondez avec un pronom démonstratif.

1. Qui est ton grand-père?   C'est _____qui a les cheveux blancs.
2. Qui est ta cousine?   C'est _____qui porte la robe rouge.
3. Qui sont tes amis?   Ce sont _____qui se trouvent derrière moi.

4. Qui sont tes nièces?   Ce sont _____qui portent les fleurs.
5. Qui est ta mère?   C'est _____qui est placée près de la mariée.
6. Qui est ton père?   C'est _____qui sourit le plus.
7. Qui est cette beauté?   C'est moi, bien sûr.

13.5 Le comparatif et le superlatif de l'adverbe

The comparative and superlative of adverbs are similar to those of the adjectives.

1) *Comparative*

— superiority: Il nage **plus vite** que moi.
— inferiority: Il pleut **moins souvent** ici qu'à Vancouver.
— equality: Paul joue **aussi bien** au tennis que Pierre.

2) *Superlative*

— superiority: C'est Marie qui a travaillé **le plus dur**.
— inferiority: Celui qui est resté **le moins longtemps**, c'est Léon.

With an adverb, only the masculine singular form of the definite article **le** is used.

3) *Bien*

The comparative and superlative of superiority of **bien** (well) are irregular: **mieux** (better) and
le mieux (the best):

Il écrit **mieux** que toi.
Suzanne est l'étudiante qui a **le mieux** réussi.

4) *Mal*

The comparative and superlative of inferiority of **mal** (bad) have two forms: **plus mal** (worse)
or **pire** (worse) and **le plus mal** (the worst) or **le pire** (the worst).

David parle **plus mal** que Rose.
C'est Estelle qui parle **le plus mal / le pire**.

EXERCICES ORAUX

a. Transformez les phrases selon le modèle.

Modèle: Pierre marche vite. (Francine, +)
Pierre marche plus vite que Francine.

1. Vous avez attendu longtemps. (nous, -)   3. Ma tante parle fort. (eux, =)
2. Colette écrit bien. (moi, +)   4. Tu apprends facilement. (ta sœur, +)

5. Il joue bien aux échecs. (son père, -) 7. Philippe joue mal au tennis. (moi, =)
6. Nous sommes arrivés tôt. (eux, +)

b. Répondez aux questions.

Dans ta famille…   Dans la classe…
1. qui travaille le plus dur?   6. qui est le plus souvent absent?
2. qui dort le plus longtemps?   7. qui est le moins souvent absent?
3. qui regarde la télévision le plus souvent? 8. qui parle le plus souvent?
4. qui fait le moins bien la vaisselle?   9. qui répond le mieux aux questions?
5. qui fait le moins souvent le ménage?   10. qui écoute le plus attentivement?

EXERCICES ÉCRITS

a. *Scène entre fiancés*. Répondez aux questions avec les mots dans la colonne de droite. Mettez les verbes à l'imparfait ou au passé composé.

Pourquoi…   Parce que je…
1. as-tu refusé de déjeuner avec moi?   (avoir) un cours.
2. n'as-tu pas répondu au téléphone hier?   (être) absent(e).
3. n'as-tu pas ouvert la porte?   (parler) au téléphone.
4. n'es-tu pas venu(e) me parler?   (manquer) de temps.
5. t'es-tu couché(e) si tôt?   (se sentir) pas très bien.
6. t'es-tu fiancé(e) avec moi?   tu (sembler) compréhensif(ve).

b. Répondez aux questions par des phrases complètes.
1. Depuis combien de temps m'attendais-tu quand je suis rentré(e)?
2. Depuis combien de temps neigeait-il quand elle est sortie?
3. Depuis quand la connaissait-il quand ils se sont mariés?
4. Depuis combien de temps étudiait-il le français quand il est allé habiter Montréal?
5. Depuis quand faisait-il soleil quand tu es parti(e)?

c. Mettez les verbes à l'imparfait ou au passé composé.
1. Quand je (faire) mes études, je (lire) plusieurs livres toutes les semaines.
2. Il (avoir) une pneumonie quand il (avoir) dix ans.
3. Tous les jours, je (aller) me promener.
4. Ce jour-là, je (me promener).
5. Il (jouer) souvent aux échecs quand il (être) adolescent.
6. Elle (visiter) deux fois la ville de Québec.
7. Nous (écrire) trois cartes à nos parents pendant les vacances.
8. Elle (détester) les sports, puis elle (rencontrer) Pierre et elle (apprendre) la natation et le tennis.
9. Quand je (être) plus jeune, je (jouer) au baseball tous les samedis.
10. Le mois dernier, l'équipe de hockey (perdre) cinq parties.

d. Employez le verbe qui convient (*apercevoir, s'apercevoir de, décevoir, recevoir*) au présent.

1. Le médecin _____ ses patients dans son bureau.
2. Quand il neige, on ne_____ pas le soleil.
3. Ses mauvaises notes_____ ses parents.
4. Ce soir, ils _____ des invités.
5. Vous_____ enfin des problèmes de votre fils!
6. De ma chambre, je_____ la rivière.
7. Nous_____ ce magazine tous les mois.

e. Remplacez les mots en italique par un pronom démonstratif.

1. Le cours de français est-il plus facile que *le cours* de littérature anglaise?
2. Mon auto et *l'auto* de ma sœur sont dans le garage.
3. Vos cahiers sont sur le bureau; *le cahier* de Pierre est dans ma serviette.
4. Racontez-moi vos expériences et *les expériences* de vos amis.
5. J'ai plusieurs stylos: Voulez-vous *ce stylo*-ci ou *ce stylo*-là?
6. Laquelle des deux compositions était la plus originale? *La composition* que Pierre a écrite ou *la composition* que Jeannine a écrite?

f. Faites des comparaisons selon le modèle.

Modèle: Pierre / rire facilement / Lucie (+)
Pierre rit plus facilement que Lucie.

1. Ce garçon / nager bien / sa sœur (-)
2. Paul / travailler lentement / Louise (+)
3. Il / lire vite / moi (=)
4. Vous / travailler dur / nous (-)
5. Elle / parler bien / son frère (+)

g. Répondez aux questions selon le modèle.

Modèle: Martin parle fort. (le groupe)
C'est Martin qui parle le plus fort du groupe.

1. Isabelle nage vite. (l'équipe)
2. Grégoire sourit souvent. (les enfants)
3. Henri étudie beaucoup. (la classe)
4. Sylvie joue bien du piano. (la famille)
5. André m'écrit souvent. (mes frères et sœurs)

Lecture

La famille! Quelle famille!

"Moi, je vis dans une famille biparentale recomposée.

— Et moi, dans une famille à deux conjoints non cohabitants.

— Hé! Vous en avez de la chance. Moi, je vis seulement avec mon père et ma mère!"

De quoi parle-t-on exactement aujourd'hui quand il s'agit de la famille? Bien sûr, à peu près tout le monde s'entend pour ajouter un petit "s" à la fin du mot mais, même là, le flou persiste encore. Que l'on parle de LA famille ou DES familles, l'expérience personnelle finit toujours par reprendre le dessus. Bref, il est difficile de parler objectivement de la famille parce qu'on en revient invariablement à sa famille.

Un simple rappel de statistiques connues permet de mieux saisir la diversité des profils familiaux. Le nombre de mariages a subi une forte diminution au profit de l'union libre. Un couple sur cinq est formé de conjoints de fait; en 1991, 41% des naissances étaient issues de parents non mariés. Les familles monoparentales sont dirigées par des femmes dans 81,9% des cas. Les trois quarts des personnes séparées ou divorcées forment une nouvelle union. La période de monoparentalité dure actuellement en moyenne 4,9 ans chez les femmes et 2,7 ans chez les hommes. Aux États-Unis, on a ainsi pu identifier jusqu'à 80 structures familiales différentes dans certains quartiers de grandes villes.

Des familles dites traditionnelles (mère au foyer, père pourvoyeur) témoignent d'une certaine insécurité. Le paysage social a changé autour d'elles et plusieurs s'en trouvent déstabilisées. Ces familles se plaignent que "l'engagement durable n'est pas une valeur à la mode," que "les jeunes voient dans le mariage trop de responsabilités, une perte de liberté". Aussi réclament-elles que la politique familiale soit axée sur la promotion des "valeurs fondamentales".

Familles monoparentales, familles de seconde classe! Les médias et les chercheurs nous ont toujours présenté une image ambivalente de la famille monoparentale. Les uns font ressortir les problèmes que plusieurs familles rencontrent, les autres dénoncent l'inadaptation de nos mesures sociales. Plusieurs ont souligné que l'isolement, encore plus que la pauvreté, constitue le plus grand problème de ces familles. Les solutions avancées? Favoriser les regroupements et l'entraide. D'autres suggèrent de promouvoir et de soutenir la responsabilité parentale partagée lorsque les conjoints se séparent.

On parle peu aussi des familles recomposées. Certains croient que ces familles sont victimes de préjugés. Le peu de cas que l'on a fait jusqu'à maintenant de la famille recomposée, dans les activités de réflexion, dans les recherches et dans les colloques, provient peut-être du fait qu'il s'agit là d'un modèle neuf, que l'on est en train d'apprivoiser. Il risque de se développer très rapidement si l'on considère le taux élevé de divorces et le fait que les épisodes de mono-parentalité sont plus courts. Les démographes évaluent en fait que moins de la moitié des enfants qui naissent ces années-ci habiteront toujours avec leurs deux parents à leur 16e année. La famille recomposée devrait donc devenir, selon toute vraisemblance, un modèle d'union dominant au tournant du siècle partout en Occident.

Famille nucléaire, monoparentale, recomposée...; famille adoptive, famille avec un enfant handicapé; famille avec un parent âgé...; famille immigrante, famille autochtone...: Les typologies abondent. Mais au-delà des profils familiaux, qu'est-ce qui réunit toutes les familles? Les activités de réflexion ont mis en lumière un large consensus; en très grande majorité, les gens jugent que le modèle est devenu secondaire.

"Les familles ne forment plus un ensemble monolithique." "Il faut promouvoir une image de la famille qui met plutôt l'accent sur les valeurs fondamentales à développer, les relations à entretenir." Plus que jamais auparavant, la famille se définit comme une relation, un réseau de relations, davantage qu'un lieu.

L'essence même de la famille résiderait-elle davantage dans les rapports de soutien mutuel qui unissent des partenaires, quelle que soit la nature du modèle de relation, ainsi que dans les liens de solidarité qui unissent le ou les parents et l'enfant, qu'ils vivent ensemble ou non? Il semble bien que oui. Et si la tendance se maintient, la famille relationnelle pourrait bientôt prendre la place de la famille modèle.

Extrait de *La vie, format familial — une question préalable*, d'Hervé Anctil

ajouter	to add	moitié (f.)	half
apprivoiser	to tame	neuf, neuve	new
à peu près	almost	partager	to share
au-delà	beyond	pauvreté (f.)	poverty
auparavant	before	perte (f.)	loss
autour	around	(se) plaindre	to complain
axer	to centre	promouvoir	to promote
cas: peu de —	little attention	pourvoyeur (m.)	provider
chercheur, euse	researcher	préjugé (m.)	prejudice
cohabitant (m.)	living under the same roof	provenir	to come from
colloque (m.)	symposium	quartier (m.)	area
court(e)	short	rappel (m.)	recall
davantage	any more	recherche (f.)	research
dessus (m.)	top, above	réclamer	to ask for
diminution (f.)	reduction	regroupement (m.)	reunion
engagement (m.)	commitment	reprendre	to take back
entraide (f.)	mutual aid	réseau (m.)	network
entretenir	to maintain	ressortir	to emerge
flou(e)	blurred	saisir	to catch
foyer (m.)	home	souligner	to underline
inadaptation (f.)	maladjustment	soutenir	to sustain
isolement (m.)	isolation	soutien (m.)	support
lien (m.)	tie	subir	to be subjected to
lieu (m.)	place	taux (m.)	rate
maintenir	to maintain	témoigner	to testify
mode: à la —	trendy	tournant (m.)	turn
		vraisemblance (f.)	likelihood

QUESTIONS

1. Pourquoi est-il difficile de parler de la famille?
2. Qu'est-ce que "diversité de profils familiaux" veut dire?
3. De quoi se plaignent certains membres de familles traditionnelles?
4. Pourquoi la famille monoparentale a-t-elle été perçue comme de seconde classe?
5. Qu'est-ce qui nous fait croire que la famille recomposée deviendra le modèle d'union dominant?
6. Pouvez-vous ajouter d'autres modèles de famille à ceux déjà notés?
7. Au-delà des profils familiaux connus, qu'est-ce qui fait consensus parmi les gens?
8. Dans quoi résiderait l'essence de la famille aujourd'hui?
9. Quel serait le nouveau modèle qui semble se profiler? Êtes-vous d'accord?

SITUATIONS – CONVERSATIONS

1. D'après vous, la vie de famille est-elle en train de disparaître? Qu'en pensez-vous?
2. Avez-vous l'intention de vous marier et de fonder une famille? Pour quelles raisons? Quels avantages y voyez-vous?
3. Quel genre de vie familiale avez-vous connu? Avez-vous l'intention de conserver le même type de vie? Pourquoi? Qu'allez-vous y changer?
4. Êtes-vous pour ou contre: le mariage, la vie commune, la cohabitation sans liens légaux?
5. Comment sera d'après vous la vie familiale en l'an 2020?
6. Quel rôle ont joué vos grands-parents dans votre vie? Comment étaient-ils?
7. Racontez une sortie intéressante que vous avez faite (à la discothèque, au restaurant, au cabaret, au théâtre).
8. Décrivez vos activités de la fin de semaine dernière.
9. Vous rencontrez un(e) ami(e) d'enfance que vous n'avez pas vu(e) depuis longtemps. Posez-lui des questions sur sa vie.
10. Décrivez une activité que vous avez toujours détestée.
11. Décrivez votre famille. Avez-vous un père, une mère, des grands-parents, des frères, des sœurs, des tantes, des cousins, etc?
12. Vous nous montrez un album de famille et nous posons des questions.

    Exemple: Qui est à côté de toi sur la photo? (C'est ma sœur.) Quel âge a-t-elle?
    Que fait ton grand-père sur la photo? etc.

13. À qui ressemblez-vous physiquement et intellectuellement?
14. Quel membre de votre famille vous fascinait beaucoup quand vous étiez enfant et pourquoi?

COMPOSITIONS

1. Racontez l'histoire de votre vie. (Où êtes-vous né(e)? Où avez-vous vécu? Quelles écoles avez-vous fréquentées? Où avez-vous habité? Comment étiez-vous à l'école? Où avez-vous travaillé?, etc.)

2. *Sondage.* Indiquez sur une feuille:

    — *votre matière préférée à l'université;*   — *votre plus grande ambition;*

    — *votre loisir favori;*   — *comment vous vous voyez dans 20 ans.*

    En comparant les réponses des garçons et celles des filles, vous pourrez noter les ressemblances et les différences et même des remarques concernant les rôles masculins et féminins.

3. Dressez une liste d'activités qui ont été associées à la virilité masculine et une liste d'activités associées à la féminité.

4. Quels sont les plus grands problèmes auxquels doit faire face la famille moderne?

 ## PRONONCIATION

(Students can listen to the audio track for this exercise on MyFrenchLab; instructors will find it on CD 5, Track 1.)

E caduc (/ə/)

The vowel /ə/ is called "unstable" (caduc) because it is sometimes pronounced, sometimes silent, and sometimes its pronunciation is optional.

When is unstable *e* silent?

1) At the end of an isolated word or at the end of a rhythmic group:

    Regardҽ.   Tu parlҽs.   As-tu l'heurҽ?

    One exception: /ə/ is retained in the pronoun **le** after an imperative form:

    Regardez-**le**.   Attendons-**le**.   Finis-**le**.

2) Whenever it is preceded by a single pronounced consonant, within a word or within a rhythmic group:

    samҽdi, bouchҽrie, épicҽrie, bravҽment

    Il n'y a pas dҽ vent. Va chez lҽ médecin.

When is unstable *e* pronounced?

1) At the beginning of a rhythmic group, when it is preceded by two pronounced consonants:

    Prenons un café.

2) Within a word or a rhythmic group, when it is preceded by two pronounced consonants:

    mercredi, vendredi, bergerie, justement

    Il est sur le toit.

    Pierre me fatigue.

When is the pronunciation of /ə/ optional?

At the beginning of a rhythmic group, when it is preceded by a single pronounced consonant:

Reviens!   Je parlȼ.   Le verrȼ est vidȼ.

Répétez:

1. il n'a pas dȼ livre   il n'y a pas dȼ vent
   il n'a pas dȼ peigne   il n'y a pas dȼ cours
   il n'a pas dȼ veston   il n'y a pas dȼ soleil
   il n'a pas dȼ voiture   il n'y a pas dȼ professeur

2. j'ai beaucoup dȼ chance   j'ai trop dȼ peine
   j'ai beaucoup dȼ temps   j'ai trop dȼ problèmes
   j'ai beaucoup dȼ travail   j'ai un peu dȼ pain
   j'ai trop dȼ patience   j'ai un peu dȼ vin

3. il vient dȼ chez lui   va chez lȼ dentiste
   il vient dȼ Toronto   va chez lȼ médecin
   il vient dȼ partir   va chez lȼ marchand
   il vient dȼ manger   va chez lȼ coiffeur

4. passe-moi lȼ sel   donne-lui cȼ gâteau
   passe-moi lȼ pain   donne-lui cȼ marteau
   passe-moi lȼ vin   donne-lui cȼ livre
   passe-moi lȼ cahier   donne-lui cȼ crayon

Donnez l'adverbe correspondant: (brave ⟶ bravȼment)

bête	dernier	gracieux	long
clair	franc	facile	premier
complet	grand	heureux	sincère

WEBLINKS

Imparfait and *passé composé*
www.furman.edu/~ballen/fr12/passe.htm
http://fog.ccsf.cc.ca.us/~creitan/clark.htm
www.bonjourdefrance.com/n10/cdm2.htm
www.lepointdufle.net/resources_fle/passecompose_imparfait.htm
www.lilt.ilstu.edu/jhreid/grammar/pcimp.htm

Family
www.bbc.co.uk/education/languages/french/talk/family/index.shtml
http://globegate.utm.edu/french/globegate_mirror/vocabfam.html
http://lexiquefle.free.fr/famille0.swf

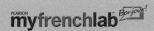 Visit MyFrenchLab at www.MyFrenchLab.com to access additional resources such as audio tracks, oral practice, the *cahier de laboratoire*, and self-grading quizzes.

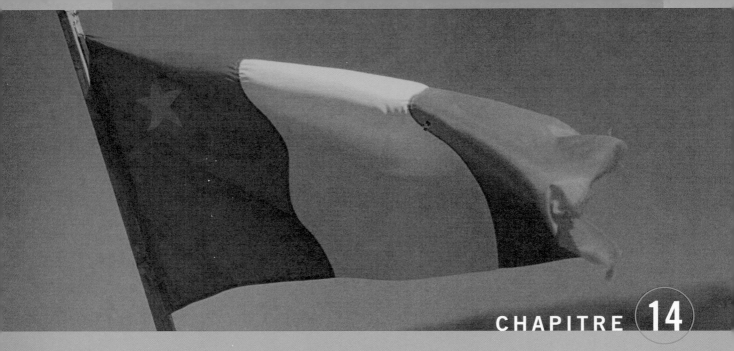

CHAPITRE 14

L'Acadie et la mer

Thèmes

- Parler de mes projets futurs

- Voyage dans les Maritimes

- Exprimer la négation

Lecture

La Sagouine

VOCABULAIRE UTILE

Noms

anse (f.)	cove
baie (f.)	bay
bateau (m.)	boat
berge (f.)	bank
blague (f.)	joke
colon (m.)	settler
communauté (f.)	community
confiance (f.)	confidence
conscient(e)	conscious
côte (f.)	coast
digue (f.)	dike
gîte (m.) **du passant**	bed and breakfast
histoire (f.)	history; story
homard (m.)	lobster
île (f.)	island
marin (m.)	sailor
mer (f.)	sea
montagne (f.)	mountain
montant (m.)	amount
mouette (f.)	seagull
paysage (m.)	landscape
pêche (f.)	fishing
pêcheur (m.)	fisherman
pétoncle (m.)	scallop
pionnier, pionnière	pioneer
plage (f.)	beach
port (m.)	port, harbour
prêt (m.)	loan
relâche (f.)	break
rivière (f.)	river
sable (m.)	sand
souci (m.)	worry
tempête (f.)	storm
vague (f.)	wave
vérité (f.)	truth
voie (f.)	way

Adjectifs

conscient(e)	conscious
côtier, côtière	coastal
isolé(e)	isolated
libre	free
même	same

Verbes

cacher	to hide
découvrir	to discover
déprimer	to depress
discuter	to discuss
embêter	to annoy
grignoter	to nibble
(s')installer	to settle
veiller	to stay up

Adverbes

aussi longtemps que	as long as
déjà	already
ensemble	together
encore	still, again, once more
légèrement	lightly
longtemps	a long time
plus tard	later
suffisamment	sufficiently
tant que	as long as
très	very

Prépositions

avant	before
dans	in
en	in
pendant	during, for
pour	for
près de	close to
sur	on

Conjonctions			Expressions	
aussitôt que, dès que	as soon as		**Dis donc!**	Look!, by the way
quand	when		**Ce n'est pas la mer à boire!**	It's not difficult!
			C'est une goutte d'eau dans la mer!	It's a drop in the ocean!

GRAMMAIRE ET EXERCICES ORAUX

14.1 Le futur

The future tense of regular verbs is formed by adding to the infinitive the endings **-ai, -as, -a, -ons, -ez, -ont**.

	marcher	finir	répondre
	marcher	**finir**	**répondre**
je	**marcher**ai	**finir**ai	**répondr**ai
tu	**marcher**as	**finir**as	**répondr**as
il / elle / on	**marcher**a	**finir**a	**répondr**a
nous	**marcher**ons	**finir**ons	**répondr**ons
vous	**marcher**ez	**finir**ez	**répondr**ez
ils / elles	**marcher**ont	**finir**ont	**répondr**ont

The final **e** of infinitives in **-re** is dropped before the endings are added:

attendre ⟶ j'attendrai   vendre ⟶ je vendrai

Regular verbs in *-er* with spelling changes

The spelling changes occurring in the present tense are retained in the stem of *all* the forms of the future tense (see also pp. 419–426):

acheter:	achèterai, achèteras, achètera, achèterons, achèterez, achèteront
jeter:	jetterai, jetteras, jettera, jetterons, jetterez, jetteront
payer:	paierai, paieras, paiera, paierons, paierez, paieront

However, the **accent aigu** is retained in verbs whose infinitive ends in **é** + consonant + **er**:

espérer:	espérerai, espéreras, espérera, espérerons, espérerez, espéreront

Verbs with irregular stems in the future

The endings of the future tense are the same for all verbs. Among irregular verbs, some follow the regular pattern in the formation of the future tense (that is, their infinitive form is used as

the future stem), for example, **connaître, dire, dormir, prendre,** etc. Other irregular verbs*
have irregular future stems:

aller	j'**ir**ai	**pouvoir**	je **pourr**ai
avoir	j'**aur**ai	**recevoir**	je **recevr**ai
devoir	je **devr**ai	**savoir**	je **saur**ai
être	je **ser**ai	**venir**	je **viendr**ai
faire	je **fer**ai	**voir**	je **verr**ai
falloir	il **faudr**a	**vouloir**	je **voudr**ai

EXERCICES ORAUX

a. Mettez les verbes à l'infinitif à la personne du futur qui est indiquée.

1. je mangerai   parler, réfléchir, répondre, se promener
2. tu finiras   terminer, bâtir, vendre, s'ennuyer
3. elle descendra   marcher, choisir, attendre, se laver
4. nous achèterons   appeler, punir, jeter, se raser
5. vous réussirez   regarder, remplir, payer, se disputer
6. ils rendront   commencer, précéder, obéir, se fatiguer

b. Mettez les verbes au futur selon le modèle.

AUJOURD'HUI   *DEMAIN*

Modèle: Il arrive à l'heure.   Il arrivera à l'heure.

1. Elle répond au professeur.
2. Tu réfléchis à ce problème.
3. Nous nous disputons.
4. Les enfants obéissent à leur père.
5. Je te rends ton livre.
6. Vous insistez sur ce point.
7. J'écoute une émission culturelle.
8. Hubert réussit au concours.

9. Nous déjeunons à huit heures.
10. Elles s'amusent ensemble.
11. Tu t'entends avec tes amis.
12. Il me vend son veston.
13. Je le rencontre à Moncton.
14. Nous vous donnons un chèque.
15. Tu leur souhaites bon voyage.

c. Nos projets pour l'an prochain.

1. L'année prochaine, seras-tu à la même université?
2. Serons-nous dans les mêmes classes?
3. Partiras-tu en voyage pendant la relâche?
4. Visiteras-tu les Maritimes pendant les vacances?

---

* **Envoyer**, otherwise a regular **-er** verb, has an irregular stem in the future (as in the conditional):
j'enverrai.

5. Voudras-tu faire partie de l'équipe de football?

6. Ira-t-on au cinéma tous les samedis?

7. Sortirons-nous ensemble en fin de semaine?

8. Feras-tu encore du français?

d. Racontez votre prochain voyage dans les Maritimes et mettez les verbes au futur.

1. Pour mes vacances, je (aller) dans les Maritimes (au Nouveau-Brunswick, en Nouvelle-Écosse, à l'Île-du-Prince-Édouard).

2. Je me (rendre) à Moncton en train (en autobus, en autocar, en avion, en auto).

3. Je (descendre) dans un hôtel chic (une auberge de jeunesse, un gîte du passant).

4. Je (se promener) sur la plage (près des dunes, sur le quai, sur les rochers).

5. Je (se baigner) dans la mer (dans l'océan, sur une petite plage isolée, dans les vagues).

6. Je (visiter) les vieux quartiers des villes (les musées, le vieux port, les galeries d'art, les antiquaires).

7. Je (aller) même à la pêche au gros (en haute mer, sur les quais).

8. Le soir, je (sortir) dans les bars (les discothèques, au théâtre, au concert public).

9. Je (faire) des marches au clair de lune (sur le sable fin, sur la berge, au vieux port).

10. Je (dormir) au son des vagues (des mouettes, du vent, de la tempête).

e. Voici quelques conseils de votre professeur. Mettez les verbes au futur.

Pour réussir ce cours, vous…

(devoir) _____ travailler beaucoup.

(étudier) _____ trois heures minimum par jour.

(ne pas sortir) _____ le soir pendant les examens.

(apprendre) _____ votre matière suffisamment.

(se reposer) _____ huit heures par nuit.

(ne pas boire) _____ d'alcool avant les examens.

(manger) _____ légèrement, sans abus.

(ne pas téléphoner) _____ à vos amis trop longtemps.

(remettre) _____ vos travaux à temps.

Et alors, peut-être _____ -vous (réussir) ce cours!

f. Dis-moi, plus tard, est-ce que…

1. tu iras en vacances en Europe?

2. tu visiteras le Québec?

3. tu voudras venir me voir à Moncton?

4. tu écriras un livre sur ta vie?

5. tu achèteras une automobile?

6. tu termineras tes études universitaires?

7. tu te marieras et tu auras une famille?

8. tu achèteras une propriété?

14.2 Le futur avec *quand, dès que, tant que*

Quand and **lorsque** mean "when."

Dès que and **aussitôt que** mean "as soon as."

Tant que and **aussi longtemps que** mean "as long as."

In the future context in French, the future tense is used after these conjunctions, whereas in English, the present tense is used after the corresponding expressions.

Je le verrai quand il reviendra.

I will see him when he comes back.

Nous lui téléphonerons lorsqu'il sera à Toronto.

We will call him when he is in Toronto.

Nous partirons dès que tu seras prêt(e).

We will leave as soon as you are ready.

Elles m'écriront aussitôt qu'elles arriveront.

They will write to me as soon as they arrive.

Tu devras rester au lit tant que tu auras de la fièvre.

You will have to stay in bed as long as you have a fever.

Aussi longtemps qu'elle n'étudiera pas, elle aura de mauvaises notes.

As long as she does not study, she will get bad grades.

EXERCICES ORAUX

a. Que ferez-vous plus tard?

1. Aussitôt que les cours finiront, je…
2. Quand j'aurai du temps libre, je…
3. Dès que j'aurai du travail, je…
4. Je me marierai quand je…
5. J'aurai une famille aussitôt que…
6. Je m'achèterai une maison quand…

b. *Un rendez-vous… peut-être!* Je veux savoir...

1. quand tu me téléphoneras. (Quand — revenir — vacances)
2. quand tu m'inviteras. (Quand — être — chez moi)
3. combien de temps je devrai t'attendre. (Tant que — être occupé(e))
4. quand je pourrai espérer ton appel. (Aussitôt — être libre)
5. quand nous irons au cinéma ensemble. (Quand — pleuvoir)
6. quand tu viendras voir ma collection de timbres. (Dès que — être possible)
7. quand ce sera possible. (Quand — tu me inviter)

14.3 *Quelqu'un / personne — quelque chose / rien*

These are indefinite pronouns that are invariable. (Their form never varies. For the purpose of agreement with the past participle of verbs conjugated with **être**, they are considered masculine singular.)

1) **Quelqu'un** (somebody) / **personne** (nobody/not . . . anybody)

Quelqu'un est entré dans ma chambre.

Personne n'est venu.

Il a parlé à **quelqu'un**.

Elle ne rencontrera **personne**.

J'ai vu **quelqu'un** à la porte.

Nous n'avons besoin de **personne**.

✳ Note that *personne* is used with *ne*, which is placed immediately before the verb. When *personne* is the direct object of a verb in the *passé composé* or in the infinitive, it is placed after the past participle or the infinitive:

Je n'ai vu **personne**.

Il ne veut voir **personne**.

2) **Quelque chose** (something) / **rien** (nothing/not . . . anything)

Quelque chose est tombé du toit.

Rien ne l'amuse quand il est préoccupé.

J'ai entendu **quelque chose**.

Tu n'as **rien** mangé.

As-tu envie de **quelque chose**?

Ils ne m'ont parlé de **rien**.

Rien is used with **ne**, which is placed immediately before the verb. When **rien** is the direct object of a verb in the **passé composé** or in the infinitive, it is placed between the auxiliary verb and the past participle or between the conjugated verb and the infinitive:

Je n'ai **rien** vu.

Il ne veut **rien** voir.

3) **Quelqu'un, quelque chose, personne, rien + à + infinitive**

Je m'ennuie: je **n'**ai **rien à faire**.

Est-ce qu'il y a **quelque chose à manger**?

Il est seul: il cherche **quelqu'un à aimer**.

Je **ne** connais **personne à inviter**.

4) **Quelqu'un, quelque chose, personne, rien + de + adjective**

In this construction, the adjective remains invariable.

Elle a rencontré **quelqu'un de fantastique**.

Y a-t-il **quelque chose d'intéressant** à la télé?

Je **n'**ai **rien** acheté **de cher**.

Je **n'**ai rencontré **personne de sympathique**.

EXERCICES ORAUX

a. Répondez aux questions affirmativement et négativement d'après les modèles.

> *Modèles:* Qu'est-ce que tu vois?   Qui attendais-tu?
>
> *Je vois quelque chose.*   *J'attendais quelqu'un.*
> *Je ne vois rien.*   *Je n'attendais personne.*

1. Qu'est-ce que tu fais?
2. Qui regardes-tu?
3. Qui a-t-il rencontré?
4. Qu'est-ce qu'elle veut faire?
5. Qui est arrivé?
6. De quoi parleras-tu?
7. De quoi as-tu besoin?
8. À qui pensais-tu?

9. Qu'est-ce qu'il y a?
10. Qu'est-ce que tu as lu?
11. Qui espères-tu rencontrer?
12. Qu'est-ce qu'elle a pu faire?
13. Qu'est-ce qui se passera?
14. De qui parles-tu?
15. De quoi avais-tu envie?
16. À quoi penses-tu?

b. Répondez négativement: Dis donc! Cette fin de semaine…

1. as-tu quelque chose à faire? Non, _____ .
2. dois-tu rencontrer quelqu'un? Non, _____ .
3. as-tu quelque chose d'important à étudier? Non, _____ .
4. as-tu quelqu'un d'intéressant à me présenter? Non, _____ .
5. est-ce qu'il y a quelque chose à voir au cinéma? Non, _____ .
6. amèneras-tu quelqu'un veiller samedi soir? Non, _____ .
7. prépareras-tu quelque chose de bon à grignoter? Non, _____ .
8. as-tu quelque chose de passionnant à lire? Non, _____ .

14.4 Les pronoms objets et l'impératif

When the verb is in the affirmative imperative, the direct and indirect object pronouns, as well as **y** and **en**, are placed after the verb and are joined to it by a hyphen:

> Regarde le professeur.   Regarde-**le**.
> Prends la voiture.   Prends-**la**.
> Parlez à vos amis.   Parlez-**leur**.
> Apportez deux sandwiches.   Apportez-**en** deux.
> Allez au cinéma.   Allez-**y**.

The direct and indirect pronoun **me** becomes **moi** after the verb:

> Regarde-**moi**.   Parlez-**moi**.

Before **y** and **en**, the letter **s** (pronounced /z/) is added to the second person singular form of the imperative of **-er** verbs (including **aller**):

Manges-**en**.   Achètes-**en**.   Vas-**y**.

When the verb is in the negative imperative, the pronouns precede the verb:

Ne **me** regarde pas.   Ne **leur** téléphone pas.
N'**en** prenez pas.   N'**y** allez pas.

 EXERCICES ORAUX

a. Remplacez le nom par un pronom objet.

1. Amène *ton ami.*   8. Embrassez *vos cousins.*
2. Mangeons *la tarte.*   9. Parle *à ton frère.*
3. Téléphone *à Marcel.*   10. Réponds *au professeur.*
4. Écrivons *à nos amis.*   11. Fais *la vaisselle.*
5. Achète *du vin.*   12. Prends *de l'argent.*
6. Amenez beaucoup *d'enfauts.*   13. Mange *un biscuit.*
7. Apporte *trois tasses.*   14. Va dans *le jardin.*

b. Votre ami(e) est déprimé(e). Essayez de le / la réconforter et dites-lui de…

1. vous regarder dans les yeux.   7. vous confier ses soucis.
2. vous parler de ses problèmes.   8. vous dire toute la vérité.
3. vous téléphoner pour discuter.   9. vous accorder sa confiance.
4. vous répondre franchement.   10. vous informer de sa décision.
5. ne pas s'inquiéter pour rien.   11. ne rien vous cacher.
6. ne pas vous raconter de mensonges.

14.5 Place des pronoms après l'impératif

When two pronouns are used with the affirmative imperative, they both follow the verb and are joined by a hyphen. Direct object pronouns must always precede indirect object pronouns. The order in which pronouns are placed is

le	+	me*	+	en
la		lui		
les		nous		
		leur		

* **Me** becomes **moi** when placed in the last position; it becomes **m'** before **en**.

Rends-**nous** ce CD.   Rends-**le-nous**.

Donne-**moi** la chemise.   Donne-**la-moi**.

Achète-**leur** des fleurs.   Achète-**leur-en**.

Emprunte-**lui** deux stylos.   Emprunte-**lui-en** deux.

Lis-**leur** la lettre.   Lis-**la-leur**.

Prête-**moi** un livre.   Prête-**m'en** un.

When the verb is in the negative imperative, the order of the pronouns before the verb is the same as with all the other forms of the verb (see Chapitre 10):

Ne **m'en** parle pas.   Ne **la lui** donnons pas.

Ne **lui en** parle pas.   Ne **les leur** prête pas.

EXERCICES ORAUX

a. Suivez le modèle. Dites à un(e) autre étudiant(e) de...

   Modèle: vous prêter *son crayon.*

   Prête-le-moi.

   1. vous payer *une bière.*   6. vous prêter *deux livres.*
   2. vous donner *le livre.*   7. vous apporter *beaucoup de fruits.*
   3. vous emprunter *votre moto.*   8. vous amener *ses amis.*
   4. vous vendre *son ordinateur.*   9. vous dire *la vérité.*
   5. vous passer *les biscuits.*   10. vous écrire *une carte.*

b. Suivez le modèle. Dites à d'autres étudiants de...

   Modèle: nous donner *de l'argent.*

   Donnez-nous-en.

   1. nous prêter *leur voiture.*   5. nous parler *de leurs projets.*
   2. nous acheter *nos CD.*   6. nous parler *de leur voyage.*
   3. nous vendre *leurs livres.*   7. nous donner *du vin.*
   4. nous répéter *la phrase.*   8. nous servir *des sandwiches.*

c. Remplacez les noms par des pronoms objets.

   Modèle: Donne *le crayon à Pierre.*

   Donne-le-lui.

   1. Prêtez *de l'argent à vos amis.*   5. Parlons *de nos difficultés à Gaston.*
   2. Vends *ton vélo à Sylvie.*   6. Servez *du vin à vos invités.*
   3. Passe *la serviette à Marc.*   7. Donnez *beaucoup de temps à vos amis.*
   4. Donne *les clés à tes parents.*

d. Remplacez le nom par un pronom.

Modèle: Ne me dis pas *de mensonges.*
Ne m'en dis pas.

1. Ne lui donne pas *ta bicyclette.*
2. Ne leur prête pas *ta voiture.*
3. Ne la prête pas *à Thomas.*
4. Emprunte-le *à Marie.*
5. Donne-leur *les gâteaux.*
6. Écris-lui *la bonne nouvelle.*
7. Ne leur sers pas *trop de vin.*
8. N'en donne pas trop *aux enfants.*
9. Prête-nous *un livre.*

14.6 Le verbe irrégulier *tenir*

	Présent de l'indicatif			*Participe passé*	*Futur*	*Imparfait*
je	tiens	nous	tenons	tenu	je tiendrai	je tenais
tu	tiens	vous	tenez			
il / elle / on	tient	ils / elles	tiennent			

tenir (to hold)
Il **tient** un stylo entre ses doigts.
Elle **tenait** son bébé dans ses bras.

tenir à (to hold dear/to cherish):
Je **tiens à** toi.
Elle **tient à** ce cadeau de son père.
Nous **tenons à** la vie.

se tenir (to hold oneself/to stay):
Tiens-toi droit!
Il **se tiendra** tranquille.

contenir (to contain):
Ma serviette **contient** des livres et des papiers.
Ce verre **contenait** du poison.

EXERCICES ORAUX

a. Répondez aux questions.

1. Je tiens un stylo dans ma main. Et toi? Et lui? Et elle?
2. Est-ce que nous tenons à la vie?
3. Est-ce que tu tiens à la vie?
4. Est-ce que les gens en général tiennent à la vie?
5. Est-ce que tu tiens à tes parents?
6. Est-ce que tes parents tiennent à toi?
7. Est-ce qu'Abélard tenait à Héloïse?
8. Qu'est-ce que ta serviette contient?
9. Est-ce que tu as déjà tenu un bébé dans tes bras?
10. Est-ce que tu te tiens debout dans la classe?

14.7 Le verbe irrégulier *vivre*

	Présent de l'indicatif			*Participe passé*	*Futur*	*Imparfait*
je	vis	nous	vivons	vécu	je vivrai	je vivais
tu	vis	vous	vivez			
il / elle / on	vit	ils / elles	vivent			

Vivre means "to live"; **survivre (à)** means "to survive"and "to outlive":

> Ce vieil homme **a vécu** jusqu'à cent ans.
>
> Il **vit** à Victoria depuis quinze ans.
>
> Elle est heureuse, elle a de l'argent: Elle **vit** bien.
>
> Il a **survécu** à son accident.
>
> Joséphine **a**-t-elle **survécu** à Napoléon?

EXERCICES ORAUX

a. Questions indiscrètes.

1. Je vis sur le campus. Et toi? Et lui? Et elle?
2. Est-ce que tu vis ici depuis longtemps?
3. Dans quelle ville vivras-tu plus tard?
4. As-tu déjà vécu dans un autre pays? Dans une autre ville?
5. Est-ce que l'humanité survivra à une guerre nucléaire?
6. Est-ce que tu survis depuis ton divorce?
7. Est-ce qu'on peut survivre sans amour?

14.8 Le pronom relatif *dont*

Dont (whose/of which), like **qui**, **que**, and **où**, is a relative pronoun. It stands for the preposition **de** + noun and is used in a relative clause that contains a construction with **de**. This occurs in three cases:

1) The verb in the relative clause requires the preposition **de** (parler de, avoir besoin de, avoir envie de, avoir peur de, être content(e) de, être sûr(e) de, être amoureux(se) de, être conscient(e) de, être satisfait(e) de, discuter de, jouer de (un instrument), rire de, se souvenir de, se servir de):

> Tu as un livre. J'ai besoin **de ce livre**.
>
> ⟶ Tu as un livre **dont** j'ai besoin.

Compare with

> Tu as un livre. Je ne connais pas **ce livre**.
>
> ⟶ Tu as un livre **que** je ne connais pas.

2) **Dont** replaces **de** + noun when **de** links that noun to another noun to indicate possession or connection:

> Je connais un garçon. Le père **de ce garçon** est maçon.
>
> ⟶ Je connais un garçon **dont** le père est maçon.

> Je lui donne des fleurs. Elle aime l'odeur **de ces fleurs**.
>
> ⟶ Je lui donne des fleurs **dont** elle aime l'odeur.

3) **Dont** also replaces **de** + noun when **de** links that noun to an adjective:

Il a une moto. Il est fier **de cette moto**.

⟶ Il a une moto **dont** il est fier.

EXERCICES ORAUX

a. Transformez les phrases selon le modèle.

Modèle: Il a emprunté l'argent. Il avait besoin *de cet argent.*

Il a emprunté l'argent dont il avait besoin.

1. Elle veut acheter une robe. Elle a envie *de cette robe.*
2. As-tu vu le film? Je t'ai parlé *de ce film.*
3. C'est une blague. Tout le monde rit *de cette blague.*
4. Jacques a un piano. Il ne joue pas souvent *de ce piano.*
5. Je ne connais pas ce professeur. Tu as peur *de ce professeur.*
6. Il félicite cette étudiante. Les notes *de cette étudiante* sont excellentes.
7. Je connais cette jeune fille. Tu as rencontré le père *de cette jeune fille.*
8. Mes cousins ont un chien. Les oreilles *de ce chien* sont pointues.
9. Elle aime les hommes. Les vêtements *de ces hommes* sont élégants.
10. Il a rencontré une femme. Il est tombé amoureux *de cette femme.*
11. C'est une tradition. Les Acadiens sont fiers *de cette tradition.*
12. Elle a fait des achats. Elle est contente *de ces achats.*
13. Voilà une théorie. Je suis sûr *de cette théorie.*
14. Cette jeune fille a un certain charme. Elle n'est pas consciente *de ce charme.*

b. Remplacez les tirets par *que / qu'* ou par *dont.*

1. La femme _____ il aime est anglaise.
2. L'homme _____ elle admire est un ami de son père.
3. Cet homme, _____ j'admire l'intelligence, est un ami de mon père.
4. Je n'ai pas les outils _____ tu as besoin.
5. J'aime bien les livres _____ tu m'as prêtés.
6. Elle déteste le musicien _____ je lui ai parlé.
7. Il fait les choses _____ il aime.
8. Je connais bien le garçon _____ elle est amoureuse.
9. Elle est amoureuse d'un homme _____ je connais.
10. Philippe habite une chambre _____ les fenêtres sont trop petites.
11. J'ai acheté le livre _____ tu m'as recommandé.
12. J'ai acheté une maison _____ le propriétaire était américain.

EXERCICES ÉCRITS

a. Mettez les verbes au futur.

1. Tu (recevoir) de l'argent de tes parents.
2. Je (aller) à la gare chercher Paul.
3. Elles (choisir) des vacances à la mer.
4. Vous (s'ennuyer) de votre famille.
5. Nous (payer) comptant le voyage.
6. Nous (appeler) l'agence de voyages.
7. Vous (acheter) des souvenirs pour nous.
8. Il (se rendre) compte de ses erreurs.
9. Tu (obéir) au code de la route.
10. Nous (apprendre) le français plus vite.
11. Ils (envoyer) un chèque au bon montant.
12. Vous (attendre) une réponse positive.
13. Je (prendre) le train pour Halifax.
14. Tu (boire) trop d'alcool en voyage.
15. Nous (voir) les rochers et les dunes.
16. Tu (dire) la vérité avant de quitter ton ami.

b. Complétez les phrases avec imagination. Employez le futur.

1. En l'an 2020, nous...
2. Quand j'aurai trente ans, je...
3. Dès qu'il fera soleil, les fleurs...
4. Aussi longtemps qu'il neigera, nous...
5. Lorsque les cours finiront, les étudiants...
6. Pendant mes vacances, je...
7. Quand tu viendras me voir, je...
8. Quand j'aurai assez d'argent, je...
9. Tant que tu seras malade, tu...
10. Aussitôt que je rentrerai chez moi, je...

c. Donnez la réponse négative.

1. Est-ce que quelqu'un est venu?
2. As-tu acheté quelque chose?
3. Est-ce que quelque chose de grave est arrivé?
4. Fais-tu quelque chose d'intéressant?
5. As-tu rencontré quelqu'un?
6. Est-ce qu'il y avait quelqu'un d'amusant chez Irène?
7. Est-ce qu'elle avait quelque chose à faire?
8. Avez-vous vu quelqu'un dans l'escalier?
9. Ont-ils mangé quelque chose?

d. Dites à quelqu'un de...

Modèle: vous comprendre.

Comprends-moi.

1. vous parler.
2. vous apporter un livre.
3. ne pas vous écouter.
4. ne pas vous attendre.

e. Remplacez tous les noms par des pronoms objets.

1. Donne un biscuit au chien.
2. Passe ton stylo à Hélène.
3. Parle de tes problèmes à ta mère.
4. N'emprunte pas d'argent à tes parents.
5. Vendez vos cassettes à Henri.
6. Apportons beaucoup de cadeaux aux enfants.
7. Ne sers pas de vodka aux invités.
8. Prête ta bicyclette à ta sœur.

f. Mettez le verbe entre parenthèses au présent.

1. Elle (vivre) à Montréal depuis longtemps.
2. Nous (tenir) à toi.
3. Ils (se tenir) debout dans la classe.
4. Cette bouteille (contenir) de l'eau.
5. Vous (vivre) à Moncton.

g. Remplacez les tirets par le pronom relatif approprié (*qui, que / qu', dont, où*).

1. Elle ne veut pas me rendre l'argent _____ elle me doit.
2. Elle a acheté la robe _____ elle avait envie.
3. Prends les livres _____ tu as besoin.
4. Je connais la ville _____ tu vis.
5. Il connaît le professeur _____ tu parles.
6. Elle a rencontré l'architecte _____ a dessiné les plans de ma maison.
7. C'est le médecin _____ la fille sort avec Alain.
8. Tu as mangé le gâteau _____ ta mère a préparé.

Lecture

La Sagouine

C'est une histoire vraie que je vous raconte. L'histoire de la Sagouine, femme de la mer, qui est née avec le siècle, quasiment les pieds dans l'eau. L'eau qui fut toute sa fortune: fille de pêcheur de morues, fille à matelots, puis femme de pêcheur d'huîtres et d'éperlans. Femme de ménage, aussi, qui achève sa vie à genoux, devant son seau, les mains dans l'eau. Je vous la livre, comme elle est, sans retouches à ses rides, ses gerçures, ou sa langue, langue populaire de ses pères descendus à cru du XVIe siècle.

Antonine Maillet

J'ai peut-être ben la face nouère pis la peau craquée, ben j'ai les mains blanches, Monsieur! J'ai les mains blanches parce que j'ai eu les mains dans l'eau toute ma vie. J'ai passé ma vie à forbir. Je suis pas moins guénillouse pour ça... J'ai forbi sus les autres. Je pouvons (*nous pouvions*) ben passer pour crasseux: Je passons notre vie à décrasser les

autres. Frotte, pis gratte, pis décolle des tchas d'encens... ils pouvont (*pouvaient*) ben aouère (*avoir*) leux (*leurs*) maisons propres. Nous autres, parsoune (*personne*) s'en vient frotter chus (*chez*) nous.

Parsoune s'en vient non plus laver nos hardes. Ni coudre, ni raccommoder. Ils pouvont (*peuvent*) ben nous trouver guénilloux: Je portons (*nous portions*) les capots usés qu'ils nous avont baillés (*avaient donnés*) pour l'amour de Jésus-Christ. Par chance qu'ils avont (*avaient*) de la religion: Ils pensont (*pensaient*) des fois à nous douner (*donner*) par charité leux (*leurs*) vieilles affaires. Leux vieilles affaires et leux vieilles hardes qu'étiont (*étaient*) neuves un jour que ça nous faisait rêver d'en aouère (*avoir*) des pareilles. Je finissons (*nous finissions*) par les receouère (*recevoir*) pour nous payer nos journées d'ouvrage, mais quand c'est que j'en avons (*on avait*) pus (*plus*) envie. Quand c'est que t'as vu dix ans de temps un chapeau de velours sus la tête d'une femme, au coumencement (*commencement*) tu le trouves ben beau et tu voudrais ben l'aouère (*avoir*). Pis (*puis*) il coumence à cobir (*bosseler*) pis finit par ressembler une crêpe de boqouite. C'est ce temps-là qui te le dounont (*donnent*). Ils te dounont des châles itou quand c'est qu'ils se portont (*portent*) pus, et des bottines quand c'est la mode des souliers. Ça arrive même qu'ils te dounont (*donnent*) deux claques du même pied, ou ben un manteau trop petit où c'est qu'ils avont louté (*ont ôté*) les boutons. Ils pouvont ben trouver que je sons (*nous sommes*) mal attifés. [...]

C'est point aisé non plus d'apprendre à parler en grandeur et à se comporter coume (*comme*) du monde parmi le monde, quand c'est que t'as pas le droit de leur adresser la parole sans passer pour un effaré. [...]

C'est malaisé de saouère (*savoir*) quoi c'est dire à ce monde-là. Eux autres ils pouvont (*peuvent*) te parler de leu (*leur*) parenté, de leux voyages dans les vieux pays, de leux maisons d'été pis leux maisons d'hiver, ou ben donc de leux enfants qui sont rendus dans les colléges ou dans le gouvarnement. Mais nous autres, j'avons (*nous avons*) ni garçons instruits, ni parenté aux Etats, ni que je (*nous*) pouvons changer de maison d'une saison à l'autre, ou changer de pays coume des vacanciers. J'avons (*nous avons*) jamais de vacances parce que j'avons (*nous avons*) pas d'ouvrage. Je (*nous*) travaillons parmi (*dans*) les maisons. Et là, point de vacances payées. Point de semaines de quarante heures, non plus, ni de rentes pour tes vieux jours. Tes vieux jours tu les passeras coume les autres: à gratter pis à forbir... Hé oui!...

Extrait de *La Sagouine*, pièce pour une femme seule, d'Antonine Maillet

achever	to end	**huître** (f.)	oyster
affaire (f.)	thing	**instruit(e)**	educated
attifé(e) [habillé(e)]	dressed	**itou (aussi)**	also
boiller (donner)	to give	**livrer**	to reveal
boqouite (sarrasin)	buckwheat	**louter (ôter)**	to take out
bottine (f.)	boot	**malaisé(e)**	uneasy
capot (m.) **(manteau)**	coat	**matelot** (m.)	sailor
chus nous (chez nous)	at home	**morue** (f.)	cod
claques (f.) **(couvre-chaussures en caoutchouc)**	rubbers	**nouère (noire)**	black
cobir (bosseler)	to bash	**ouvrage** (m.)	work
(se) comporter	to behave	**pareil, pareille**	the same
coudre	to sew	**parenté** (f.)	kinship
crasseux (euse)	filthy	**parole** (f.)	word
cru: à —	straight out	**peau** (f.)	skin
décoller	to unstick	**(se) plaindre**	to moan
décrasser (nettoyer)	to clean	**point**	no
douner (donner)	to give	**quasiment**	nearly
droit (m.)	right	**raccommoder**	to mend
effaré(e) (insolent)	insolent	**rentes** (f. pl.)	pension
encens (m.)	incense	**retouche** (f.)	alteration
éperlan (m.)	smelt	**rêver**	to dream
femme de ménage (f.)	cleaning lady	**ride** (f.)	wrinkle
forbir (nettoyer)	to clean	**seau** (m.)	bucket
frotter	to scrub	**siècle** (m.)	century
gerçure (f.)	crack	**sus (chez) (sur)**	at somebody's home; on
gratter	to scratch off	**tchas (des tas)** (m. pl.)	pile
guenilloux (ouse) (en guenilles)	in rags	**vacancier, vacancière**	vacationist
hardes (f. pl.) **(vêtements)**	clothes	**(se) vanter**	speak highly of
		velours (m.)	velvet

QUESTIONS

1. Comment se décrit la Sagouine?
2. De quoi est-elle fière malgré tout? Quel autre sens donne-t-elle à cette expression?
3. Comment est-elle payée pour son travail?
4. Que dit-elle des vêtements qu'on lui offre?
5. Pourquoi la Sagouine est-elle mal à l'aise face "au monde"?
6. De quoi "le monde" se vante-t-il?
7. En comparaison, comment est la situation de la Sagouine?
8. Comment prévoit-elle finir ses vieux jours?
9. Quelle impression vous laisse la lecture de ce texte?

SITUATIONS – CONVERSATIONS

1. Qu'est-ce que vous ferez dès que les cours se termineront? Partirez-vous en vacances? Travaillerez-vous? Où irez-vous? Parlez de vos projets pour l'été prochain.

2. Connaissez-vous le Canada? Alors dites où on trouve les plus beaux parcs, le plus grand lac, les plus belles plages, la ville la plus étendue, la ville la plus pittoresque, les meilleurs restaurants, le jardin zoologique le plus original, le musée le plus fascinant, les montagnes les plus hautes, etc.

3. Vous voulez faire un voyage en Acadie. Vous allez dans une agence de voyages pour demander des renseignements. Un(e) autre étudiant(e) vous informe. Posez des questions et répondez-y.

4. L'an 2020 approche... Qu'est-ce qui changera d'ici là dans la vie quotidienne? Pensez-vous qu'il y aura des progrès scientifiques et techniques importants? des bouleversements dans les relations internationales? des transformations sociales?

5. *À tour de rôle.* Vous êtes dans la politique et vous devez convaincre un petit groupe de gens de voter pour vous. Parlez des changements que vous apporterez, de la façon dont vous résoudrez divers problèmes, des priorités que vous établirez. Les autres étudiants vous posent des questions. Employez le futur pour les questions et pour les réponses.

6. Imaginez qu'il y aura une guerre nucléaire. La vie sera-t-elle encore possible? Qui survivra? Qu'est-ce qui survivra? Qu'est-ce qui se passera selon vous?

COMPOSITIONS

1. Vous organisez un voyage dans les Maritimes. Où irez-vous d'abord? Passerez-vous le long des côtes? Prendrez-vous le bateau ou le traversier? Quelles villes visiterez-vous? Quels sites historiques? Qu'est-ce que vous mangerez?, etc. Préparez votre composition à l'aide de brochures touristiques et employez le futur.

2. Imaginez votre vie dans dix ans. Employez le futur pour parler de vos activités, de votre situation, de l'endroit où vous vivrez, de vos diverses activités, des gens que vous connaîtrez.

PRONONCIATION

(Students can listen to the audio track for this exercise on MyFrenchLab; instructors will find it on CD 5, Track 10.)

E caduc (suite)

I. Deux consonnes prononcées + /ə/

At the beginning of or within a rhythmic group, /ə/ is pronounced when preceded by two pronounced consonants.

Répétez:

1. il le voit	il le mange	elle le sait	elle le vend
il le prend	il le croit	elle le tient	elle le paie
il le fait		elle le sert	
2. pour le professeur	pour le boucher	par le train	par le jardin
pour le médecin	pour le mineur	par le chemin	par le sentier
3. le héros	le haut	le hall	le hollandais
le haricot	le hors-d'œuvre	le hangar	le hareng
4. passe le sel	apporte le disque	il me parle	il me déteste
ferme le livre	donne le cahier	il me connaît	il me cherche

Give the corresponding adverb:

autre	large	simple
correct	manifeste	sensible
fort	pénible	visible

II. Contraste: e caduc prononcé / non prononcé

Répétez:

1. je m∉ lave / il s**e** lave
   je m∉ promène / il s**e** promène
   je m∉ rase / il s**e** rase
   tu t∉ laves / il s**e** lave
   tu t∉ peignes / elle s**e** peigne
   tu t∉ prépares / elle s**e** prépare

2. je m∉ suis caché(e) / ils s**e** sont cachés
   je m∉ suis regardé(e) / elles s**e** sont regardées
   je m∉ suis maquillé(e) / elles s**e** sont maquillées
   je m∉ suis marié(e) / ils s**e** sont mariés

3. fais l∉ travail / fais-l**e**
   tiens l∉ fil / tiens-l**e**
   prends l∉ biscuit / prends-l**e**
   mets l∉ veston / mets-l**e**

4. tu l¢ fais   /   il **le** fait
    tu l¢ bois   /   il **le** boit
    tu l¢ connais   /   il **le** connaît
    tu l¢ vends   /   il **le** vend

WEBLINKS

Future tense

http://exercices.free.fr/francais/conjug/indicatif/futur/

http://lilt.ilstu.edu/jhreid/grammar/whenfut.htm

Relative pronoun *dont*

http://grammaire.reverso.net/3_1_24_dont.shtml

www.french.ch/Lecon_26_1_dont_a_4_fonctions.html

www.french.ch/Exercices_26_1.html

L'Acadie

http://collections.ic.gc.ca/acadian/intro/intro.htm

www.acadiancultural.org/history.htm

 Visit MyFrenchLab at www.MyFrenchLab.com to access additional resources such as audio tracks, oral practice, the *cahier de laboratoire*, and self-grading quizzes.

CHAPITRE **15**

Une auteure francophone

Thèmes

- Quel genre de littérature préfères-tu?
- Quel est ton auteur favori?
- Exprimer la nécessité, la probabilité, l'obligation
- S'exprimer avec politesse
- Exprimer la possession

Lecture

Le vieillard et l'enfant

Grammaire

15.1 Le conditionnel présent

15.2 La phrase conditionnelle

15.3 Le verbe *devoir* (imparfait, passé composé, futur, conditionnel présent)

15.4 Les pronoms possessifs

15.5 Le verbe irrégulier *suivre*

VOCABULAIRE UTILE

Noms

auteur(e) (m./f.)	author	**vedette** (f.)	star
bouquin (m.)	book	**vers** (m.)	verse
critique littéraire (f.)	literary criticism	**volume** (m.)	book
écriture (f.)	writing		
écrivain(e) (m./f.)	writer	### Adjectifs	
intrigue (f.)	plot	**bref, brève**	brief
lecteur, lectrice (m./f.)	reader	**littéraire**	literary
lecture (f.)	reading	**mouvementé(e)**	turbulent
libraire (m./f.)	bookseller	**poétique**	poetical
librairie (f.)	bookstore	**raisonnable**	reasonable
maison d'édition (f.)	publishing house	**rémunérateur, trice**	lucrative
nouvelle (f.)	short story		
œuvre (f.)	work(s)	### Verbes	
manuel scolaire (m.)	textbook	**demeurer**	to remain
ouverture (f.)	opening	**exprimer**	to express
panne (f.)	breakdown	**feuilleter**	to glance through
personnage (m.)	character	**publier**	to publish
pièce de théâtre (f.)	play		
plume (f.)	pen	### Adverbe	
poème (m.)	poem	**bientôt**	soon
poésie (f.)	poetry		
poète (m.)		### Conjonction	
femme — (f.)	poet	**parce que**	because
porte-monnaie (m.)	wallet		
rime (f.)	rhyme	### Expressions	
roman (m.)	novel	**en ce moment**	now
romancier, romancière (m./f.)	novelist	**à ce moment-là**	at that time
		c'est le moment ou jamais	it's now or never

GRAMMAIRE ET EXERCICES ORAUX

15.1 Le conditionnel présent

The conditional, like the indicative and the imperative, is a mood. It has two tenses: the present and the past.

The present conditional is formed by adding to the future stem of the verb the endings **-ais, -ais, -ait, -ions, -iez, -aient**. (These are also the endings of the **imparfait**.)

Remember that the future stem of most verbs is their infinitive form. Irregular future stems must be memorized.

	marcher	être (ser-)	pouvoir (pourr-)
je	marcherais	serais	pourrais
tu	marcherais	serais	pourrais
il / elle / on	marcherait	serait	pourrait
nous	marcherions	serions	pourrions
vous	marcheriez	seriez	pourriez
ils / elles	marcheraient	seraient	pourraient

The present conditional is mostly used to express a hypothetical action or event, that is an action or event that would take place under some specific circumstances, and to express a wish or what someone else has said.

Peu de gens survivraient à une guerre nucléaire.
Few people would survive a nuclear war.

Sans mes livres et mes CD, je m'ennuierais.
I would be bored without my books and CDs.

It may also be used instead of the present indicative to make a request more polite, especially with the verbs **vouloir** and **pouvoir**, but with other verbs as well:

Pourriez-vous finir ce poème? / Could you finish this poem?

Viendrais-tu avec moi à la librairie? / Would you come with me to the bookstore?

Un jour, j'aimerais être riche et célèbre. / One day, I would like to be rich and famous.

 EXERCICES ORAUX

a. Substituez au sujet les mots entre parenthèses.

1. J'attendrais la fin de la pièce.
   (elle, vous, ils)
2. Nous finirions nos études. (tu, il, je)
3. Elle s'habillerait mieux. (vous, tu, nous)
4. Il irait au théâtre. (je, nous, elles)
5. Je ferais une lecture. (vous, il, tu)
6. Tu aurais du succès. (je, nous, ils)
7. Il voudrait s'en aller. (tu, vous, elles)
8. Vous viendriez me voir. (il, tu, elles)

b. Les verbes des phrases suivantes sont au futur. Mettez-les au conditionnel présent.

1. Je voudrai le voir jouer au théâtre.
2. J'aurai du travail comme comédien(ne).
3. Tu seras une vedette.
4. Vous pourrez me téléphoner.
5. Il faudra y aller avant l'ouverture.
6. Ils sauront parler français.
7. Elle viendra te voir répéter.
8. Nous verrons des scènes superbes.
9. Tu jetteras tes vieux livres.
10. Elle appellera l'éditeur.
11. Il pleuvra.
12. Nous achèterons des vêtements élégants.

c. Que ferais-tu à ma place?

Modèle: Voudrais-tu reprendre la scène cinq fois?
Oui, à ta place, je la reprendrais cinq fois.

1. Voudrais-tu partir vivre à New York?
2. Voudrais-tu réfléchir à ce nouveau spectacle?
3. Voudrais-tu écrire un nouveau roman?
4. Voudrais-tu faire un poème futuriste?
5. Voudrais-tu travailler dans ce vieux théâtre?
6. Voudrais-tu relire la biographie de Marcel Dubé?
7. Voudrais-tu jouer une pièce musicale d'André Gagnon?
8. Voudrais-tu téléphoner à une maison d'édition?

d. *À la bibliothèque.* Adressez-vous poliment au préposé à l'aide du conditionnel.

Pardon Monsieur,

est-ce que vous (avoir) le dernier roman d'Antonine Maillet? J'ai oublié le titre. Est-ce que vous (pouvoir) le trouver?

Je ne sais pas utiliser l'ordinateur, (vouloir)-vous m'indiquer comment faire? Dans quelle section est-ce que je (pouvoir) trouver le volume?

Dans quelle direction est-ce que je (devoir) me rendre? Est-ce que vous (pouvoir) me passer une autre œuvre d'Antonine Maillet? Si vous ne l'aviez pas, (vouloir)-vous me téléphoner? Quand est-ce que je (pouvoir) venir la chercher?

Merci, Monsieur.

e. *Les prévisions.* Mettez les verbes au conditionnel présent.

J'ai lu dans le journal…   qu'il fera beau demain.
que le président viendra au Canada bientôt.
que le concert aura lieu vendredi.
que le nouveau film arrivera la semaine prochaine.
qu'il neigera dans le sud des États-Unis.
qu'il pleuvra toute la fin de semaine.
qu'on présentera une nouvelle pièce de Françoise Loranger.
qu'un récital de piano se tiendra à la Place-des-Arts.

f. Qu'aimeriez-vous faire, plus tard, dans la vie?

Poursuivre mes études (ou arrêter d'étudier) — trouver un travail intéressant (ou rémunérateur) — habiter la campagne (ou la ville) — apprendre à jouer d'un instrument de musique — avoir une grande (ou petite) maison — écrire des romans (ou une biographie ou un recueil de poèmes) — aider les autres — être riche et célèbre (ou demeurer simple et modeste).

15.2 La phrase conditionnelle

A conditional sentence is made up of two clauses: a **si** (if) clause stating the condition and a main clause stating the result. **Si** becomes **s'** before **il** or **ils**. The **si** clause may come before or after the main clause.

1) When the **si** clause is in the *imparfait*, the main clause is in the *present conditional*:

   Si j'avais de l'argent, j'achèterais cette voiture.
   If I had money, I would buy this car.

2) When the **si** clause is in the *present indicative*, the main clause is usually in the *future*:

   Si j'ai de l'argent, j'achèterai cette voiture.
   If I have money, I will buy this car.

   The main clause may also be in the *present indicative* or in the *imperative*:

   Si tu es fatigué(e), tu peux aller au lit.
   If you are tired, you may go to bed.

   Lis un livre si tu t'ennuies.
   Read a book if you are bored.

Summary

Si Clause	Main Clause
present indicative	present indicative future imperative
imparfait	present conditional

 EXERCICES ORAUX

a. Répondez selon le modèle.

   Modèle: Quelle langue parlerais-tu si tu étais américain(e)?
   Si j'étais américain(e), je parlerais anglais.

   Quelle langue parlerais-tu si tu étais chinois(e)? allemand(e)? russe? espagnol(e)? italien(ne)? mexicain(e)? portugais(e)? brésilien(ne)? belge? japonais(e)? marocain(e)? vietnamien(ne)? suisse?

b. Répondez aux questions selon le modèle.

   Modèle: Que ferais-tu si tu avais de l'argent? (manger au restaurant)
   Si j'avais de l'argent, je mangerais au restaurant.

   1. Que ferais-tu si tu allais en
      France? (visiter Paris)
   2. Que ferais-tu ce soir si tu avais
      le temps? (aller à un concert)
   3. Que ferais-tu si tu étais en vacances?
      (se reposer au bord de l'eau)
   4. Que ferais-tu si tu n'étais pas
      étudiant(e)? (travailler)

   5. Que ferais-tu si tu étais déprimé(e)?
      (se promener dans la nature)
   6. Que ferais-tu si tu avais un talent
      artistique? (devenir peintre)
   7. Que ferais-tu si tu étais riche?
      (vivre dans un pays chaud)

c. Que feriez-vous si / s'...

   1. il pleuvait toute la fin de semaine?
   2. vous étiez malade?
   3. vous perdiez votre porte-monnaie?
   4. vous ratiez l'examen?
   5. votre auto était en panne?
   6. votre téléphone ne marchait pas?
   7. votre ami(e) vous insultait?

   8. il y avait une tempête de neige?
   9. vous receviez une lettre mystérieuse?
   10. vous étiez toujours fatigué(e)?
   11. vous rencontriez votre amoureux(euse)
       avec quelqu'un d'autre?
   12. vous vouliez devenir comédien(ne)?
       acteur / actrice? architecte? missionnaire?

d. Si j'avais le choix aujourd'hui, je...

   1. (dormir) toute la matinée.
   2. (téléphoner) à mes parents en Europe.
   3. (manger) au restaurant chinois.
   4. (lire) le journal au complet.
   5. (regarder) un bon film à la télévision.
   6. (prendre) un bain chaud.

   7. (aller) me promener dans un parc fleuri.
   8. (dîner) avec un homme / une femme
      charmant(e).
   9. (écouter) de la musique douce.

e. Complétez les phrases avec imagination.

   1. S'il fait beau cette fin de semaine, je...
   2. Si j'ai le temps ce soir, je...
   3. Si je réussis à tous mes examens, je...
   4. Si je n'ai rien à faire cette fin de semaine, je...
   5. Si je peux partir en voyage cet été, je...

   6. J'aurai de l'argent si...
   7. Je ferai du sport cet été si...
   8. J'aurai un bon poste si...
   9. Je me marierai si...
   10. Je prendrai l'avion si...

15.3 Le verbe *devoir* (imparfait, passé composé, futur, conditionnel présent)

The verb **devoir** was presented in the present tense (Chapitre 6) when it may express necessity, obligation, probability, or expectation. When it is used in other tenses and moods, what it expresses may vary:

1) **imparfait**

— necessity:

Quand j'habitais Montréal, je devais prendre le métro tous les matins.

When I lived in Montreal, I had to take the subway every morning.

— probability:

Il devait être huit heures quand je suis rentré(e).

It must have been eight o'clock when I came back.

— expectation:

Je devais lui téléphoner, mais j'ai oublié.

I was supposed to call him but I forgot.

2) **passé composé**

— obligation:

**Il a dû abandonner ses études après
la mort de son père.**

He had to give up his studies after
his father's death.

— probability:

Il a dû oublier de venir.

He must have forgotten to come.

3) **futur**

— obligation:

Nous devrons partir tôt.

We will have to leave early.

4) **conditionnel présent**

— moral obligation or suggestion:

Je devrais téléphoner à mes grands-parents.

I should call my grandparents.

Tu devrais te reposer.

You ought to rest.

— probability:

Elle devrait arriver bientôt.

She should arrive soon.

EXERCICES ORAUX

a. Conseils à un(e) ami(e).

> *Modèle:* Je suis fatigué(e). (se reposer)
> *Tu devrais te reposer.*

1. J'ai mal à la tête. (prendre une aspirine)
2. J'ai froid. (mettre un chandail)
3. Je suis déprimé(e). (voir des amis)
4. Je ne me sens pas bien. (consulter un médecin)
5. J'ai de mauvaises notes. (étudier plus sérieusement)

b. Répondez aux questions selon le modèle.

> *Modèle:* Que feras-tu s'il neige? (rester à la maison)
> *S'il neige, je devrai rester à la maison.*

1. Que feras-tu si l'autobus est en retard? (prendre un taxi)
2. Que feras-tu si tu perds ton livre? (en acheter un autre)
3. Que feras-tu si tu as un accident? (appeler la compagnie d'assurances)
4. Que feras-tu si tu perds tes clés? (entrer par la fenêtre)
5. Que feras-tu si tu as mal aux dents? (aller voir le dentiste)

c. Obligation, nécessité ou probabilité? Mettez le verbe *devoir* à l'imparfait ou au passé composé selon le contexte.

1. Je _____ téléphoner au libraire, mais j'ai perdu son numéro.
2. Il est minuit et Charles n'est pas rentré. Il _____ avoir un accident.
3. Quand elle vivait chez ses parents, elle _____ faire la vaisselle tous les jours.
4. Je _____ dormir quand tu es rentré hier soir parce que je ne t'ai pas entendu.
5. Après son accident, elle _____ rester trois semaines à l'hôpital.
6. Pierre _____ me téléphoner, mais je n'ai pas eu de nouvelles, alors il _____ oublier.
7. Quand j'étais au secondaire, je _____ prendre le bus à six heures du matin.

d. *Faire ou ne pas faire.* Qu'est-ce que...

1. vous deviez faire hier soir? (mais que vous n'avez pas fait)
2. vous avez dû faire? (et que vous avez fait)
3. vous devrez faire demain? (et que vous ferez)
4. vous devriez faire? (si vous étiez malade)

15.4 Les pronoms possessifs

	Singular		**Plural**	
--	*Masculine*	*Feminine*	*Masculine*	*Feminine*
mine	**le mien**	**la mienne**	**les miens**	**les miennes**
yours	**le tien**	**la tienne**	**les tiens**	**les tiennes**
his/hers/its	**le sien**	**la sienne**	**les siens**	**les siennes**
ours	**le nôtre**	**la nôtre**	**les nôtres**	**les nôtres**
yours	**le vôtre**	**la vôtre**	**les vôtres**	**les vôtres**
theirs	**le leur**	**la leur**	**les leurs**	**les leurs**

A possessive pronoun replaces a possessive adjective + noun; it must agree in gender and number with the noun it replaces (what is possessed):

Bertrand met sa cravate. ⟶ **Bertrand met** *la sienne.*
Bertrand puts on his tie. ⟶ Bertrand puts on his.

Lucie prend son vélo. ⟶ **Lucie prend** *le sien.*
Lucie takes her bicycle. ⟶ Lucie takes hers.

Le nôtre and **le vôtre** are pronounced with a closed **o** (/o/); the adjectives **notre** and **votre** with an open **o** (/ɔ/).

The usual contractions occur when **à** or **de** precede **le** or **les**: **au mien, aux tiens, aux siennes, du nôtre, du vôtre, des leurs**, etc.

Other constructions used to express possession are **être à** + noun or stress pronoun, and **appartenir à** + noun (or indirect object pronoun + **appartenir**):

Ce livre est à Paulette.   Ce livre appartient à Paulette.
Ce livre est à elle.   Ce livre lui appartient.

In summary, the following structures are all used to express possession:

— **de** + noun: **C'est l'auto de Victor.**
— possessive adjective + noun: **C'est son auto.**
— possessive pronoun: **C'est la sienne.**
— **être + à** + noun: **Cette auto est à Victor.**
— **appartenir à** + noun: **Cette auto appartient à Victor.**

EXERCICES ORAUX

a. Remplacez l'adjectif possessif + nom par un pronom possessif.

1. mon père	9. ma mère	17. ma cousine	25. mon frère
2. ton cousin	10. ta sœur	18. ta nièce	26. ton neveu
3. ses parents	11. sa parenté	19. son appartement	27. ses voisins
4. sa ville	12. son pays	20. ses amies	28. ses copains
5. notre travail	13. notre maison	21. notre auto	29. notre classe
6. votre autobus	14. votre rue	22. votre logement	30. votre piscine
7. leurs affaires	15. leur politique	23. leurs bagages	31. leur profession
8. leur diplôme	16. leurs enfants	24. leurs filles	32. leur garçon

b. Employez un pronom possessif pour remplacer les mots en italique.

1. J'ai rencontré ton frère et *son frère*.
2. Il a joué avec sa cousine et *ta cousine*.
3. Elle a téléphoné à ses parents et à *mes parents*.
4. J'ai lu ta lettre et *leur lettre*.
5. Il a besoin de tes conseils et de *nos conseils*.
6. J'ai parlé à ses parents et à *vos parents*.
7. Compare ta composition et *sa composition*.
8. Apporte tes CD et moi, j'apporterai *mes CD*.

c. Répondez aux questions selon le modèle.

Modèle: À qui appartient ce vélo? (moi)
Il est à moi.

1. À qui appartient ce stylo? (Pierre)
2. À qui appartient cette statue? (lui)
3. À qui appartient cette maison? (nous)
4. À qui appartiennent ces dictionnaires? (eux)
5. À qui appartiennent ces papiers? (elles)

d. Répondez aux questions selon le modèle.

Modèle: À qui est cette plume? (moi)
C'est la mienne.

1. À qui sont ces fleurs? (elle)
2. À qui est cette agrafeuse? (lui)
3. À qui est cet ordinateur? (nous)
4. À qui est cette guitare? (eux)
5. À qui sont ces CD? (toi)
6. À qui sont ces bouquins? (elles)

e. Indiquez la possession de cinq manières différentes.

1. À qui est ce livre?
2. À qui sont ces jouets?
3. À qui est cette chaise?

15.5 Le verbe irrégulier *suivre*

Présent de l'indicatif				*Participe passé*	*Futur*
je	sui**s**	nous	sui**vons**	suivi	je suivrai
tu	sui**s**	vous	sui**vez**		
il / elle / on	sui**t**	ils / elles	sui**vent**		

Imparfait	*Conditionnel*
je suivais	je suivrais

Suivre means

— to follow:

Nous avons suivi la voiture de Paul.

— to take (a course):

L'an prochain, je suivrai un cours de littérature.

Poursuivre is conjugated like **suivre** and means "to pursue" or "to carry on (with)":

Les policiers ont poursuivi le voleur.

Je poursuivrai mes études jusqu'au doctorat.

 EXERCICES ORAUX

a. Substituez au sujet les mots entre parenthèses.

1. Je suis des cours du soir.
   (tu, nous, vous, ils)
2. Nous suivrons ta voiture. (elles, je, il)

3. Elle suivait un régime. (je, vous, ils)
4. J'ai suivi ses conseils. (il, nous, elles)
5. Il poursuit ses efforts. (je, ils, vous)

b. Répondez aux questions.

1. Quels cours suis-tu en ce moment?
2. Quels cours as-tu suivis l'an dernier?
3. Quels cours suivras-tu l'an prochain?
4. Suis-tu toujours les conseils de tes parents?

5. Est-ce que tu suis un régime?
6. Est-ce que tu suis l'actualité politique?
7. Est-ce que tu poursuivras tes études jusqu'au doctorat?

EXERCICES ÉCRITS

a. Mettez les verbes des phrases suivantes à l'imparfait et au conditionnel présent, selon le cas.

1. Si vous (avoir) le temps, (partir)-vous?
2. Je (mettre) mon manteau s'il (faire) froid.
3. Si tu (être) moins paresseux(euse), tu (faire) la vaisselle.
4. Si vous (vouloir) travailler, vous (réussir).
5. Nous ne (pouvoir) pas partir en vacances si nous ne (faire) pas d'économies.
6. Qu'est-ce que tu (dire) si je te (demander) de l'argent?
7. Est-ce que tu (venir) avec nous si nous (prendre) la voiture?
8. (Savoir)-tu faire les exercices si tu (apprendre) mieux tes leçons?
9. Si j'(être) marié(e), j'(avoir) des enfants.

b. Mettez les verbes au conditionnel pour faire des phrases plus polies.

1. Peux-tu me prêter ta voiture?
2. Pouvez-vous me rappeler demain?
3. Veux-tu me passer ce livre?
4. Nous voulons vous parler.
5. Qu'est-ce que vous voulez manger?
6. Je souhaite vous transmettre ce rapport.

c. Complétez les phrases avec imagination.

1. Si j'avais beaucoup d'argent, je...
2. Si j'étais en vacances maintenant, je...
3. Si les gens étaient plus intelligents, ils...
4. Je vivrais dans un pays chaud si...
5. Il n'y aurait pas de pollution si...
6. Je serais plus heureux(euse) si...
7. Si je suis encore à l'université l'an prochain, je...
8. S'il fait beau la fin de semaine prochaine, je...
9. S'il y a un bon film à la télé ce soir, je...
10. Je deviendrai riche si...
11. Tu tomberas malade si...
12. Je poursuivrai mes études si...

d. Nommez deux choses que...

1. vous deviez faire quand vous étiez enfant.
2. vous avez dû faire hier.
3. vous devrez faire demain.
4. vous devriez faire si vous étiez raisonnable.

e. Remplacez les mots entre parenthèses par un pronom possessif.

1. J'ai dépensé tout mon argent. Mon ami a mis (son argent) à la banque.
2. Voilà ma casquette, mais où est (ta casquette)?
3. Le directeur a répondu à la lettre de Jacques, mais il n'a pas répondu (à ma lettre).
4. Serge a jeté tous ses vieux journaux, mais moi, je n'ai pas jeté (mes vieux jounaux).
5. Le bébé a mangé tout son gâteau, mais Pierre n'a pas mangé (son gâteau).
6. Il n'a invité que ses amis au mariage, mais elle n'a pas invité (ses amis).
7. Nous reconnaissons nos erreurs si vous reconnaissez (vos erreurs).
8. Je crois que votre fille est plus intelligente que (leur fille).
9. Si vous me rendez mon livre, je vous rendrai (votre livre).
10. Il a donné une réception plus animée que (notre réception).

f. Employez le verbe *suivre* au temps et au mode appropriés.

1. Cette année, je _____ seulement cinq cours à l'université parce que, l'an dernier, j'en _____ dix.
2. Est-ce que tu _____ un régime si tu tombes malade?
3. Quand j'étais enfant, je _____ toujours les conseils de mes parents.
4. Si vous _____ mes conseils, vous réussiriez.
5. Elle le _____ s'il allait travailler au Brésil.
6. _____-moi si tu m'aimes.
7. _____ la rivière et vous arriverez à la ferme.
8. Le verbe _____ normalement le sujet.
9. Dans un musée, les visiteurs _____ le guide.

Lecture

Le vieillard et l'enfant

Longtemps je fus malheureuse de la mort de grand-mère. Puis vint un été étrange. Comme pour être consolée, je fis la connaissance d'un doux et merveilleux vieillard.

Il habitait non loin de chez nous une petite rue légèrement en pente; là tout allait plus vite qu'ailleurs, mes patins, mon cerceau, moi-même, le vent à mes oreilles.

Mais le jour où je rencontrai le vieillard, je n'allais pas très vite. Au contraire, je venais péniblement, montée sur des échasses. D'où venait chez les enfants de par chez nous, en ce temps-là, le goût de se haut percher? (Notre pays était plat comme la main, sec et sans obstacles.) Était-ce pour voir loin dans la plaine unie?... Ou plus loin encore, dans une sorte d'avenir?...

Le vieillard m'aperçut de loin, bien visible sur mes échasses, et dès lors sembla prendre vie pour suivre ma marche, m'assister de ses bons petits yeux bleu clair, me soutenir à chaque pas, se montrer inquiet à mon sujet. Je m'approchais.

C'est alors, comme il arrive souvent dans la vie, lorsqu'on veut trop bien faire et mériter aux yeux d'un spectateur attentif et bienveillant, c'est alors que je manquai un pas et vins m'aplatir sur le trottoir.

Oh, le grand bouleversement que je vis sur le visage du vieillard! Il accourait. Il m'aida à me relever, à secouer la poussière de ma robe; il examina la blessure que je m'étais faite au genou, me montra de la sollicitude, mais pas trop. C'était le courage qu'il prisait. Aussitôt après avoir constaté que le mal n'était pas grand, il me loua de mes efforts.

Monter des échasses, ce n'est pas tout le monde qui s'y essaierait. Il faut de l'agilité, du cran. Il faut être jeune aussi.

Vous, lui demandai-je, quand vous étiez petit, et cela me parut vieux de mille ans, est-ce que vous avez essayé?

Non, me dit-il, mais j'ai prétendu boiter et avoir besoin de béquilles.

Cela me fit voir en lui un camarade d'élection. J'avais moi-même certains jours parcouru une bonne distance en boitant exprès. Dès lors, nous pouvions parler d'à peu près tout sur un ton qui sans doute ne nous éloignerait jamais l'un de l'autre.

Fait chaud, lui ai-je dit, essuyant la sueur de mon front.

Bien chaud, répliqua-t-il, surtout pour qui voyage. Ainsi il savait déjà que j'étais en voyage, au loin, en pays étranger.

Au revoir, lui dis-je, j'ai à rattraper les autres.

Le lendemain, tôt levée, je courus en toute hâte dans cette petite rue. Dès que j'eus tourné le coin, j'aperçus le vieillard déjà assis dans l'ombre de l'érable. Je me campai à la barrière.

On est matinal, lui dis-je.

Oui, matinal. Il le faut, quand on est vieux, quand on est jeune. Ce sont les gens entre deux âges qui restent le plus longtemps au lit. Nous autres, les très jeunes, les très vieux, on n'en a pas le temps, hein?

Pas le temps.

Tu es à pied aujourd'hui?

Oui, à pied, parce que je vais loin.

Il ne sembla pas le moins du monde étonné par cette logique.

Qui es-tu aujourd'hui? me demanda-t-il.

Ainsi il savait déjà que je n'étais pas souvent seulement moi. À l'instant où l'on me parlait, je pouvais être le Chinois blanchisseur passant pour le ramassage du linge sale; ou le vieux colporteur italien, en quel cas cependant je me faisais habituellement reconnaître en lançant partout avec ce que je croyais être un accent d'Italie; banania, banania... Je pouvais aussi être une princesse. Mais aujourd'hui j'étais quelqu'un de si remarquable, un tel personnage, que je ne pouvais plus me retenir de le crier;

La Vérendrye. Je suis La Vérendrye.

Oh là là! Oh là là! C'est quelqu'un, ce monsieur La Vérendrye. Oh là là! Le plus grand explorateur du Canada! Et, si je ne m'abuse, voilà au moins cent ans qu'on ne l'a revu par ici.

Cent ans au moins... et je dois aller découvrir toutes les terres à l'ouest jusqu'aux montagnes Rocheuses, dis-je. Si je ne suis pas tuée en route, avant ce soir j'aurai pris possession de l'Ouest pour le roi de France.

Ah, voilà qui est une bonne idée, applaudit le vieillard, d'aller la première, avant les Anglais, assembler ces terres sous notre drapeau. Bon voyage, bon voyage, me souhaita-t-il.

Je lui fis mes adieux.

Au bout de dix ou quinze minutes au plus, je revenais des Rocheuses. Je me retrouvais à la barrière.

Je les ai vues, annonçais-je les yeux brillants, comme si au fond de notre horizon si monotone du Manitoba, terre planche s'il en est, j'eus tout à coup surpris leurs étonnantes masses rêveuses.

Est-ce possible? Vous êtes donc allée si loin? Vous avez aperçu les Rocheuses? Ah, racontez-moi cela.

Je lui racontais cela, les hautes montagnes qui dépassaient les poteaux de téléphone, les hordes de bisons entrevues en route, et aussi, comment, pendant des jours et des jours, j'avais pâti de faim et de soif.

Cela ne m'étonne pas, répondait le vieillard. Vous être lancée dans une si périlleuse expédition! Aviez-vous au moins pris les précautions nécessaires... et fait-il aussi chaud là-bas?

Pire encore, s'il y a quelque chose. À dix jours de marche, j'ai trouvé sur la plaine des tas

d'ossements secs. Des bêtes, des gens sont morts. On suffoque, et partout la terre qui poudroie. (Cela me venait d'un de mes livres. "Que vois-tu, soeur Anne? — Que la terre qui poudroie.") Et je demandai enfin: "Qu'est-ce que ça veut dire: la terre qui poudroie?" et le vieillard me l'expliqua.

Extrait de la route d'Altamont — Le vieillard et l'enfant *de Gabrielle Roy*

accourir	to run up	**(se) hâter**	to hurry
(s')aplatir	to fall flat	**lancer**	to throw
barrière (f.)	fence	**linge** (m.)	clothes
béquille (f.)	crutch	**lieu** (m.)	place
bienveillant(e)	kindly	**loin**	far
bison (m.)	buffalo	**louer**	to praise
blanchisseur (m.)	launderer	**mal** (m.)	hurt
blessure (f.)	injury	**manquer**	to miss
bois (m.)	wood	**matinal(e)**	early riser
boiter	to limp	**mériter**	to deserve
bouleversement	disruption	**monter**	to climb
brillant(e)	bright	**ossement** (m.)	bone
camarade (m./f.)	pal	**pas** (m.)	step
campagne (f.)	countryside	**patins à roulettes** (m.)	roller skates
camper	to camp	**pâtir**	to suffer
cerceau (m.)	hoop	**paysage** (m.)	scenery
coin (m.)	corner	**pente** (f.)	slope
colporteur (m.)	peddler	**(se) percher**	to perch
consoler	to soothe	**personnage** (m.)	character
constater	to notice	**pire**	worse
cran (m.)	guts	**plus guère**	hardly any
crier	to yell	**poteau**	pole
dès lors	from then on	**poudroyer**	to rise in dust
de par chez nous		**poussière** (f.)	dust
(ancien français)	home	**ramassage** (m.)	collection
dépasser	to go past	**relever**	to help up
drapeau (m.)	flag	**retenir**	to hold back
échasse (f.)	stilt	**rêveur, euse**	dreamy
éloigné(e)	very far	**sale**	dirty
en quel cas	in such a case	**secouer**	to shake
entrevoir	to foresee	**soutenir**	to support
épuisant(e)	exhausting	**sueur** (f.)	sweat
essuyer	to wipe	**sujet** (m.): — **à**	prone to
étranger, ère	foreign	**tas** (m.)	pile
exprès	on purpose	**ton** (m.)	tone, pitch
fond (m.)	bottom	**trottoir** (m.)	sidewalk
hâte (f.)	haste	**volontiers!**	with pleasure

QUESTIONS

1. Comment la fillette a-t-elle rencontré le vieillard?
2. De quel pays parle-t-elle?
3. Qu'a fait le vieillard en l'apercevant? Et ensuite pour l'aider?
4. Pourquoi a-t-elle pensé qu'il deviendrait son camarade?
5. Quelle raison fournit le vieillard pour expliquer qu'il est matinal?
6. Quelles personnalités adopte souvent l'enfant?
7. Quels sont ses nouveaux projets?
8. De retour de son voyage, qu'a-t-elle vu?
9. Comment l'auteure perçoit-elle son coin de pays?
10. Quels sentiments cette histoire évoque-t-elle?

SITUATIONS – CONVERSATIONS

1. Connaissez-vous la littérature française et la littérature canadienne-française?

   Qui a écrit:

   a) *Le Médecin malgré lui* b) *Une Saison dans la vie d'Emmanuel* c) *Bonheur d'occasion*
   d) *À la recherche du temps perdu* e) *Les Anciens Canadiens* f) *Le Cid* g) *Les Mémoires*
   h) *La Sagouine* i) *Les Fleurs du mal* j) *Prochain épisode* k) *Les Songes en équilibre* l) *Madame Bovary* m) *Le Lac* n) *Agaguk* o) *L'Avalée des avalées* p) *Le Bateau ivre* q) *La Femme de trente ans* r) *Candide* s) *Phèdre* t) *Les Belles-sœurs* u) *Le Deuxième sexe* v) *François le Champi*?
   (Voir réponses plus bas).

   Racine, Corneille, Hugo, Rousseau, Balzac, Proust, Verlaine, Rimbaud, Prévert, Baudelaire, Flaubert, Lamartine, Voltaire, St-Simon, Molière, de Beauvoir, Sand, Philippe Aubert de Gaspé, Émile Nelligan, Gabrielle Roy, Anne Hébert, Réjean Ducharme, Yves Thériault, Michel Tremblay, Hubert Aquin, Marie-Claire Blais, Antonine Maillet.

2. Quel genre de littérature préférez-vous? Parlez de votre roman préféré ou de votre pièce de théâtre favorite. Quelle en est l'intrigue? Qui sont les personnages? Quel genre de milieu social l'auteur(e) décrit-il / elle?, etc.

Réponses à l'exercice 1:

1. a) M. b) M.-C.B. c) G.R. d) Proust e) P.A.-G. f) C. g) ST-S. h) A.M. i) Baudelaire j) H.A. k) A.H. l) F. m) L. n) Y.T. o) R.D. p) E.N. q) Balzac r) Voltaire s) Racine t) M.T. u) de Beauvoir v) S.

COMPOSITIONS

1. Composez un court poème et commencez par: Si j'avais le choix...

2. Avez-vous un poète ou un romancier favori? Parlez de ses œuvres et dites pourquoi vous les aimez.

PRONONCIATION

(Students can listen to the audio track for this exercise on MyFrenchLab; instructors will find it on CD 5, Track 20.)

I. Le son s (/s/)

The sound /s/ is associated with the following letters:

1) **s**: savant, danser, autobus

2) **ss**: masse, brosser

3) **c** or **sc** before vowels other than **a, o,** and **u**: cirer, cinq, cendre, ce, cette, céder, ceux, science, scène, scie

4) **ç**: before **a**, **o,** and **u**: façade, maçon, déçu

5) **t** in the endings **-tie, -tiel, -tier, -tial, -tiaux, -tieux, -tion**: démocratie, confidentiel, initier, partial, impartiaux, ambitieux, nation

II. Contraste /s/ – /z/

1) The sound /z/ is associated with

    a) the letter **z**: zone, bronze, douze

    b) the letter **s** between two oral vowels and between an oral vowel and a silent **e**.

Répétez:

base	heureuse	loisir	désert
rose	église	saisir	cuisine
chose	refuse	raison	jalousie
mise	avise	présent	télévision
muse	arrose	viser	fusil

2) The letter **s** is pronounced /s/ when it is placed at the beginning of a word, after a nasal vowel and before or after a consonant.

Répétez:

sa	se	chanson	consoler	ustensile
si	sous	insister	vaste	université
son	anse	insuffisant	disque	bourse

3) Contraste /s/ – /z/

Répétez:

a) basse / base	chausse / chose	douce / douze	acé / rasé	rossée / rosée
casse / case	crisse / crise	lisse / lise	embrasser / embraser	visser / visée

b) elles s'attendent / elles attendent   ils sont / ils ont
    ils s'oublieront / ils oublieront   elles sont / elles ont
    elles s'écoutaient / elles écoutaient   ils s'aident / ils aident
    ils s'accompagnent / ils accompagnent   ils s'aiment / ils aiment
    elles s'offriront / elles offriront   ils s'usent / ils usent

WEBLINKS

Conditional sentence

www.bonjourdefrance.com/n11/jeux/oiebdf3.html

www.city.londonmet.ac.uk/langstud/call/french/french/conditional/home.htm

www.quia.com/jq/19634.html

www.quia.com/custom/2367main.html

www.quia.com/jq/49802.html

Devoir

http://66.46.185.79/bdl/gabarit_bdl.asp?id=2441

Gabrielle Roy

www.nlc-bnc.ca/2/7/index-e.html

http://particle.physics.ucdavis.edu/bios/Roy.html

www.vehiculepress.com/montreal/writers/roy.html

www.albany.edu/~mb648/Roy/

Franco-Manitoban Society

www.franco-manitobain.org/

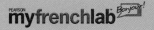 Visit MyFrenchLab at www.MyFrenchLab.com to access additional resources such as audio tracks, oral practice, the *cahier de laboratoire*, and self-grading quizzes.

CHAPITRE **16**

Les nouvelles technologies

VOCABULAIRE UTILE

Noms

apport (m.)	contribution
autoroute (f.)	highway
brasserie (f.)	pub
citoyen, citoyenne (m./f.)	citizen
clé USB (f.)	USB flash drive, pen drive
comptabilité (f.)	accounting
dossier (m.)	folder
écran (m.)	monitor, screen
espace (m.)	space
étude (f.)	study
fichier (m.)	file
image (f.)	picture
imprimante (f.)	printer
informaticien, enne (m./f.)	computer scientist
logiciel (m.)	software
mensonge (m.)	lie
note (f.)	mark
salle (f.)	room
soirée (f.)	evening
sommet (m.)	summit
toit (m.)	roof
verre (m.)	drink; glass

Adjectifs

malhonnête	dishonest
mauvais(e)	bad; wrong

Verbes

(se) brancher	to connect up
coller	to paste
communiquer	to communicate
copier	to copy
effacer	to delete
enregistrer	to save
espérer	to hope
imprimer	to print
nager	to swim
partager	to share
rater	to fail
sauvegarder	to save (on computer)
sélectionner	to select
souhaiter	to wish
utiliser	to use

Adverbe

ensemble	together

Conjonctions

ainsi	thus, this way
cependant	nevertheless
enfin	finally
mais	but
néanmoins	nevertheless
pourtant	however
puis	then

Expression

technologie de pointe	high-tech

GRAMMAIRE ET EXERCICES ORAUX

16.1 Le conditionnel passé

The past conditional is a compound tense. It is formed by using the present conditional of the auxiliary verb (**avoir** or **être**) and the past participle of a verb.

penser

j'	aurais **pensé**	nous	aurions **pensé**
tu	aurais **pensé**	vous	auriez **pensé**
il / elle / on	aurait **pensé**	ils / elles	auraient **pensé**

aller

je	serais **allé(e)**	nous	serions **allé(e)s**
tu	serais **allé(e)**	vous	seriez **allé(e)(s)**
il / on	serait **allé**	ils	seraient **allés**
elle	serait **allée**	elles	seraient **allées**

se promener

je	me serais **promené(e)**	nous	nous serions **promené(e)s**
tu	te serais **promené(e)**	vous	vous seriez **promené(e)(s)**
il / on	se serait **promené**	ils	se seraient **promenés**
elle	se serait **promenée**	elles	se seraient **promenées**

The past conditional expresses an action or event that *would have* taken place in the past under some appropriate set of circumstances:

> **Dans ce cas-là, je ne serais pas venu(e).**
> In that case, I would not have come.

> **Sans l'ordinateur, je n'aurais pas réussi.**
> Without the computer, I would not have succeeded.

Whereas the present conditional expresses a possibility in the present or the future and may be used to indicate a wish, the past conditional expresses a possibility that no longer exists and may be used to express regret. Compare:

> **J'aimerais acheter des logiciels.**
> I would like to buy some software.

> **J'aurais aimé acheter des logiciels.**
> I would have liked to buy some software.

EXERCICES ORAUX

a. Répondez selon le modèle.

> *Modèle:* Il a suivi ce cours difficile. (moi)
>
> *Moi, je ne l'aurais pas suivi.*

1. Nous avons réussi à l'examen. (eux)
2. Elle a attendu toute la soirée. (lui)
3. J'ai jeté mes vieilles disquettes. (nous)
4. Il lui a prêté son ordinateur. (moi)
5. Elles sont sorties dans la tempête. (nous)
6. Papa est monté sur le toit. (moi)
7. Ils sont allés en Alaska. (toi)
8. Josette est revenue de Floride. (lui)
9. Il s'est baigné dans un lac pollué. (nous)
10. Elle s'est inquiétée parce que son mari était en retard. (moi)
11. Ils se sont bien entendus avec leurs correspondants. (nous)

b. *Ah! Tu aurais dû...* Répondez selon le modèle (Attention aux pronoms!).

> *Modèle:* Le prof est furieux contre moi.
>
> *Ah! Tu aurais dû lui parler.*

1. Mon ordinateur ne fonctionne pas.
2. Je n'avais pas de clé USB.
3. Je n'avais pas d'argent.
4. Mon dernier logiciel est inadéquat.
5. J'ai raté mon examen d'informatique.
6. J'ai attendu le technicien toute la journée.

c. *Des regrets!* Dis-moi:

1. Où aurais-tu préféré naître?
2. Dans quels pays aurais-tu aimé voyager?
3. Dans quelle ville aurais-tu voulu habiter?
4. Quel personnage aurais-tu souhaité connaître?
5. Combien d'argent aurais-tu espéré gagner?
6. Avec qui aurais-tu désiré passer la fin de semaine?
7. À quel restaurant aurais-tu voulu dîner?
8. À quelle activité aurais-tu souhaité participer?

16.2 Le plus-que-parfait

The **plus-que-parfait** (pluperfect) is a compound tense in the indicative mood. It is formed using the **imparfait** of the auxiliary verb (**avoir** or **être**) and the past participle of the verb:

Il était arrivé en retard.	**J'avais déjà mangé.**
He had arrived late.	I had already eaten.

The pluperfect is used to indicate that a past action or event occurred before another past event, or in the remote past. (This aspect will be detailed in Chapitre 21.) It is also used in **si** clauses in conditional sentences when the past conditional is used in the main clause.

attendre

j'	avais attendu	nous	avions attendu
tu	avais attendu	vous	aviez attendu
il / elle / on	avait attendu	ils / elles	avaient attendu

venir

j'	étais venu(e)	nous	étions venu(e)s
tu	étais venu(e)	vous	étiez venu(e)(s)
il / on	était venu	ils	étaient venus
elle	était venue	elles	étaient venues

se reposer

je	m'étais reposé(e)	nous	nous étions reposé(e)s
tu	t'étais reposé(e)	vous	vous étiez reposé(e)(s)
il / on	s'était reposé	ils	s'étaient reposés
elle	s'était reposée	elles	s'étaient reposées

EXERCICES ORAUX

a. *Trop tard!* Quand je suis arrivé(e)...

   Modèle: le train est parti.
   Quand je suis arrivé(e), le train était parti.

   1. il a déjà lu sa lettre.
   2. il est rentré depuis longtemps.
   3. vous avez déjà mangé.
   4. elles ont vu le film à la télévision.

   5. il a déjà fini son travail.
   6. Paul est parti.
   7. ils n'ont pas répondu aux questions.

b. Pourquoi est-ce que / qu'...

   Modèle: tu n'as pas voulu manger?
   J'avais déjà mangé.

   1. tu n'as pas voulu te reposer?
   2. il n'a pas voulu aller au centre?
   3. elle n'a pas voulu voir ce document?
   4. ils n'ont pas voulu se promener?

   5. tu n'as pas voulu prendre un café?
   6. elles n'ont pas voulu suivre ce cours?
   7. il n'a pas voulu acheter ce logiciel?
   8. il n'a pas voulu téléphoner?

16.3 La phrase conditionnelle au passé

When a conditional sentence refers to the past, the **plus-que-parfait** is used in the **si** (if) clause and the past conditional in the main (result) clause:

> **S'il avait plu, nous ne serions pas sortis.**
>
> If it had rained, we would not have gone out.
>
> **Il aurait déjà répondu s'il avait reçu la lettre.**
>
> He would have answered already if he had received the letter.

The conditional sentence may be formed using the following patterns:

Si Clause	Main Clause
indicatif présent	indicatif présent
	futur
	impératif
imparfait	conditionnel présent
plus-que-parfait	conditionnel passé

EXERCICES ORAUX

a. Mettez les phrases au passé selon le modèle.

Modèle: S'il *neigeait*, je (faire) du ski.
S'il avait neigé, j'aurais fait du ski.

1. S'il *faisait* mauvais, je ne (sortir) pas.
2. Si je le *voyais*, je lui (parler).
3. Si nous n'*avions* pas de devoirs, nous (aller) au cinéma.
4. Il te (prêter) ses cédérom si tu en *avais* besoin.
5. Il t'(écouter), si tu *voulais* lui expliquer tes problèmes.
6. Si vous *veniez* plus tôt, nous (avoir) le temps de prendre un verre ensemble.
7. Il me (téléphoner), s'il *voulait* me voir.
8. Tu (avoir) de mauvaises notes, si tu *remettais* ce travail.
9. Si tu *utilisais* un bon logiciel de traitement de texte, il (corriger) tes erreurs.

b. Qu'aurais-tu fait...

1. si tu avais eu mal à la tête? Je...
2. si tu étais devenu(e) millionnaire? Je...
3. si tu avais économisé de l'argent? Je...
4. si tu avais eu du talent? Je...
5. si tu étais né(e) en Afrique? Je...
6. si tu n'étais pas entré(e) à l'université? Je...

c. Nommez...

1. une chose que vous n'auriez pas dû faire
2. une chose que vous n'auriez pas dû dire
3. une injustice qui n'aurait pas dû exister
4. un voyage que vous n'auriez pas dû entreprendre
5. un personnage qui n'aurait pas dû être au pouvoir
6. un instrument duquel vous auriez aimé jouer
7. un film que vous auriez voulu voir
8. un pays que vous auriez voulu visiter
9. un monument que vous auriez voulu voir

16.4 Les adjectifs indéfinis *chaque* et *aucun*

Chaque and **aucun** are indefinite adjectives (like **tout, quelques,** and **plusieurs**).

1) **Chaque** means "each" and is invariable:

Chaque jour, il va nager.	Each day, he goes swimming.
Chaque personne est différente.	Each person is different.

✳ Note:
Note the expression **chaque fois que** (each time that/whenever):
Chaque fois qu'il boit, il est malade.
Each time he drinks, he is sick.

2) **Aucun** means "not one." It agrees in gender with the noun modified: Its feminine form is **aucune. Aucun(e)** is always used with **ne** that precedes the verb:

Aucun étudiant n'est venu.	Not one student came.
Il n'a aucun ami.	He does not have a single friend.
Je ne joue d'aucun instrument.	I do not play a single instrument.

EXERCICES ORAUX

a. La routine.

1. Qu'est-ce que tu fais chaque matin? chaque soir?
2. Qu'est-ce que tu manges chaque jour?
3. Est-ce que tu viens chaque jour à l'université?
4. Vas-tu chaque semaine à la brasserie?
5. Parles-tu à chaque type que tu rencontres?
6. T'intéresses-tu à chaque personne que tu connais?
7. Réussis-tu à chaque examen?

b. Chaque fois...

1. Chaque fois que je vais en voyage...
2. Chaque fois que j'ai mal à la tête...
3. Chaque fois que je réussis à un examen...
4. Chaque fois que je tombe amoureux(euse)...
5. Je fais du ski chaque fois que...
6. Je travaille beaucoup chaque fois que...
7. Chaque fois que je bois du vin, je...
8. Je perds la tête chaque fois que...

c. L'ordinateur ne fonctionne pas. Répondez en employant *aucun... ne* ou *ne... aucun.*

Modèle: Quel film as-tu regardé hier soir?

Je n'ai regardé aucun film.

1. Quel logiciel as-tu utilisé?
2. À quel technicien as-tu parlé?
3. A-t-il résolu le problème?
4. As-tu branché l'imprimante?
5. As-tu enregistré un document?
6. Quel fichier as-tu effacé?
7. Le CD est-il sorti?
8. As-tu aperçu l'image à l'écran?

d. Vrai ou pas vrai?

Modèle: Tu as fait une erreur.

Ce n'est pas vrai. Je n'ai fait aucune erreur.

1. Ce politicien a dit un mensonge.
2. Tous les programmes sont difficiles.
3. Ce cours a déçu plusieurs étudiants.
4. Il y a des vampires en Transylvanie.
5. Beaucoup d'avocats sont riches.
6. Ce chef du syndicat a quelques ennemis.

16.5 Verbes suivis de *à* ou *de* + infinitif

A number of verbs require no preposition when followed by an infinitive. Other verbs require the prepositions **à** or **de**.

Verbs requiring *de* before an infinitive

accepter de (to accept)	Il a accepté de nous enseigner la géographie.
cesser de (to stop)	J'ai cessé de travailler il y a un an.
décider de (to decide)	Nous avons décidé de partir plus tôt.
demander à quelqu'un de (to ask)	Il me demande de revenir demain.
dire à quelqu'un de (to tell)	Elle lui a dit de vous avertir.
essayer de (to try)	Ils essaient de parler français.
finir de (to finish)	Il finit de travailler à trois heures.
permettre à quelqu'un de (to allow)	Son père leur permet de sortir.
promettre à quelqu'un de (to promise)	J'ai promis à ma mère de rentrer tôt.
oublier de (to forget)	J'ai oublié de fermer la porte.
regretter de (to regret)	Je regrette d'être en retard.
refuser de (to refuse)	Il refuse de m'accompagner.

Verbs requiring *à* before an infinitive

apprendre à (to learn)	Nous apprenons à utiliser un logiciel de traitement de texte.
aider quelqu'un à (to help)	Mon ami m'aide à faire les exercices.
commencer à (to begin)	Il commence à comprendre l'informatique.
continuer à (to continue)	Continuez à faire des progrès.
hésiter à (to hesitate)	Elle n'a pas hésité à se brancher sur Internet.
inviter quelqu'un à (to invite)	Nous les avons invités à dîner chez nous.
se mettre à (to start)	Elle s'est mise à étudier l'astronomie.
réussir à (to succeed)	J'ai réussi à effacer le virus.

EXERCICES ORAUX

a. Répondez selon le modèle. Employez le passé composé dans la réponse.

Modèle: Est-ce qu'il va venir? (non, refuser)
Non, il a refusé de venir.

1. Est-ce que tu joues de la guitare? (oui, apprendre)
2. Est-ce qu'ils travaillent plus tard? (non, finir)
3. Est-ce qu'elle fait du ski? (oui, se mettre)
4. Est-ce que tu travailles chez Tecknika? (non, cesser)
5. Est-ce qu'il fait des progrès? (oui, commencer)
6. Est-ce qu'elles vont rentrer tôt? (oui, promettre)
7. Est-ce qu'il a de bonnes notes? (oui, réussir)
8. Est-ce que tu apportes un ordinateur portatif? (non, oublier)
9. Est-ce que tu fais de la comptabilité? (oui, essayer)
10. Est-ce que vous déménagez? (oui, décider)

b. Répondez selon le modèle. Employez *je* et le passé composé dans la réponse.

Modèle: Est-ce que Jean va téléphoner? (dire)
Oui, je lui ai dit de téléphoner.

1. Est-ce que ton petit frère écoute ton lecteur MP3? (permettre)
2. Est-ce que ta sœur apprend le piano? (aider)
3. Est-ce que Simon et Chantal vont venir dîner? (inviter)
4. Est-ce que tes parents te donnent des conseils? (demander)
5. Est-ce que tes amis vont t'attendre? (dire)

c. *Les bonnes résolutions.* À partir d'aujourd'hui, je vais...

1. essayer de _____.
2. décider de _____.
3. ne pas oublier de _____.
4. me mettre à _____.
5. réussir à _____.
6. commencer à _____.
7. promettre de _____.
8. cesser de _____.

16.6 Expressions d'enchaînement logique

When speaking or writing, one tries to order events and ideas into logical sequences. A number of words and expressions are used in making explicit connections between clauses and sentences to achieve that purpose. Here are a few common ones:

1) Chronological sequence

d'abord (first) **ensuite** / **puis** (then/next) **enfin** (finally)

D'abord, il s'est levé, **puis** il s'est lavé et s'est habillé.
Ensuite, il est sorti et il est allé prendre l'autobus.
Enfin, il est arrivé au bureau.

2) Logical consequences

ainsi (thus/this way) **donc** (thus/hence)
par conséquent (therefore/consequently)
c'est pourquoi (that is why)

Il étudiait très dur. **Ainsi**, il a réussi brillamment.
On ne peut pas changer cette situation. Il faut **donc** l'accepter.
Tu n'étudies pas, tu ne vas pas aux cours et tu n'aimes pas
l'université. **Par conséquent** tes résultats sont très mauvais.
J'étais malade; **c'est pourquoi** je n'ai pas pu venir au rendez-vous.

3) Opposition

mais (but) **cependant** / **pourtant** (however/yet)
néanmoins (nevertheless)

Il l'aime, **mais** elle, elle ne l'aime pas.
Elle est intelligente, jolie, sportive, et **pourtant** elle est timide.
Vous avez probablement raison, **cependant** je ne partage pas votre avis.
Ce n'est pas un travail très agréable; il faut **néanmoins** le faire.

EXERCICES ORAUX

a. La chronologie.

Modèle: As-tu imprimé le document tout de suite après?
Non, d'abord je l'ai enregistré, ensuite je l'ai imprimé.

1. As-tu sélectionné une fonction tout de suite après? (consulter le fichier)
2. Es-tu allé(e) au centre de documentation tout de suite après? (téléphoner)
3. As-tu répondu au message tout de suite après? (réfléchir)
4. As-tu accepté l'ordinateur tout de suite après? (essayer)
5. As-tu appelé l'opérateur tout de suite après? (consulter le guide)

b. Les conséquences logiques.

> *Modèle:* J'ai raté l'autobus. Je suis en retard.
>
> *J'ai raté l'autobus; c'est pourquoi je suis en retard.*

1. Pierre travaille trop tard. Il est toujours fatigué.
2. Ce logiciel est facile. Jean le comprend bien.
3. Jim ne pratique pas assez. Il n'est pas un expert.
4. Elle a un emploi intéressant. Elle est très satisfaite.
5. On ne peut pas changer la situation. Il faut l'accepter.

c. L'opposition.

> *Modèle:* Jeanne étudie beaucoup. Elle ne réussit pas.
>
> *Jeanne étudie beaucoup, pourtant elle ne réussit pas.*

1. C'est un homme intelligent. Il a de graves défauts.
2. Vous ne voulez pas vous marier. Vous voulez des enfants.
3. C'est un travail difficile. Il faut le faire.
4. Elle l'aime. Elle est désagréable avec lui.
5. Mon ordinateur est efficace. Il ne fonctionne pas très bien.

EXERCICES ÉCRITS

a. Mettez le verbe au conditionnel passé (attention à l'accord du participe passé).

1. Tu (réussir) à ton examen.
2. Il (prendre) l'avion pour New York.
3. Nous (se promener) dans les bois.
4. Vous (faire) du ski de fond.
5. Ils (préférer) partir plus tôt.
6. Je (ne pas savoir) répondre à cette question.
7. Elles (revenir) en train.
8. Tu (avoir) froid sans ce manteau.
9. Je (ne pas être) heureux(euse) dans cette ville.
10. Elles (se rencontrer) pour en parler.
11. Suzanne (s'habituer) à ce type de travail.
12. Ils (se rendre) à Montréal tout de suite.

b. Changez les temps des verbes: mettez-les au plus-que-parfait et au conditionnel passé, selon le cas.

1. Si j'étais paresseux(euse), je ne réussirais pas.
2. Je voyagerais plus souvent si j'avais beaucoup d'argent.
3. S'il pleuvait, je prendrais ma voiture.
4. Si je savais la réponse, je ne te la demanderais pas.
5. Je prendrais un café si je n'étais pas en retard.
6. Personne ne l'écouterait s'il n'était pas le directeur.
7. Si Simone devenait actrice, elle aurait du succès.
8. Tu t'ennuierais si tu restais chez toi.

c. Transformez les phrases selon le modèle: une phrase avec *chaque*, une phrase avec *aucun(e)*.

> *Modèle:* Je connais quelques étudiants dans la classe.
>
> *Je connais chaque étudiant dans la classe.*
> *Je ne connais aucun étudiant dans la classe.*

1. Il a répondu à quelques questions.
2. Quelques rêves sont intéressants.
3. Quelques universités ont plusieurs salles d'informatique.
4. Elle a réussi à quelques examens.

d. Complétez les phrases avec imagination.

1. Pour être heureux, il faut d'abord...
2. Il fait beaucoup de sport, c'est pourquoi...
3. J'ai mis un gros chandail et un manteau, ainsi...
4. Tu devrais d'abord terminer tes études, ensuite...
5. Je n'aime pas les ordinateurs, et pourtant...
6. Les cours finissent la semaine prochaine; enfin...
7. Je n'ai pas assez d'argent pour avoir une voiture, par conséquent...
8. Ce musicien n'a pas un talent extraordinaire, néanmoins...

e. Remplacez les tirets par les prépositions *à* ou *de / d'*.

1. Il m'a demandé _____ communiquer avec lui.
2. Je continue _____ suivre des cours d'espagnol.
3. Elle a refusé_____ sortir avec lui.
4. Il n'aurait pas réussi _____ faire ce travail sans toi.
5. Essayez _____ ne pas fumer.
6. N'oubliez pas_____ apporter vos ordinateurs portatifs.
7. Il n'a pas commencé _____ utiliser le traitement de texte.
8. N'hésite pas _____ me téléphoner.
9. Mon père ne me permettra pas _____ travailler dans un bar.
10. Tu devrais cesser _____ perdre ton temps.
11. Nous les inviterons _____ prendre un café.

Lecture

Les robots

J'étais élève en deuxième secondaire lorsque j'ai lu pour la première fois un roman d'Isaac Asimov. C'était *Face aux feux du soleil* (traduction de *The Naked Sun,* publié en 1957). Coup de foudre instantané.

Par la suite, j'ai dévoré presque tous les romans de cet écrivain d'origine russe [...] qui décrivait avec grande perspicacité un univers peuplé d'humanoïdes où les gens ne se rencontrent jamais, communiquent par écrans interposés et évoluent dans une société régie par des lois strictes et immuables. [...]

Et ce qui pouvait paraître farfelu [...] il y a 40 ans se concrétise drôlement à mesure que les années passent.

Par exemple, un rapport des Nations Unies portant sur les robots à usage personnel et domestique confirmait qu'il y avait déjà 1,3 million de robots sur la planète en 2003. [...]

Toujours selon l'ONU, ce sont surtout les robots à usage domestique qui vont connaître la plus grande croissance. [...]

Pendant qu'on met la touche finale à ces robots-là, [...] des scientifiques encore plus malins travaillent fort dans leur laboratoire de recherche pour mettre au point une génération de robots qui se rapprochent dangereusement de l'être humain.

En Écosse, par exemple, on développe un prototype de robot capable de décoder et réagir aux intonations de la voix humaine en associant à chacune un sentiment comme la peur, la gêne, la joie, la tristesse. Reconnaissant l'état d'esprit de son interlocuteur, le robot sera donc en mesure de s'ajuster et de réagir adéquatement (une qualité dont même certains êtres humains sont dénués).

Puis, en Corée du Sud, le directeur du Centre de recherche sur les robots intelligents [...] fabrique un robot qui risque (peut-être) de rendre le Viagra désuet. Il s'agit d'un robot qui ressentira le désir sexuel et qui, éventuellement, pourra se reproduire.

Toutes ces avancées technologiques et scientifiques nous obligent à nous poser quelques questions [...]: Quelles seront nos relations avec les robots? Aura-t-on le droit de traiter nos compagnons électroniques comme de vulgaires objets, voire des esclaves? Auront-ils des droits? Devront-ils, comme dans les romans d'Asimov, se plier à certaines lois écrites spécifiquement pour eux? Se révolteront-ils? [...]

D'ici quelques décennies, nos descendants aborderont probablement ces questions dans leur cours de philosophie. [...]

Qui sait? Peut-être même que dans 100 ans, la Chambre des communes du Canada se penchera sur un projet de loi portant sur le droit au mariage des humanoïdes.

Extrait d'un article de *La Presse* par Nathalie Collard

à mesure que	as, at the same time	**malin, maligne**	smart
au fur et à mesure	gradually	**mesure: à —**	as
aborder	get on to	**en**	to be in a position
avancée (f.)	progress	**point: mettre au —**	to finalize
concrétiser	to materialize	**perspicacité** (f.)	insight
coup de foudre	love at first sight	**peur** (f.)	fear
croissance (f.)	growth	**(se) pencher**	to look into
décennie (f.)	decade	**(se) plier**	to submit
dénué(e)	devoid	**poser**	to ask
désuet(ète)	outdated	**rapprocher**	to get closer
élève	pupil	**réagir**	to react
environ	about	**régir**	to govern
esprit (m.)	spirit	**rendre**	to make
être humain (m.)	human being	**ressentir**	to feel
farfelu(e)	crazy	**sans commune mesure**	unique
gêne (f.)	trouble	**tristesse** (f.)	sadness
immuable	unchanging	**voire**	even, indeed
interlocuteur	speaker		

QUESTIONS

1. Qu'est-ce qui a provoqué un coup de foudre chez l'auteure de l'article?
2. Quelle sorte d'univers l'écrivain russe décrivait-il dans ses romans?
3. Que prévoit un rapport des Nations Unies pour l'avenir?
4. Que fabriquent des scientifiques dans leur laboratoire?
5. Quelles sont les particularités du robot humanoïde?
6. Quel genre de questions soulèvent ces avancées technologiques?
7. Croyez-vous que votre génération connaîtra le genre de robot dont parle l'auteure?

SITUATIONS – CONVERSATIONS

1. *Max le robot.*

   Max le robot aime les travaux ménagers. Remplissez les espaces vides avec les verbes et les mots choisis dans la liste.

   a) Max _____ le plancher de la cuisine avec une _____ et de l'_____.

   b) Il _____ les vêtements dans la _____.

   c) Il _____ le lave-vaisselle et _____ les plats dans l'_____.

   d) Il _____ les lits le matin et _____ le déjeuner.

   e) Il _____ de bons petits plats et _____ la table pour le dîner.

   f) Il _____ les tapis avec un _____.

   g) Finalement, il _____ sur un _____ et _____ jusqu'à cinq heures.

   • nettoyer, cuisiner, se reposer, laver, vider, faire, dresser, s'asseoir, mettre, ranger, préparer
   • brosse, commode, aspirateur, fauteuil, eau, armoire

2. Quels hommes ou femmes célèbres auriez-vous aimé connaître?

3. Racontez un incident qui vous est arrivé et que vous auriez pu éviter.

4. Quelles qualités auriez-vous aimé posséder? Quels défauts vous auraient été utiles dans la vie?

5. Si vous aviez eu le pouvoir magique de changer quelque chose de votre passé, qu'auriez-vous changé?

6. Quel serait le rôle des robots dans la vie d'un(e) étudiant(e), d'un(e) comptable, d'un(e) secrétaire, d'un médecin, d'un(e) simple citoyen / citoyenne?

7. L'informatique est-elle un apport important ou négligeable pour la société en général?

COMPOSITIONS

1. Si vous aviez vécu au XIXe siècle, comment aurait été votre vie? Racontez.

2. Si on vous avait donné l'occasion de passer une journée avec l'homme ou la femme qui vous plaît le plus, qui auriez-vous choisi, et qu'auriez-vous fait?

PRONONCIATION

(Students can listen to the audio track for this exercise on MyFrenchLab; instructors will find it on CD 6, Track 1.)

Les semi-voyelles oué et ué (/w/ – /ɥ/)

I. Le son oué (/w/)

The semi-vowel /w/ always precedes a vowel sound and is written **ou**:

> oui, bouée, louer, avouer

The letter sequences **oi** and **oy** are pronounced /wa/:

> roi, toi, soi, soyons, endroit, voyage

The sequence **oin** is pronounced /wɛ̃/:

> soin, lointain, foin, moindre

II. Le son ué (/ɥ/)

The semi-vowel /ɥ/ always precedes a vowel sound and is written **u**:

> buis, fui, muer, ruée, nuage, ruelle

Répétez:

bu / buée	rue / ruer	lu / lui	fu / fui
su / suer	mu / muer	pu / puis	nu / nuit

III. Contraste /w/ – /ɥ/

Répétez:

1. bouée / buée   nouée / nuée
   enfouir / enfuir   oui / huit
   louis / lui   rouée / ruée

2. Louez-lui celui-ci.
   Puisque Louis conduit la nuit.

 # WEBLINKS

Past conditional

http://french.about.com/library/weekly/aa040800.htm

Plus-que-parfait

http://french.about.com/library/weekly/aa031800t.htm

www.rn.ac.th/kk/plus-que-parfait_ex1.htm

www.laits.utexas.edu/tex/gr/tap9.html

www.bertrandboutin.ca/Exercices_grammaire/ToC_web.htm

La Toile du Québec

www.toile.qc.ca/

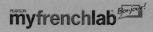 Visit MyFrenchLab at www.MyFrenchLab.com to access additional resources such as audio tracks, oral practice, the *cahier de laboratoire*, and self-grading quizzes.

CHAPITRE 17

L'environnement

Thèmes

- Les moyens à prendre pour protéger l'environnement

- Mon avenir: les choses que j'aurai accomplies

- Exprimer la manière de faire les choses et deux actions simultanées et faire des recommandations

- Exprimer la négation et la restriction

Lecture

La forêt qui chante

Grammaire

VOCABULAIRE UTILE

Noms

couche (f.)	layer
déboisement (m.)	deforestation
déchets toxiques (m. pl.)	toxic waste
effet de serre (m.)	greenhouse effect
espèce (f.)	species
forêt (f.)	forest
marée noire (f.)	black tide
menace (f.)	threat
milieu naturel (m.)	natural environment
nid (m.)	nest
niveau (m.)	level
oiseau (m.)	bird
patte (f.)	leg (of animal), paw
pluies acides (f. pl.)	acid rain
règne animal (m.)	animal kingdom
sol (m.)	soil

Adjectifs

écologique	ecological
nocif, nocive	noxious, harmful
polluant(e)	polluting
végétal(e)	vegetable

Verbes

asphyxier	to asphyxiate
augmenter	to increase
chasser	to hunt
contaminer	to contaminate
déverser	to unload
diminuer	to decrease
empoisonner	to poison
menacer	to threaten
nettoyer	to clean
(se) plaindre	to complain
polluer	to pollute
reboiser	to reforest
réduire	to reduce
rejeter	to discharge
sauvegarder	to safeguard

Adverbes

beaucoup	a lot, a great deal
ici (d')	from here, till
seulement	only

Préposition

contre	against

Expressions

en avoir assez; en avoir marre (familier)	to have had enough
en voie de disparition	endangered

GRAMMAIRE ET EXERCICES ORAUX

17.1 Le futur antérieur

The **futur antérieur** (the future perfect tense) is a compound tense that consists of the future tense of the auxiliary verb (**avoir** or **être**) and the past participle of the verb.

finir

j'	aurai fini		nous	aurons fini
tu	auras fini		vous	aurez fini
il / elle / on	aura fini		ils / elles	auront fini

devenir

je	serai devenu(e)		nous	serons devenu(e)s
tu	seras devenu(e)		vous	serez devenu(e)(s)
il / on	sera devenu		ils	seront devenus
elle	sera devenue		elles	seront devenues

se laver

je	me serai lavé(e)		nous	nous serons lavé(e)s
tu	te seras lavé(e)		vous	vous serez lavé(e)(s)
il / on	se sera lavé		ils	se seront lavés
elle	se sera lavée		elles	se seront lavées

The future perfect indicates that a future action will have occurred before some other future action or some future moment.

> **J'*aurai fini* de préparer le repas quand les invités arriveront.**
> I will have finished preparing the meal when the guests arrive.

> **Lorsque tu *seras arrivé(e)* chez toi, tu me téléphoneras.**
> When you have arrived at home, you will call me.

> **L'année prochaine, on *aura nettoyé* les rivières.**
> Next year, we will have cleaned the rivers.

> **J'*aurai terminé* ma recherche avant cinq heures.**
> I will have finished my research before five o'clock.

✳ Note:

The future perfect, like the future tense, is used after *quand, lorsque, dès que, aussitôt que, tant que,* whereas the present perfect is used in English after the corresponding conjunctions:

> **Dès que nous *aurons mangé*, nous partirons.**
> As soon as we have eaten, we will leave.

> **Il ne se reposera pas tant qu'il n'*aura* pas *terminé*.**
> He will not rest as long as he has not finished.

If the time lapse between both actions is minimal, the future tense rather than the future perfect is used after **dès que** and **aussitôt que**:

> **Il me téléphonera dès qu'il *arrivera*.**
> He will call me as soon as he arrives.

EXERCICES ORAUX

a. Répétez les phrases en employant les sujets entre parenthèses.

1. Nous (Marcel, mes parents, je) serons allés à l'usine.
2. Tu (il, vous, les étudiantes) auras appris le français.
3. Elle (nous, je, mes amis) se sera promenée près
   de la rivière.
4. Je (tu, vous, Albert) serai parti(e) à cinq heures.
5. Vous (elle, je, nous) aurez fait des recherches.
6. Ils (tu, Karine, vous) se seront mariés.

b. Qu'est-ce que vous aurez accompli dans dix ans?

1. Je (obtenir) mon diplôme en...
2. Je (quitter) cette ville.
3. Je (prendre) de longues vacances.
4. Je (acheter) une automobile.
5. Je (trouver) un emploi régulier.
6. Je (rencontrer) un(e) ami(e) sérieux(se).
7. Je (se marier) probablement.
8. Je (avoir des enfants).

c. Que fait-on après...

Modèle: Il apprendra le français, ensuite il ira au Québec. (quand)
Il ira au Québec quand il aura appris le français.

1. Je rencontrerai l'homme idéal, ensuite je me marierai. (lorsque)
2. J'écrirai cette lettre, ensuite nous irons nous promener. (aussitôt que)
3. Elle prendra un bain, ensuite elle préparera le repas. (quand)
4. Nous finirons notre partie d'échecs, ensuite je partirai. (dès que)
5. Il réalisera ses ambitions, ensuite il sera content. (lorsque)
6. Tu gagneras assez d'argent, ensuite tu achèteras une auto. (dès que)

d. Complétez les phrases suivantes. Employez le futur antérieur.

1. Je te téléphonerai dès que...
2. Nous partirons en vacances aussitôt que...
3. Jules prendra une décision dès que...
4. Je ne partirai pas tant que...
5. Vous viendrez me voir quand...
6. Tu me rendras mes CD lorsque...

17.2 Les verbes irréguliers *ouvrir, offrir, souffrir*

Ouvrir means "to open" and is conjugated like regular **-er** verbs in the present indicative and the imperative.

Présent de l'indicatif	Impératif (2ᵉ personne)	Participe passé	Futur
j' **ouvre**	**ouvre**	**ouvert**	**j'ouvrirai**
tu **ouvres**			
il / elle / on **ouvre**			
nous **ouvrons**			
vous **ouvrez**			
ils / elles **ouvrent**			

Plus-que-parfait	Conditionnel présent	Conditionnel passé
j'avais ouvert	**j'ouvrirais**	**j'aurais ouvert**

Offrir (to offer/to present someone with something) and **souffrir** (to suffer) are conjugated in the same way, and so are **couvrir** (to cover) and **découvrir** (to discover).

Il fait chaud: "**Ouvre** la fenêtre!"

Elle **a couvert** le pot de crème d'un papier d'aluminium.

Le ciel **se couvrait** de nuages.

Nous **découvrirons** la solution au problème du déboisement.

Il **offrait** des fleurs à toutes les femmes.

Cet animal a eu la patte cassée: il **souffre** beaucoup.

EXERCICES ORAUX

a. Répondez aux questions.

1. Quand il avait fait chaud, j'ai ouvert la fenêtre de ma chambre. Et toi? Et vous?
2. Quand j'aurai ouvert le livre de français, j'aurai la réponse. Et elle? Et eux? Et vous?
3. Elle a offert un café à ses invités. Et toi? Et tes parents?
4. Si vous aviez mieux cherché, vous auriez découvert le trésor. Et moi? Et lui? Et elles?
5. Je me couvre chaudement quand il fait froid. Et toi? Et lui? Et nous?

b. D'après vous...

1. Est-ce qu'il y a beaucoup d'oiseaux qui souffrent de la pollution de l'air?
2. Est-ce qu'on souffre de plus d'allergies aussi?
3. Est-ce qu'on découvrira un remède contre le SIDA d'ici dix ans?
4. Est-ce qu'on ouvre souvent des produits toxiques à la maison?
5. Est-ce que le ciel se couvre de nuages quand il y a un accident nucléaire?
6. Est-ce que les écologistes découvrent toujours les pollueurs?
7. Est-ce que l'air sain entrerait dans la classe si nous ouvrions les fenêtres?
8. Est-ce que nous offrirons une planète polluée à nos enfants?

17.3 Le participe présent

The present participle is formed by adding **-ant** to the stem of the first person plural form of the present indicative.

Infinitive (infinitif)	Present tense (1ˢᵗ person plural) (présent)	Present participle (participe présent)
appeler	nous **appel**ons	appelant
choisir	nous **choisiss**ons	choisissant
attendre	nous **attend**ons	attendant
aller	nous **all**ons	allant
faire	nous **fais**ons	faisant

Only three verbs do not conform to this pattern:

être ⟶ étant   **avoir** ⟶ ayant   **savoir** ⟶ sachant

The present participle is most often used after the preposition **en** to indicate

1) the means by which an end is achieved or the manner in which the action of the main verb is performed (**manière**):

   Elle a appris à chanter en imitant sa mère.

   She learned to sing by imitating her mother.

2) the moment when the action described by the main verb occurs (**moment**):

   En voyant le chien, elle a eu peur.

   Upon seeing the dog (the moment she saw the dog), she got scared.

3) the background action during the performance of which the action described by the main verb occurs (**simultanéité**):

   Il chante en prenant une douche.

   He sings while taking a shower.

✳ Note:

   In the negative, *ne* precedes the present participle and *pas* (or any other negative word) follows it:

   En *ne* respectant *pas* la nature, on provoque des catastrophes.

An object pronoun is placed directly before the present participle:

   Le gouvernement a aidé ces petites compagnies en *leur* donnant des subventions.

The present participle without **en** is most often used in writing and usually indicates a causal connection:

> **Ne connaissant personne dans cette ville, il s'ennuyait.**
>
> As he did not know anybody . . .
>
> **Étant très occupé(e), je n'ai pas pu prendre de vacances.**
>
> Since I was very busy . . .

EXERCICES ORAUX

a. Dites comment ça s'est passé (la manière). Utilisez *en + participe présent.*

Modèle: Comment a-t-on pollué les plages? (On y a jeté des déchets.)
On a pollué les plages en y jetant des déchets.

1. Comment a-t-on contaminé la mer?
   (On a déversé du pétrole.)
2. Comment a-t-on causé la mort des oiseaux?
   (On a détruit les nids.)
3. Comment a-t-on pollué l'atmosphère?
   (On a rejeté des gaz toxiques.)
4. Comment a-t-on déboisé les forêts?
   (On a coupé les arbres.)
5. Comment a-t-on tué certaines espèces animales?
   (On les a chassées sans restriction.)
6. Comment a-t-on dénaturé le paysage? (On a construit des autoroutes.)
7. Comment a-t-on sauvé des espèces végétales? (On a créé des parcs nationaux.)
8. Comment a-t-on protégé les ressources océaniques? (On a organisé des campagnes de sensibilisation.)

b. Quelle est la meilleure manière...

Modèle: de conserver la nourriture? (la réfrigérer)
En la réfrigérant.

1. de découvrir la solution? (utiliser un ordinateur)
2. de sauver les oiseaux? (protéger leurs nids)
3. de dépolluer les rivières? (nettoyer les berges)
4. de reboiser une forêt? (planter des arbres)
5. de rester en bonne santé? (bien manger)
6. de sauvegarder les animaux menacés?
   (créer des parcs nationaux)
7. de faire quelque chose d'utile pour sauvegarder notre environnement?
   (conserver l'énergie)

c. Des recommandations. *En + participe présent.*

> *Modèle:* Tu m'écriras quand tu arriveras là-bas.
>
> *Tu m'écriras en arrivant là-bas.*

1. Tu mangeras quand tu rentreras.
2. Tu me téléphoneras quand tu recevras la réponse.
3. Tu penseras à moi quand tu entendras cette chanson.
4. Tu lui parleras quand tu marcheras près de lui.
5. Tu te reposeras quand tu reviendras ce soir.
6. Tu prendras une pilule quand tu te coucheras.

d. Un mauvais moment.

> *Modèle:* Il est parti. Il a oublié ses clés.
>
> *Il a oublié ses clés en partant.*

1. Il est entré. Il ne m'a pas salué.
2. Je l'ai vue. Je ne l'ai pas reconnue tout de suite.
3. Il m'a vu. Il n'a pas souri.
4. Elle a quitté Toronto. Elle a eu de la peine.
5. Il a perdu son emploi. Il a été triste.
6. Je l'ai aperçu(e). J'ai été surpris de son apparence.

e. *En + participe présent* (simultanéité). Comment et quand?

> *Modèle:* Il s'est cassé la jambe pendant qu'il faisait du ski.
>
> *Il s'est cassé la jambe en faisant du ski.*

1. J'ai attrapé mal à la tête pendant que je l'écoutais.
2. Le vieillard est tombé pendant qu'il traversait la rue.
3. Nous avons découvert ce restaurant pendant que nous nous promenions.
4. Je lisais le journal. J'ai vu une photo de ton père.
5. Le mineur descendait dans la mine. Il a eu un accident.
6. Il parlait avec des amis. Il a appris la nouvelle.
7. Je rentrais chez moi à pied. Je me suis blessé(e).
8. Renée voyageait. Elle l'a rencontré(e).

17.4 La négation

Adverbs

1) **ne... jamais** (never)	≠	**parfois, quelquefois** (sometimes), **une fois** (once), **toujours** (always), **souvent** (often)
Je **n**'ai **jamais** vu de lion.		J'ai vu un lion **une fois**.
2) **ne... pas encore** (not yet)	≠	**déjà** (already)
Il **n**'a **pas encore** de voiture.		Il a **déjà** une voiture.

3) **ne... pas non plus** (neither)   ≠   **aussi** (also/too)
   Je **n'**irai **pas** au cinéma **non plus**.   J'irai au cinéma **aussi**.

4) **ne... plus** (no more/no longer)   ≠   **encore** (still)
   Nous **ne** te verrons **plus**.   Nous te verrons **encore**.
   Il **ne** boit **plus** d'alcool.   Il boit **encore** de l'alcool.

5) **ne... nulle part** (nowhere)   ≠   **quelque part** (somewhere), **partout** (everywhere)

   Il **ne** veut aller **nulle part**.   Il veut aller **quelque part**.
   On **n'**en trouve **nulle part**.   On en trouve **partout**.

✳ Note:

1) After these negative expressions, just as after *ne... pas*, the forms of the indefinite and partitive articles all become *de*.

2) With *ne... non plus* stress pronouns are frequently used:
   Moi non plus, je ne suis pas fatigué(e).
   Ils ne sont pas venus, **eux** non plus.

The conjunction *ni*

Ni means the opposite of **et** and **ou** and is most often used in the structure **ne** + verb + **ni... ni** to connect two expressions having the same grammatical function, that is, two direct or indirect objects, two predicate adjectives, etc.

   Je **ne** suis **ni** malade **ni** fatigué(e).
   Il **n'**est allé **ni** à Montréal **ni** à Québec.
   Je **n'**ai apporté **ni** mon manteau **ni** mes gants.
   Elle **n'**a parlé **ni** au professeur **ni** aux autres étudiants.

After **ni... ni**, no indefinite or partitive article is used. Compare the following sentences:

   Il mange **des** fruits et **des** légumes.   Elle boit **du** vin et **de la** bière.
   Il ne mange **ni** fruits **ni** légumes.   Elle ne boit **ni** vin **ni** bière.
   As-tu **un** frère et **une** sœur?
   Je n'ai **ni** frère **ni** sœur.

EXERCICES ORAUX

a. Dites le contraire des phrases suivantes.

   1. Je suis déjà allé(e) en Chine.
   2. J'ai déjà mangé du caviar.
   3. Il veut aller quelque part.
   4. Nous voyagerons partout.
   5. Il y avait des policiers partout.
   6. J'ai aperçu tes clés quelque part.
   7. Jean-Paul et Simone sortent souvent ensemble.
   8. Elle m'a quelquefois offert des fleurs de son jardin.

9. Je le vois toujours à la bibliothèque.
10. Vous écoutez souvent du jazz.
11. Il a encore essayé de la rencontrer.
12. Tu feras encore des erreurs.
13. Toi aussi, tu es sportif(ive).
14. Je prendrai un café aussi.
15. Charles est actif et dynamique.

16. Nous irons en Italie et en France.
17. Elle l'a dit à Pierre et à Suzanne.
18. Elle a acheté une jupe et une robe.
19. Il a du courage et de l'ambition.
20. Je veux cette chemise et ce pantalon.
21. Paul n'aime pas le caviar, et toi?

b. Votre amie se plaint de sa colocataire. *J'en ai marre...*

1. Moi, je fais *toujours* la vaisselle, mais elle _____.
2. Elle laisse ses vêtements *partout,* mais moi _____.
3. J'ai *déjà* payé le loyer, mais elle _____.
4. Elle mange tous *les fruits et les légumes,* alors que moi _____.
5. Elle reçoit *souvent* ses amis, mais moi _____.
6. Je prends *quelquefois* ses messages, mais elle _____.
7. J'ai *encore* lavé ses vêtements, mais elle _____.
8. J'ai *déjà* essayé de discuter, mais elle _____.
9. Elle boit *du vin et de la bière,* mais moi _____.
10. J'ai essayé d'arrêter de fumer *une fois,* mais elle _____.
11. Je fais *parfois* les courses, mais elle _____.
12. Elle veut *encore* habiter avec moi, mais moi _____.

17.5 *Ne... que* (la restriction)

Ne... que has the same meaning as **seulement** (only). **Ne** is placed before the verb and **que** before the expression that is modified by the restriction:

Il a **seulement** seize ans.
Elle est ici depuis **seulement** six mois.
J'achète **seulement** les DVD
bon marché.

Il **n**'a **que** seize ans.
Elle **n**'est ici **que** depuis six mois.
Je **n**'achète **que** les DVD bon marché.

Ne... que is not a negative but a restrictive expression. Therefore, the indefinite and definite articles do not change to **de** when they follow **ne... que**:

Nous n'avons mangé que **des** fruits.
Elle n'a regardé qu'**un** film.

EXERCICES ORAUX

a. Substituez *ne... que* à *seulement*.

1. Il fait seulement de la chimie.
2. Je le reverrai seulement s'il devient plus aimable.
3. Cette bouteille contient seulement un demi-litre.
4. Je te téléphonerai seulement quand je serai revenu(e).
5. Il y a seulement des mines dans cette région.
6. Je l'ai invité seulement parce que c'est ton ami.
7. Ouvre seulement une fenêtre.
8. Elle dort seulement cinq heures par nuit.
9. Cet arbre a seulement dix mètres de haut.
10. Cette voiture coûte seulement mille dollars.
11. Il est seulement dix heures du soir.

b. Demandez à votre voisin(e):

   Modèle: Combien as-tu de DVD?
   Je n'en ai que dix.

1. Combien as-tu de livres dans ta serviette?
2. Combien d'orteils as-tu?
3. Combien de langues parles-tu?
4. Combien d'étudiants y a-t-il dans la classe?
5. Combien de bicyclettes as-tu?
6. Combien de jours y a-t-il en février?
7. Combien de langues officielles y a-t-il au Canada?
8. Combien de temps reste-t-il avant la fin de la classe?
9. Combien de semaines reste-t-il avant la fin des cours?
10. Depuis combien de mois étudies-tu le français?

EXERCICES ÉCRITS

a. Mettez les verbes entre parenthèses au futur antérieur.

1. J'espère que nous nous reverrons quand tu (revenir) de vacances.
2. Nous pourrons partir dès que je le (voir).
3. Je donnerai au chien la nourriture que nous (acheter).
4. Je suis sûr(e) que tu la trouveras sympathique quand tu la (rencontrer).
5. Rends-moi ce livre aussitôt que tu le (lire).

b. Mettez les verbes entre parenthèses au présent de l'indicatif et puis au futur antérieur.

1. Henri (offrir) une cravate à son père.
2. Est-ce que vous (souffrir) beaucoup?
3. La pluie entre dans la pièce quand on (ouvrir) la fenêtre.
4. Elle (se couvrir) le visage de maquillage.
5. Nous (découvrir) de nouvelles choses.

c. La simultanéité — le moment.

Modèle: Il est tombé. (monter l'escalier)
Il est tombé en montant l'escalier.

1. On développe ses muscles.
   (faire de la natation)
2. Chantal a souri. (me regarder)
3. Je l'ai aperçu(e). (entrer dans la classe)
4. Nous mangeons. (regarder la partie de hockey)
5. Frédéric est devenu riche. (vendre des maisons)
6. J'ai appris la nouvelle. (lire le journal)
7. Tu as trouvé ce portefeuille. (te promener)
8. Madeleine a trouvé un emploi. (rentrer de voyage)

d. La manière. Employez *en + participe présent.*

Modèle: Comment as-tu appris le violon?
Je l'ai appris en prenant des leçons.

1. Comment a-t-on attrapé un rhume?
2. Comment es-tu resté en forme?
3. Comment les enfants ont-ils appris à respecter la nature?
4. Comment a-t-on réussi à éliminer la pollution?
5. Comment a-t-on appris les nouvelles récentes?

e. Donnez le contraire des phrases suivantes.

1. Je veux voyager partout.
2. Fernande a encore des allergies.
3. J'écoute parfois la radio.
4. Ils sont déjà rentrés du camping.
5. Louis a aussi acheté un ordinateur.
6. Elle est intelligente et ambitieuse.
7. Nous mangeons des fruits et des légumes.
8. Il a apporté son livre et ses notes de classe.
9. Je vais quelquefois à la plage.

f. Substituez *ne... que / qu'* à *seulement.*

1. Je te parlerai seulement quand tu seras plus raisonnable.
2. Elle veut seulement un sandwich.
3. Les Desjardins ont seulement deux enfants.
4. On peut ouvrir seulement une fenêtre.
5. Il y a des fleurs seulement devant la maison.
6. Nous nous reverrons seulement dans deux mois.
7. J'ai lu ce livre seulement parce que tu me l'as recommandé.
8. Il va suivre seulement trois cours.

Lecture

La forêt qui chante

FRÉDÉRIC, FRÉDÉRIC... Ce sifflement mélodieux émerge du mur de feuillages qui borde un îlot du lac Besnard, en Saskatchewan. Ce chant solitaire, tout le monde le connaît: *frédéric, frédéric...,* c'est le leitmotiv de la forêt boréale canadienne.

Le petit chanteur est invisible dans les arbres, mais son identification est facile. C'est un bruant à gorge blanche. [...] Au bout du lac nous attend une petite rivière, qui nous mènera jusque dans le Churchill...

Des milliards d'oiseaux fréquentent la forêt boréale depuis que les arbres ont remplacé les grands glaciers, il y a environ 10 000 ans. Cette forêt couvre plus de la moitié de la superficie du Canada. [...]

Les oiseaux de la forêt boréale sont pour la plupart des espèces migratrices. En fait, [...] 186 espèces de 35 familles différentes qui nichent dans la forêt nous viennent de climats plus doux, et [...] si on ajoute 41 espèces de passage, on arrive au total de 227, soit près de 80% de toutes les espèces d'oiseaux que l'on trouve au Canada et le tiers de toutes celles d'Amérique du Nord! [...]

Les maringouins, les moustiques et les taons [...] forment une véritable manne dont les oiseaux nicheurs nourrissent leurs petits. Parce que la belle saison est très courte, en effet, tous ces insectes éclosent presque simultanément, fournissant [...] une source d'alimentation quasi illimitée. [...]

Mais la forêt boréale leur offre un autre grand avantage: son immensité et sa continuité. [...]

On se représente mal l'étendue de la forêt boréale. Le Canada est sans doute le seul pays au monde que l'on pourrait traverser à pied, de l'Atlantique au Pacifique, sans la quitter. Elle y forme un grand arc du Labrador au Yukon, en touchant les Grands Lacs au sud, et couvre une partie importante de sept des dix provinces et des trois territoires. Au total, cinq fois la superficie de l'Europe de l'Ouest. Elle représente le quart des dernières grandes forêts vierges de la planète.

Ce paysage austère est devenu l'image typique du Canada, mais a aussi été le moteur essentiel de son développement. Il y a d'abord eu les pelleteries, puis les minéraux, l'énergie hydroélectrique, le bois, la pâte à papier, le pétrole et le gaz. [...]

Toute la frange australe de cet écosystème boréal a été lourdement transformée par le développement industriel, mais [...] sa plus grande partie est encore intacte, conservant toute sa capacité de filtrer et de nettoyer les eaux, et d'abriter un ensemble faunique et floristique complexe. Dans un monde où trois espèces disparaissent chaque heure, il s'agit d'une rareté, voire d'un miracle. En effet, la forêt boréale canadienne est une immense volière, qui produit des milliards et des milliards d'oiseaux tous les printemps.

Extrait de *L'actualité* – Géographica de Candace Savage

abriter	to shelter	**moustique** (m.)	mosquito
ampleur (f.)	vastness	**nicher**	to nest
austral(e)	southern	**nuée** (f.)	cloud
boréal(e)	northern	**pelleterie** (f.)	fur trade
bruant (m.)	bunting	**quitter**	to leave
éclore	to hatch	**sifflement** (m.)	whistle
feuillage (m.)	foliage	**superficie** (f.)	surface
frange (f.)	fringe	**taon** (m.)	horsefly
îlot (m.)	islet	**volière** (f.)	nursery
leitmotiv (m.)	motive	**voire**	indeed
mener	to lead		

QUESTIONS

1. Quel est le leitmotiv de la forêt boréale canadienne?
2. Quelle est l'ampleur de la forêt boréale au Canada?
3. Combien d'espèces d'oiseaux y nichent-ils?
4. Qu'est-ce qui attire tous ces oiseaux?
5. Qu'est-ce que la forêt boréale a de plus à nous offrir?
6. Quelles parties du pays couvre-t-elle?
7. Pourquoi dit-on que la forêt a été un moteur de développement au Canada?
8. Qu'est-ce qui explique qu'on considère la forêt boréale comme un miracle?
9. D'après vous, quels dangers menacent la forêt boréale canadienne?

SITUATIONS – CONVERSATIONS

1. Vous représentez votre pays ou votre province au COMITÉ DE LA DÉFENSE DE L'ENVIRONNEMENT.

    Préparez un bref discours de présentation dans lequel vous...

    a) exposez la situation environnementale qui existe dans votre pays (pollution de l'air, des eaux, du sol) et signalez les sources de pollution.

    b) décrivez les moyens entrepris pour améliorer la situation.

    c) vous préparez à répondre aux questions des autres membres du comité.

2. Faites des questions et répondez-y d'après le modèle suivant.

    Modèle: Quelle est la première chose que tu fais en te levant le matin?
    En me levant le matin, j'écoute la radio / je me prépare un café / je me lave / je lis le journal.

    Quelle est la première chose que tu fais en rentrant chez toi le soir?
    Quelle est la première chose que tu fais en arrivant en classe? en entrant dans une discothèque?, etc.

3. Posez des questions et répondez-y en employant *en + participe présent* pour exprimer la manière.

    Modèles: Comment est-ce qu'on devient cultivé?

    On améliore sa culture générale en lisant beaucoup.

    Comment est-ce qu'on fait la vaisselle?

    On fait la vaisselle en lavant les ustensiles avec de l'eau chaude et du savon.

    Comment est-ce qu'on va en Afrique?

    On va en Afrique en prenant le bateau ou l'avion.

4. Posez des questions qui demandent des réponses négatives.

    Modèles: Est-ce que tu es *déjà* allé(e) au Tibet?

    Non, je ne suis jamais allé(e) au Tibet.

    Est-ce que tu as *déjà* une profession?

    Non, je n'ai pas encore de profession.

    Est-ce que tu apportes ton ordinateur *partout*?

    Non, je ne l'apporte nulle part.

5. Posez des questions et répondez-y en employant le futur antérieur.

    Modèles: Qu'est-ce que tu feras quand tu auras fini tes études?

    Quand j'aurai fini mes études, je ferai un voyage autour du monde.

    Voudras-tu avoir des enfants après que tu te seras marié(e)?

    Oui, après que je me serai marié(e), j'aurai trois enfants.

6. Êtes-vous pour ou contre l'exploitation de l'énergie nucléaire? Justifiez votre opinion.

7. Est-il important de faire tous les efforts possibles pour protéger toutes les espèces d'animaux en voie de disparition, même si, pour cela, il faut supprimer des projets technologiques importants? À la limite, est-ce que les intérêts humains justifient la disparition d'un bon nombre d'espèces animales?

8. On prévoit, au XXIe siècle, une pénurie de nombreuses ressources naturelles et un manque de nourriture pour une population de plus en plus considérable. Que va-t-il se passer selon vous? Vers quoi les efforts humains devraient-ils être orientés pour faire face à ces problèmes?

9. Qu'aurez-vous accompli d'ici 5 ans?

    Exemples: *J'aurai fini mes études en sciences.*

    J'aurai travaillé pour le gouvernement. Etc.

COMPOSITIONS

1. Avez-vous une vision optimiste ou pessimiste de l'avenir? Réussira-t-on à trouver des solutions aux problèmes de pollution et de diminution des ressources naturelles? Quels genres de nouvelles technologies envisagez-vous?

2. Est-ce que l'avenir de l'humanité dépendra de la recherche spatiale?

3. La pénurie de ressources naturelles et énergétiques ainsi que la pénurie de nourriture vont-elles créer des conflits internationaux? Les guerres seront-elles inévitables ou est-ce que les nations vont s'orienter vers une meilleure répartition des ressources et une entraide?

4. Vous prenez de bonnes résolutions à l'occasion du Nouvel An: Qu'est-ce que vous allez faire que vous n'avez pas encore fait? Qu'est-ce que vous ne ferez plus? Qu'est-ce que vous ne ferez jamais? Employez beaucoup de négations diverses.

 ## PRONONCIATION

(Students can listen to the audio track for this exercise on MyFrenchLab; instructors will find it on CD 6, Track 10.)

La semi-voyelle /j/ (le yod)

The semi-vowel **/j/** is written **i** or **y** in the following sequences of letters:

I. I or y + pronounced vowel

Répétez:

il y a	rayer	fier	mieux	confiant	rayon	mien
spécial	métier	miel	vieux	amiante	inspiration	viens
yaourt	parliez	pluriel	cieux	expérience	condition	maintien
immédiat	inquiet	assiette	sérieux	viande	omission	bientôt
racial	ennuyé	mièvre	dieu			

II. Vowel + il or ille

Répétez:

ail	soleil	feuille	fouille
maille	oreille	œil	houille
travail	veille	seuil	rouille
caillé	conseil	cueille	nouille
ailleurs	treille	deuil	douille

III. The combination of sounds /ij/

The following sequences of letters are associated with /ij/:

1) consonant + **r** or **l** precedes the sound /ij/
   crier, trier, sablier, plier, plia, plions

2) consonant + **ill** or **ille** + vowel:
   griller, grillon, briller, famille, fille

WEBLINKS

Present participle

www.polarfle.com/exercice/avpartpres.htm

www.restena.lu/amifra/exos/exprecr/partpres.htm

www.bertrandboutin.ca/Exercices-grammaire/ToC_web.htm

Negation

www.swarthmore.edu/Humanities/gmoskos1/interexercice/negprep.htm

www.swarthmore.edu/Humanities/gmoskos1/interexercice/negations2.htm

www.swarthmore.edu/Humanities/gmoskos1/interexercice/negations.htm

Environnement Canada

www.ec.gc.ca

Statistiques Canada: Le territoire et les ressources

http://cansim2.statcan.ca/cgi-win/cnsmcgi.pgm?Lang=F&SP_Action=Sub&SP_ID=3786

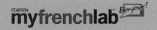

Visit MyFrenchLab at www.MyFrenchLab.com to access additional resources such as audio tracks, oral practice, the *cahier de laboratoire,* and self-grading quizzes.

Les Cajuns de la Louisiane

Thèmes

- Les Cajuns, le Mardi gras et la Louisiane

- Qu'est-ce que la diversité peut apporter à une société?

- Mes sentiments, mes émotions, mes désirs, mes doutes, mon opinion

- Exprimer la nécessité, l'incertitude, un souhait

Lecture

Les écrivains et la Louisiane

Grammaire

18.1 Le subjonctif présent

18.2 Emploi du subjonctif après des expressions impersonnelles

18.3 Les pronoms relatifs *ce qui, ce que, ce dont*

18.4 Le verbe irrégulier *battre*

18.5 Les pronoms relatifs précédés d'une préposition

VOCABULAIRE UTILE

Noms

appareil (m.)	appliance
argent (m.)	money
aube (f.)	dawn
avenir (m.)	future
billet (m.)	ticket
bonheur (m.)	happiness
canne à sucre (f.)	sugar cane
chaussette (f.)	sock
colline (f.)	hill
concours (m.)	contest
course (f.)	race
coutume (f.)	custom
crépuscule (m.)	twilight
crevette (f.)	shrimp
croyance (f.)	belief
crustacé (m.)	shellfish, crustacean
échecs (m. pl.)	chess
entraînement (m.)	training
ferme (f.)	farm
fourrure (f.)	fur
guerre (f.)	war
(l')humeur (f.)	mood
(le) hasard (m.)	chance
incendie (m.)	fire
lac (m.)	lake
langue (f.)	language
marais (m.)	swamp
mesure (f.)	time
mode de vie (m.)	way of life
pétrole (m.)	crude oil, petroleum
pompier (m.)	fireman
rat musqué (m.)	muskrat
raton laveur (m.)	racoon
renseignement (m.)	information
riz (m.)	rice
saucisse (f.)	sausage
sentiment (m.)	feeling
terre (f.)	land
trappeur (m.)	trapper

troupe (f.)	band

Adjectifs

désolé(e)	sorry
étonné(e)	astonished
juste	in tune
pétrolier, pétrolière	oil
renommé(e)	famous
sauvage	wild

Verbes

attraper	to catch
disparaître	to disappear
emprunter	to borrow
énerver	to annoy
(s')entendre	to get along
exiger	to demand
(s')habituer à	to get used to
(s')inquiéter	to worry
irriter	to irritate
réagir	to react
(se) rendre compte (de)	to realize
(se) retrouver	to gather, to meet
réunir	to bring together
signifier	to mean
souhaiter	to wish

Adverbes

couramment	fluently
près	near

Expressions

battre la mesure	to beat time
battre la chamade (cœur)	to pound, beat wildly (heart)
la lune de miel	honeymoon

Proverbe

battre le fer quand il est chaud	to strike while the iron is hot

GRAMMAIRE ET EXERCICES ORAUX

18.1 Le subjonctif présent

The indicative mood is used by the speaker to report events factually. The subjunctive mood is used in subordinate clauses to relate an event that follows from a certain attitude or proviso. Specific instances in which the subjunctive forms are used will be detailed in this and the following chapters.

The present subjunctive of regular verbs

The present subjunctive of regular verbs is formed by dropping **-ent** from the third person plural form of the present indicative and adding to that stem the subjunctive endings, which are **-e, -es, -e, -ions, -iez, -ent**.

	regarder	finir	vendre
que je	regarde	finisse	vende
que tu	regardes	finisses	vendes
qu' il / elle / on	regarde	finisse	vende
que nous	regardions	finissions	vendions
que vous	regardiez	finissiez	vendiez
qu' ils / elles	regardent	finissent	vendent

Regular **-er** verbs with spelling changes in their stems in the present indicative retain these changes in the present subjunctive:

> **acheter:** j'achète / nous achetions
>
> **espérer:** j'espère / nous espérions
>
> **appeler:** j'appelle / nous appelions
>
> **jeter:** je jette / nous jetions
>
> **payer:** je paie / nous payions

The present subjunctive expresses a *present* or *future* event.

Use of the subjunctive after certain verbs and verbal expressions

The subjunctive is used in subordinate clauses introduced by the conjunction **que** when the verb or verbal expression in the main clause expresses

1) an emotion or a feeling:

aimer	J'aimerais que vous restiez ici.
avoir peur	Elle a peur qu'ils ne lui obéissent plus.
être content	Je suis content(e) que tu réussisses.
être désolé	Elle est désolée que je ne m'entende pas avec son ami.
être heureux	Elle est heureuse que nous travaillions.
être triste	Il est triste que tu ne répondes pas à ses lettres.
être surpris	Elle est surprise que nous ne fumions plus.
regretter	Nous regrettons que vous abandonniez la ferme.

2) a wish, a desire, or a demand:

désirer	Elle désire que tu lui répondes.
exiger	Il exige que je lui rende son argent.
souhaiter	Je souhaite que vous lui parliez.
préférer	Je préfère que tu ne m'attendes pas.
vouloir	Ils veulent que nous chantions.

3) a doubt:

douter	Je doute qu'il finisse son travail à temps.

4) an opinion: verbs like **croire, être sûr, penser, supposer**, etc., when used in the negative and the interrogative, imply doubt and are generally followed by the subjunctive.* However, when they are used in the affirmative, no doubt is implied and they are followed by the indicative. Compare the following sentences:

croire	Il croit que nous chantons bien.
	Il ne croit pas que nous **chantions** bien.
	Croit-il que nous **chantions** bien?
penser	Elle pense que nous l'attendons.
	Elle ne pense pas que nous l'**attendions**.
	Pense-t-elle que nous l'**attendions**?
être sûr	Tu es sûr(e) qu'il obéit à ses parents.
	Tu n'es pas sûr(e) qu'il **obéisse** à ses parents.
	Es-tu sûr(e) qu'il **obéisse** à ses parents?
être certain	Elle est certaine que nous travaillons bien.
	Elle n'est pas certaine que nous **travaillions** bien.
	Est-elle certaine que nous **travaillions** bien?

Subjunctive versus infinitive

When the subject of the subordinate clause refers to the same person or thing as the subject of the main clause, avoid using the structure **que** + subjunctive. Instead, put the subordinate verb in the infinitive:

Nous préférons attendre.

(Rather than: **Nous** préférons que **nous** attendions.)

* When these verbs are used in a question about some *future* event, generally the future tense or the present conditional is used in the subordinate clause rather than the subjunctive:

Pensez-vous qu'elle **rentrera**?   Avez-vous cru que nous **réussirions**?

Je veux le rencontrer.

(Rather than: **Je** veux que **je** le rencontre.)

Je regrette de ne pas réussir.

(Rather than: **Je** regrette que **je** ne réussisse pas.)

Tu as peur d'oublier.

(Rather than: **Tu** as peur que **tu** oublies.)

As in the last two examples, remember to insert a preposition before the infinitive if required after the conjugated verb.

EXERCICES ORAUX

a. Que veulent vos parents? Exprimez leurs désirs, selon le modèle.

Modèle: Je veux étudier dans une autre université.

Mes parents ne veulent pas que j'étudie dans une autre université.

1. Je veux partir en vacances seul(e).
2. Je souhaiterais vivre dans un autre pays.
3. Je désire sortir tous les samedis soirs.
4. Je veux acheter une voiture de sport.
5. Je voudrais étudier les arts.
6. Je souhaite louer un appartement très moderne.
7. Je voudrais déménager dans une grande ville cosmopolite.
8. Je veux me marier prochainement.
9. Je voudrais décider moi-même de mon avenir sans consulter personne.

b. Exprimez une opinion en employant *Je pense que* + indicatif ou *Je ne pense pas que* + subjonctif.

1. Est-ce que les Acadiens habitent tous au Nouveau-Brunswick?
2. Est-ce qu'on parle créole en Louisiane?
3. Est-ce qu'ils parlent français?
4. Est-ce que les trappeurs attrapent toujours des visons?
5. Est-ce qu'on ne mange que des crevettes en Louisiane?
6. Est-ce que le milieu rural présente plus d'intérêt que le milieu urbain?
7. Est-ce que les colons s'établissent près des bayous?

c. Votre copain / copine est de mauvaise humeur et rejette toutes vos suggestions.

1. Veux-tu qu'on écoute de la musique? Non, ...
2. Veux-tu qu'on joue aux cartes? Non, ...
3. Préfères-tu qu'on joue aux dominos? Non, ...
4. Aimerais-tu qu'on choisisse un bon film? Non, ...
5. Désires-tu que nous mangions au restaurant? Non, ...
6. Préfères-tu que nous parlions de tes problèmes? Non, ...
7. Veux-tu que nous travaillions à l'ordinateur? Non, ...

8. Veux-tu qu'on se promène dans le parc? Non, ...

9. Qu'est-ce que tu veux alors? Je veux que...

d. Demandez à un(e) autre étudiant(e)...

Modèle: de vous répondre.

Je veux que tu me répondes.

1. de vous obéir.
2. de réfléchir.
3. de choisir un de vos CD.
4. de vous vendre sa bicyclette.
5. de vous attendre.

6. de vous prêter une cravate.
7. de vous rendre votre stylo.
8. de descendre de la voiture.
9. de finir son dessert.
10. de réussir au concours.

e. Exprimez vos sentiments.

Modèle: heureux — vous étudiez le français

Je suis heureux(euse) que vous étudiiez le français.

1. désolé — vous mangez mal à la cafétéria
2. surpris — vous arrivez à l'heure
3. content — vous m'attendez
4. heureux — vous vous entendez bien

5. furieux — il ne répond pas à ma lettre
6. étonné — elle rougit si facilement
7. touché — vous me donnez ce cadeau
8. triste — tu agis de cette manière

f. Exprimez le doute.

Modèle: Il me rendra mon livre.

Je doute qu'il me rende mon livre.

1. Nous arriverons à l'heure.
2. Tu réagiras bien.
3. Elle vendra ses livres.
4. Nous nous habituerons à cette nouvelle vie.

5. Il punit ses enfants.
6. Vous vous rendez bien compte de la difficulté.
7. Nous le retrouverons.

18.2 Emploi du subjonctif après des expressions impersonnelles

The subjunctive is also used in subordinate clauses introduced by **que** after impersonal expressions to express necessity, possibility, and probability:

il (ne) faut (pas)	Il faut que je réfléchisse.
il (n')est (pas) nécessaire	Il est nécessaire que vous restiez.
il (n')est (pas) important	Il est important que vous m'écoutiez.
il (n')est (pas) possible	Il est possible que je vende ma voiture.
il (n')est (pas) impossible	Il n'est pas impossible que nous réussissions.
il est peu probable	Il est peu probable qu'elle obéisse.
il est improbable	Il est tout à fait improbable qu'il fasse défection.
il semble	Il semble qu'elle ne réfléchisse pas assez.

However, after impersonal expressions expressing certainty, the indicative mood is used:

il est sûr / certain	Il est certain qu'il réussira.
il est clair / évident	Il est évident qu'elle perd son temps.
il est vrai	Il est vrai que nous mangeons trop.
il est probable	Il est probable que nous aboutissons à une entente.
il me semble que	Il me semble que cette négociation est cruciale.

EXERCICES ORAUX

a. Qu'est-ce qu'il faut faire demain?

Il faut que je / j'...

1. _____ (rencontrer) l'agent de voyages.
2. _____ (organiser) mes vacances.
3. _____ (étudier) à la bibliothèque.
4. _____ (téléphoner) à mon copain / ma copine.
5. _____ (laver) mes chaussettes.
6. _____ (lire) un nouveau roman.
7. _____ (mettre) de l'ordre dans ma chambre.
8. _____ (acheter) un cadeau pour Marc.
9. _____ (commander) mon nouveau vélo.
10. _____ (établir) un itinéraire de voyage.
11. _____ (emprunter) de l'argent à mon père.

b. Exprimez la possibilité, la probabilité ou la certitude.

1. Il est possible que nous (rentrer) à minuit.
2. Il est peu probable que je (vendre) mon ordinateur.
3. Il est probable qu'elle (arriver) demain.
4. Il n'est pas impossible que je (réussir) à rencontrer le premier ministre.
5. Il est peu probable qu'elle (choisir) de devenir médecin.
6. Il est sûr que cette équipe (gagner) le match de dimanche.
7. Il semble que Serge (réagir) moins bien que Nicole.
8. Il est impossible que tu (ne pas réussir).
9. Il est clair que nous (ne pas s'entendre).
10. Il est peu probable que nous (rentrer) avant la semaine prochaine.
11. Il est évident que vous (ne pas aimer) ces gens.

18.3 Les pronoms relatifs *ce qui*, *ce que*, *ce dont*

Ce qui, **ce que** (what/that/which), and **ce dont** are relative pronouns without antecedents: They refer to ideas that have not been expressed or that are expressed later in the sentence.

1) **Ce qui:** subject

> **Je ne comprends pas ce qui t'inquiète.**
>
> I do not understand what worries you.

Ce qui, in this example, has no antecedent.

> **Ce qui l'intéresse, c'est l'histoire des Acadiens.**
>
> What interests him is the history of the Acadians.

Here, **ce qui** stands for (anticipates) the idea "l'histoire des Acadiens."

2) **Ce que:** direct object

> **Je veux savoir ce que tu as trouvé.**
>
> I want to know what you found.
>
> **Ce qu'il veut, c'est aller en Louisiane.**
>
> What he wants is to go to Louisiana.

3) **Ce dont:** object of a verb requiring the preposition **de**

> **Je ne sais pas ce dont il a besoin.** (avoir besoin **de**)
>
> I do not know what he needs.
>
> **Ce dont il a peur, c'est de ne pas trouver d'emploi.** (avoir peur **de**)
>
> What he is afraid of is not finding a job.

 EXERCICES ORAUX

a. Vous ne comprenez pas l'attitude de votre amie. Employez *ce qui, ce que, ce dont* dans vos réponses.

> *Modèle:* Marie a besoin de quelque chose.
>
> *Je ne comprends pas ce dont elle a besoin.*

1. Il se passe quelque chose.
2. Elle me demande quelque chose.
3. Elle parle de quelque chose.
4. Elle a peur de quelque chose.
5. Elle dit quelque chose.
6. Quelque chose l'énerve.
7. Quelque chose la préoccupe.
8. Elle veut quelque chose.

b. Je me pose des questions. Employez *Je me demande* et *ce qui, ce que* ou *ce dont*.

> *Modèle:* Qu'est-ce qui provoque les crises économiques?
>
> *Je me demande ce qui provoque les crises économiques.*

1. Qu'est-ce qu'il a acheté?
2. Qu'est-ce que ça signifie?
3. Qu'est-ce qui l'amuse?
4. De quoi a-t-elle envie?
5. Qu'est-ce qui lui donne mal à la tête?

6. Qu'est-ce qu'ils ont fait?
7. De quoi discutent-ils?
8. Qu'est-ce qui l'irrite?
9. Qu'est-ce qu'il y a dans cette boîte?

18.4 Le verbe irrégulier *battre*

Présent de l'indicatif		*Participe passé*	*Futur*	*Subjonctif présent*
je **bat**s	nous **batt**ons	**battu**	je **battrai**	que je **batte**
tu **bat**s	vous **batt**ez			
il / elle / on **bat**	ils / elles **batt**ent			

Battre means "to beat," "to beat up," or "to defeat":

Il bat la mesure quand il chante.
Pour faire une omelette, il faut battre des œufs.
J'ai battu mon frère aux échecs.

Se battre (avec/contre) means "to fight (with/against)":

Les deux boxeurs se sont bien battus.
Mon fils s'est battu avec le vôtre à l'école.

Combattre also means "to fight" but it is a transitive verb (it can take a direct object):

Pendant la guerre, il a combattu les Allemands.
Il faut combattre la tyrannie.

Abattre means "to fell":

Ils abattront tous les arbres qui sont sur cette colline.

EXERCICES ORAUX

a. Répondez aux questions.

1. Est-ce que le professeur bat la mesure?
2. As-tu déjà battu un record sportif?
3. Est-ce qu'on bat des blancs d'œuf pour faire de la meringue?
4. Est-ce que tu bats les œufs pour faire une omelette?
5. Est-ce que tu me battrais si nous jouions aux échecs?
6. Est-ce que les gangsters se battent entre eux?
7. Est-ce que les Américains se sont déjà battus contre les Japonais?

8. Contre qui les Canadiens se sont-ils battus pendant la Deuxième Guerre mondiale?
9. Est-ce que tu te bats contre l'injustice?
10. Avec quels médicaments est-ce qu'on combat une infection?
11. Est-ce qu'on abat beaucoup d'arbres au Canada?
12. As-tu déjà abattu un arbre?

18.5 Les pronoms relatifs précédés d'une préposition

The relative pronouns used as objects of prepositions other than **de** are

1) **Qui** if the antecedent is a person:

Je connais cet étudiant. Paul est assis *à côté de cet étudiant*.

⟶ **Je connais l'étudiant *à côté de qui* Paul est assis.**

      I know the student beside whom Paul is sitting.

J'ai rencontré la jeune femme *avec qui* tu es sorti.
I met the young lady with whom you went out.

Voilà les infirmières *à qui* j'ai parlé.
Here are the nurses to whom I spoke.

2) **Lequel (laquelle, lesquels, lesquelles)** if the antecedent is a thing:*

C'est le restaurant. Nous nous sommes rencontrés *près de ce restaurant*.

⟶ **C'est le restaurant *près duquel* nous nous sommes rencontrés.**

      This is the restaurant near which we met.

Elle m'a parlé du projet *auquel* elle travaillait.
She told me about the project on which she was working.

C'est la moto *avec laquelle* je suis allé(e) en Floride.
This is the motorcycle on which I went to Florida.

3) **Quoi** if the antecedent is an idea or if there is no antecedent:

Je ne sais pas *à quoi* il pense. (no antecedent)
I do not know what he is thinking about.

Mon oncle connaissait le directeur, grâce *à quoi* j'ai obtenu un emploi.
My uncle knew the director, thanks to which I got a job.

(**Quoi** refers to the fact: "Mon oncle connaissait le directeur.")

Note that in French the preposition precedes the relative pronoun, which must always be mentioned, whereas in English the preposition is often placed at the end of the relative clause and the relative pronoun is frequently omitted.

* The forms of **lequel** may also be used when the antecedent is a person. However, it is recommended for practice at this stage to use **qui** to refer to persons and the forms of **lequel** to refer to things.

EXERCICES ORAUX

a. Transformez les phrases d'après le modèle.

> *Modèle:* Je n'ai pas revu cet homme. J'ai prêté de l'argent à *cet homme.*
>
> *Je n'ai pas revu cet homme à qui j'ai prêté de l'argent.*

1. Elle n'aime pas ces gens. Elle doit travailler avec *ces gens.*
2. Regarde le garçon. Sylvie est assise à côté de *ce garçon.*
3. Je dois rencontrer un client. Je vais vendre une maison à *ce client.*
4. Voici le professeur. J'ai préparé un travail pour *ce professeur.*
5. Connais-tu cette femme? Henri joue au tennis avec *cette femme.*
6. C'est l'architecte. J'ai parlé à *cet architecte.*

b. Même exercice.

> *Modèle:* C'est la rivière. Nous allons nous promener le long de *cette rivière.*
>
> *C'est la rivière le long de laquelle nous allons nous promener.*

1. Voici le parc. J'habite en face de *ce parc.*
2. Je ne connais pas le jeu. Vous voulez jouer à *ce jeu.*
3. Ce sont les outils. Je travaille avec *ces outils.*
4. C'est un problème. J'ai beaucoup réfléchi à *ce problème.*
5. Raconte-moi la discussion. Tu as participé à *cette discussion.*

c. Faites des phrases d'après le modèle. Employez *Je ne sais pas + préposition + quoi.*

> *Modèle:* Tu t'attendais à quelque chose.
>
> *Je ne sais pas à quoi tu t'attendais.*

1. Elle pense à quelque chose.
2. Je vais laver la vaisselle avec quelque chose.
3. Les enfants jouent à quelque chose.
4. Ils se battent contre quelque chose.
5. Je vais commencer par quelque chose.

EXERCICES ÉCRITS

a. Exprimez un souhait, un désir. Employez le subjonctif.

1. Elle veut. Tu lui (vendre) ta bicyclette.
2. Il préfère. Tu (finir) le travail sans lui.
3. Nous désirons. Elle (retourner) à la maison.
4. Tu préfères. Je (acheter) un billet pour toi.
5. Vous exigez. Il vous (rendre) votre argent.
6. Elles souhaitent. Vous leur (écrire) bientôt.
7. Je veux. Tu (rendre visite) à ton père malade.
8. Il exige. Nous (remettre) notre devoir.

b. Exprimez des sentiments.

1. Je regrette. Vous (ne pas aimer) ce film.
2. Je ne suis pas content(e). Mon chien (ne pas obéir).

3. Nous avons peur. Il (ne pas finir) ses études.

4. Yoko est étonnée. Nous (parler) japonais.

5. Ses parents sont tristes. Elle (agir) sans réfléchir.

6. Je suis désolé(e). Vous (tomber) souvent malade.

c. Exprimez le doute.

1. Je doute que Paul (vendre) son auto.

2. Nous doutons que l'argent (apporter) le bonheur.

3. Tu doutes que Nadine (se marier) au printemps.

4. Il doute que je (réussir) à tous mes examens.

5. Vous doutez que Jim (dépenser) beaucoup d'argent.

6. Elles doutent qu'on (choisir) la bonne profession.

d. Exprimez une opinion. Attention à l'indicatif présent ou au subjonctif.

1. Elle est sûre que tu l'(attendre).

2. Croyez-vous qu'il (répondre) correctement?

3. Elle n'est pas certaine que nous (chanter) juste.

4. Je ne crois pas que vous (vous amuser) beaucoup.

5. Mon beau-frère pense que nous (parler) toujours de lui.

e. Exprimez la possibilité ou la nécessité.

1. Il est souhaitable. Nous (attendre) quelques jours.

2. Il est nécessaire. Vous (arriver) à l'avance.

3. Il est possible. Elle (vendre) sa voiture.

4. Il faut. Tu (réfléchir) longtemps.

5. Il est probable. Elle m'(attendre).

6. Il n'est pas impossible. Nous le (trouver) à la bibliothèque.

f. Mettez les verbes entre parenthèses au présent du conditionnel.

1. On (abattre) trop d'arbres.

2. Nous (se battre) contre l'injustice.

3. Les pompiers (combattre) l'incendie.

4. Je (ne pas battre) mon chien.

5. Elle (battre) ses amies aux cartes.

g. Remplacez les tirets par *ce qui, ce que* ou *ce dont*.

1. Je voudrais bien savoir _____ tu as envie.

2. L'étudiant ne comprend pas _____ est écrit au tableau.

3. Dites-moi _____ vous avez besoin.

4. Savez-vous _____ il faut faire?

5. _____ l'inquiète, c'est d'avoir oublié ses livres chez elle.

6. Fais _____ tu veux.

h. Remplacez les tirets par le pronom relatif approprié. N'oubliez pas la contraction (*auquel, duquel,* etc.).

1. Il habite une maison derrière _____ il y a un parc.

2. Je ne sais pas avec _____ je vais réparer cet appareil.

3. Il veut que nous rencontrions la jeune femme avec _____ il va se marier.

4. La course à pied est un sport pour _____ il faut beaucoup d'entraînement.

5. C'est une discussion à _____ je refuse de participer.

6. L'homme devant _____ Hélène est assise travaille avec mon père.

7. Ce sont des questions _____ je n'ai pas beaucoup réfléchi.

8. Il regardait les gens en face _____ il était assis.

9. Le lac près _____ j'habite est très grand.

10. Dis-moi contre _____ tu te bats.

Lecture

Les écrivains et la Louisiane

La Louisiane a donné naissance et a inspiré quelques écrivains célèbres dont Solomon Northup, auteur de *Esclave pendant 12 ans*, le romancier contemporain Ernest Gaines, le dramaturge William Faulkner; Frank Scott Fitzgerald y a écrit *De ce côté du paradis* et Tennessee Williams, né Thomas Lanier, *Un tramway nommé Désir*.

Cependant, pour les Acadiens du Nord et les Cajuns du Sud, le poète qui a le plus marqué la conscience de cette collectivité est Henry Wadsworth Longfellow avec son long poème *Évangéline* qui dépeint la tragique odyssée vécue presque un siècle plus tôt par les populations acadiennes et résume bien tous les rêves évanouis.

Évangéline Bellefontaine a pour fiancé Gabriel Lajeunesse. Sa dot est formée de terre et de bétail. Leur avenir est fait d'enfants grandissant à l'ombre de l'église de Grand-Pré. Brusquement paraît l'Anglais. Les hommes attendent dans l'église, puis à bord des navires que leurs femmes les rejoignent. C'est ainsi, n'étant pas mariés, que Gabriel et sa belle empruntent des directions différentes. Toute leur existence se déroule ensuite au rythme des retrouvailles qui n'ont jamais lieu.

Évangéline épuise sa jeunesse à parcourir les colonies où Gabriel pourrait avoir posé pied. Devenue vieille, l'espoir l'abandonne. Revêtant l'habit des religieuses qui se consacrent au soin des pauvres, des malades et des moribonds, elle a la douleur, vers la fin de sa vie, de reconnaître le beau Gabriel, sous les traits d'un vieillard grabataire qui meurt en la reconnaissant. La dernière rencontre se déroule en Louisiane, dans un hôpital de Saint-Martinville.

Pour tous, les personnages romanesques de Longfellow sont loin d'être fictifs et l'on ne doute pas un instant qu'ils aient vraiment existé sous les noms d'Emmeline Labiche et de Louis Arsenaux et on est sûr, en Acadie septentrionale et en Acadie louisianaise, qu'ils appartiennent tous deux à l'histoire.

Extrait de *Louisiane, Guide de voyage Ulysse* de Richard Bizier et Roch Nadeau

advenir	to happen	**moribond** (m.)	dying
ainsi	in this manner	**navire** (m.)	vessel
attirer	to attract	**ombre** (f.)	shadow
bétail (m.)	livestock	**œuvre** (f.)	work
brusquement	abruptly	**paraître**	to appear
collectivité (f.)	community	**parcourir**	to travel
(se) consacrer	to devote	**poser: — pied**	to set foot
dépeindre	to depict	**reconnaître**	to recognize
(se) dérouler	to take place	**rejoindre**	to join
dot (f.)	dowry	**religieux(se)**	religious
dramaturge (m./f.)	playwright	**rencontre** (f.)	meeting
entasser	to cram	**résumer**	to sum up
épuiser	to wear out	**retrouver**	to find
espoir (m.)	hope	**retrouvailles** (f. pl.)	reunion
s'évanouir	to vanish	**rêve** (m.)	dream
grabataire	bedridden	**siècle** (m.)	century
habit: revêtir l'—	to take the veil	**soin** (m.)	care
jeunesse (f.)	youth	**terre** (f.)	land
lieu: avoir —	to take place	**trait** (m.)	trait
marquer	to mark	**vieillard** (m.)	old man

QUESTIONS

1. Quels sont les écrivains connus qui sont nés ou ont vécu en Louisiane? Connaissez-vous d'autres œuvres de ces écrivains?
2. Quels sont le poète et le poème qui ont le plus marqué les Cajuns?
3. Qu'est-ce qu'une dot? De quoi se composait celle d'Évangéline?
4. Si vous connaissez l'histoire de la Déportation, dites pourquoi on a entassé les hommes dans l'église.
5. Qu'est-il advenu des fiancés Évangéline et Gabriel?
6. Comment s'est passée la jeunesse de l'héroïne?
7. Comment a-t-elle choisi de passer ses vieux jours?
8. Comment et où se sont retrouvés les éternels fiancés?
9. Les personnages de Longfellow sont-ils fictifs pour les descendants des Cajuns?

SITUATIONS – CONVERSATIONS

1. À l'aide des expressions connues et du subjonctif, exprimez...

   la nécessité: nommez deux choses que vous devez faire chaque matin.
   un souhait: nommez une qualité que vous souhaitez trouver chez votre ami(e).
   un sentiment: nommez deux choses que vous aimez chez vos parents.

2. Est-il important que les minorités linguistiques conservent leur langue maternelle et leur héritage culturel? Qu'est-ce que la diversité peut apporter à une société? Faut-il encourager l'enseignement des langues maternelles aux minorités?

3. À part la France, le Canada et certaines régions des États-Unis, connaissez-vous d'autres pays où on parle couramment le français? Chacun de vous devra recueillir des renseignements sur un pays particulier et parler du statut et de l'usage du français dans ce pays.

4. Connaissez-vous la Louisiane?

   La Louisiane est aux _____. La capitale de la Louisiane est _____.
   En Louisiane, on parle _____.
   Une autre grande ville dans cet État est _____. En Louisiane, il y a des
   _____ où nagent calmement des _____. Les États voisins de la
   Louisiane sont _____ et _____. Un grand fleuve se trouve en
   Louisiane: _____.

5. Vous avez visité la Louisiane. Dites quelle a été la plus mauvaise surprise, l'anecdote la plus drôle ou la plus étonnante, la situation la plus embarrassante, la mésaventure la plus déplaisante, les souvenirs les plus émouvants, les plus beaux paysages de cet État.

6. Quel est l'aspect de votre héritage national qui: a) est sans valeur, b) est de valeur limitée, c) est de valeur considérable, d) doit être protégé?

7. Utilisez ces expressions dans une phrase: avoir des caractères différents / opposés; avoir du caractère; avoir un caractère de chien / de cochon; avoir un sale caractère.

COMPOSITIONS

1. Racontez un voyage dans le sud des États-Unis.

2. Pensez-vous que la cuisine soit un aspect important d'une culture? de la vie en général? Quelles sont vos préférences culinaires?

PRONONCIATION

(Students can listen to the audio track for this exercise on MyFrenchLab; instructors will find it on CD 6, Track 17.)

I. Ch: le son /ʃ/ et le son /k/

Most of the time, the letters **ch** are pronounced /ʃ/.

Répétez:

chat	cher	chose	marche
charmant	achète	chocolat	mèche
chameau	chemise	chou	poche
champ	chimique	chute	bouche
chanter	chipie	fourchu	huche

In a few words borrowed from other languages, **ch** is pronounced **/k/**.

Répétez:

chaos, chianti, chœur, choléra

archaïsme, archange, archéologie, lichen, orchestre, orchidée, psychanalyse, psychologie, psychiatrie, écho

II. Gn: le son /ɲ/

Répétez:

agneau	compagne	digne	cognac
montagnard	Espagne	signal	Pologne
compagnie	Allemagne	consigne	Gascogne

III. Th: le son /t/

Répétez:

thé	sympathique	gothique
théâtre	mathématiques	pathétique
théorie	bibliothèque	luth
théologie	athéisme	vermouth

WEBLINKS

Subjunctive

http://french.about.com/library/weekly/aa111599.htm

www.geocities.com/sohlhaut/pressubj.html

www.quia.com/pop/11341.html

www.quia.com/tq/430127.html

www.city.londonmet.ac.uk/langstud/call/french/French/
    subjunctive/home.htm

Impersonal expressions

http://lilt.ilstu.edu/jhreid/grammar/subjimp.htm

Cajun culture

www.cajunculture.com/index.html

http://fr.wikipedia.org/wiki/cajuns

Relative pronouns

http://lilt.ilstu.edu/jhreid/grammar/prprep.htm

French Louisiana (a list of interesting links)

www.lafayettetravel.com/culture/history

www.acadianmemorial.org/french/index.html

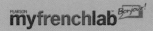

CHAPITRE 19

Les autochtones

Thèmes

- Les Amérindiens
- Les minorités
- Exprimer mon opinion,
  mes sentiments,
  la possibilité,
  la probabilité
  et le doute
- Donner des conseils

Lecture

*Le Québec amérindien et
inuit*

Grammaire

19.1 Le subjonctif des
     verbes irréguliers

19.2 La voix passive

19.3 Le verbe irrégulier
     s'asseoir

VOCABULAIRE UTILE

Noms

amérindien, amérindienne (m./f.)	Amerindian	**siège** (m.)	seat
amitié (f.)	friendship	**sujet: au — de**	regarding
bienfait (m.)	benefit	**terre** (f.)	land
chasse (f.)	hunting	**territoire** (m.)	territory
chasseur (m.)	hunter	**traité** (m.)	treaty
chef (m.)	chief	**tribu** (f.)	tribe
chevreuil (m.)	deer	**vérité** (f.)	truth

siège (m.) — seat
sujet: au — de — regarding
terre (f.) — land
territoire (m.) — territory
traité (m.) — treaty
tribu (f.) — tribe
vérité (f.) — truth

amérindien, amérindienne (m./f.) — Amerindian
amitié (f.) — friendship
bienfait (m.) — benefit
chasse (f.) — hunting
chasseur (m.) — hunter
chef (m.) — chief
chevreuil (m.) — deer
conditions de vie (exp.) — living conditions
droit (m.) — right
fierté (f.) — pride
gibier (m.) — game
hublot (m.) — window
information (f.) — news
loi (f.) — law
nouvelles (f. pl.) — news
phoque (m.) — seal
plaidoyer (m.) — plea
peuple (m.) — people
récompense (f.) — reward

Adjectifs

amaigrissant(e) — slimming
autochtone — native
cru(e) — raw
fier, fière — proud
funéraire — funeral

Verbes

atteindre — to reach
convaincre — to convince
construire — to build

Locution adverbiale

par terre — on the floor

GRAMMAIRE ET EXERCICES ORAUX

19.1 Le subjonctif des verbes irréguliers

1) Many irregular verbs have regular forms in the present subjunctive: **connaître, dire, dormir, écrire, lire, mentir, mettre, partir, sentir, servir**, etc. For example

connaître:	connaisse, connaisses, connaisse, connaissions, connaissiez, connaissent
lire:	lise, lises, lise, lisions, lisiez, lisent

2) **Être** and **avoir** have irregular stems and they are also the only verbs that have irregular subjunctive endings:

avoir:	aie, aies, ait, ayons, ayez, aient
être:	sois, sois, soit, soyons, soyez, soient

3) **Faire, pouvoir,** and **savoir** have an irregular stem:

faire:	fasse, fasses, fasse, fassions, fassiez, fassent
pouvoir:	puisse, puisses, puisse, puissions, puissiez, puissent
savoir:	sache, saches, sache, sachions, sachiez, sachent

The subjunctive forms of **falloir** and **pleuvoir** are **il faille** and **il pleuve**.

4) **Aller** and **vouloir** have two irregular stems:

aller: que j'aille, que tu ailles, qu'il / elle / on aille, qu'ils / elles aillent
que nous allions, que vous alliez

vouloir: que je veuille, que tu veuilles, qu'il / elle / on veuille, qu'ils / elles veuillent
que nous voulions, que vous vouliez

5) Some irregular verbs have regular subjunctive stems in the **je, tu, il / elle / on,** and **ils / elles** forms. The subjunctive stem for the **nous** and **vous** forms is the same as the imperfect of the indicative:

boire: boive, boives, boive, boivent
buvions, buviez

devoir: doive, doives, doive, doivent
devions, deviez

prendre: prenne, prennes, prenne, prennent
prenions, preniez

recevoir: reçoive, reçoives, reçoive, reçoivent
recevions, receviez

tenir: tienne, tiennes, tienne, tiennent
tenions, teniez

venir: vienne, viennes, vienne, viennent
venions, veniez

voir: voie, voies, voie, voient
voyions, voyiez

EXERCICES ORAUX

a. Exprimez vos sentiments.

1. Je suis content(e) qu'il ait de bonnes raquettes. (tu, nous, elles, vous)
2. Je suis heureux(euse) que tu veuilles venir au pow-wow. (vous, Mark, ils)
3. Il est bon que tu saches la vérité sur les Amérindiens. (elle, vous, mes amis)
4. Je suis surpris(e) que tu boives de l'alcool. (elle, vous, ces adolescents)
5. Il est désolé que tu n'ailles pas à la chasse avec lui. (elle, ses amis, vous)

b. Exprimez votre opinion à l'aide de *Je ne pense pas, Je ne crois pas + subjonctif.*

D'après moi,
1. les historiens ont toujours raison. Je _____.
2. les Amérindiens peuvent chasser partout au Canada. Je _____.
3. les Innu savent construire des iglous. Je _____.
4. ton ami Atondo va à Kuujjuaq. Je _____.

5. les autochtones tiennent beaucoup à nos valeurs. Je _____.

6. Tagoona est malade. Je _____.

7. ton cousin revient d'un voyage dans le Grand-Nord. Je_____.

8. la langue iroquoise est difficile à apprendre. Je _____.

c. Est-il possible ou probable que / qu'...?

1. Boirons-nous du champagne à la réception ce soir?

2. Viendras-tu avec ton ami Acharon?

3. Prendras-tu le train pour retourner à Inuvik la semaine prochaine?

4. Est-ce que vous voudrez venir avec nous à Métabechouan?

5. Prendrez-vous une décision au sujet de mon invitation?

d. Vous doutez de tout!

Modèle: Est-ce que les Inuits boivent surtout du thé?
Je doute qu'ils boivent surtout du thé.

1. Est-ce qu'un pow-wow est une danse funéraire?

2. Est-ce qu'on doit porter des mocassins pour la cérémonie?

3. Est-ce que Jaluk vient à la pêche au saumon?

4. Est-ce que ton frère apprend l'inuktitut?

5. Est-ce que Katari obtiendra de bonnes notes pour ce test de langue crie?

6. Est-ce qu'on doit suivre le guide pour participer aux activités traditionnelles?

e. Répondez.

1. Est-ce que nous devons écrire une lettre à l'Assemblée des Premières Nations?
Oui, il faut que _____.

2. Devons-nous lire la réponse du Chef? Oui, il faut que _____.

3. Doit-on dire la vérité sur les conditions de vie des autochtones? Oui, il faut que

_____.

4. Devons-nous soumettre un projet sur l'environnement? Oui, il faut que

_____.

5. Dois-je lire ce livre sur les Abénaquis? Oui, il faut que _____.

6. Quand est-ce que les Amérindiens doivent partir pour la chasse? Il faut que

_____.

7. Est-ce que les chasseurs doivent dormir sous la tente? Oui, il faut que _____.

19.2 La voix passive

The passive voice

A sentence in the passive voice is one in which the subject is acted upon ("Mary is congratulated by her friends.") whereas in a sentence in the active voice, the subject performs the action ("Her friends congratulate Mary.").

The French passive construction is similar to the English one to the extent that **être** followed by the past participle of the verb is substituted for the active form of the verb:

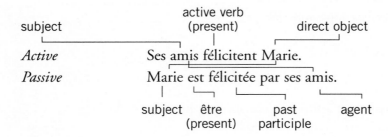

Note the changes that occur in this transformation:

1) the subject in the active construction becomes the agent in the passive, preceded by the preposition **par**;

2) the direct object in the active construction becomes the subject in the passive;

3) the tense of the verb in the active construction is the same as the tense of the auxiliary verb **être** in the passive;

4) the verb in the active construction becomes a past participle that agrees in gender and number with the subject in the passive.

With verbs indicating a feeling or a state more than an action, such as **accompagner**, **aimer**, **couvrir**, **précéder**, **respecter**, **suivre**, the agent is preceded by the preposition **de**:

> Il est aimé **de** ses amis.
> Elle était respectée **de** ses étudiants.
> Ce nom est précédé **d'**une préposition.

Sometimes the agent is not expressed:

> La vaisselle n'a pas été faite.
> Cet enfant sera puni.

Alternatives to the passive voice

1) It must be emphasized that in French, only the *direct object* of the verb in the active voice may become the subject of the verb in the passive voice. By contrast, in English it is possible to use as the subject of the passive sentence what would be the *indirect object* of the verb in the active voice. For instance, we may find in English a sentence such as

> Paul was given a book by Edith.

The corresponding sentence in the active voice is

> Edith gave **Paul** a book.

In the latter sentence, "Paul" is the *indirect object* of the verb, a fact that may be made more apparent by using the equivalent prepositional phrase:

> Edith gave a book **to Paul**.

In French, the indirect object of the verb in the active voice *cannot* become the subject of the verb in the passive voice. Hence, it would be impossible to create a sentence such as

> Paul a été donné un livre par Édith.

2) The restriction just mentioned is one of the reasons why the use of the passive voice is more frequent in English than in French. Of course, it would be possible (referring to the above example) to use the following sentence in the passive voice:

> Un livre a été donné à Paul par Édith.

Such a sentence, however, would sound as awkward in French as its equivalent in English ("A book was given to Paul by Edith"). The tendency in French is to use instead the corresponding sentence in the active voice:

> Édith a donné un livre à Paul.

Now, many sentences are created in English using the same pattern as "Paul was given a book" without mentioning the agent:

> He was given a present.
>
> Julian was told a lie.

The corresponding sentences in French use the active voice with the indefinite subject pronoun **on** as a subject:

> On lui a donné un cadeau.
>
> On a dit un mensonge à Julien.

3) When the verb expresses a general or habitual fact, the pronominal form of the verb may be substituted for **on** + active voice:

> Inuktitut is spoken in Kuujjaq. $\left\{ \begin{array}{l} \text{On parle inuktitut à Kuujjuaq.} \\ \text{L'inuktitut se parle à Kuujjuaq.} \end{array} \right.$

EXERCICES ORAUX

a. Mettez les phrases suivantes à la voix passive selon le modèle.

Modèle: Mes parents m'ont puni(e).

J'ai été puni(e) par mes parents.

1. Un grand Amérindien a écrit ce livre.
2. Henry Moore a exécuté cette sculpture.
3. Boris te battra au tennis.
4. L'orage a abattu plusieurs arbres.
5. Les étudiants n'ont pas compris cette légende.
6. Le chef prendra une décision.
7. Mes grands-parents m'ont offert ces mocassins.

b. Mettez les phrases à la voix passive en employant la préposition *de*.

> *Modèle:* Les étudiants aiment ce professeur.
>
> *Ce professeur est aimé des étudiants.*

1. Une réception suivra la Danse du soleil.
2. Ses collègues la respectent.
3. Son ami accompagnait Acharo.
4. Des nuages couvraient le ciel.
5. Une discussion a précédé le vote.

c. Mettez les phrases suivantes à la voix active selon le modèle.

> *Modèle:* Ces raquettes m'ont été données par Jaluk.
>
> *Jaluk m'a donné ces raquettes.*

1. Les clés ont été oubliées par Martine.
2. Ces livres lui ont été prêtés par ses amis.
3. Mes vêtements sont choisis par ma mère.
4. Cet article a été écrit par Tagoona.
5. Le kayak nous sera prêté par mon voisin.
6. Ma ligne à pêche est réparée par mes parents.
7. Le chevreuil était attendu par le coyote.

d. Mettez les phrases suivantes à la voix active selon le modèle.

> *Modèle:* Cette vieille maison va être démolie.
>
> *On va démolir cette vieille maison.*

1. Du pétrole a été découvert dans cette région.
2. Nous avions été invités au pow-wow.
3. Ce wigwam leur a été offert pour leur mariage.
4. Une réponse vous sera donnée la semaine prochaine.
5. Aucune solution n'a été trouvée.
6. Rien ne lui a été dit.

e. Transformez les phrases suivantes selon les modèles.

> *Modèle:* Le vin blanc est servi avec le poisson.
>
> *Le vin blanc se sert avec le poisson.*

1. Ces fruits sont vendus dans les magasins de produits exotiques.
2. Cet appareil peut être acheté dans tous les bons magasins.
3. Le huron est appris facilement.
4. Le phoque est mangé cru.
5. Cette construction langagière n'est pas employée en mandarin.

> *Modèle:* On n'apprend pas le huron en un mois.
>
> *Le huron ne s'apprend pas en un mois.*

1. On ne dit pas cela en algonquin.
2. On comprend facilement son erreur.
3. On parle aussi l'iroquois à Kanasetake.
4. On sert le poisson avec la tête.
5. On met la viande sur la glace.
6. On oublie difficilement une erreur historique.

19.3 Le verbe irrégulier *s'asseoir*

	Présent de l'indicatif	*Participe passé*	*Futur*
je	m'ass**o**is / m'ass**ie**ds	assis	je m'assoirai / m'assiérai
tu	t'ass**o**is / t'ass**ie**ds		
il / elle / on	s'ass**o**it / s'ass**ie**d		
nous	nous ass**o**yons / nous ass**e**yons		
vous	vous ass**o**yez / vous ass**e**yez		
ils / elles	s'ass**o**ient / s'ass**e**yent		

The present subjunctive is regular:

que je m'asseye / m'assoie

S'asseoir means "to sit down" and must not be confused with **être assis** (to sit/to be sitting):

Je m'assois sur une chaise. / Je suis assis(e) sur une chaise.
I sit down on a chair. / I am sitting on a chair.

EXERCICES ORAUX

a. Remplacez le sujet par les mots entre parenthèses.

1. Je m'assois sur le lit. (tu, elle, nous, les enfants)
2. Il s'est assis dans un fauteuil. (je, tu, Marie)
3. Nous nous assoirons par terre. (tu, Paul, vous, elles)
4. Il faut que tu t'assoies. (je, nous, ils, vous)

b. Répondez aux questions.

1. Préfères-tu t'asseoir sur une chaise ou dans un fauteuil?
2. Où t'assois-tu généralement quand tu lis?
3. Est-ce que vous vous asseyez / assoyez souvent par terre? Quand?
4. Si tu voyageais en avion, t'assoirais-tu près d'un hublot?
5. Est-ce que vous vous êtes déjà assis(e) dans le siège d'un pilote d'avion?
6. Est-ce que tu t'assoyais sur les genoux de ton père quand tu étais enfant?
7. Est-ce qu'il faut que tu t'assoies pour étudier?

EXERCICES ÉCRITS

a. Mettez le verbe au subjonctif à l'aide des différentes expressions.

Modèle: Il fait beau. (je suis content(e))
Je suis content(e) qu'il fasse beau.

1. Il pleut. (je regrette)
2. Le chef peut vous recevoir. (je ne pense pas)
3. Elle a tort. (il est possible)
4. Tu viens à la Danse du soleil. (je veux)
5. Elles sont à la bibliothèque. (il est peu probable)
6. Vous allez consulter un médecin. (il serait utile)
7. Vous savez ce qu'il faut faire. (il est bon)
8. Il faut faire tous les exercices. (je ne crois pas)
9. Nous sommes déjà en retard. (j'ai peur)
10. Vous voulez déjà partir. (je suis triste)
11. Tu ne vas pas à la bibliothèque. (c'est dommage)

b. Remplacez le verbe *devoir* par l'expression *Il faut que / qu'* + subjonctif.

Modèle: Tu dois partir.
Il faut que tu partes.

1. Tu dois dormir.
2. Je dois écrire à mes parents.
3. Les enfants doivent boire du lait.
4. Nous devons revenir demain.
5. Tu dois retenir cette leçon.
6. Vous devez lire ce livre.
7. Je dois mettre la table.
8. Ils doivent dire la vérité.
9. Tu dois me comprendre.
10. Il doit apprendre le cri.

c. Mettez les phrases suivantes à la voix active.

1. La nouvelle a été communiquée à Akomalik.
2. Cet article a été écrit par une Amérindienne.
3. Elle est aimée de tous ses camarades.
4. Une récompense lui a été offerte.
5. Les criminels ne sont pas assez punis.
6. La conférence sera suivie d'une discussion.
7. Ce canot m'a été prêté par des amis.
8. Ces documents rares ont été perdus.

d. Employez le verbe *s'asseoir* au temps et au mode appropriés.

1. Hier, nous _____ à côté des Duval au cinéma.
2. Pourquoi_____-tu toujours à côté de la fenêtre?
3. Pierre_____ près de Louise; Jean et Charlotte_____ à côté de moi.
4. Quand il était enfant, il _____ toujours par terre.
5. Où voulez-vous que je _____?
6. Je _____ où je voudrai!

Lecture

Le Québec amérindien et inuit

Aujourd'hui, il y a, en sol québecois, trois importants groupes culturels autochtones. Chacun de ces groupes se subdivise en 11 nations: Abénaquis, Algonquins, Atikamekw, Cris, Innuats (Montagnais), Malécites, Micmacs et Naskapis forment la famille algonquienne, Hurons-Wendat et Mohawks la famille iroquoienne et les Inuits.

Fuyant certains états de la Nouvelle-Angleterre à cause de raisons politiques et religieuses, les **Abénaquis** arrivent au Québec et s'installent dans l'une des régions agricoles les plus pittoresques et les plus riches du Québec. Alliés traditionnels des Français, ils ont tissé des liens avec leurs voisins et, aujourd'hui, leur communauté constitue un heureux mélange des patrimoines améridien, québecois et américain, qu'il s'agisse de l'architecture, des habitudes de vie ou encore des religions.

Le nomadisme est l'une des principales caractéristiques du peuple **algonquin** sur laquelle tous les membres de la communauté fondent leur conception de la vie, du temps et de l'espace. La contribution des Algonquins à la langue est incommensurable; on leur doit, entre autres, le nom de la ville d'Ottawa ou "lieu de rencontre" ainsi que "Abitibi," mot chéri des poètes qui signifie "là où se séparent les eaux".

Les **Atikamekw** sont les Amérindiens de l'intérieur. Chasseurs et pêcheurs d'abord, ils exploitent aussi l'eau d'érable, qui donne le sirop, la tire et tous les produits de la "cabane à sucre". De nos jours, ils sont réputés pour l'immense respect qu'ils portent à l'environnement, prêchant le développement durable.

Les **Cris** sont d'inlassables nomades de la forêt boréale et de la taïga[1]. Ils ont ainsi acquis une connaissance exceptionnelle de la flore et de la faune. En 1975, ils ont signé avec les gouvernements québecois et canadien la "Convention de la Baie James et du Nord Québecois", faisant de leur nation l'une des plus dynamiques et prospères au Québec.

C'est vers 1650 que les **Hurons** sont revenus dans la région du Québec. Les **Wendat** ont toujours eu le sens des affaires et se sont avérés au cours des siècles d'habiles négociateurs et de fins diplomates.

De nos jours, sept des neuf villages **innuat** du Québec occupent un territoire le long du littoral[2] nord du fleuve aux mêmes endroits où les familles ancestrales établissaient leurs camps d'été. La nation innuat a été la première à prendre en main la gestion de ses services éducatifs et de ses organismes culturels et politiques. Ils comptent conclure un traité avec les gouvernements provincial et fédéral pour obtenir un territoire agrandi et le droit d'en user, d'en jouir et d'en disposer librement.

De tous les temps, reconnus comme grands maîtres de la chasse, les **Inuits** se sont enracinés dans le Grand Nord ou Nunavik, territoire vaste et mystérieux. En quelques décennies, ils se sont projetés dans un monde contemporain. Ils sont présents dans les domaines du transport aérien et de l'alimentaire, particulièrement dans la mise en marché internationale du caribou et de l'omble.

Contrairement aux autres nations autochtones, les **Malécites** sont dispersés et se sont intégrés à la population.

Les **Micmacs** occupent l'est du Québec, le Nouveau-Brunswick et la Nouvelle-Écosse. Ce sont les seuls Amérindiens à avoir une tradition maritime d'importance. De nos jours, ils gèrent des rivières à saumons et ont élaboré un plan important de développement touristique avec un centre d'interprétation de l'environnement et un musée de la culture micmaque.

La nation **mohawk** est essentiellement urbaine aujourd'hui; ces descendants des Amérindiens dits "sédentaires" constituent la plus populeuse des nations autochtones du Québec. À la période de contact, ils formaient une société matrilinéaire, les femmes tenant un rôle prédominant dans la gouverne et la prise de décisions liées à la nation. Depuis 1850, des générations d'intrépides ouvriers mohawks spécialisés dans les hautes structures d'acier ont construit ponts et gratte-ciel au Québec, au Canada et aux États-Unis.

Naître **Naskapi** est tout à fait singulier car il n'y a, au Québec, qu'une seule communauté qui se compose d'un peu plus de 600 individus. Ils habitent un village à la frontière du Québec et du Labrador. Ils se démarquent par un type d'artisanat qui leur est particulier puisqu'il est presque entièrement fondé sur des matériaux issus du caribou.

Coexistant depuis près de 500 ans, les autochtones et les autres Canadiens n'ont pu échapper à l'influence qu'a exercée, l'un sur l'autre, chacun de ces groupes. Les Amérindiens et les Inuits ont adopté des modes de vie et des traits culturels de leurs voisins. Leur immense contribution cependant ne doit pas demeurer dans l'ombre et on a tous intérêt à la reconnaître et à l'apprécier à sa juste valeur.

[1] Taïga: forêt de conifères et de tourbière
[2] Littoral: près de la côte

Extrait de *Le Québec amérindien et inuit*

acier (m.)	steel	**lien** (m.)	tie
affaire (f.)	business	**lier**	to link up
(s')agir: il —	it is a matter of	**lieu** (m.)	place
artisanat (m.)	craft	**matériau** (m.)	material
(s')avérer	to prove	**matrilinéaire**	maternal ancestry, matrilineal
cabane à sucre (f.)	sugar shack		
concevoir	to conceive	**mélange** (m.)	mixing, blend
(se) démarquer	to distinguish o.s.	**mode de vie** (m.)	way of life
décennie (f.)	decade	**mot** (m.)	word
eau (f.)	water	**omble** (m.)	char
échapper	to escape	**ombre** (f.)	shade, shadow
endroit (m.)	location	**ouvrier, ouvrière**	worker
état (m.)	state	**pêcheur** (m.)	fisher
fuir	to evade	**porter**	to show
gérer	to manage	**rencontre** (f.)	meeting
gratte-ciel (m.)	skyscraper	**répartir**	to spread
habile	skilful	**réputé(e)**	renowned
habitude (f.)	custom	**signifier**	to mean
haut(e)	high	**sirop** (m.)	syrup
inlassable	tireless	**sol** (m.)	soil
issu(e)	stemming from	**tire** (f.)	toffee
(s')installer	to settle	**tisser**	to weave
jouir	to enjoy	**tourbière** (f.)	peat bog

QUESTIONS

1. Nommez les trois groupes culturels autochtones du Québec.
2. À quoi attribue-t-on la particularité des Abénaquis?
3. Quelle est la principale caractéristique du peuple algonquin?
4. Avez-vous d'autres exemples de contribution linguistique de la nation algonquine?
5. Quel produit essentiellement canadien les Atikamekw exploitent-ils?
6. Quelle convention ont signée les Cris en 1975?
7. Quelles habiletés reconnaît-on aux Hurons-Wendat?
8. En quoi la nation innuat s'est-elle distinguée?
9. Dans quels domaines les Inuits se sont-ils projetés?
10. Quelle est la particularité du peuple malécite?
11. Que font les Micmacs de nos jours?
12. Quelle sorte de société formaient les Mohawks autrefois?
13. En quoi les Naskapis se démarquent-ils des autres Amérindiens?
14. De quelle manière est-ce que la vie des autochtones a changé?

SITUATIONS – CONVERSATIONS

1. Que faut-il que vous fassiez aujourd'hui? (ce soir? demain? la semaine prochaine? l'année prochaine?)

2. Y a-t-il des autochtones dans votre province? Parlez-nous de leur origine, de leur culture, de leur vie. Croyez-vous qu'ils aient raison de préserver leur culture?

3. Notre société se veut plus consciente de son écologie. Quel enseignement pourraient nous fournir les autochtones?

4. Comment réagissez-vous aux injustices commises contre les autochtones?

5. Pourquoi, d'après vous, les gouvernements s'intéressent-ils aux droits des autochtones?

6. Parlons loisirs et passe-temps. Le jardinage (gardening), le pilotage (flying), le bénévolat (voluntary work), le magasinage (shopping), le bricolage (handyman work), l'artisanat (craft), le jeu (playing), le cyclisme (cycling), l'astrologie, la chasse, la musique, la photographie, la poterie, la danse, la navigation, l'astronomie, la céramique, la peinture, le théâtre.

   Quel est mon passe-temps favori?

J'adore:		
	Jouer la comédie	Prendre des photos
	Aller aux concerts	Observer les étoiles
	Fabriquer des meubles	Rouler à vélo
	Acheter des objets	Fabriquer des vases
	Planter des fleurs	Peindre un tableau
	Me promener en kayac	Rendre visite à des malades

7(a). Comment s'appelle une personne qui s'adonne…

au jeu? *Un(e) joueur(euse)* à la chasse? *Un(e) chasseur(euse)*

à la pêche? *Un(e) pêcheur(euse)* à l'astronomie? *Un(e) astronome*

à l'astrologie? *Un(e) astrologue* à la lecture? *Un(e) lecteur(trice)*

7(b). Comment s'appelle une personne qui est passionnée de…

… musique? *Un(e) mélomane*

… cinéma? *Un(e) cinéphile*

… collections? *Un(e) collectionneur(euse)*

Remplacez le mot ou l'expression qui ne convient pas.

M. Chichimon est mélomane, il fabrique des paniers _____.

Maman est peintre, elle brode des nappes _____.

Mon cousin est bibliophile, il collectionne les livres _____.

Mon beau-frère est cartophile, il joue aux cartes _____.

Le mari de ma cousine est bénévole, il achète des vieux disques _____.

Ma femme est astronome, elle fait des horoscopes _____.

Mon grand-père est collectionneur, il peint des tableaux _____.

Ma voisine est artisane, elle magasine régulièrement _____.

Mme Grand-canot est cinéphile, elle admire les étoiles _____.

COMPOSITIONS

1. On déplore les manifestations racistes contre les minorités. Croyez-vous que le racisme existe vraiment dans ce pays? À quoi l'attribuez-vous?

2. Préparez un plaidoyer en faveur des droits des autochtones.

3. S'il fallait que vous convainquiez un groupe minoritaire des bienfaits de votre civilisation, quels arguments apporteriez-vous?

 ## PRONONCIATION

(Students can listen to the audio track for this exercise on MyFrenchLab; instructors will find it on CD 6, Track 27.)

I. Le son p (/p/)

Répétez d'après le modèle:

pas	pis	pot	pour	père
patron	piston	pore	poule	appeler
partir	pire	reporter	poudre	répète
repasser	empire	rapport	repousser	pelle

pan	pont	pain	tape	loupe
penser	pondre	pincer	carpe	lampe
pendre	répondre	repeindre	type	trompe
soupente	lapon	lapin	taupe	pulpe

II. Le son t (/t̪/)

Répétez d'après le modèle:

ta	tôt	tout	thé	tic
étape	râteau	atout	amputé	timon
tableau	couteau	bistouri	haute	Attila
attaque	torride	retour	téléphone	otite

tant	ton	tain	patte	rote
tendre	tondre	teindre	rate	arête
attendre	laiton	atteindre	route	pente
honteux	chaton	lutin	rut	pinte

III. Le son k (/k/)

Répétez d'après le modèle:

carotte	cour	cultiver	qui	coma
cabane	couler	culot	quitte	cobra
écart	écouler	acculer	équilibre	école
escale	découper	recul	requis	accoler
conte	quand	sac	suc	brique
compter	cancan	bec	donc	moque
décompte	décanter	choc	banque	musc
acompte	encan	bouc	cinq	tchèque

WEBLINKS

Subjunctive (irregular verbs)

www.quia.com/custom/1226main.html

www.polarfle.ovh.org/test/avsubj.htm

www.connectigramme.com/subjonctif.html/odyframe.htm

Passive voice

www.restena.ln/amifra/exos/conj/passif.htm

http://french.about.com/library/weekly/aa012300.htm

http://lilt.ilstu.edu/jhreid/grammar/activpas.htm

Assembly of First Nations (bilingual)

www.afn.ca/

Indian affairs (bilingual)

www.ainc-inac.gc.ca

www.affairesautochtones.com/

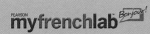

Visit MyFrenchLab at www.MyFrenchLab.com to access additional resources such as audio tracks, oral practice, the *cahier de laboratoire*, and self-grading quizzes.

CHAPITRE 20

L'emploi

Thèmes

- L'emploi
- Mon curriculum vitæ
- Une entrevue pour un emploi
- Comment exprimer un but, une concession, une condition, une restriction et le temps
- Ce que je fais aux autres
- Ce que les autres me font

Lecture

La méconnaissance de soi

Grammaire

20.1 Le subjonctif après certaines conjonctions

20.2 Emploi de l'infinitif à la place du subjonctif

20.3 *Faire* + infinitif

20.4 *Rendre* + adjectif

20.5 Le verbe irrégulier *conduire*

20.6 Les pronoms indéfinis

VOCABULAIRE UTILE

Noms

allemand(e) (adj.)	German
annonce classée (f.)	classified ad
aptitude (f.)	skill
assurance-emploi (f.)	employment insurance
bâtiment (m.)	building
avantages sociaux (m. pl.)	fringe benefits
boulot (m.) (fam.)	work
cadre (m.)	managerial staff
caissier, caissière (m./f.)	cashier
calcul (m.)	arithmetic
camion (m.)	truck
chômage (m.)	unemployment
chômeur, chômeuse (m./f.)	unemployed person
congé (m.)	leave
contremaître, contremaîtresse (m./f.)	foreman, forewoman
contribuable (m./f.)	taxpayer
curriculum vitæ (C.V.) (m.)	resumé
débouché (m.)	job prospect
demande d'emploi (f.)	job application
domaine (m.)	field
emploi (m.)	job
entreprise (f.)	firm
entrevue (f.)	interview
faiblesse (f.)	weakness
fonctionnaire (m./f.)	civil servant
gages (m. pl.)	wages
gardien, gardienne (m./f.)	babysitter
genre (m.)	kind
horaire (m.)	schedule
impôt (m.)	tax
main d'œuvre (f.)	manpower
métier (m.)	trade
ouvrier, ouvrière (m./f.)	labourer
poste (m.)	position
préposé(e) (m./f.)	employee

recherche (f.)	research
salarié(e)	wage earner
serveur, serveuse (m./f.)	waiter, waitress
tâche (f.)	task
travailleur, travailleuse (m./f.)	worker

Adjectifs

artisanal(e)	craft
autoritaire	authoritarian
disponible	available
épuisant(e)	exhausting
exigeant(e)	demanding
rémunérateur(trice)	lucrative

Verbes

congédier	to dismiss
démontrer	to demonstrate
(se) détendre	to relax
économiser	to save
embaucher	to hire
embrasser	to kiss
gagner (de l'argent)	to earn (money)
guérir	to cure
joindre	to reach
poster	to mail
prêter	to lend
remorquer	to tow
taper	to type
traduire	to translate

Adverbe

fort	a lot

Préposition

sauf	except

Expressions

à son compte	one's own business
poser sa candidature	to apply for
à temps partiel	part time
à temps plein	full time
marché du travail	job market

GRAMMAIRE ET EXERCICES ORAUX

20.1 Le subjonctif après certaines conjonctions

The subjunctive must be used in clauses introduced by conjunctions that express a goal, a concession, a condition, a restriction, and time.

pour que } so that
afin que } (a goal)

à moins que   unless (a restriction)

sans que   without (a restriction)

bien que } although
quoique   } (a concession)

avant que   before (time)

jusqu'à ce que   until (time)

pourvu que } provided that
à condition que } (a condition)

Exemples:

Je lui ai écrit **pour qu'**elle ait ma nouvelle adresse. (a goal)

Bien qu'il soit malade, il vient au boulot. (a concession)

Je te prêterai de l'argent **à condition que** tu me le rendes. (a condition)

Nous irons faire du ski **à moins qu'**il fasse trop froid. (a restriction)

Il persistera **jusqu'à ce qu'**il réussisse. (time)

EXERCICES ORAUX

a. Quels sont leurs buts? Employez *pour que* ou *afin que + subjonctif.*

   1. Cet ouvrier travaille fort. (Son contremaître est fier de lui.)
   2. Je poserai ma candidature à plusieurs postes. (On ne m'oubliera pas.)
   3. J'ai prêté mon ordinateur à mon frère. (Il pourra préparer son C.V.)
   4. Soignez bien votre C.V. (On aura une bonne opinion de vous.)
   5. Laisse-lui un message. (Il saura où te joindre.)

b. Quelquefois, il faut faire des concessions. Employez *bien que* ou *quoique + subjonctif.*

   1. J'aime ce travail; pourtant il n'est pas très rémunérateur.
   2. Elle continue de travailler au restaurant; pourtant elle trouve son patron trop exigeant.
   3. Je viendrai cette fin de semaine; pourtant j'ai beaucoup de travail.
   4. John s'occupe de l'administration; pourtant il déteste les chiffres.
   5. Louise veut devenir avocate; pourtant elle ne comprend pas bien le Code civil.

c. Il y a toujours une condition à tout. Employez le subjonctif.

   1. Je t'attendrai pourvu que tu _____.
   2. Elle fera une belle carrière à condition que ses patrons _____.

3. Nous choisirons une industrie pourvu que _____.
4. Je souhaite un poste de cadre à condition que la direction _____.
5. J'assumerai de nombreuses responsabilités pourvu que ma famille _____.

d. *Avec ou sans restriction.* Employez le subjonctif.

1. Je ne serai pas nerveux à l'entrevue à moins que _____.
2. Je peux prendre une décision sans que _____.
3. L'employeur m'oblige à répondre sans que _____.
4. Je peux terminer ce travail à moins que _____.
5. Sophie acceptera cet emploi à moins que _____.

e. Exprimez le temps. Employez *avant que.*

1. Je voudrais le revoir. Il s'en ira.
2. Nous te reverrons. Tu partiras.
3. Elle embrasse ses enfants. Ils dormiront.
4. Le professeur veut que nous lisions ce livre. Nous ferons notre composition.
5. Nous irons prendre un café. Tu partiras.

Employez *jusqu'à ce que.*

1. Nous regarderons ce film. Il se terminera.
2. Je te répéterai la même chose. Tu comprendras.
3. Elle restera au lit. Elle n'aura plus de fièvre.
4. Elle refuse de manger. Elle perdra cinq kilos.
5. Vous devriez rester ici. Il cesse de pleuvoir.

f. Un peu de tout... avec imagination! Faites des phrases avec les conjonctions suivantes.

1. pour que
2. bien que
3. jusqu'à ce que
4. pourvu que
5. à moins que

20.2 Emploi de l'infinitif à la place du subjonctif

When the subject of the main clause refers to the same person or thing as the subject of the subordinate clause in the subjunctive, the subjunctive is replaced by the infinitive and the following conjunctions are replaced by corresponding prepositions:

Conjunctions	*Prepositions*	*Conjunctions*	*Prepositions*
pour que	**pour**	**à moins que**	**à moins de**
afin que	**afin de**	**sans que**	**sans**
à condition que	**à condition de**	**avant que**	**avant de**

Do not use these constructions:

*J'*étudie pour que *je* devienne avocat.

Elle travaille pour qu'*elle* gagne de l'argent.

Elle viendra à condition qu'*elle* soit disponible.

Nous avons passé deux nuits sans que
  nous dormions.

Viens me voir avant que *tu* t'en ailles.

Je te le prêterai à moins que *j'*en aie besoin.

Use instead:

J'étudie pour devenir avocat.

Elle travaille pour gagner de l'argent.

Elle viendra à condition d'être disponible.

Nous avons passé deux nuits sans dormir.

Viens me voir avant de t'en aller.

Je te le prêterai à moins d'en avoir besoin.

Some conjunctions do not have a corresponding preposition: **bien que, quoique, pourvu que, jusqu'à ce que**. In such a case, the infinitive construction is not possible and the subjunctive must be used:

> Il fait du théâtre bien qu'il n'ait pas de talent.
>
> Quoique nous soyons occupés, nous irons voir ce film.
>
> J'étudierai jusqu'à ce que j'obtienne mon diplôme.
>
> Elle ira faire du patin pourvu qu'elle n'ait pas de rhume.

EXERCICES ORAUX

a. Transformez les phrases d'après le modèle.

> *Modèle:* Je reviendrai vous voir. J'en aurai le temps. (à condition de)
> *Je reviendrai vous voir à condition d'en avoir le temps.*

1. Je l'ai fait. J'y pensais. (sans)
2. Tu dois lire ce livre. Tu comprendras cette théorie. (afin de)
3. Il veut la revoir. Il va partir. (avant de)
4. Fais la vaisselle. Tu aideras ta mère. (pour)
5. Il réussira. Il travaillera. (à condition de)
6. Il tombera malade. Il se détendra. (à moins de)
7. Elle s'entraîne. Elle participera au marathon. (afin de)
8. On ne peut pas devenir ingénieur. On fait des maths. (à moins de)
9. Lave-toi les mains. Tu vas manger. (avant de)

b. Complétez les phrases suivantes. Employez l'infinitif ou le subjonctif selon le cas.

1. Je te téléphonerai avant de...
2. Elle étudiera jusqu'à ce que...
3. Je bois du café bien que...
4. Va voir un médecin pour que...
5. Je te prêterai ma voiture à condition que...
6. Il portera une cravate afin de...
7. Elle ne veut pas partir sans...
8. Nous irons nous promener à moins que...
9. Il s'habille avec élégance pour...
10. Tu réussiras pourvu que...
11. Les vacances finiront avant que...

20.3 *Faire* + infinitif

The causative construction **faire** plus infinitive indicates that the subject of **faire** causes an action to be performed by someone else. It corresponds to the English constructions "to make someone do (something)" and "to have something done (by someone)."

1) **Il fait travailler ses étudiants.**   He makes his students work.

In this sentence, **ses étudiants** refers to the people performing the action and is the direct object of **faire**. As a noun, it follows the infinitive. If it is replaced by a direct object pronoun, this pronoun must precede **faire**:

Il *les* fait travailler.   He makes them work.

Similarly:
Elle faisait lire sa fille.   ⟶   Elle *la* faisait lire.
Il fait rire les spectateurs.   ⟶   Il *les* fait rire.

2) **Il a fait réparer sa voiture.**   He had his car repaired.

Here, we do not know who performs the action: **Sa voiture** is the direct object of the infinitive **réparer** and refers to what the action is performed upon. However, the construction is identical to the one in (1): As a noun, the direct object of the infinitive follows it; as a direct object, it precedes **faire**:

Il *l'*a fait réparer.   He had it repaired.

Similarly:
Elle fait décorer sa maison.   ⟶   Elle *la* fait décorer.
Il a fait bâtir sa maison.   ⟶   Il *l'*a fait bâtir.

✳ Note:
The past participle of *faire* does not agree with the direct object in a causative construction.

3) **Il fait répéter la phrase aux étudiants.**   He makes the students repeat the sentence.

When, as in this sentence, the infinitive has a direct object (**la phrase**) and the person or group performing the action is also mentioned, the noun referring to the latter is preceded by the preposition **à** or **par**. If it is a pronoun, the indirect object pronoun is used:

Il *leur* fait répéter la phrase.   He makes them repeat the sentence.

Similarly:
J'ai fait écrire la lettre par la secrétaire.   ⟶   Je *lui* ai fait écrire la lettre.

Elle fait laver la vaisselle par les enfants.   ⟶   Elle *leur* fait laver la vaisselle.

Note that a direct object pronoun and an indirect object pronoun may be used together in this construction:

> Il *la leur* fait répéter.
> Je *la lui* ai fait lire.
> Elle *la leur* fait laver.

EXERCICES ORAUX

a. Répondez aux questions en remplaçant les noms par des pronoms.

   Modèle: Est-ce que Maurice fait lire ses enfants?
   Il les fait lire.

   1. Est-ce que Charlie Chaplin faisait rire les gens?
   2. Est-ce que les professeurs font travailler les étudiants?
   3. Est-ce que je vous fais parler français?
   4. Est-ce que les parents font étudier leurs enfants?
   5. Est-ce que je vous fais rire?
   6. Est-ce que tu fais pleurer les jeunes
      femmes / les jeunes hommes?
   7. Est-ce que le café te fait dormir?
   8. Est-ce que le cours de français vous fait dormir?
   9. Est-ce que le cours de français vous fait réfléchir?

b. Que faire si... (Attention aux pronoms!)

   1. ta voiture est en panne? Je... (remorquer par le garagiste).
   2. tes boutons de chemise ont disparu? Je... (remplacer par ma copine).
   3. le ménage n'est pas fait? Je... (faire par le colocataire).
   4. ton auto est encore sale? Je... (laver par le garagiste).
   5. ton électricité a été coupée? Je... (rétablir par la compagnie).
   6. ton chien a vraiment faim? Je... (manger).
   7. tu ne sais pas comment coudre la robe? Je... (coudre par une couturière).

c. Suivez le modèle: employez d'abord un pronom objet indirect, ensuite, employez un autre pronom objet direct.

   Modèle: Je fais laver la vaisselle à Béatrice.
   Je lui fais laver la vaisselle.
   Je la lui fais laver.

   1. Je fais réparer mon auto par le garagiste.
   2. Elle fait répéter des phrases aux étudiants.
   3. Il a fait lire ce livre à son frère.
   4. Nous avons fait boire du café à Nicolas.
   5. Tu feras regarder ce film à tes parents.

20.4 *Rendre* + adjectif

Rendre, not **faire**, is used with an adjective in a causative construction:

Il rend sa femme malheureuse.

He makes his wife unhappy.

Son succès l'a rendu vaniteux.

His success made him vain.

EXERCICES ORAUX

a. Allons, dis-moi ce qui ne va pas.

1. Qu'est-ce qui te rend triste? C'est _____.
2. Qui est-ce qui te rend malheureux(se)? C'est _____.
3. Pourquoi est-ce que tu te rends malade? Parce que _____.
4. Qu'est-ce qui te rend si impatient(e)? C'est _____.
5. Qui est-ce qui te rend si nerveux(se)? C'est _____.
6. Qu'est-ce qui te rend si agressif(ve)? C'est _____.
7. Qu'est-ce qui rendrait ton travail plus facile? C'est _____.
8. Qui est-ce qui pourrait te rendre plus joyeux(se)? C'est _____.

20.5 Le verbe irrégulier *conduire*

Présent de l'indicatif				*Participe passé*	*Futur*
je	conduis	nous	conduisons	conduit	je conduirai
tu	conduis	vous	conduisez		
il / elle / on	conduit	ils / elles	conduisent		

Conditionnel présent	*Subjonctif présent*
je conduirais	**que je conduise**

The present subjunctive of **conduire** is regular.

Conduire means "to drive" or "to lead." Other verbs conjugated like conduire include **construire** (to build), **détruire** (to destroy), **produire** (to produce), **reconduire** (to drive/escort/take someone back home; to accompany), **réduire** (to reduce, to decrease), and **traduire** (to translate; to convey).

Elle conduit une vieille voiture.

On a construit une nouvelle maison dans cette rue.

Ce village a été détruit pendant la guerre.

Ces vaches produisent beaucoup de lait.

Est-ce qu'on a traduit Margaret Atwood en français?

EXERCICES ORAUX

a. Demandez à un copain ou à une copine:

1. Est-ce que tu conduis bien?
2. Est-ce que tu conduis vite?
3. Quel genre de voiture conduis-tu?
4. Quelle voiture conduisent tes parents?
5. Est-ce que tu conduis mieux quand tu as bu de l'alcool?
6. Est-ce que ton père te conduit à l'université le matin?
7. Est-ce que tu conduis ta mère ou ton père au travail?
8. Reconduis-tu ton ami(e) chez lui / elle quand vous êtes sortis ensemble?
9. As-tu déjà conduit une moto? un camion? un tracteur?
10. Est-ce qu'on construit de nouveaux bâtiments sur le campus?
11. Est-ce qu'on a construit une centrale nucléaire près d'ici?
12. Est-ce que la pollution détruit l'environnement dans ta région?
13. Qu'est-ce qui a détruit les poissons dans la rivière?
14. Qu'est-ce que les fermiers produisent surtout dans votre région?
15. Est-ce qu'on a traduit Mao Tsê-Tung en anglais?

20.6   Les pronoms indéfinis

The indefinite pronouns **quelqu'un**, **quelque chose**, **personne**, and **rien** have already been presented. The following are also indefinite pronouns.

1) **Tout / tous / toutes** (all/everything)

The singular form **tout** is invariable when it means "everything":

J'ai **tout** entendu, mais je n'ai pas **tout** compris.
Nous n'avons plus rien à faire: **tout** est fini.
Cet enfant veut **tout** connaître.

Tous and **toutes** replace the adjectives **tous** and **toutes** when the noun they modify is replaced by a personal pronoun (subject, direct, or indirect object):

Tous les travailleurs sont absents. ⟶	**Ils** sont **tous** absents.
Toutes ses amies travaillent. ⟶	**Elles** travaillent **toutes**.
Il a rencontré **tous les employeurs**. ⟶	Il **les** a **tous** rencontrés.
Elle parlera à **toutes ses amies**. ⟶	Elle **leur** parlera à **toutes**.

Note that

— the **s** in the pronoun **tous** is pronounced and not in the adjective **tous**;
— **tout, tous,** and **toutes** are placed between the auxiliary verb and the past participle in compound tenses when used as direct objects;
— **tous** and **toutes** may function as subjects without a personal subject pronoun:
   Tous sont absents. / **Toutes** travaillent.

2) **Chacun / chacune** (each one)

Chacun(e) replaces the adjective **chaque** and the masculine or feminine noun it modifies:

> **Chaque ouvrier** est différent. ⟶ **Chacun** est différent.
>
> Il a parlé à **chaque employée**. ⟶ Il a parlé à **chacune**.

Chacun(e) may be followed by the preposition **de** + stress pronoun or by **de** + determiner + noun:

> **Chacun de nous** est fatigué. ⟶ **Chacune de mes amies** est sportive.
>
> Il a parlé à **chacune d'elles**. ⟶ Il connaît **chacune de mes faiblesses**.
>
> Je remercie **chacun de vous**. ⟶ Il a obéi à **chacun des ordres**.

3) **Aucun / aucune** (none/not . . . a single one)

Aucun / aucune replaces the adjective **aucun / aucune** and the noun it modifies when used as a subject. When used as a direct object, the pronoun **en** must replace the noun. Like the corresponding adjective, the pronoun **aucun / aucune** is used with **ne**.

> **Aucune étudiante** n'est venue. ⟶ **Aucune** n'est venue.
>
> Je n'ai vu **aucun film**. ⟶ Je n'en ai vu **aucun**.

Aucun(e) may be followed by the preposition **de** + stress pronoun or by **de** + determiner + noun:

> **Aucun de nous** n'est responsable.
>
> Je n'ai parlé à **aucune d'elles**.
>
> **Aucun de ces livres** ne l'intéresse.
>
> Elle ne veut rencontrer **aucun des représentants**.

4) **Quelques-uns / quelques-unes** (some)

Quelques-uns / quelques-unes replaces the adjective **quelques** and the masculine or feminine noun it modifies when used as a subject. When used as a direct object, the pronoun **en** must replace the noun.

> **Quelques tomates** sont mûres. ⟶ **Quelques-unes** sont mûres.
>
> J'ai lu **quelques livres**. ⟶ J'**en** ai lu **quelques-uns**.

These pronouns may be followed by **de** + determiner + noun:

> **Quelques-uns de ces postes** sont dangereux.
>
> J'aime **quelques-unes des pièces** de Michel Tremblay.

They may also be followed by **d'entre** + stress pronoun:

> Je l'ai déjà dit à **quelques-uns d'entre vous**.
>
> **Quelques-unes d'entre elles** font des mathématiques.

EXERCICES ORAUX

a. Dites le contraire. Employez *tout* ou *aucun / aucune.*

1. Il ne veut rien lire.
2. Tous les emplois l'intéressent.
3. Rien ne l'amuse.
4. Je n'ai rien mangé.
5. Toutes mes sœurs sont mariées.

6. Il n'a rien su faire.
7. J'en ai parlé à tous mes amis.
8. Elle veut jeter toutes ses robes.
9. Je n'ai rien perdu.

b. Employez les pronoms *tous* ou *toutes.*

Modèle: Il fait lire tous ses étudiants.
Il les fait tous lire.

1. J'ai téléphoné à tous mes cousins.
2. Tous mes amis sont venus.
3. Elle vendra toutes ses robes.
4. Toutes les raisons sont différentes.

5. Elle prête de l'argent à toutes ses amies.
6. Je te donnerai tous les noms.
7. J'ai lu tous les livres d'Yves Thériault.

c. Transformez les phrases d'après le modèle.

Modèle: Nous sommes tous responsables.
Chacun de nous est responsable.

1. Elles sont toutes différentes.
2. Vous avez tous des responsabilités.
3. Nous avons tous du travail.

4. Je vous écrirai à tous.
5. Il nous a tous encouragés.

d. Dites le contraire.

Modèle: Chacun de nous est responsable.
Aucun de nous n'est responsable.

1. Chacune d'elles sait conduire.
2. Chacun de nous a le temps de le faire.
3. J'en ai donné à chacun de vous.

4. Il aime chacune d'elles.
5. Écoute chacun d'eux.

e. Répondez aux questions, soit avec *aucun(e)*, soit avec *quelques-un(e)s.*

Modèle: As-tu vu des pièces de théâtre récemment?
Oui, j'en ai vu quelques-unes. / Non, je n'en ai vu aucune.

1. As-tu acheté des CD récemment?
2. As-tu regardé des films à la télé?
3. Lis-tu les annonces classées?

4. Accepteras-tu des emplois de serveur?
5. As-tu reçu des réponses positives?
6. Est-ce qu'il y a des offres d'emploi?

EXERCICES ÉCRITS

a. Transformez les phrases d'après le modèle.

> *Modèle:* Dépêchons-nous. Elle ne doit pas nous attendre. (afin que)
> *Dépêchons-nous afin qu'elle ne doive pas nous attendre.*

1. Je voudrais te revoir. Tu t'en vas. (avant que)
2. Je dois aller à la banque. Tu veux y aller à ma place. (à moins que)
3. Ses parents ont économisé de l'argent. Il pourra faire des études. (pour que)
4. Nous t'attendrons. Tu ne seras pas trop en retard. (pourvu que)
5. Il n'est pas nerveux. Il boit beaucoup de café. (bien que)
6. Elle ne peut rien faire. Nous l'aidons. (sans que)
7. Tu devras travailler dur. Tu feras des progrès. (jusqu'à ce que)
8. C'est une bonne secrétaire. Elle n'est pas très rapide. (quoique)
9. Je vais te donner des instructions. Tu sauras ce qu'il faut faire. (afin que)
10. La banque vous prêtera de l'argent. Vous avez un emploi. (à condition que)

b. Transformez les phrases selon le modèle.

> *Modèle:* Je t'accompagnerai. J'aurai le temps. (à condition de)
> *Je t'accompagnerai à condition d'en avoir le temps.*

1. Nous avons décidé d'aller le voir. Nous en discuterons avec lui. (afin de)
2. Il ne guérira pas. Il prendra des antibiotiques. (à moins de)
3. Téléphone-moi. Tu viendras me voir. (avant de)
4. Vous devez lui parler. Vous la rassurerez. (pour)
5. Il a nagé deux kilomètres. Il ne s'est pas arrêté. (sans)

c. Transformez les phrases d'après le modèle. Employez le verbe *faire* au présent.

> *Modèle:* Les étudiants refont l'exercice. (le professeur)
> *Le professeur fait refaire l'exercice aux étudiants.*

1. Son petit-fils écoute de la musique classique. (Olivier)
2. Sa fille apprend le russe. (la pharmacienne)
3. Le maçon répare la cheminée. (je)
4. Nous faisons des compositions. (le professeur)
5. Il lit le journal. (son père)
6. Elles lavent la vaisselle. (leur mère)

d. Répondez aux questions par des phrases complètes.

1. À qui fais-tu lire tes compositions?
2. À qui fait-on recommencer les exercices?
3. À qui le professeur fait-il étudier la leçon?
4. Par qui fait-on réparer sa voiture?
5. À qui les médecins font-ils prendre des médicaments?

e. Transformez les phrases d'après le modèle.

> *Modèle:* Les gens deviennent déprimés. (l'inactivité)
> *L'inactivité rend les gens déprimés.*

1. Je suis devenu(e) prudent(e). (cet accident)
2. Les gens deviennent paresseux.
   (trop de confort)
3. Pierre devient désagréable. (l'alcool)
4. Elle devenait ridicule. (son snobisme)
5. Vous devenez très élégante. (ces vêtements)

f. Mettez les verbes entre parenthèses au présent de l'indicatif.

1. Il (traduire) ce roman en allemand.
2. Les gens qui ont bu (conduire)
   dangereusement.
3. Est-ce que tu (reconduire) Sylvie chez elle?
4. Je (construire) ma maison moi-même.
5. Il dit que nous (détruire) la planète.
6. Est-ce que vous (produire) beaucoup
   de pétrole dans votre pays?

g. Remplacez les mots en italique par les pronoms appropriés.

1. J'ai vu *tous les films de Fassbinder*.
2. Il a donné des biscuits à *chaque petite fille*.
3. J'ai jeté *toutes mes cravates*.
4. Nous avons rencontré *quelques Acadiens*.
5. *Quelques fenêtres* sont ouvertes.
6. *Chaque homme* a son prix.

Lecture

La méconnaissance de soi

La méconnaissance de soi est une faille dans une recherche d'emploi. C'est l'opinion que partagent tous les spécialistes et les employeurs interrogés. La démarche de connaissance de soi peut vous sembler aride mais, à plus ou moins long terme, elle vous fera gagner du temps.

Avant de chercher un emploi, il est primordial d'établir votre biographie personnelle et professionnelle. Ce premier pas vous permettra de rédiger des lettres de présentation et des curriculum vitæ efficaces. Dressez l'inventaire complet de ce que vous avez accompli, de tout ce que vous savez faire dans la vie, dans les

études et au travail. Ne vous censurez pas. En rédigeant votre biographie, voilà ce que vous passerez en revue:

A) Votre formation: études, stages, autres formations.

B) Vos expériences de travail: Quel était votre emploi? Combien de temps l'avez-vous occupé? Quelles étaient vos principales tâches et vos responsabilités, ce que vous auriez aimé changer ou corriger et pourquoi?

C) Vos activités parascolaires et loisirs: Dans quelles activités êtes-vous engagé(e) en dehors des heures d'études et de travail? À quand remonte votre participation? Quels bienfaits en retirez-vous?

D) Vos associations professionnelles: Faites-vous partie d'associations professionnelles et à quel titre? (date d'adhésion, nom des associations, rôles joués)

E) Vos aptitudes: Pour réussir votre carrière, il est essentiel que vous connaissiez vos aptitudes. Questionnez-vous sur vos habiletés. Lors de l'entrevue de sélection, les interviewers vérifient les habiletés qui vous distinguent le plus. Elles peuvent être réparties en trois catégories: le savoir, le savoir-faire et le savoir-être.

Le savoir: Dans quelles matières ai-je excellé au cours de ma formation? Dans quelles matières ai-je le moins bien réussi? Quelles connaissances techniques ai-je acquises dans le cadre de cours de perfectionnement? (ex.: informatique, langues étrangères)

Le savoir-faire: Quels sont les principaux projets que j'ai réalisés dans mes emplois précédents? (emplois d'été, à temps partiel, etc.) Quelles réalisations ai-je accomplies?

Le savoir-être: Ai-je l'esprit d'équipe? Ai-je confiance en moi? Ai-je de la facilité à m'adapter aux changements?

F) Vos champs d'intérêts: Pourquoi ai-je choisi d'étudier dans ce domaine? Parmi les tâches que j'ai exécutées, lesquelles m'ont particulièrement intéressé(e)?

G) Vos valeurs: Vous êtes le résultat des choix que vous avez faits. Vos valeurs correspondent à ce qui est important pour vous dans la vie et ce avec quoi vous êtes en accord. Ce sont les grands principes de votre vie.

H) Les compétences transférables: Les nouveaux diplômés se butent souvent, lors de leur recherche d'emploi, à un obstacle majeur: le manque d'expérience. Il y a une façon d'aplanir cette difficulté par la mise en valeur des compétences développées au cours de vos emplois d'été ou à temps partiel et même lors d'expériences parascolaires.

I) Vos réalisations: Les réalisations peuvent être reliées à un travail comme à un engagement communautaire, au bénévolat ou à votre vie personnelle.

Si vous procédez avec sérieux et honnêteté à la rédaction de votre bilan personnel, vous serez en mesure d'affronter n'importe quel employeur en entrevue.

Extrait de *Droit sur mon emploi* de Gaétan St-Pierre

accord (m.)	agreement	équipe (f.)	team
adhésion (f.)	membership	façon (f.)	way
affronter	to face	faille (f.)	flaw
aplanir	to level	loisir (m.)	leisure
aride	thankless	manque (m.)	lack of
bienfait (m.)	benefit	matière (f.)	subject
bilan (m.)	assessment	méconnaissance (f.)	ignorance
(se) buter	to stumble	mise en valeur (f.)	setting off
confiance (f.)	confidence	parascolaire	extracurricular
connaissance (f.)	knowledge	partager	to share
corriger	to correct	perfectionnement (m.)	improvement
les dehors sont trompeurs	appearances are deceiving	rédaction (f.)	writing
démarche (f.)	process	rédiger	to compose
diplômé(e)	qualified	remonter	to go back
domaine (m.)	field	retirer	to gain
dresser	to draw up	savoir	to know
efficace	efficient	savoir-être (m.)	how to act
en dehors de	outside, beyond that	savoir-faire (m.)	know-how
engagement (m.)	commitment	stage (m.)	training period

QUESTIONS

1. Quelle est, d'après les spécialistes et les employeurs, la principale faille dans une recherche d'emploi?
2. Quelles sont les grandes lignes d'une biographie professionnelle?
3. D'après vous, que sont le savoir, le savoir-être et le savoir-faire?
4. Que signifie l'esprit d'équipe?
5. Dans quel domaine étudiez-vous et pourquoi l'avez-vous choisi?
6. Donnez un ou deux exemples de vos valeurs.
7. Nommez une compétence transférable que vous possédez.
8. Nommez une de vos réalisations dont vous êtes fier (fière)?

SITUATIONS – CONVERSATIONS

Personnel Demandé

1. **Téléphoniste demandé(e).** De jour et de soir. Expérience dans la vente. Bienvenue aux étudiant(e)s. Horaire flexible, très bien rémunéré.

2. **Cuisinier** avec un peu d'expérience en petits déjeuners, pizza, etc. Horaire jour.

3. **Serveuse avec expérience.** Petite salle à manger. Jour ou soir. Salaire fixe et pourboires.

4. **Gardien(ne) d'enfants demandé(e).** Deux enfants de 3 et de 5 ans. Expérience cuisine et légers travaux ménagers. Bons gages.

5. **Moniteur(trice) de camp de vacances.** De mai à septembre. Expérience activités sportives et artisanales. Salaire intéressant.

6. **Préposé(e) au comptoir — commerce de cadeaux.** Expérience comme caissier(ère). Travail permanent. Avantages sociaux.

7. **Vendeur(euse) d'articles de sport.** Expérience de la vente et amateur(e) de sport. Poste à temps partiel pendant les vacances.

CURRICULUM VITÆ

Nom _____

Adresse _____

Tél. _____

Formation: universitaire, secondaire, élémentaire

Expérience de travail — Nom de l'entreprise.

Poste _____ Tâches _____

Intérêts divers (politique, littérature, informatique, etc.)

Activités parascolaires (sportives, artistiques, etc.)

Références sur demande.

1. Vous passez une entrevue pour l'emploi que vous avez choisi (voir les petites annonces). Un(e) étudiant(e) joue le rôle du candidat ou de la candidate, et les autres étudiants du groupe jouent le rôle des membres du comité de sélection pour l'employeur. Les membres du comité posent des questions sur les aptitudes et la formation; le candidat ou la candidate répond aux questions des membres du comité et les interroge sur les conditions de travail.

2. Dans quel domaine voulez-vous travailler? (agriculture, industrie, commerce, technologie, administration, domaine public)

   Quel genre de travail préférez-vous? (intellectuel, recherche, entrepreneur, administration, direction)

   Quels métiers ou quelles professions? [mécanicien(ne), secrétaire, plombier(ière), médecin, infirmier(ère), professeur(e), informaticien(ne), cadre, avocat(e), etc.]

   Préférez-vous travailler à votre compte ou être salarié(e) d'une entreprise?

   Quels sont les avantages et désavantages de la profession que vous avez choisie? [bons salaires (revenus instables), nombreux débouchés (peu de débouchés), contacts humains (travail en solitaire), avantages sociaux sûrs (inexistants), possibilités de promotion assurée (ou non), stabilité d'emploi (ou instabilité), nombreuses responsabilités (ou responsabilités limitées), etc.]

3. Reliez le titre au lieu et à la description du travail.

Un musicien	au poste de police	travaille sur un ordinateur
Un professeur	à la boulangerie	répare des autos
Une avocate	au bureau de poste	aide les élèves
Un agent de police	au bureau	rédige le courrier
Une infirmière	au collège	distribue les lettres
Un facteur	à l'usine	vend du pain
Une informaticienne	au palais de justice	dresse des contraventions
Une secrétaire	au club	soigne les malades
Un boulanger	à l'hôpital	joue du piano
Un mécanicien	sur un chantier	dirige les travaux
Une ingénieure	au garage	plaide à la cour

4. Que faisons-nous? (travailler, enseigner, taper, étudier, réparer, vendre, rédiger, établir, choisir, répondre, exécuter, punir)

   L'agent d'immeuble _____ des maisons. La chimiste _____ dans un laboratoire. L'étudiante _____ à l'université. La secrétaire _____ des lettres. Le mécanicien _____ un camion. La journaliste _____ des articles. Le comptable _____ des bilans financiers. Le couturier _____ des tissus. La directrice d'école _____ les élèves dissipés. Le téléphoniste _____ au téléphone. Les ouvriers _____ un travail manuel.

COMPOSITIONS

1. Est-ce que le travail est la priorité essentielle de votre vie ou est-ce que vous avez d'autres priorités? Selon vous, quelle devrait être la place du travail dans une vie équilibrée? Les conditions sociales actuelles favorisent-elles cet équilibre? Qu'est-ce que vous changeriez si vous le pouviez?

2. À l'aide du modèle proposé, préparez votre C.V. accompagné d'une courte lettre à un employeur.

 # PRONONCIATION

(Students can listen to the audio track for this exercise on MyFrenchLab; instructors will find it on CD 7, Track 1.)

S + i ou **u**

S when placed between two vowels is pronounced /z/.

> *Répétez:*
> 1) /z/

azur	brisure	vision	lisiez
usure	césure	visière	cerisier
usuel	framboisier	rasions	cohésion
visuel	fraisier	rasiez	fusion
mesure	inusité	lisions	décision

S when placed between a vowel and a consonant is pronounced /s/. The letters **ss** are always pronounced /s/.

> 2) /s/

sur	massue	passion	poussions
rassurer	rassurant	dossier	laissions
tonsure	bossu	poussière	cassions
tissu	assurance	scission	dépensions
issue	pansu	pension	fassions

WEBLINKS

Conjunctions with the subjunctive

www.ccdmd.qc.ca/fr/exercices_interactifs/index.cgi?id=1043&action=animer

Faire and *rendre*

http://lilt.ilstu.edu/jhreid/grammar/cause.htm

Human Resources and Social Development Canada

www.hrsdc.gc.ca/en/home.shtml

Working life

www.bbc.co.uk/education/languages/french/experience/work/index.shtml

Work talk

www.bbc.co.uk/languages/french/forwork/doingit/

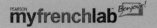

CHAPITRE 21

L'humeur et l'humour

Thèmes

- Qu'est-ce qui te fait rire?
- As-tu le sens de l'humour? Qu'est-ce que cela signifie pour toi?
- Exprimer le passé dans le passé

Lecture

Le club des déprimés

- Que s'est-il passé avant? — Ce qu'ils ont fait après — Que s'est-il passé après?
- Rapporter les propos de quelqu'un

Grammaire

VOCABULAIRE UTILE

Noms

blague (f.)	joke
cafard: avoir le —	to feel blue, low
colère (f.)	anger
colère: se mettre en —	to get angry
douche (f.)	shower
douleur (f.)	pain, sorrow
ennui(s) (m.)	worry
grand-chose	much
humeur: être de bonne —	to be in a good mood
malheur (m.)	misfortune
moral: avoir un bon —	to be in good spirits
plaisanterie: faire une —	to joke

Adjectifs

content(e)	glad
découragé(e)	discouraged
déprimé(e)	depressed
détendu(e)	relaxed
fou, folle	crazy
humoristique	humorous
jeune	young
joyeux, euse	joyful
malheureux, euse	unhappy
tendu(e)	tense
vaniteux, euse	conceited

Verbes

convenir	to suit
(se) dépêcher	to hurry
disputer	to tell off, scold
échouer	to fail
épouser	to marry
(s')inquiéter	to worry
(s')impatienter	to be impatient
prendre les choses du bon côté	to look on the bright side
raconter	to tell
(se) reposer	to rest
voir la vie en rose	to see everything through rose-coloured glasses

Adverbes

alors	then
plus tard	later
plutôt	instead of
plus tôt	earlier

Expressions

être de bon / mauvais poil	to be in a good / bad mood
se lever du pied gauche	to get up on the wrong side of the bed
mi-figue mi-raisin	mixed, wry
avoir le sens de l'humour	to have a sense of humour

GRAMMAIRE ET EXERCICES ORAUX

21.1 L'antériorité dans le passé: le plus-que-parfait

The **plus-que-parfait** was presented in Chapitre 16 in conjunction with the past conditional. Apart from its use in **si** (if) clauses, the **plus-que-parfait** may be used to indicate anteriority in relation to some point in the past, which is sometimes stated and sometimes understood:

> **Elle était fatiguée parce qu'elle *avait* beaucoup *travaillé*.**
> She was tired because she had worked a lot.
> **Il a jeté la cravate que son ex-amie lui *avait donnée*.**
> He threw away the tie that his ex-girlfriend had given him.
> **J'*avais* déjà *mangé* quand tu es arrivé(e).**
> I had already eaten when you arrived.

It may also be used in contrast to the **passé composé** to emphasize the fact that one is referring to the distant past. Compare the following sentences:

> **Il n'*a* jamais *pensé* devenir humoriste.**
> He has never thought of becoming a humorist (until now).
> **Il n'*avait* jamais *pensé* devenir humoriste.**
> He had never thought of becoming a humorist (until then).
> **J'ai perdu le stylo que tu m'*as donné*.**
> I lost the pen that you gave me (more or less recently).
> **J'ai perdu le stylo que tu m'*avais donné*.**
> I lost the pen that you had given me (quite a while ago).

EXERCICES ORAUX

a. Situez les activités chronologiquement.

> *Modèle:* Tu m'as parlé de ce film la semaine dernière. Je l'ai vu hier.
> *J'ai vu hier le film dont tu m'avais parlé la semaine dernière.*

1. Elle a rencontré cet artiste à Baton Rouge l'an dernier. Elle l'a épousé.
2. Ce théâtre a été détruit pendant la guerre. On l'a reconstruit.
3. Il a acheté ce CD humoristique à Calgary. Il ne l'a pas retrouvé.
4. J'ai prêté ce recueil de blagues à ce garçon. Je ne l'ai pas revu.
5. Mon ami a créé ce monologue. Je l'ai écouté plusieurs fois.
6. Cet artiste n'a pas assisté aux répétitions. Le directeur l'a réprimandé.

b. Dites pourquoi. Utilisez le plus-que-parfait dans vos réponses.

1. Pourquoi n'a-t-elle pas réussi au théâtre? (elle ne prépare rien)
2. Pourquoi a-t-il eu un accident? (il conduit trop vite)
3. Pourquoi étais-tu si fatigué(e) hier? (je ne dors pas assez)
4. Pourquoi n'étais-tu pas au cinéma samedi? (j'oublie notre rendez-vous)
5. Pourquoi avez-vous quitté le spectacle? (nous nous ennuyons)
6. Pourquoi était-il de si bonne humeur? (il reçoit une ovation)

c. Qu'aviez-vous accompli avant l'âge de seize ans?

1. Je (faire du sport)...
2. Je (étudier l'informatique)...
3. Je (apprendre à cuisiner)...
4. Je (avoir une première expérience amoureuse)...
5. Je (avoir des ennuis de santé)...
6. Je (voyager beaucoup)...
7. Je (écrire un premier roman)...
8. Je (ne pas faire grand-chose)...

21.2 L'infinitif passé

The perfect infinitive is formed by using the infinitive of the auxiliary verb (**avoir** or **être**) and the past participle of the verb:

> avoir chanté   être revenu(e)   s'être lavé(e)

It is used to indicate anteriority in relation to the conjugated verb. The agreement of the past participle follows the usual rules:

> Il regrette d'avoir ache**t**é cette voiture.
>
> Cette voiture, je regrette de l'avoir achet**ée**.
>
> Elle est heureuse d'être ven**ue** vous voir.
>
> Elles se souviennent de s'être promen**ées** dans ce parc pendant leur enfance.

The perfect infinitive must be used after the preposition **après**:

> **Après être rentrés du cinéma, ils ont dîné.**
>
> After coming back (having come back) from the cinema, they had dinner.
>
> **Il est allé au lit après avoir mangé.**
>
> He went to bed after having eaten.

EXERCICES ORAUX

a. Transformez les phrases d'après le modèle.

> *Modèle:* Je les ai rencontrés. Je ne me rappelle pas cela.
>
> *Je ne me rappelle pas les avoir rencontrés.*

1. Il a oublié ses clés au motel. Il pense cela.
2. J'ai réussi à l'examen. J'espère cela.
3. Elle s'est mariée trop jeune. Elle regrette cela.
4. Ils ont pris une bonne décision. Ils croient cela.
5. Nous nous sommes dépêchés. Nous sommes contents de cela.
6. Tu as assez mangé. Es-tu sûr(e) de cela?
7. J'ai vu cet homme quelque part. Je me souviens de cela.
8. J'ai attrapé froid. J'ai peur de cela.

b. Exprimez vos sentiments sur ce qui s'est passé.

> *Modèle:* Je suis désolé(e) de...
>
> *Je suis désolé(e) d'être arrivé(e) en retard.*

1. Je ne crois pas...
2. Je suis certain(e) de...
3. Je regrette de...
4. J'ai peur de...
5. J'espère...
6. Je suis surpris(e) de...
7. Je pense...
8. Je me souviens de...

c. Qu'ont-ils fait après...

> *Modèle:* Il a pris son déjeuner. Ensuite, il est sorti.
>
> *Il est sorti après avoir pris son déjeuner.*

1. Elle est rentrée de vacances. Ensuite, elle a trouvé un emploi.
2. J'ai dîné dans ce nouveau restaurant. Ensuite, j'ai eu une indigestion.
3. Elle a rencontré Alain. Ensuite, elle s'est séparée de son mari.
4. Parle à tes parents. Ensuite, nous mangerons.
5. Tu finiras tes études. Qu'est-ce que tu feras ensuite?
6. Ils ont acheté un ordinateur. Ensuite, ils se sont branchés sur Internet.
7. Il a perdu son emploi. Ensuite, il s'est remis à étudier.

d. Complétez les phrases en employant des infinitifs passés.

> *Modèle:* Le professeur a eu mal à la tête après...
>
> *Le professeur a eu mal à la tête après avoir lu ma composition.*

1. Il se brosse les dents après...
2. J'ai sommeil après...
3. Elle a décidé de devenir comédienne après...
4. Nous avons attrapé un rhume après...
5. Marc a cessé de fumer après...
6. Ils sont allés au restaurant après...
7. J'ai eu mal à l'estomac après...
8. Nous irons au cinéma après...

e. Et que ferez-vous après...

Après avoir obtenu mon diplôme, je _____ (1),
et ensuite, après avoir (1)_____ je _____ (2).
Puis, après (2)_____, je _____ (3).
Plus tard, après (3)_____, je _____ (4),
et finalement, après (4) _____, je _____ (5).

21.3   Le verbe irrégulier *valoir*

Although **valoir** may be used in all persons with the meaning of "to be worth," it is most commonly used in the third person singular.

Présent de l'indicatif:	il vaut
Futur:	il vaudra
Participe passé:	valu
Présent du subjonctif:	qu'il vaille

Valoir is used in the expression **il vaut mieux** (it is better), followed either by an infinitive or by **que** + subjunctive:

> **Il vaut mieux** ne pas s'impatienter: il est toujours en retard.
> **Il vaut mieux que** nous partions tôt parce qu'il va neiger.
> **Il vaudrait mieux que** tu t'en ailles, car tu deviens agressif.
> **Il vaudrait mieux que** tu dormes plutôt que d'aller à la discothèque.
> **Il aurait mieux valu que** tu ne viennes pas: elle ne veut pas te voir.

It is also used in the expression **ça vaut la peine / ça ne vaut pas la peine** (it is well worth/it is not worth the trouble):

> **Ça vaut la peine** de suivre ce cours: il est intéressant.
> **Ça ne vaut pas la peine** que tu ailles voir ce film: il est très mauvais.

Note that these expressions are followed either by **de** + infinitive or by **que** + subjunctive.

EXERCICES ORAUX

a. Simple suggestion: il vaudrait mieux que...

1. Je rentrerai à minuit. (plus tôt)
2. Paul suivra un cours de chimie. (maths avant)
3. Les étudiants jouent au poker. (faire du sport)
4. Je m'en vais seul à travers le parc. (m'attendre)
5. J'ai une vilaine grippe. (te coucher)
6. Bob a mal à la tête. (prendre un médicament)
7. Louise ne se trouve pas d'emploi. (faire des études)
8. Jojo a vraiment mal aux dents. (voir le dentiste)
9. Le prof m'a fait des reproches. (en tenir compte)

21.4 Le discours indirect

The difference between direct speech (**discours direct**) and indirect speech (**discours indirect**) is shown in the following two sentences:

> Il m'a dit: "Je suis très occupé aujourd'hui."
> Il m'a dit qu'il était très occupé ce jour-là.

The change from direct to indirect speech entails several modifications. In this particular instance

> a) the quote becomes a subordinate clause
> b) the subject of the quote must be changed
> c) the tense must be changed
> d) words and expressions of time must change

From quote to subordinate clause

1) **Imperative sentence**

The imperative is changed to the infinitive form preceded by **de**:

Il nous dit: "Venez."   ⟶   Il nous dit **de** venir.

2) **Declarative sentence**

A declarative sentence is replaced by a subordinate clause introduced by the conjunction **que / qu'**:

Il dit: "Je téléphonerai."   ⟶   Il dit **qu'**il téléphonera.

3) **Interrogative sentence**

a) A question requiring a "yes" or "no" answer, using **est-ce que** or an equivalent, becomes a subordinate clause introduced by **si** (whether):

Elle demande: "Vient-il?"   ⟶   Elle demande **s'**il vient.

b) A question beginning with **qu'est-ce qui** is changed to a subordinate clause beginning with **ce qui**:

Il se demande: "Qu'est-ce qui
fait ce bruit?"   ⟶   Il se demande ce qui fait ce bruit.

c) A question beginning with **que** or **qu'est-ce que** is changed to a subordinate clause beginning with **ce que**:

Tu me demandes: "Que fait-il?"   ⟶   Tu me demandes ce qu'il fait.
Elle demande: "Qu'est-ce que c'est?" ⟶ Elle demande ce que c'est.

d) The other interrogative words (adjectives, pronouns, or adverbs) do not change:

Je me demande **quelle** heure il est.
Il demande **laquelle** j'ai achetée.
Elle demande **avec qui** je suis sorti(e).
Il lui demande **pourquoi** elle est partie.

Personal pronouns and possessive adjectives

Personal pronouns (subject, direct and indirect object) and possessive adjectives change in a logical fashion:

Elle dit: "**Je** viendrai."   ⟶   Elle dit qu'**elle** viendra.
Il me dit: "**Tu** ne **me** comprends pas." ⟶ Il me dit que **je** ne **le** comprends pas.
Ils demandent: "Où as-**tu** mis **nos** livres?" ⟶ Ils demandent où **j'**ai mis **leurs** livres.

Changes in verb tenses

1) When the verb of the main clause is in the present or the future tense, no change occurs in the subordinate clause:

Elle nous dit: "J'arrive."   Elle nous dit qu'elle arrive.

Elle me dira: "J'ai oublié."   Elle me dira qu'elle a oublié.

2) If the verb of the main clause is in a past tense (**passé composé, imparfait,** or **plus-que-parfait**), the following tenses used in quotes must be changed in subordinate clauses:

Direct speech	*Indirect speech*
présent	*imparfait*
Elle m'a dit: "Il se repose."	Elle m'a dit qu'il se reposait.
passé composé	*plus-que-parfait*
Tu m'as dit: "Il a fait beau."	Tu m'as dit qu'il avait fait beau.
futur	*conditionnel présent*
Elle se demandait: "Où irai-je?"	Elle se demandait où elle irait.
futur antérieur	*conditionnel passé*
J'ai demandé: "Quand auront-ils fini?"	J'ai demandé quand ils auraient fini.

Expressions of time

When indirect speech is used to report what was said at some point in the past, the following expression of time must change:

Direct speech	*Indirect speech*
aujourd'hui	ce jour-là
hier	la veille
demain	le lendemain
ce matin	ce matin-là
ce soir	ce soir-là
cette semaine	cette semaine-là
ce mois-ci	ce mois-là
cette année	cette année-là
la semaine dernière	la semaine précédente
la semaine prochaine	la semaine suivante
l'année dernière	l'année précédente
l'année prochaine	l'année suivante
en ce moment } maintenant	à ce moment-là, alors

EXERCICES ORAUX

a. Mettez les phrases au discours indirect (impératif – un ordre).

1. Elle a dit: "Venez tout de suite."
2. Il m'a dit: "Apporte un sandwich."
3. Je lui dis: "Fais la vaisselle."
4. Elle nous dit: "Ouvrez vos livres."
5. Il m'a dit: "Parle à tes parents."
6. Je lui dirai: "Oublie tes problèmes."
7. Il leur a conseillé: "Faites votre travail."
8. Tu nous as dit: "Amenez vos amis."

b. Mettez au style indirect. Attention aux pronoms personnels et aux adjectifs possessifs (une déclaration).

1. Il dit: "Je suis venu hier."
2. Elles disent: "Nous allons au magasin."
3. Je te dis: "Je reviendrai demain."
4. Nous lui disons: "Tu as tort."
5. Elle nous dit: "Vous n'arriverez pas à temps."
6. Il nous dit: "Vous ne m'écoutez pas."
7. Il me dit: "Tu me prêteras ta voiture."
8. Je te dis: "Tu m'oublieras."
9. Je dis à Suzanne: "Tu m'oublieras."
10. Elle dit à Pierre: "Tu ne me parles pas assez."
11. Elle dit à ses enfants: "Vous devez m'obéir."
12. Il dit à son ami: "Tu dois me rendre mon stylo."
13. Je dis à Henri: "Tu as oublié de m'apporter mes disques."

c. Qu'est-ce qu'il vous demande? (une interrogation)

Modèle: Est-ce qu'il pleut?
Il me demande s'il pleut.

1. Y a-t-il des fruits dans le réfrigérateur?
2. Est-ce que tu as déjà mangé?
3. Viendras-tu avec nous?
4. As-tu terminé ton travail?
5. Est-ce que tu veux emprunter ma voiture?
6. Qu'est-ce qui fait ce bruit?
7. Qu'est-ce qui t'inquiète?
8. Qu'est-ce qui cause ce problème?
9. Qu'est-ce qui te fait peur?
10. Qu'est-ce qu'il cherche?
11. Qu'est-ce que tu fais?
12. Qu'est-ce que tu veux manger?
13. Qu'as-tu trouvé?
14. Que feras-tu?
15. Qu'est-ce que tu voudrais?
16. Où iras-tu?
17. Pourquoi as-tu acheté cette voiture?
18. Quel cours est-ce que tu suis?
19. Comment a-t-il fait pour réussir?
20. Combien vaut cette voiture?

d. Mettez les phrases suivantes au style indirect en effectuant les changements de temps nécessaires.

Modèle: Alain m'a dit... (présent ⟶ imparfait)
J'ai beaucoup de travail.
Alain m'a dit qu'il avait beaucoup de travail.

1. Il va neiger.
2. Je vais à la bibliothèque.
3. Je pars en vacances.
4. Je ne peux pas venir.
5. Tu es trop nerveux(euse).
6. Nous devons partir.

Modèle: Hélène m'a demandé...

7. Veux-tu du café?

8. Est-ce que tu as quelque chose à faire?

9. Qu'est-ce qui te rend nerveux(euse)?

10. Qu'est-ce que tu regardes?

11. Que fais-tu?

12. Pourquoi fais-tu du sport?

Modèle: Je lui ai répondu... (passé composé ⟶ plus-que-parfait)

13. Je suis allé(e) à Rome.

14. Je me suis promené(e) dans le parc.

15. J'ai étudié toute la journée.

16. J'ai réussi à mon examen.

17. Nous t'avons attendu(e).

Modèle: Je lui ai demandé... (passé composé ⟶ plus-que-parfait)

18. Où es-tu allé(e)?

19. Qu'est-ce que tu as fait?

20. Pourquoi as-tu abandonné tes études?

21. As-tu déjà déjeuné?

22. Qu'est-ce qui t'a rendu(e) triste?

Modèle: Elle lui a demandé... (futur ⟶ conditionnel présent)

23. Quand arriveras-tu?

24. Qu'est-ce que tu feras?

25. À quelle heure rentreras-tu?

26. Quand termineras-tu ton travail?

27. Seras-tu à la maison à onze heures?

Modèle: Il lui a répondu...

28. Nous te téléphonerons.

29. L'opération durera dix minutes.

30. Je prendrai le train de huit heures.

31. Nous irons faire du ski.

32. Ils seront en retard.

Modèle: Nous lui avons dit... (futur antérieur ⟶ conditionnel passé)

33. Nous aurons fini avant cinq heures.

34. Nous te téléphonerons quand nous aurons dîné.

35. Nous viendrons te voir quand tu seras revenu(e).

36. Nous t'écrirons dès que nous serons arrivé(e)s.

37. Nous ferons du ski aussitôt que les cours seront finis.

e. Tu as rencontré la belle Violette. Qu'est-ce qu'elle t'a raconté?

Elle m'a demandé...	J'ai répondu...
1. Comment vas-tu ce soir?	Je vais bien, merci.
2. Est-ce que tu seras libre demain?	Je joue au football tout l'après-midi.
3. Qu'est-ce que tu fais ensuite?	Je prendrai une douche.
4. Viendras-tu dîner avec moi?	Ça dépend, je pourrai entre 7 h 12 et 8 h 23. Est-ce que ça te convient?
5. Oui, d'accord, c'est mieux que rien.	Alors, on se verra demain.

EXERCICES ÉCRITS

a. Mettez les verbes entre parenthèses au plus-que-parfait.

1. Je suis allé(e) voir la comédie dont tu me (parler).
2. Nous sommes retournés au théâtre où vous nous (amener).
3. Jean nous a raconté ce qu'il (faire) pendant ses vacances.
4. Comme elle (être) malade, elle devait se reposer.
5. Il a échoué à l'audition parce qu'il (ne pas se préparer).

b. Transformez les phrases d'après le modèle. Remplacez les mots en italique par un pronom.

Modèle: Je ne me souviens pas de cela: j'ai rencontré *cette jeune femme.*

Je ne me souviens pas de l'avoir rencontrée.

1. Je crois cela: j'ai oublié *mes clés* chez vous.
2. Elle pensait cela: elle avait bien répondu *aux questions.*
3. Nous sommes désolés de cela: *nous sommes arrivés en retard.*
4. Elle est contente de cela: elle a acheté *une nouvelle robe.*
5. J'espère cela: j'ai trouvé *la bonne solution.*

c. Que s'est-il passé après...

Modèle: J'ai travaillé dans le jardin. Ensuite, j'ai pris une douche.

J'ai pris une douche après avoir travaillé dans le jardin.

1. Ma sœur s'est mariée. Ensuite, elle est devenue pilote.
2. Tu feras la vaisselle. Ensuite, tu pourras regarder la télé.
3. Le médecin m'a examiné(e). Ensuite, il m'a conseillé de faire de l'exercice.
4. Il est allé à la bibliothèque. Ensuite, il est rentré chez lui.

d. Répondez aux questions par des phrases complètes.

1. Est-ce que ça vaut la peine de faire du sport régulièrement?
2. Pourquoi est-ce que ça vaut la peine que tu finisses tes études?
3. Combien d'heures vaut-il mieux que tu dormes pour être en forme?
4. Est-ce qu'il vaut mieux prendre un café ou prendre une aspirine quand on a mal à la tête?

e. Votre mère vous a téléphoné la semaine passée pour vous donner des nouvelles de la famille. Répétez ce qu'elle vous a dit.

Elle a dit que:

1. "Fido est très malade."
2. "Ta sœur reviendra de son stage la semaine prochaine."
3. "Ton père et moi allons skier le mois prochain."
4. "Grand-père est parti en Floride hier."
5. "Viendras-tu passer quelques jours avant les examens?"
6. "Travaille bien pour tes examens."
7. "Nous t'embrassons tous."

Lecture

Le club des déprimés

The author, Clémence Desrochers, is well known in Québec as a performer of comic monologues.

Un soir que le sommeil se faisait désirer
M'est venue une idée tout simplement géniale
Je vais fonder un club pour les gens déprimés
Soyons de notre temps, exploitons le grand mal
(J'espère pour mon succès que vous allez très mal,
Que vous êtes des cas — j'en suis un beau moi-même),
Nous mettrons en commun nos troubles et nos problèmes
Ceux de la femme de poids, des maigres enragées
Ceux qui suivent des cours de personnalité
Les jeunes hommes chauves et les dames poilues
Les filles trop jolies, les poètes déçus
Les dames désœuvrées des cercles littéraires
Enfin tous ceux qui restent au pays en hiver.
Je tiendrai réunion aux heures les plus sombres
Je vous espérerai déprimés en grand nombre.
Prière de s'abstenir lorsque pétant de joie
Ne pas venir jeter le doute sur nos croix.
Nous publierons un livre: *Douleurs en statistiques*,
Si tout va de travers, nous ferons même un disque
Dont j'ai déjà trouvé le titre des chansons:
— Comment perdre un ami en quatorze leçons.
— Comment bien mesurer le seuil de sa douleur.
— J'ai vécu en un an cent-vingt-et-un malheurs.
— Vingt cauchemars en une nuit. La R des Somnifères.
— Tout le monde m'en veut. Et j'passerai pas l'hiver.
Nous aurons des octrois au plus grand Déprimé
Nous vendrons nos malheurs aux Nouvelles Illustrées
Peut-être des émissions de T.V. en série

Quoique de ce côté, nous soyons bien servis.
Le club nous attendra aux heures les plus noires
Comme vient un AA et son envie de boire
J'organise le tout, je trouve le local
Et je suis assurée que tout ira très mal!

Extrait de *Sur un radeau d'enfant* de Clémence Desrochers

cas: être un —	to be a compli-cated "case"	**pétant(e) de joie**	bursting with joy
chauve	bald	**poids** (m.)	weight
commun: mettre en —	to share	**poilu(e)**	hairy
côté: de ce —	in this regard	**prière de s'abstenir**	please don't come
croix (f.)	cross	**réunion: tenir une —**	to hold a meeting
désœuvré(e)	idle	**série: en —**	serial
déprimé(e) (adj.)	depressed	**servi(e): être bien —**	to get more than enough
émission (f.)	broadcast		
enragé(e)	fanatic	**seuil** (m.)	threshold
envie (f.)	craving	**sombre**	dark
fonder un club	to start a club	**somnifère** (m.)	sleeping pill
génial(e)	inspired	**temps: être de son —**	to keep up with the times
littéraire	literary		
local (m.)	premises, place, room	**titre** (m.)	title
		tout: le —	the whole thing
maigre	skinny	**travers: aller de —**	to be going wrong
mal (m.)	evil	**vouloir: en — à**	to hold a grudge against
octroi (m.)	grant		
passer	to get through		

QUESTIONS

1. Quelle idée est venue à l'auteure? Dans quelles circonstances?
2. Quel est le "grand mal" de notre temps?
3. Qu'est-ce que l'auteure espère et pourquoi?
4. Que vont faire les gens dans le club?
5. Quelles sont les catégories de gens déprimés? Pourquoi cette énumération est-elle amusante?
6. Quand se tiendront les réunions?
7. Qui doit s'abstenir de venir aux réunions et pourquoi?
8. Quels sont les projets de l'auteure?
9. Qu'est-ce qui est comique dans les titres des chansons?
10. Que recevra le plus grand Déprimé?
11. Expliquez: "Quoique de ce côté, nous soyons bien servis."
12. À quoi l'auteure compare-t-elle les réunions du club?
13. De quoi l'auteure est-elle sûre?
14. De qui et de quoi l'auteure se moque-t-elle dans ce texte?

SITUATIONS – CONVERSATIONS

1. Qu'avez-vous en commun avec les animaux?

   (Choisissez, dans la colonne de gauche, la qualité qui convient à l'animal de l'autre colonne.)

   Moi, je suis:

heureux(euse)	comme un(e)	bœuf
rapide		coq
fort(e)		poisson dans l'eau
léger(ère)		carpe
bête		agneau
gai(e)		chat
gourmand(e)		pinson
chaud(e)		mule
vaniteux(euse)		lapin
têtu(e)		renard
rusé(e)		chien
fidèle		âne
doux, douce		lièvre
rouge		oiseau
muet(te)		paon

2. Est-ce qu'il y a une personne que vous trouvez extraordinaire dans votre famille ou parmi vos amis? Décrivez-la avec humour.

   Il (elle) a une tête allongée comme _____, les oreilles courtes comme _____, un nez rond comme _____, la taille élancée comme _____, un tempérament doux comme _____, etc.

3. Racontez une plaisanterie à tour de rôle.

4. Vous êtes déprimé(e) (Charlie Brown). Vous allez consulter un(e) psychologue (Lucy). Racontez-lui vos malheurs. L'étudiant(e) qui joue le rôle du (de la) psychologue donne des suggestions contre la dépression.

COMPOSITIONS

1. Qu'est-ce qui vous fait rire? Donnez des exemples.

2. Faites votre autoportrait avec humour.

 **PRONONCIATION**

(Students can listen to the audio track for this exercise on MyFrenchLab; instructors will find it on CD 7, Track 11.)

Liaisons interdites et liaisons obligatoires

As mentioned in Chapitre 2, **liaison** is optional in many instances. It is however important to remember particular instances when it must never be made (**liaisons interdites**) and when it must always occur (**liaisons obligatoires**).

Liaisons interdites

Do not make a **liaison**

— between two rhythmic groups:

Mes amis / ont faim.	Je pars / en train.
Les enfants / arrivent.	Peu de gens / étaient là.

— with a word beginning with an aspirate **h** (*h aspiré*):

très / haut   des / homards   les / harpons

— with the **t** of **et** and the following word:

nous et / eux   il part et / elle arrive

— between the pronouns **ils** and **elles** and the past participle in a question with inversion:

Sont-ils / arrivés?   Ont-elles / écouté?

Liaisons obligatoires

Always link

— a determiner and a noun or adjective:

les oranges	tes idées	les autres cours
des arbres	ses achats	mes anciens cours
deux autos	quelques œufs	plusieurs autres cours
trois arbres	plusieurs autos	leurs anciennes maisons

— an adjective and the noun following it:

de vieux arbres	d'anciens amis
de beaux enfants	les vieilles églises

— a subject or object pronoun and a verb:

nous avons	ils écoutaient	ils ont fini
vous aimez	elles adorent	elles ont mangé
je les aime	tu les écoutes	il vous admire

— a verb and a subject pronoun (or **y** and **en**) following it (in a question with inversion or in the imperative):

Part‿il?   Chantaient‿ils?   Prends‿en.
Attend‿elle?   Parleront‿elles?   Allez‿y.

— the adverbs **très**, **plus**, **moins** and the adjectives or verbs they modify:

très‿élégant   plus‿âgé   moins‿actif
J'ai moins‿aimé ce cours.

— monosyllabic prepositions and the following article, noun, or pronoun:

chez‿elles   sans‿eux   en‿Italie
dans‿une chambre   sous‿une table

— the conjunction **quand** and the following pronoun:

quand‿elle arrive   quand‿il reviendra

The liaison with "d" of **quand** will be pronounced /t/.

WEBLINKS

Laisons
http://french.about.com/library/pronunciation/bl-liaisons-r.htm

Marqueurs d'articulation
www.connectigramme.com/connecteurs.html/odyframe.htm

Plus-que-parfait
www.utas.edu.au/french/language/ventenpoupe/chapitre_03/chap03gram.htm

Clémence Desrochers (*site officiel*)
www.clemencedesrochers.ca

Festival "Juste pour rire"
www.hahaha.com/fr/

"Vous voulez rire" (for students of French)
www.swarthmore.edu/Humanities/clicnet/rire/index.html

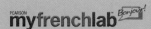

Les droits de la personne

Thèmes

- Les droits fondamentaux
- Mes sentiments au sujet d'événements passés

Lecture

Enfin... nous avons une Déclaration universelle des droits de l'animal

Grammaire

22.1   Le subjonctif passé

22.2   Le verbe *manquer*

22.3   Le verbe irrégulier *fuir*

22.4   Les verbes irréguliers en *-indre*

VOCABULAIRE UTILE

Noms

aide (f.)	help	**secours** (m.)	aid, assistance
aller-retour (m.)	return ticket	**séjour** (m.)	stay
biens (m. pl.)	possessions, property	**sûreté** (f.)	personal security
		syndicat (m.)	union
citoyen, citoyenne (m./f.)	citizen	**tenu(e): être — de**	to be bound to
consentement (m.)	consent	**valeur** (f.)	value
douanes (f. pl.)	customs	**vie privée** (f.)	private life
droit: avoir — à	to have a right to		
droit: exercer un —	to exercise a right	### Adjectifs	
		libre	free
espoir (m.)	hope	**pénible**	tiresome
gare (f.)	train station	**politique**	political
genre (m.)	kind, type, sort	**responsable**	responsible
gens (m. pl.)	people		
intégrité (f.)	inviolability	### Adverbes	
pouvoir (m.) **exécutif**	executive power	**pêle-mêle**	any old how, randomly
pouvoir (m.) **législatif**	legislative power	**dorénavant**	henceforth
pouvoir (m.) **judiciaire**	judicial power	### Locutions prépositives	
pouvoirs (m.) **publics**	authorities	**à l'égard de**	regarding
réunion (f.)	assembly, meeting	**conformément à**	according to

GRAMMAIRE ET EXERCICES ORAUX

22.1 Le subjonctif passé

The past subjunctive is formed by using the present subjunctive of **avoir** or **être** and the past participle of the verb.

aimer

que j'	aie aimé	que nous	ayons aimé
que tu	aies aimé	que vous	ayez aimé
qu'il / elle / on	ait aimé	qu'ils / elles	aient aimé

venir

que je	sois venu(e)	que nous	soyons venu(e)s
que tu	sois venu(e)	que vous	soyez venu(e)(s)
qu'il / on	soit venu	qu'ils	soient venus
qu'elle	soit venue	qu'elles	soient venues

s'habiller

que je	me sois habillé(e)	que nous	nous soyons habillé(e)s
que tu	te sois habillé(e)	que vous	vous soyez habillé(e)(s)
qu'il / on	se soit habillé	qu'ils	se soient habillés
qu'elle	se soit habillée	qu'elles	se soient habillées

While the present subjunctive indicates *simultaneity* or *posteriority* in relation to the action described by the verb in the main clause, the past subjunctive indicates *anteriority*. Compare the following examples:

1) the verb in the main clause is in the present tense:

> Je suis heureux(euse) que tu **sois** ici. (simultaneity)
>
> Je veux que tu **viennes** demain. (posteriority)
>
> Je regrette que tu ne **sois** pas **venu(e)** hier. (anteriority)

2) the verb in the main clause is in a past tense:

> Il était content que nous **soyons** avec lui. (simultaneity)
>
> Il est parti avant que nous **arrivions**. (posteriority)
>
> Il a réussi à l'examen bien qu'il n'**ait** pas beaucoup **étudié**. (anteriority)

3) the verb in the main clause is in the future tense (or the **futur antérieur**):

> Nous ferons ce travail sans que vous nous **aidiez**. (simultaneity)
>
> J'aurai fini avant que vous **arriviez**. (posteriority)
>
> Il sera triste que tu ne **sois** pas **allé(e)** le voir. (anteriority)

Remember that the infinitive construction replaces the subjunctive when the subject of the subordinate clause in the subjunctive would refer to the same person or thing as the subject of the main clause. The past subjunctive is replaced by the past infinitive form:

> Il est content de **t'avoir vu(e)**.
>
> Je regrette d'**être venu(e)**.
>
> Elle est morte sans **avoir connu** son petit-fils.
>
> Vous réussirez à condition d'**avoir travaillé**.

EXERCICES ORAUX

a. Répondez aux questions en exprimant l'incertitude à l'aide de *Je ne crois pas.*

> *Modèle:* Est-ce que ton grand-père a pris l'avion?
> *Je ne crois pas qu'il ait pris l'avion.*

1. Est-ce qu'ils ont pris un billet aller-retour?
2. Est-ce qu'il est parti sans espoir de retour?
3. Est-ce qu'elles sont rentrées de vacances la semaine dernière?
4. Est-ce que la famille a vendu tous ses biens?
5. Est-ce qu'ils ont menti aux inspecteurs des douanes?
6. Est-ce que ton cousin est devenu juge?
7. Est-ce qu'ils se sont rendu compte de leur erreur dans la déclaration?

b. Répondez en exprimant le doute, une opinion, un sentiment.

> *Modèle:* Il a déjà obtenu son visa de séjour. (je doute)
> *Je doute qu'il ait déjà obtenu son visa de séjour.*

1. Il a émigré en Afrique. (il est possible)
2. Ils se sont parlé au téléphone. (je ne pense pas)
3. Mon grand-père a attendu trop longtemps avant d'immigrer. (j'ai peur)
4. Tu as réfléchi aux problèmes des minorités. (je doute)
5. Vous êtes allés voir le Service d'immigration. (je suis content(e))
6. Vous n'avez pas reçu de réponse du gouvernement. (je regrette)
7. Pierre est resté six ans en Amérique du Sud. (je suis surprise(e))

c. Subjonctif présent ou subjonctif passé? Employez le temps qui convient.

1. Il est parti avant que nous (arriver).
2. Je regrette que tu ne (pouvoir) pas venir dimanche dernier.
3. Bien qu'elle (être) malade la semaine dernière, elle a remis sa composition au professeur ce matin.
4. J'ai attendu jusqu'à ce que vous me (téléphoner).
5. Après leur séparation, il était triste que sa femme (vouloir) le quitter.
6. Je lui avais prêté de l'argent pour qu'il (pouvoir) acheter un ordinateur.

d. Exprimez la joie et la tristesse. Attention au subjonctif passé ou à l'infinitif passé.

1. Je suis heureux. Je suis venu au Canada.
2. Nous sommes contents. Vous avez obtenu votre permis de travail.
3. Il était triste. Il n'avait pas pu obtenir la citoyenneté canadienne.
4. Elle regrettait. Je n'avais pas encore reçu mon passeport.
5. Ils ont eu peur. Ils avaient fait une erreur dans leur déclaration.
6. Je ne pensais pas. J'avais fait des progrès si intéressants.

e. Transformez les phrases selon le modèle.

> *Modèle:* Tu réussiras. Tu auras fait des progrès. (à condition de)
> *Tu réussiras à condition d'avoir fait des progrès.*

1. Robert part. Il a averti ses parents. (sans)
2. J'ai pris une décision. J'avais beaucoup réfléchi. (sans)
3. Les enfants peuvent regarder la télévision. Ils ont terminé leurs devoirs. (à condition de)
4. Il arrivera bientôt. Il aura oublié notre rendez-vous. (à moins de)

22.2 Le verbe *manquer*

Manquer is a regular **-er** verb with two* distinct uses:

1) **manquer** + direct object means "to miss":

J'ai manqué le train.	I missed the train.
Tu as manqué un bon	You have missed a
film à la télé.	good movie on TV.
Il vient de manquer l'autobus.	He has just missed the bus.

2) **manquer de** means "to lack," "not to have enough":

Il manque de talent.	He lacks talent.
Je manque de farine pour faire un gâteau.	I do not have enough flour to make a cake.

EXERCICES ORAUX

a. Vous avez manqué quelque chose...

> *Modèle:* As-tu entendu ce concert?
> *Non, je l'ai manqué.*

1. A-t-il pris le train de 11 h 40?
2. As-tu eu le temps de prendre l'autobus?
3. Avez-vous vu ce film?
4. As-tu pu voir tes amis quand ils sont venus?

---

* A third use of **manquer** is with an indirect object, with the meaning of "to miss (someone)," in a construction that is the reverse of the English one. For instance, "I miss you" corresponds to **"Tu me manques,"** where **me** is the indirect object. However, another construction is used to express the same meaning: **s'ennuyer de quelqu'un.** For instance, **"Je m'ennuie de toi"** would correspond to "I miss you."

b. De quoi manque-t-on?

> *Modèle:* A-t-il assez d'argent?
>
> *Non, il manque d'argent.*

1. As-tu assez de temps pour terminer ton travail?
2. A-t-elle assez d'ambition pour devenir avocate?
3. Est-ce que les gens ont assez de nourriture dans ce pays?
4. A-t-il assez d'initiative pour prendre des décisions?
5. Avons-nous assez d'amour dans notre vie?

22.3 Le verbe irrégulier *fuir*

	Présent de l'indicatif			Participe passé	Futur
je	fuis	nous	fuyons	fui	je fuirai
tu	fuis	vous	fuyez		
il / elle / on	fuit	ils / elles	fuient		

Subjonctif présent: fuie, fuies, fuie, fuyions, fuyiez, fuient

Subjonctif passé: aie fui, aies fui, ait fui, ayons fui, ayez fui, aient fui

Fuir means "to flee," **s'enfuir de** means "to run away from," and **une fuite** means "escape."

Pierre fuit les responsabilités.

Ces immigrants ont fui la guerre.

Trop d'adolescents s'enfuient de chez eux.

L'homme qui a percuté un piéton est accusé de délit de fuite.

Le criminel s'est enfui avant que la police (n')arrive.

La confidentialité de cette information n'a pas pu être gardée; il y a eu des fuites.

EXERCICES ORAUX

a. Dialogue absurde. Répondez aux questions.

Dis-moi...

1. Est-ce que tu fuis toujours tes responsabilités?
2. As-tu quelquefois envie de fuir la réalité? Quand?
3. Quel genre de personne est-ce que tu fuis?
4. T'es-tu déja enfui(e) de chez toi quand tu étais enfant?
5. Trouves-tu que le temps fuit trop vite?
6. T'enfuirais-tu sur une île déserte avec moi?
7. Pourquoi le voleur s'est-il enfui à toutes jambes?

22.4 Les verbes irréguliers en *-indre*

Atteindre (to reach), **craindre** (to fear), **peindre** (to paint), and **se plaindre** (to complain) are all irregular verbs conjugated on the same pattern.

Présent de l'indicatif

	craindre	peindre
je	crains	peins
tu	crains	peins
il / elle / on	craint	peint
nous	craignons	peignons
vous	craignez	peignez
ils / elles	craignent	peignent

Participes passés: craint, peint
Futur: je craindrai, je peindrai
The present subjunctive is regular.

Exemples:

Je crains de m'être trompé(e). (+ **de** + infinitive)

Il craignait que nous ne l'attendions pas. (+ subjunctive)

Jean-Paul Riopelle a beaucoup peint.

Je repeindrai la maison au printemps.

On a atteint le sommet de l'Everest.

Est-ce que le gouvernement atteindra ses objectifs?

Il s'est plaint au directeur.

Elle se plaignait d'avoir mal à la tête. (+ **de** + infinitive)

Il se plaint d'un mal de tête continuel. (+ **de** + noun)

EXERCICES ORAUX

a. Remplacez le sujet par les mots entre parenthèses.

1. Il atteint toujours ses objectifs. (je, nous, vous, ils)
2. Elle peint surtout des paysages. (ces peintres, vous, je)
3. Tu te plains trop. (Pierre, vous, vos amis)
4. Nous craignons la guerre. (je, vous, elle, les jeunes)
5. Elle se plaignait du bruit. (je, nous, les étudiants)
6. J'atteindrai mon objectif. (vous, tu, nous)

b. Répondez aux questions.

1. Qu'est-ce que tu crains le plus pour l'humanité?
2. Craignais-tu les animaux quand tu étais enfant?
3. Qui a peint la Joconde?
4. Quel tableau aurais-tu aimé avoir peint?
5. Qu'est-ce que les enfants peignent généralement?
6. As-tu atteint tes objectifs jusqu'à maintenant? Lesquels dois-tu encore atteindre?
7. Est-ce que tu te plains souvent?
8. De quoi te plains-tu en général?

c. De quoi se plaint-il encore!

Il se *plaint* de ne pouvoir *peindre* le tableau génial qui lui permettrait d'*atteindre* son idéal sans *craindre* de perdre sa célébrité.

Faites une phrase de ce genre en utilisant les mêmes quatre verbes.

EXERCICES ÉCRITS

a. Mettez les verbes entre parenthèses au subjonctif passé.

1. Bien qu'il (faire) des progrès en mathématiques, il n'a pas réussi à l'examen.
2. Je regrette qu'elle (ne pas s'entendre) avec lui.
3. Il est possible qu'elles (revenir) en train.
4. Je doute qu'ils (téléphoner).
5. Elle regrette que nous (s'inquiéter).
6. Il était surpris qu'elle (rentrer) avant minuit.
7. Je lui téléphonerai à moins qu'elle (partir) déjà.

b. Refaites les phrases selon le modèle. Employez le temps du subjonctif qui convient (présent ou passé) dans la subordonnée.

Modèle: Je suis sûr(e) qu'il est venu. (je doute)
Je doute qu'il soit venu.

1. J'espère qu'il viendra. (il est possible)
2. Je savais que tu avais acheté une nouvelle voiture. (je ne pensais pas)
3. Nous pensons qu'elle est repartie à Montréal. (nous sommes contents)
4. Je crois qu'il est malade. (je ne crois pas)
5. Je pense qu'elle n'a pas réussi à l'examen. (j'ai peur)
6. Il est certain qu'il a du talent. (il n'est pas impossible)
7. Il a cru qu'elle était déjà partie. (il a eu peur)

c. Refaites les phrases suivantes en employant le verbe *manquer (de)*.

1. Il n'a pas assez d'argent pour poursuivre ses études.
2. Je n'ai pas pu voir ce film parce que j'étais trop occupé(e).
3. Je devais prendre le train, mais quand je suis arrivé(e) à la gare, il était déjà parti.
4. Je n'aime pas le camping parce qu'on n'a pas assez de confort.

d. Mettez les verbes *fuir* et *s'enfuir* au temps et au mode qui conviennent.

1. Il (fuir) toujours les responsabilités.
2. Quand elle était enfant, elle (s'enfuir) souvent de chez elle.
3. S'il y avait une guerre ici, il (s'enfuir) pour aller dans un autre pays.
4. Je suis désolé(e) que ton chien (s'enfuir) hier et ne soit pas revenu.
5. Ne (fuir) pas les efforts que vous devez faire pour réussir.
6. Nous sommes venus vivre à la campagne il y a cinq ans: nous (fuir) la ville et la pollution.

e. Mettez les verbes entre parenthèses au temps et au mode qui conviennent.

1. Tout le monde (craindre) d'aller chez le dentiste.
2. Quand il est devenu architecte, il (atteindre) son objectif.
3. Si le professeur me donne une mauvaise note, je (se plaindre).
4. Si tu (peindre) ta chambre en blanc, elle serait plus jolie.
5. Il est possible que vous (craindre) des choses qui n'existent pas.
6. Chaque fois que vous avez un peu de travail, vous (se plaindre)!
7. Si j'avais du talent, je (peindre).
8. Si elle (se plaindre) d'un mal de tête, tu lui donneras une aspirine.

Lecture

Enfin... nous avons une Déclaration universelle des droits de l'animal

Il y a cinquante ans, l'homme créait la Charte des droits de l'homme dans laquelle il reconnaissait sa responsabilité face à la cause de son semblable qu'est l'animal. Pour mettre un terme à l'exploitation de l'animal qui existait depuis des siècles, on a remis, le 15 octobre 1978, au Secrétaire général de l'UNESCO, une Déclaration universelle des droits de l'animal, dont voici les principaux articles.

Article un

Tous les animaux naissent égaux devant la vie et ont les mêmes droits à l'existence.

Article deux

L'homme, en tant qu'espèce animale, ne peut s'attribuer le droit d'exterminer les autres animaux ou de les exploiter en violant ce droit. Il a le devoir de mettre ses connaissances au service des animaux.

Article trois

Nul animal ne sera soumis à des mauvais traitements ni à des actes cruels. Si la mise à mort d'un animal est nécessaire, elle doit être instantanée, indolore et non génératrice d'angoisse.

Article quatre

Tout animal appartenant à une espèce sauvage a le droit de vivre libre dans son environnement et a le droit de se reproduire.

Article cinq

Tout animal appartenant à une espèce vivant traditionnellement dans l'environnement de l'homme a le droit de vivre et de croître au rythme et dans les conditions de vie et de liberté qui sont propres à son espèce.

Article six

Tout animal que l'homme a choisi pour compagnon a droit à une durée de vie conforme à sa longévité naturelle. L'abandon d'un animal est un acte cruel et dégradant.

Article sept

Tout animal ouvrier a droit à une limitation de la durée du travail, à une alimentation réparatrice et au repos.

Article huit

L'expérimentation animale impliquant une souffrance physique ou psychologique est incompatible avec les droits de l'animal.

Article neuf

Quand l'animal est élevé pour l'alimentation, il doit être nourri, logé et mis à mort sans qu'il en résulte pour lui ni anxiété, ni douleur.

Article dix

Nul animal ne doit être exploité pour le divertissement de l'homme.

Article onze

Tout acte impliquant la mise à mort d'un animal sans nécessité est un biocide, c'est-à-dire un crime contre la vie.

Article douze

Tout acte impliquant la mise à mort d'un grand nombre d'animaux sauvages est un génocide, c'est-à-dire une crime contre l'espèce. La pollution et la destruction de l'environnement naturel conduisent au génocide.

Article treize

L'animal mort doit être traité avec respect, et les scènes de violence dont les animaux sont victimes doivent être interdites.

Article quatorze

Les droits de l'animal doivent être défendus par la loi comme les droits de l'homme.

Extrait de L'animal, son bien-être et la loi

(s')agir	to be a matter of	**connaissance** (f.)	knowledge
angoisse (f.)	distress	**croître**	to grow
aperçu (m.)	general survey	**dégradant(e)**	degrading
atteinte (f.)	attack	**divertissement** (m.)	entertainment
(s')attribuer	to claim	**douleur** (f.)	pain
conforme	in accordance with	**droit** (m.)	right
		durée (f.)	duration

égal(e)	equal	**propre**	own
loger	to live	**réparateur,**	restorative,
mettre à mort	to kill	**réparatrice**	nourishing
naître	to be born	**repos** (m.)	rest
niveau (m.)	level	**sauvegarde** (f.)	safeguard
nourrir	to feed	**sauvage**	wild
nul	not one	**soin** (m.)	care
ouvrier, ouvrière (m./f.)	worker	**souffrance** (f.)	suffering

QUESTIONS

Donnez un aperçu de ce que la Déclaration universelle des droits de l'animal proclame en ce qui a trait...

1. au droit au respect de l'animal.
2. aux droits de l'animal sauvage.
3. aux animaux vivant dans l'environnement de l'homme.
4. aux animaux comme compagnons.
5. aux animaux ouvriers.
6. à l'expérimentation médicale.
7. à l'animal élevé pour l'alimentation.
8. à l'animal comme divertissement.
9. à l'animal et la loi.

SITUATIONS – CONVERSATIONS

1. Parmi les libertés fondamentales, y en a-t-il qui vous semblent plus importantes que d'autres?

2. Imaginez des situations dans lesquelles vous sentiriez des menaces peser sur a) votre vie privée; b) votre réputation; c) votre liberté d'expression.

3. À part une charte ou une constitution, qu'est-ce qu'il faut pour garantir le respect des droits et libertés de la personne et celui des animaux?

4. Existe-t-il dans notre société des catégories de personnes dont les droits et la liberté sont menacés?

5. Quel est le plus beau cadeau que vous ayez reçu de votre vie? Quel âge aviez-vous? Qui vous l'a offert? À quelle occasion?

6. Quand vous étiez enfant, quelles sont les choses que vous craigniez le plus?

7. Racontez l'expérience la plus amusante (ou la plus embarrassante) que vous ayez vécue.

8. Vos grands-parents ou vos parents viennent peut-être d'un pays étranger. Racontez leur arrivée dans notre pays. Quand, comment et pourquoi sont-ils venus?

COMPOSITIONS

1. Vous sentez-vous libre en toutes occasions? Que signifie la liberté pour vous?
2. Faut-il priver d'aide économique les pays où les droits de la personne ne sont pas respectés?

 # PRONONCIATION

(Students can listen to the audio track for this exercise on MyFrenchLab; instructors will find it on CD 7, Track 20.)

Les groupes figés

I. When two unstable **e**'s (/ə/) follow each other at the beginning of a rhythmic group, it is sometimes possible to pronounce either the first or the second one:

je l¢ fais	or	j¢ le fais
ne m¢ parle pas	or	n¢ me parle pas
je r¢pars	or	j¢ repars

II. Fixed groups (**groupes figés**) are those that are always pronounced in the same way.

1) je n¢

Je n¢ parle pas.	Je n¢ l'ai pas fait.
Je n¢ chante pas.	Je n¢ l'ai pas pris.
Je n¢ sais pas.	Je n¢ l'ai pas cassé.

2) de n¢

Il m'a dit de n¢ pas boire.	J'ai décidé de n¢ pas rentrer.
Il m'a dit de n¢ pas parler.	Il a choisi de n¢ pas venir.
Il m'a dit de n¢ pas partir.	Elle m'accuse de n¢ pas travailler.

3) j¢ te

J¢ te vois.	J¢ te ramènerai.
J¢ te comprends.	J¢ te téléphonerai.
J¢ te regarde.	J¢ te conduirai.

4) c¢ que

Dis-moi c¢ que tu fais.	Fais c¢ que tu veux.
Dis-moi c¢ que tu veux.	Prends c¢ que tu peux.
Il fait c¢ que nous voulons.	Répète c¢ que tu dis.

 **WEBLINKS**

Subjonctif passé
www.bertrandboutin.ca/Exercices_grammaire/ToC_web.htm

Manquer
http://french.about.com/library/weekly/aa081900.htm

Commission canadienne des droits de la personne
www.chrc-ccdp.ca/

Charte des droits et libertés de la personne (Québec)
www.cdpdj.qc.ca/fr/commun/docs/charte.pdf

Fondation de la faune du Québec
www.fondationdelafaune.qc.ca/

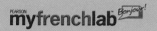 **PEARSON** **myfrenchlab** *Bonjour!*   Visit MyFrenchLab at www.MyFrenchLab.com to access additional resources such as audio tracks, oral practice, the *cahier de laboratoire*, and self-grading quizzes.

La conjugaison des verbes

A. LES VERBES RÉGULIERS DES TROIS GROUPES

	Verbes en -er	Verbes en -ir	Verbes en -re
INFINITIF	parler	finir	attendre
PARTICIPES			
Passé	parlé	fini	attendu
Présent	parlant	finissant	attendant
INDICATIF			
Présent	parle	finis	attends
	parles	finis	attends
	parle	finit	attend
	parlons	finissons	attendons
	parlez	finissez	attendez
	parlent	finissent	attendent
Imparfait	parlais	finissais	attendais
	parlais	finissais	attendais
	parlait	finissait	attendait
	parlions	finissions	attendions
	parliez	finissiez	attendiez
	parlaient	finissaient	attendaient
Futur	parlerai	finirai	attendrai
	parleras	finiras	attendras
	parlera	finira	attendra
	parlerons	finirons	attendrons
	parlerez	finirez	attendrez
	parleront	finiront	attendront
Passé composé	ai parlé	ai fini	ai attendu
Plus-que-parfait	avais parlé	avais fini	avais attendu
Futur antérieur	aurai parlé	aurai fini	aurai attendu
IMPÉRATIF	parle	finis	attends
	parlons	finissons	attendons
	parlez	finissez	attendez
CONDITIONNEL			
Présent	parlerais	finirais	attendrais
	parlerais	finirais	attendrais
	parlerait	finirait	attendrait
	parlerions	finirions	attendrions
	parleriez	finiriez	attendriez
	parleraient	finiraient	attendraient
Passé	aurais parlé	aurais fini	aurais attendu

SUBJONCTIF			
Présent	parle	finisse	attende
	parles	finisses	attendes
	parle	finisse	attende
	parlions	finissions	attendions
	parliez	finissiez	attendiez
	parlent	finissent	attendent
Passé	aie parlé	aie fini	aie attendu

B. VERBES DONT L'ORTHOGRAPHE VARIE

1) Les verbes comme **acheter** (**amener**, **emmener**, **lever**, **mener**, **promener**): Le **e** qui précède la consonne devient **è** quand la consonne est suivie d'un **e muet**.

   PARTICIPES
   Présent / Passé   achetant / acheté

   INDICATIF
   Présent   achète, achètes, achète,
                            achetons, achetez, achètent

   Imparfait   achetais, etc.

   Futur   achèterai, etc.

   CONDITIONNEL
   Présent   achèterais, etc.

   SUBJONCTIF
   Présent   achète, achètes, achète,
                            achetions, achetiez, achètent

2) Les verbes comme **espérer** (**inquiéter**, **précéder**, **préférer**, **répéter**): Le **é** qui précède la consonne devient **è** quand la consonne est suivie d'un **e caduc**, sauf au futur et au conditionnel présent.

   PARTICIPES
   Présent / Passé   espérant / espéré

   INDICATIF
   Présent   espère, espères, espère,
                            espérons, espérez, espèrent

   Imparfait   espérais, etc.

   Futur   espérerai, espéreras, espérera,
                            espérerons, espérerez, espéreront

   CONDITIONNEL
   Présent   espérerais, espérerais, espérerait,
                            espérerions, espéreriez, espéreraient

SUBJONCTIF

Présent   espère, espères, espère,
                              espérions, espériez, espèrent

3) Les verbes comme **appeler** (**jeter**, **rappeler**, **rejeter**): La consonne finale est redoublée
   devant un **e muet.**

PARTICIPES

Présent / Passé   appelant / appelé

INDICATIF

Présent   appelle, appelles, appelle
                              appelons, appelez, appellent

Imparfait   appelais, etc.

Futur   appellerai, etc.

CONDITIONNEL

Présent   appellerais, etc.

SUBJONCTIF

Présent   appelle, appelles, appelle,
                              appelions, appeliez, appellent

4) Les verbes comme **payer** (**ennuyer**, **essayer**): Le **y** devient **i** devant un **e muet.**

PARTICIPES

Présent / Passé   payant / payé

INDICATIF

Présent   paie, paies, paie,
                              payons, payez, paient

Imparfait   payais, etc.

Futur   paierai, etc.

CONDITIONNEL

Présent   paierais, etc.

SUBJONCTIF

Présent   paie, paies, paie,
                              payions, payiez, paient

5) Les verbes comme **manger** (**changer**, **corriger**, **diriger**, **nager**): Le **g** est suivi d'un **e** devant
   une voyelle différente de **e** ou **i.**

PARTICIPES

Présent / Passé   mangeant / mangé

INDICATIF

Présent   mange, manges, mange,
                              mangeons, mangez, mangent

Imparfait	mangeais, mangeais, mangeait, mangions, mangiez, mangeaient
Futur	mangerai, etc.
CONDITIONNEL Présent	mangerais, etc.
SUBJONCTIF Présent	mange, manges, mange, mangions, mangiez, mangent

6) Les verbes comme **commencer** (**agacer**): Le **c** prend une cédille (**ç**) devant une voyelle différente de **e** ou **i**.

PARTICIPES Présent / Passé	commençant / commencé
INDICATIF Présent	commence, commences, commence, commençons, commencez, commencent
Imparfait	commençais, commençais, commençait, commencions, commenciez, commençaient
Futur	commencerai, etc.
CONDITIONNEL Présent	commencerais, etc.
SUBJONCTIF Présent	commence, commences, commence, commencions, commenciez, commencent

C. LES VERBES AUXILIAIRES *AVOIR* ET *ÊTRE*

INFINITIF	avoir		être	
PARTICIPES				
Passé	eu		été	
Présent	ayant		étant	
INDICATIF				
Présent	ai	avons	suis	sommes
	as	avez	es	êtes
	a	ont	est	sont
Imparfait	avais	avions	étais	étions
	avais	aviez	étais	étiez
	avait	avaient	était	étaient

Futur	aurai	aurons	serai	serons
	auras	aurez	seras	serez
	aura	auront	sera	seront
Passé composé	ai eu	avons eu	ai été	avons été
	as eu	avez eu	as été	avez été
	a eu	ont eu	a été	ont été
Plus-que-parfait	avais eu		avais été	
Futur antérieur	aurai eu		aurai été	
IMPÉRATIF	aie		sois	
	ayons		soyons	
	ayez		soyez	
CONDITIONNEL Présent	aurais	aurions	serais	serions
	aurais	auriez	serais	seriez
	aurait	auraient	serait	seraient
Passé	aurais eu		aurais été	
SUBJONCTIF Présent	aie	ayons	sois	soyons
	aies	ayez	sois	soyez
	ait	aient	soit	soient
Passé	aie eu		aie été	

D. VERBES IRRÉGULIERS

Chacun des verbes suivants se conjugue de la même façon que le verbe entre parenthèses qui le suit.

abattre	(battre)	offrir	(ouvrir)
admettre	(mettre)	peindre	(craindre)
apercevoir	(recevoir)	plaindre	(craindre)
apprendre	(prendre)	produire	(conduire)
atteindre	(craindre)	promettre	(mettre)
combattre	(battre)	recouvrir	(ouvrir)
comprendre	(prendre)	retenir	(tenir)
construire	(conduire)	sentir	(partir)
couvrir	(ouvrir)	servir	(partir)
décevoir	(recevoir)	soumettre	(mettre)
découvrir	(ouvrir)	sourire	(rire)
détruire	(conduire)	sortir	(partir)
dormir	(partir)	souffrir	(ouvrir)
s'enfuir	(fuir)	survivre	(vivre)
mentir	(partir)		

INFINITIF / PARTICIPES	INDICATIF présent		imparfait	futur	IMPÉRATIF	SUBJONCTIF présent	
aller	vais	allons	allais	irai	va	aille	allions
allant	vas	allez			allons	ailles	alliez
allé	va	vont			allez	aille	aillent
asseoir	assois	assoyons	assoyais	assoirai	assois	assoie	assoyions
assoyant	assois	assoyez			assoyons	assoies	assoyiez
assis	assoit	assoient			assoyez	assoie	assoient
battre	bats	battons	battais	battrai	bats	batte	battions
battant	bats	battez			battons	battes	battiez
battu	bat	battent			battez	batte	battent
boire	bois	buvons	buvais	boirai	bois	boive	buvions
buvant	bois	buvez			buvons	boives	buviez
bu	boit	boivent			buvez	boive	boivent
conduire	conduis	conduisons	conduisais	conduirai	conduis	conduise	conduisions
conduisant	conduis	conduisez			conduisons	conduises	conduisiez
conduit	conduit	conduisent			conduisez	conduise	conduisent
connaître	connais	connaissons	connaissais	connaîtrai	connais	connaisse	connaissions
connaissant	connais	connaissez			connaissons	connaisses	connaissiez
connu	connaît	connaissent			connaissez	connaisse	connaissent
craindre	crains	craignons	craignais	craindrai	crains	craigne	craignions
craignant	crains	craignez			craignons	craignes	craigniez
craint	craint	craignent			craignez	craigne	craignent
croire	crois	croyons	croyais	croirai	crois	croie	croyions
croyant	crois	croyez			croyons	croies	croyiez
cru	croit	croient			croyez	croie	croient
devoir	dois	devons	devais	devrai	—	doive	devions
devant	dois	devez			—	doives	deviez
dû	doit	doivent			—	doive	doivent

dire	dis	disons	disais	dirai	dis	dise	disions
disant	dis	dites			disons	dises	disiez
dit	dit	disent			dites	dise	disent
écrire	écris	écrivons	écrivais	écrirai	écris	écrive	écrivions
écrivant	écris	écrivez			écrivons	écrives	écriviez
écrit	écrit	écrivent			écrivez	écrive	écrivent
faire	fais	faisons	faisais	ferai	fais	fasse	fassions
faisant	fais	faites			faisons	fasses	fassiez
fait	fait	font			faites	fasse	fassent
falloir	il faut		il fallait	il faudra	—	il faille	
fallu							
lire	lis	lisons	lisais	lirai	lis	lise	lisions
lisant	lis	lisez			lisons	lises	lisiez
lu	lit	lisent			lisez	lise	lisent
mettre	mets	mettons	mettais	mettrai	mets	mette	mettions
mettant	mets	mettez			mettons	mettes	mettiez
mis	met	mettent			mettez	mette	mettent
ouvrir	ouvre	ouvrons	ouvrais	ouvrirai	ouvre	ouvre	ouvrions
ouvrant	ouvres	ouvrez			ouvrons	ouvres	ouvriez
ouvert	ouvre	ouvrent			ouvrez	ouvre	ouvrent
partir	pars	partons	partais	partirai	pars	parte	partions
partant	pars	partez			partons	partes	partiez
parti	part	partent			partez	parte	partent
pleuvoir	il pleut		il pleuvait	il pleuvra		il pleuve	
pleuvant							
plu							
pouvoir	peux, puis	pouvons	pouvais	pourrai	—	puisse	puissions
pouvant	peux	pouvez			—	puisses	puissiez
pu	peut	peuvent			—	puisse	puissent
prendre	prends	prenons	prenais	prendrai	prends	prenne	prenions
prenant	prends	prenez			prenons	prennes	preniez
pris	prend	prennent			prenez	prenne	prennent

Inf. / Part.	Présent		Imparfait	Futur	Impératif	Subjonctif présent	
recevoir	reçois	recevons	recevais	recevrai	reçois	reçoive	recevions
recevant	reçois	recevez			recevons	reçoives	receviez
reçu	reçoit	reçoivent			recevez	reçoive	reçoivent
rire	ris	rions	riais	rirai	ris	rie	rions
riant	ris	riez			rions	ries	riez
ri	rit	rient			riez	rie	rient
savoir	sais	savons	savais	saurai	sache	sache	sachions
sachant	sais	savez			sachons	saches	sachiez
su	sait	savent			sachez	sache	sachent
suivre	suis	suivons	suivais	suivrai	suis	suive	suivions
suivant	suis	suivez			suivons	suives	suiviez
suivi	suit	suivent			suivez	suive	suivent
tenir	tiens	tenons	tenais	tiendrai	tiens	tienne	tenions
tenant	tiens	tenez			tenons	tiennes	teniez
tenu	tient	tiennent			tenez	tienne	tiennent
valoir	vaux	valons	valais	vaudrai	vaux	vaille	valions
valant	vaux	valez			valons	vailles	valiez
valu	vaut	valent			valez	vaille	vaillent
venir	viens	venons	venais	viendrai	viens	vienne	venions
venant	viens	venez			venons	viennes	veniez
venu	vient	viennent			venez	vienne	viennent
vivre	vis	vivons	vivais	vivrai	vis	vive	vivions
vivant	vis	vivez			vivons	vives	viviez
vécu	vit	vivent			vivez	vive	vivent
voir	vois	voyons	voyais	verrai	vois	voie	voyions
voyant	vois	voyez			voyons	voies	voyiez
vu	voit	voient			voyez	voie	voient
vouloir	veux	voulons	voulais	voudrai	veuille	veuille	voulions
voulant	veux	voulez			veuillons	veuilles	vouliez
voulu	veut	veulent			veuillez	veuille	veuillent

Vocabulaire — Français / Anglais

A

à at, in, to
abandonner to abandon; to give up
abattre to knock down; to fell
abîmé(e) damaged
abondant(e) abundant
abonder to be plentiful
abord: d'— firstly
aborder to tackle
aboutir à to lead to
abricot (m.) apricot
absent(e) absent
absolument absolutely
absurde absurd
abus (m.) abuse
abuser to abuse
à cause de because of
accéder à to reach
accélérer to accelerate
accentuer to accentuate
accès (m.) access
accessoires (m. pl.) accessories
accidenté(e) injured (person);
    uneven, bumpy (terrain)
accommoder to accommodate
accompagner to accompany
accomplir to accomplish
accord (m.) agreement; chord;
    d'— agreed/O.K.;
    être d'— to agree
accorder to grant; to attach;
    s'— avec to fit in with
accoucher to give birth
accourir to come running
accroître to increase; **s'—** to grow
accueillant(e) friendly
accueillir to meet, to welcome
accumuler to accumulate
achat (m.) purchase
acheter to buy;
    — à crédit to buy on credit
achever to end, to finish
à côté de besides, as well as
acquérir to acquire
acteur, trice (m./f.) actor; agent
actuel(le) present
actuellement at present, now
adepte (m./f.) follower, enthusiast
adieu (m.) farewell
admettre to admit
administration (f.) management

adonner: s'— au sport to do sports
adoptif, ive adoptive
adresser: s'— à to address
    (someone)
à droite de to the right of
adroit(e) skillful
adversaire (m./f.) opponent
aéroport (m.) airport
affaire (f.) deal; **—s** business;
    belongings
affamé(e) hungry
affectueux, euse affectionate
affiche (f.) poster
afficher to exhibit; to display; to post
affirmer: s'— to assert oneself
affreux, euse awful
affronter to brave
afin que so that
agacer to annoy, to irritate
âge (m.) age;
    Quel — avez-vous? How old are
    you?
âgé(e) old, aged
à gauche de to the left of
agence (f.) agency
agent (m.) agent; police officer;
    — immobilier realtor
aggraver: s'— to worsen
agir to act; **s'— de** to be about
agiter to perturb
agneau (m.) lamb
agrandir to enlarge
agréable pleasant
agresser to attack
agressif, ive aggressive
agriculteur (m.) farmer
aide (f.) help
aider to help
aiguille (f.) hand (clock); needle
ail (m.) garlic
aile (f.) wing
ailleurs elsewhere;
    d'— moreover, besides
aimable amiable, friendly
aimer to like; to love;
    — mieux to prefer
aîné(e) eldest (child)
ainsi thus; so; in this way
air (m.) air; appearance;
    en plein — outdoors
aise: à l'— comfortable (person);
    mal à l'— ill at ease

ajouter to add
alarmer to alarm
alcool (m.) alcohol
aliment (m.) food
alimentation (f.) food; diet
Allemagne (f.) Germany
allemand(e) German
aller to go; **s'en —** to leave
aller (m.) one-way ticket;
    — -retour round-trip ticket
allonger to lengthen, to stretch;
    s'— to lie down
allumer to light
alors so, then;
    — que whereas
alpinisme (m.) mountaineering
alto (m.) viola
amabilité (f.) kindness
ambiance (f.) atmosphere
ambitieux, euse ambitious
amélioration (f.) improvement
améliorer to improve
aménagement (m.) development
amende (f.) fine
amener to bring (a person)
amer, ère bitter
américain(e) American
Amérique (f.) America
ami(e) (m./f.) friend
amical(e) friendly
amitié (f.) friendship
amour (m.) love
amoureux, euse in love;
    être — (de) to be in love (with)
    tomber — de to fall in love with
amusant(e) amusing, funny
amuser to amuse;
    s'— to have a good time
an (m.) year
analogue similar
ananas (m.) pineapple
ancêtre (m./f.) ancestor
ancien, ienne ancient, old
anémie (f.) anemia
anglais(e) English
Angleterre (f.) England
angoisse (f.) anguish, anxiety
animateur, trice (m./f.)
    activity leader
année (f.) year; grade
anniversaire (m.) anniversary,
    birthday

annonce (f.) announcement, advertisement (ad)
annoncer to announce, to herald
annuellement annually
anse (f.) cove
antérieur(e) anterior
antipathique disagreeable
août August
apathique apathetic
apercevoir to catch a glimpse of;
    s'— to realize
apparaître to appear
appareil (m.) appliance; plane; device;
    — spatial spacecraft
appartement (m.) apartment
appartenir (à) to belong (to)
appel (m.) call
appeler to call; **s'—** to be called
appétit (m.) appetite
applaudir to applaud
appliquer to apply;
    s'— à to apply oneself to
apport (m.) contribution
apporter to bring (something)
apprécier to appreciate
apprendre to learn
apprentissage (m.) apprenticeship, learning process
approcher to come near;
    s'— de to get near, to go up to
approprié(e) appropriate
approuver to approve
approximativement approximately
âprement fiercely
après after;
    — que after
après-midi (m./f.) afternoon
aptitude (f.) skill
aquarelle (f.) watercolour
arbitre (m.) referee
arbre (m.) tree
ardeur (f.) ardour, zeal, eagerness
argent (m.) money
armoire (f.) cupboard, cabinet
arracher to tear out, to pull off
arranger to arrange
arrêt (m.) stop;
    sans — without stopping
arrêter to stop; to arrest;
    s'— to stop
arrière (m.) back; back part;
    en — backward
arrivée (f.) arrival
arriver to arrive
arriver (à faire qch) to manage (to do something)
arrondi(e) rounded
arroser to sprinkle
artisan, ane (m./f.) craftsperson

artisanat (m.) crafts
ascenseur (m.) elevator
asphyxier to asphyxiate
assister to attend
assorti(e) matching
assumer to take on
assurance (f.) assurance; insurance
assurer to assure; to insure
    s'— to secure
atelier (m.) workshop
athée (m./f.) atheist; atheistic
atout (m.) asset
attacher to attach
attaquer to attack
atteindre to reach
attendant: en — in the meantime
attendre to wait for;
    s'— à to expect
attente (f.) waiting
Attention! Watch out!
atténuer to attenuate, to lessen
atterrir to land
atterrissage (m.) landing
attirer to attract
attrait (m.) appeal, attraction
attraper to catch
attribuer to award, to grant
attrister to sadden
aubaine (f.) bargain
aucun(e) none, not any
audace (f.) daring, boldness
au-dessous de below
au-dessus de above
au fait by the way
augmentation (f.) increase
augmenter to increase
aujourd'hui today
au moins at least
auparavant before
auprès de near
Au revoir Goodbye
aussi also
aussitôt right away;
    — que as soon as
autant (de)... que as much/many as;
    d'— plus que all the more, especially as
auteur(e) (m./f.) author
authentique genuine
autobus (m.) bus
autochtone (m./f.) native person
automatisé(e) computerized
automne (m.) autumn, fall
autorisation (f.) authorization
autoriser to authorize
autour de around
autre other;
    — chose something else
autrefois in the past, formerly
autrement otherwise

autrui another, others
auxiliaire auxiliary
avaler to swallow
avance (f.) advance;
    être en — to be early
avancer to be fast; to move along
avant (que, de) before
avant-midi (m.) morning (Québec)
avec with
avenir (m.) future
avertir to inform; to warn
aveugle blind
avion (m.) airplane;
    — à réaction jet
avis (m.) opinion, advice;
    à mon — in my opinion
avocat(e) (m./f.) lawyer
avoir to have;
    — des nouvelles de to hear from;
    — du mal à to have a hard time;
    — envie de to feel like;
    — honte de to be ashamed of;
    — l'intention de to intend to;
    — l'air to seem, look;
    — lieu to take place;
    — mal (à) to ache, hurt; to have a — ache;
    — peur de to be afraid of;
    — raison (de) to be right;
    — tort (de) to be wrong;
    en — assez to have had enough
avouer to confess
avril April

B

baccalauréat (m.) Bachelor's degree
bagages (m. pl.) luggage
bague (f.) ring
baguette (f.) stick
baie (f.) bay; berry
baigner: se — to take a bath, to go swimming
bâiller to yawn
bain (m.) bath
baiser (m.) kiss
baisse (f.) drop, decline
baisser to lower
balade (f.) stroll, walk
balai (m.) broom
balayer to sweep
balle (f.) ball
ballon (m.) ball, balloon
banal(e) trite
banc (m.) bench
bande (f.) group, band;
    — magnétique tape
banlieue (f.) suburb
banque (f.) bank
banquier (m.) banker
barbe (f.) beard

barbu (m.) bearded man
barrage (m.) dam
bas, basse low; **en —** downstairs;
    tout — in a low voice
base (f.) base, basis,
    de — basic
bataille (f.) battle
bateau (m.) boat;
    — à voile sailboat;
    — de pêche fishing boat
bâtiment (m.) building
bâtir to build
bâton (m.) stick
batterie (f.) drums
battre to beat; **se —** to fight
bavarder to chat
beau, belle beautiful
beaucoup much, many, a lot
beau-frère (m.) brother-in-law,
    stepbrother
beau-père (m.) father-in-law;
    stepfather
beauté (f.) beauty
bébé (m.) baby
belge Belgian
Belgique (f.) Belgium
béguin: avoir le — pour to have a
    crush on
belle-mère (f.) mother-in-law;
    stepmother
belle-sœur (f.) sister-in-law;
    stepsister
bénéfice (m.) profit
bénéficier de to benefit from
bénédiction (f.) blessing
bénir to bless
berceau (m.) cradle; birthplace
berge (f.) river bank
besoin (m.) need;
    avoir — de to need
bête stupid; (f.) animal
beurre (m.) butter
beurrer to butter
bibliothécaire (m./f.) librarian
bibliothèque (f.) library
bicyclette (f.) bicycle
bien quite, well, much; (m.) goods,
    possessions;
    — de(s) many;
    — que although;
    — sûr of course;
    très — very well
bien-être (m.) well-being
bientôt soon; **À —** See you soon
bière (f.) beer
bijou (pl.-**oux**) (m.) jewel
billet (m.) ticket
biscuit (m.) cookie
bison (m.) buffalo
bizarre strange

blague (f.) joke
blanc, blanche white
    — d'œuf (m.) egg white
blanchir to turn white; to make
    something white
blé (m.) wheat
blessé(e) injured
blesser: se — to hurt oneself
bleu(e) blue; (m.) bruise
bleuir to become blue
bleuet (m.) blueberry
blondir to turn blond
bloquer to block (up)
bobo (m.) sore, hurt (childish)
bœuf (m.) beef
boire to drink
bois (m.) wood
boîte (f.) box; **— de conserve** can
bon, bonne good
bon enfant good-natured
bon marché inexpensive
bonbon (m.) candy
bonheur (m.) happiness
bonhomme de neige (m.) snowman
Bonjour Hello; Good morning;
    Good day
Bonsoir Good evening
bord (m.) edge; **à —** aboard;
    au — de on the edge of
bosquet (m.) grove
botte (f.) boot
bouche (f.) mouth
bouchée (f.) mouthful
boucher (m.) butcher
boucle d'oreille (f.) earring
boue (f.) mud
bouger to move
bougie (f.) candle
bouillir to boil
boule (f.) ball
bouleversement (m.) disruption,
    upheaval
bouleverser to disrupt, to upset
bouquin (m.) book
bourse (f.) scholarship
bout (m.) tip; end; **au — de** at the
    end of
bouteille (f.) bottle
boutique (f.) boutique
bouton (m.) button
branche (f.) branch
bras (m.) arm
brillamment brilliantly
brillant(e) brilliant, bright
briser to break, to smash
brochure (f.) booklet, pamphlet
bronchite (f.) bronchitis
brosse (f.) brush
brosser: se — to brush
brouillard (m.) fog

bru (f.) daughter-in-law
bruit (m.) noise
brûler un feu rouge to go through
    a red light
brunante (f.) dusk
brun, brune brown; dark(-haired)
brunir to turn brown
brusquement abruptly
brutal(e) rough
bruyamment noisily
bûche (f.) log
bureau (m.) desk; office
but (m.) goal, objective, purpose

C

c'est-à-dire that is to say
ça that; it;
    c'est comme — that's how it is;
    c'est pour — that's why
    — et là here and there
cabine (f.) cabin
cacher to hide
cachet (m.) fee
cadeau (m.) gift
cadre (m.) frame; setting
cafard: avoir le — to feel blue, low
café (m.) coffee
cahier (m.) notebook
caillou (m.) pebble
cajoler to cuddle
calculatrice (f.) calculator
calendrier (m.) calendar
calme (m.) calm, quiet
calmer to quiet down
camarade (m./f.) companion, friend
camion (m.) truck
campagne (f.) country
canard (m.) duck
candidature (f.) candidacy;
    application
canot (m.) canoe
canotage (m.) boating;
    faire du — to go canoeing
cantique (m.) hymn
canton (m.) township
caprice (m.) whim
capter to pick up, to intercept, to
    captivate
captivant(e) captivating
car for, because
caractère (m.) characteristic; nature;
    avoir bon / mauvais — to have a
    good/bad disposition
carburant (m.) fuel
cardiaque cardiac
carnet (m.) notebook
carré(e) square
carrefour (m.) intersection
carrière (f.) career
carte (f.) card; map

cas (m.) case; **en — de** in case of; **dans ce — -là** in that case
casque (m.) helmet
casquette (f.) cap
casse-croûte (m.) snack, snack bar
casser to break
cavalier, ière (m./f.) rider
ce, cet, cette, ces this, that, these, those
ceinture (f.) belt
célèbre famous
célébrer to celebrate
célébrité (f.) fame, celebrity
célibataire single
cent one hundred
centaine (f.) about a hundred
centre (m.) centre; **— commercial** shopping centre; **— hospitalier** hospital complex; **—-ville** downtown
cependant however, nevertheless
cerner to surround
cerise (f.) cherry
certain(e) certain; (pl.) some
certainement certainly
certitude (f.) certainty
cesser to cease
chacun(e) each one
chaîne de montage (f.) assembly line
chair (f.) flesh
chaise (f.) chair
chaleureux, euse warm, cordial
chambre (f.) bedroom
charmant(e) charming
champ (m.) field
champignon (m.) mushroom
championnat (m.) championship
chance (f.) luck, opportunity
chandail (m.) sweater
changement (m.) change
chanson (f.) song
chant (m.) song
chanter to sing
chanteur, euse (m./f.) singer
chapeau (m.) hat
chapitre (m.) chapter
chaque each
chasser to hunt; to chase
chat, chatte (m./f.) cat
château (m.) castle
chaud(e) warm, hot
chaudement warmly
chauffage (m.) heating
chauffé(e) heated
chauffeur (m.) driver
chaussée (f.) pavement
chausser to put on (footwear)
chaussette (f.) sock
chaussure (f.) shoe

chauve bald
chef-d'œuvre (m.) masterpiece
chemin (m.) path; **— de fer** railway
cheminée (f.) chimney
cheminer to walk along
chemise (f.) shirt
chemisier (m.) blouse
chèque (m.) check
cher, chère dear; expensive
chercher to look for
chercheur, euse (m./f.) researcher
cheval (pl. **-aux**) (m.) horse
chevalet (m.) easel
cheveu (pl. **-eux**) (m.) hair
cheville (f.) ankle
chez at, to (home)
chien, chienne (m./f.) dog; bitch
chiffre (m.) figure, number
chimie (f.) chemistry
Chine (f.) China
chinois, oise Chinese
chirurgien (m.) surgeon
choisir to choose
choix (m.) choice
chômage (m.) unemployment
chômeur, euse (m./f.) unemployed person
chose (f.) thing
chou (m.) cabbage
chute (f.) fall
cible (f.) target
ciel (m.) sky
cime (f.) peak
cimetière (m.) cemetery
cinéma (m.) movie theatre
cinéphile (m./f.) film enthusiast, movie buff
circulation (f.) traffic
cirque (m.) circus
citer to quote
citoyen, enne (m./f.) citizen
clairière (f.) clearing
classe (f.) class; classroom
clavecin (m.) harpsichord
clavier (m.) keyboard
clé (f.) key
clément(e) mild
cloche (f.) bell
cœur (m.) heart; **avoir mal au —** to be nauseated; **de bon —** heartily; **par —** by heart
cocher to check
coffre (m.) chest
cohabitation (f.) living together
coiffeur, euse (m./f.) hairdresser
coiffure (f.) hairdo
coin (m.) corner
colère (f.) anger
collègue (m./f.) colleague
colline (f.) hill

combat (m.) fight
combattre to fight
combien how much (many)
combler to fill
combustible (m.) fuel
comédien, ienne (m./f.) actor
comique comical, funny
comité (m.) committee
commande (f.) order (of goods)
commander to order
comme as, like; since; **— d'habitude** as usual; **— ci — ça** so-so
commencer to begin
comment how, what; **— allez-vous?** how are you? **— vous appelez-vous?** what is your name?
commentaire (m.) comment
commerçant(e) (m./f.) merchant
commerce (m.) trade, business
commettre to commit
commis (m.) clerk
commode convenient
commun(e) common
commun: mettre en — to share
communauté (f.) community
communiquer to communicate
compagnon, compagne (m./f.) companion; roommate
compagnie (f.) company
comparaison (f.) comparison
compenser to compensate
compétence (f.) qualification, skill
compliqué(e) complicated
comportement (m.) behaviour
compréhension (f.) understanding
comprendre to understand; to include
comprimé (m.) tablet, pill
comptabilité (f.) accounting
comptable (m./f.) accountant
comptant: payer — to pay cash
compte (m.) count; account; **se rendre —** to realize
compter to count; to intend; **— parmi** to rank among; **— sur** to count on
comptoir (m.) counter
concentrer: se — to concentrate
conception (f.) idea
concilier to reconcile
conclure to conclude
concombre (m.) cucumber
concours (m.) competition
concubinage (m.) cohabitation
concurrence (f.) competition
conducteur, trice (m./f.) driver
conduire to drive
conférencier, ière (m./f.) speaker
confiance (f.) confidence

confier: se — à to confide in
confiture (f.) jam
confronter to confront
congé (m.) holiday; **en —** on leave
conjoint, conjointe (m./f.) spouse
connaissance (f.) knowledge;
   faire — to meet
connaître to know, to experience
conquête (f.) conquest
consacrer to devote
conscience (f.) awareness;
   prendre — de to become aware
   of
conscient(e) conscious, aware
conseil (m.) advice
conseiller to advise
conséquent: par — therefore,
   consequently
conservatoire (m.) school of music
conserver to preserve, to keep
consoler to soothe, to console
consolider to reinforce
consommateur, trice (m./f.)
   consumer
consommation (f.) consumption;
   drink
constamment constantly
constater to note; to verify
constituer to make up
construire to build
consulter to consult
contemporain(e) contemporary
conte (m.) tale
contenir to contain
content(e) glad
contenter: se — de to be content
   with, make do with
conteur (m.) storyteller
continuel(le) constant
contraignant(e) constraining,
   compelling
contre against
contrée (f.) land, region
contrebasse (f.) double bass
contribuer to contribute
convaincre to convince
conventionnel(le) conventional
convive (m.) guest at a meal
copain, copine (m./f.) buddy, pal
cor (m.) horn
corps (m.) body
correctement correctly
corriger to correct
costume (m.) costume, suit
côte (f.) coast
côté (m.) side; **à — de** next to;
   de l'autre — (de) on the other
   side (of); across
côtelette (f.) chop
côtier, ière coastal

côtoyer to mix with
cou (m.) neck
couche (f.) layer; diaper
coucher: se — to lie down; to go to
   bed
coude (m.) elbow
couler to flow
couleur (f.) colour;
   De quelle —? What colour?
coup (m.): **— de fil** phone call, ring;
   — de foudre love at first sight
coupable guilty
couper to cut
cour (f.) yard
courageux, euse courageous
courant(e) current
courant (m.): **— d'air** draft;
   être au — to be informed
courbé(e) bent
coureur (m.) runner
courrier (m.) mail
cours (m.) class, course;
   au — de in the course of
course (f.) race (sport);
   faire des —s to go shopping
court(e) short
cousin, cousine (m./f.) cousin
coût (m.) cost
couteau (m.) knife
coûter to cost
coûteux, euse costly
coutume (f.) custom
couvert(e) covered
couverture (f.) blanket
couvrir to cover
craie (f.) chalk
craindre to fear
cravate (f.) tie
crayon (m.) pencil
créer to create
crème (f.) cream
crépuscule (m.) twilight
cri (m.) shout, scream
criminel(le) criminal
critique critical
critique littéraire (f.) literary
   criticism
crochet (m.) hook
croire to believe
croisière (f.) cruise
croissance (f.) growth
croissant(e) growing
croître to grow, to increase
croix (f.) cross
croquis (m.) sketch
croûte (f.) crust
croyance (f.) belief
cru(e) raw
cuillère (f.) spoon
cuir (m.) leather

cuisine (f.) kitchen; cuisine; cooking
culture (f.) culture, cultivation,
   agriculture
culturel(le) cultural
cultivé(e) educated, cultivated
cultiver to cultivate, to farm
curieux, euse curious, strange

D

d'abord (at) first
dactylographier to type
dangereux, euse dangerous
dans in, into
danse (f.) dance
danser to dance
d'après according to
date (f.) date
dater de to date back to
dauphin (m.) dolphin
davantage more
de of, from
déambuler to stroll
débarquer to disembark
déboisement (m.) deforestation
débouché (m.) opening, job prospect
debout standing
débrouiller: se — to manage
début (m.) beginning
débuter to begin
décembre December
déchet (m.) waste
décennie (f.) decade
décevoir to disappoint
décision (f.) decision;
   prendre une — to make a
   decision
décontracté(e) relaxed
décor (m.) scenery; theatre set
décorer to decorate
découragé(e) discouraged
découvrir to discover
décrire to describe
décroissance (f.) decrease
décroître to decrease
dedans inside
défaut (m.) fault, flaw
défilé (m.): **— de mode** fashion show
définir: se — to define oneself
définitif, ive final
dégager to free, extricate
degré (m.) level, degree
déguster to sample
dehors outside
déjà already
déjeuner (m.) lunch; breakfast
demain tomorrow; **À —** See you
   tomorrow;
   après — day after tomorrow
demande (f.) request;
   — d'emploi job application

demander to ask for;
  se — to wonder
démangeaison (f.) itching
démarrer to start (up)
dément(e) lunatic
demeure (f.) home, residence
demeurer to live, to reside
demi(e) half
démodé(e) out of date, old-fashioned
démolir to demolish
démontrer to demonstrate
dénoncer to denounce
dent (f.) tooth
dentiste (m./f.) dentist
départ (m.) departure
dépêcher: se — to hurry
dépendre (de) to depend (on)
dépense (f.) expense, consumption
dépenser to spend
dépit: en — (de) in spite (of)
déplacement (m.) travelling, trip
déplacer: se — to move about
dépliant (m.) leaflet
déplorer to deplore
déprimé(e) depressed
depuis since, for; **— que** since
dernier, ière last
dérober to steal
derrière behind
dès as early as; **— que** as soon as
désagréable unpleasant
descendre to go down;
  — de to be descended from
désespéré(e) desperate
déshabiller: se — to undress
désobéir to disobey
désœuvré(e) idle
désolé(e) upset, sorry
désormais henceforth
dessin (m.) drawing
dessinateur, trice (m./f.)
  draftsperson; cartoonist
dessiner to draw
dessous below
détendre: se — to relax
détendu(e) relaxed
détente (f.) relaxation
détester to detest
détour (m.) deviation, circuitous way
détruire to destroy
dette (f.) debt
devant le / la in front of
développer to develop
devenir to become
déverser to unload
deviner to guess
devise (f.) motto
devoir to have to; to owe
devoir (m.) duty; **—s** homework
dévoué(e) devoted

diagnostic (m.) diagnosis
dieu, déesse (m./f.) god, goddess
difficile difficult
difficilement with difficulty
digérer to digest
digue (f.) dike
dimanche Sunday
diminuer to diminish, to decrease
diminution (f.) decrease
dinde (f.) turkey
dîner to dine, to have dinner
dîner (m.) dinner; lunch (Québec)
dingue crazy (colloqu.)
diplôme (m.) degree, diploma
diplômé(e) (m./f.) graduate
dire to say, to tell;
  c'est-à-— that is to say;
  se — to say to oneself
directeur, trice (m./f.) director,
  manager
diriger to direct
discours (m.) speech
discuter to discuss
dispendieux, ieuse expensive
disponible available
disposer de to have available
disposition (f.) clause
dispute (f.) quarrel
disputer: se — to quarrel
disque (m.) record
disquette (f.) diskette
dissertation (f.) essay
dissimuler to dissimulate
distinguer to distinguish
distrait(e) absent-minded
divers, erse(s) varied, various
divertir: se — to amuse oneself, to
  have fun
divorcer to divorce
divulguer to disclose
dizaine (f.) about ten
doctorat (m.) doctoral degree
doigt (m.) finger
domaine (m.) field, area; domain
dommage: c'est — it is a pity
don (m.) gift
donc therefore
données (f. pl.) data
donner to give
dont of which, whose
dormir to sleep
dos (m.) back
dossier (m.) file
d'où hence; whence
douane (f.) customs (inspection)
doublé(e) dubbed
doucement gently, slowly, softly
douceur (f.) gentleness
douche (f.) shower
douleur (f.) pain

douloureux, euse painful
doute (m.) doubt; **sans —** probably;
  sans aucun — without a doubt
douter to doubt; **se — de** to suspect
doux, douce gentle, sweet
douzaine (f.) dozen
doyen (m.) dean
dramaturge (m./f.) playwright
dresser to train (animal)
drogue (f.) drug
droit (m.) right; (study of) law;
  avoir — (à) to have a right (to);
  exercer un — to exercise a right;
  faire du — to study law
droit, droite right, straight;
  à droite de to the right of
drôle funny
durant during
durée (f.) duration
durer to last
dynamisme (m.) drive

E

eau (pl. **eaux**) (f.) water;
  — douce fresh water
échapper: s'— to escape
échec (m.) failure; **—s** chess
échelle (f.) ladder; scale
échelon (m.) level
échouer to fail
éclairage (m.) lighting
éclatement (m.) explosion
éclater de rire to burst into laughter
école (f.) school
écolier, ière (m./f.) schoolboy,
  schoolgirl
économe thrifty
économie (f.) economics (class);
  economy;
  —s savings
économiser to save
écouter to listen
écouteurs (m. pl.) headphones,
  earphones
écran (m.) screen
écrire to write
écriture (f.) writing
écrivain (m.) writer
écureuil (m.) squirrel
édifice (m.) building
éducation (f.) education, upbringing
éducation permanente (f.)
  continuing education
effacer to erase, to delete
effet (m.) effect; **en —** indeed;
  — de serre greenhouse effect
efficace effective
effectuer to carry out
effronté(e) insolent
égal(e) equal

également equally, also
égalité (f.) equality
égard (m.): **à cet —** in this respect
église (f.) church
égout (m.) sewer
élaborer to develop
élargir to widen, to broaden
électricien, ienne (m./f.) electrician
élevage (m.) breeding (livestock)
élève (m./f.) pupil
élevé(e) high
élever to bring up; to raise
   s'— to rise
éliminer to eliminate
élire to elect
éloge (m.) praise
élu(e) elected, chosen
emballer to thrill; to wrap
embarrassant(e) embarrassing
embarquer to embark
embaucher to hire
emboutir to hit, to run into
embrasser to kiss
émergence (f.) surfacing
émission (f.) programme, broadcast
emmener to take (someone) along
émouvant(e) touching, moving
empêcher to prevent
emplette (f.) purchase, shopping
emploi (m.) job; employment; use
   — du temps (m.) schedule
employé(e) (m./f.) employee, clerk
employer to use
employeur, euse (m./f.) employer
empoisonner to poison
emporter to take (something) along;
   l'— sur to prevail over
emprunter to borrow
ému(e) moved, disturbed
en in, by; made of
encaisser to cash
enceinte pregnant
enchanter to delight
encore again, still
   — une fois once more
endommager to damage
endormir: s'— to fall asleep
endroit (m.) place, spot
enduire to coat
énergique energetic
énervé(e) on edge
enfance (f.) childhood
enfant (m./f.) child
enfiévré(e) feverish
enfin finally, at last
enfuir: s'— (de) to flee, to escape
   (from)
engagement (m.) agreement;
   involvement
engin (m.) machine

enjeu (m.) issue; stake
enjoué(e) cheerful
enneigé(e) snow-covered
ennemi(e) enemy
ennui (m.) boredom; trouble
ennuyer to annoy; to bore;
   s'— to be bored
ennuyeux, euse boring
énorme enormous, huge
enquête (f.) investigation; survey
enragé(e) fanatic
enregistrer to record; to save
   (computer)
enrichir to enrich
enseigne (f.) sign
enseignement (m.) teaching;
   education
enseigner to teach
ensemble together
ensemble (m.) series, set
ensuite then
énumérer to list
entendre to hear;
   — dire que to hear that;
   — parler de to hear about;
   s'— avec to get along with
entêter: s'— to persist
entier, ière entire, whole
entièrement entirely
entourer to surround
entraide (f.) mutual aid
entraînement (m.) training
entraîner: s'— to train
entraîneur (m.) coach
entre between; among
entrée (f.) entrance; main course
entremêlé(e) de intermingled with
entreprendre to undertake
entrepreneur (m.) contractor
entreprise (f.) firm, business
entrer to enter
entretenir to maintain;
   s'— avec to converse with
entretien (m.) maintenance
énumérer to enumerate
envahir to invade
envergure (f.) range, scope
envers toward
envers: à l'— inside out
envie (f.) envy; craving
   avoir — de to wish for; to feel like
environ about
environs (m. pl.) surroundings
envisager to consider
envoyer to send
épais, aisse thick
épanouissement (m.) blossoming
épatant(e) splendid
épater to amaze
épaule (f.) shoulder

épeler to spell
épice (f.) spice
épicé(e) spicy, hot
épicerie (f.) grocery store
épinards (m. pl.) spinach
éponge (f.) sponge
époque (f.) period
épouser to marry
époux, ouse (m./f.) spouse
épouvante (f.) terror;
   film d'— horror movie
épreuve (f.) event (sports); test
éprouver to feel
épuisant(e) exhausting
épuisement (m.) exhaustion; scarcity
équilibre (m.) balance
équilibré(e) balanced
équipe (f.) team
équipement (m.) machinery
équipier, ière (m./f.): **co—** team
   member
équitation (f.) horseback riding
érable (m.) maple tree
erreur (f.) error, mistake
escalier (m.) staircase, stairs
escargot (m.) snail
escarpin (m.) pump
escrime (f.) fencing
espadrille (f.) sneaker
Espagne (f.) Spain
espagnol(e) Spanish
espèce (f.) species, type, sort
espérer to hope
espionnage (m.) spying
espoir (m.) hope
esprit (m.) mind
essai (m.) try
essayer to try
essence (f.) gasoline
essor (m.) progress
est (m.) east
estomac (m.) stomach
estomper: s'— to shade off; to fade
établir to establish; **s'—** to settle
établissement (m.) institution
étage (m.) floor
étagère (f.) shelf
étape (f.) lap; stage
état (m.) state; position;
   faire — de to mention, to state
États-Unis (m. pl.) United States
été (m.) summer
éteindre to turn off (lights); to put
   out (fire)
étendre: s'— to lie down; to stretch,
   to spread
étendue (f.) stretch
éterniser: s'— to outlast the years
étoile (f.) star;
   à la belle — in the open air

étonner to amaze
  s'— to be surprised, to wonder
étouffer to suffocate; to smother
étourdissement (m.) dizzy spell
étranger, ère foreign;
  à l'étranger abroad
être to be; **— à** to belong to; (m.)
  being
étroit(e) narrow
études (f. pl.) studies;
  faire des — to study
eux, elles them
évaluer to evaluate
événement (m.) event
éventuel, elle potential
évidemment of course, obviously
évidence (f.) evidence;
  de toute — quite obviously
évident(e) obvious
évier (m.) sink
éviter to avoid
évoluer to evolve
exactement exactly
examiner to check, to examine
excentrique eccentric
excepté except
exceptionnel(le) exceptional
exciter to stimulate
excursion (f.) excursion, outing
exécuter to execute, to perform
exercer to exercise
exercice (m.) exercise
exigence (f.) requirement
exigeant(e) demanding, requiring
exiger to demand, to require
exode (m.) exodus
expérience (f.) experience;
  experiment
explication (f.) explanation
expliquer to explain
explorateur, trice (m./f.) explorer
exportation (f.) export
exposer to exhibit
exposition (f.) exhibition
exprès: faire — to do on purpose
exprimer to express
extérieur(e) exterior, outside
extérieur (m.) exterior;
  à l'— de outside of
extrêmement extremely

F

fabriquer to make, manufacture
façade (f.) façade, frontage
face (f.) face; **en — de** facing
fâché(e) mad, angry
fâcher: se — to get mad
facile easy
facilement easily
facteur (m.) factor; mailman

façon (f.) manner, way;
  de toute — in any case
facultatif, ive optional
faible weak; slight
faim (f.) hunger;
  avoir — to be hungry
faire to do, make;
  — le tour to go around;
  — la queue to wait in line;
  se — mal to hurt oneself;
faire-part (m.) wedding announcement
fait (m.) fact
fait: ça ne — rien it doesn't matter
falloir to be necessary
familial(e) family, domestic
fané(e) wilted
fantôme (m.) ghost
farine (f.) flour
farcir to stuff
fascinant(e) fascinating
fasciner to fascinate
fatigant(e) tiring
fatigué(e) tired
fatiguer: se — to get tired
faut: il — it is necessary
faute (f.) fault, mistake
fauteuil (m.) armchair
faux, fausse false
favoriser to favour
fée (f.) fairy
félicitations (f. pl.) congratulations
féliciter to congratulate
femme (f.) woman, wife
fenêtre (f.) window
fer (m.) iron
fermer to close
fermeture (f.) closing
fermier, ière (m./f.) farmer
fête (f.) holiday, feast day, celebration,
  festivity, party; birthday
fêter to celebrate
feu (m.) fire; traffic light;
  faire un — to build a fire
feuille (f.) leaf; sheet (of paper)
feuillu(e) leafy
fève (f.) bean
février February
fiable reliable
fiançailles (f. pl.) engagement
fiancer: se — to get engaged
fiche (f.) slip, form
fichier (m.) file
fidèle faithful
fier, fière proud
fierté (f.) pride
fièvre (f.) fever
fil (m.) thread, wire
filet (m.) net; fillet
fille (f.) girl, daughter;
  jeune — young lady

fils (m.) son
fin (f.) end;
  à la — de at the end of
finalement finally
fin, fine slender
finir to finish
fixations (f. pl.) bindings (ski)
fixer to determine
flâner to stroll
flatteur, euse (m./f.) flatterer
fleur (f.) flower
fleurir to bloom
fleuve (m.) river
foie (m.) liver
fois (f.) time;
  une — once; **à la —** at the same
  time
folie (f.) madness
follement madly
foncé(e) dark
fonction (f.) role, task, work
fonction publique (f.) civil service
fonctionnaire (m./f.) civil servant
fonctionnement (m.) working
  (machine)
fond (m.) bottom, background
fondateur, trice (m./f.) founder
fonder to found;
  — un club to start a club
fondre to melt
force (f.) strength
forêt (f.) forest;
  — pluviale rainforest
formation (f.) training, education
forme (f.) shape, form;
  en pleine — in great shape
former to make up; to train
formidable fantastic; great
fort, forte strong; loud;
  travailler dur to work hard
fortune: de — makeshift
fougue (f.) ardour, spirit
fouiller to dig
foulard (m.) scarf
foule (f.) crowd
four (m.) oven; flop
fourbu(e) exhausted
fourchette (f.) fork
fourmi (f.) ant
fournir to supply, to provide
fourrure (f.) fur
foyer (m.) home; fireplace
fracassant(e) shattering
frais (m. pl.) **— de scolarité** tuition
  fees
frais, fraîche cool, fresh
fraise (f.) strawberry
framboise (f.) raspberry
français(e) French
franc, franche candid, fresh, free

francophone French-speaking
frapper to knock, to hit, to strike
frein (m.) brake
frère (m.) brother
fringale (f.) raging hunger
frisson (m.) quiver, shiver
frites (f. pl.) French fries
froid (m.) cold
   avoir — to be cold
froissé(e) hurt, bruised
fromage (m.) cheese
front (m.) forehead
frontière (f.) border
fuir to flee, to evade
fumée (f.) smoke
fumer to smoke
fumeur, euse (m./f.) smoker
furieux, euse furious
fusion (f.) combination
futile trivial, frivolous

G

gagnant(e) (m./f.) winner
gagner to win, to earn, to gain
galerie (f.) (art) gallery
gant (m.) glove
garagiste (m.) garage owner
garantir to safeguard, to guarantee
garçon (m.) boy; waiter
garde (f.) **des enfants** care, custody
garderie (f.) day-care center
gardien, ienne (m./f.) babysitter
gare (f.) train station
gâté(e) spoiled
gâteau (m.) cake
gauche (f.) left;
   à — de to the left of
gazon (m.) grass, lawn
geler to freeze
gênant(e) embarrassing
gêné(e) embarrassed, shy
généreux, euse generous
genévrier (m.) juniper tree
génial(e) brilliant, inspired
génie (m.) genius; engineering
genou (pl. **-oux**) (m.) knee
genre (m.) gender; sort, kind, type
gens (m. pl.) people
gentil, ille nice, kind
gentillesse (f.) kindness
gérer to manage
gigue (f.) jig
gigantesque gigantic, immense
gifle (f.) slap
glace (f.) mirror; ice
glacé(e) chilled, frozen
glaçon (m.) icicle, ice cube
glissant(e) slippery
glisser to slide
gorge (f.) throat, gorge

goût (m.) taste
goûter to taste
goutte (f.) drop
grâce à thanks to
grand(e) tall, big, great
grand magasin (m.) department
   store
grand-mère (f.) grandmother
grand-père (m.) grandfather
grandir to grow up
grands-parents (m. pl.) grandparents
gras, grasse fat, luxuriant, rich
gratter to scratch
gratuit(e) free of charge
grave serious
gravure (f.) engraving
grec, grecque Greek
Grèce (f.) Greece
grêler to hail (weather)
grenouille (f.) frog
grief (m.) grievance
griffe (f.) claw
grimper to go up, to climb
grippe (f.) flu
gris, grise gray
gronder to scold
gros, grosse big, fat
grossesse (f.) pregnancy
grossir to gain weight
groupe (m.) group; band
guérir to cure, to heal
guerre (f.) war
gueule (f.) mouth (animal)
guichet (m.) ticket window

H

habillé(e) dressed
habiller: s'— to get dressed; to dress
habit (m.) garment
habitant(e) (m./f.) inhabitant
habitation (f.) dwelling
habiter to live, to dwell
habitude (f.) custom, habit;
   d'— usually
habituel(le) habitual, customary
habituer: s'— to get used to
haïr to hate
haricot (m.) bean
hasard (m.) coincidence, chance
hâte (f.) haste;
   avoir — de to be eager to
hausse (f.) rising, increase
haut, haute high;
   du — de from the top of;
   en — upstairs
haut-parleur (m.) loudspeaker
hebdomadaire weekly
hebdomadaire (m.) weekly magazine
hein? what? eh?
hélas! alas!

herbe (f.) grass
hésiter to hesitate
heure (f.) hour; **à l'—** on time;
   à quelle —? at what time?
   Quelle — est-il? What time is it?
   tout à l'— in a while, a moment
   ago
heureux, euse happy
heureusement fortunately
heurter to run, bump into;
   se — à to come up against
hier yesterday
histoire (f.) history, story
hiver (m.) winter
hollandais(e) Dutch
Hollande (f.) Holland
homard (m.) lobster
homme (m.) man;
   — d'affaires businessman
honnête honest
honnêteté (f.) honesty
honneur (m.) honour
honte (f.) shame
horaire (m.) schedule
horloge (f.) clock
hors-d'œuvre (m.) hors d'œuvre(s)
hors outside
hôte, hôtesse (m./f.) host, hostess
huile (f.) oil
humer to breathe in
humeur (f.) mood;
   être de bonne / mauvaise —
   to be in a good/bad mood
humide humid, damp

I

ici here
idée (f.) idea
il y a there is, there are; ago
image (f.) picture, image
imaginer to imagine
imiter to imitate
impatienter: s'— to lose patience
imperméable (m.) raincoat
impliquer to imply
impôts (m. pl.) income tax
impressionner to impress
imprimante (f.) printer (computer)
imprimer to print
incendie (m.) fire
inclure to include
incommoder to disturb, to bother
inconnu(e) (m./f.) stranger
incontestable indisputable
inconvénient (m.) disadvantage,
   drawback
incroyable incredible
indécis, ise undecided
indiquer to indicate
inévitable unavoidable

infirmier, ière (m./f.) nurse
influer sur to affect
informaticien, ienne (m./f.) computer scientist
informatique (f.) computer science; information technology
informatisation (f.) automation
informatiser: s'— to become automated
informer to inform
infortune (f.) misfortune
ingénieur (m.) engineer
ingéniosité (f.) ingenuity
ingrat(e) ungrateful
inhabituel(le) unusual
inhibé(e) inhibited
injustice (f.) injustice, unfairness
innombrable innumerable
inquiet, ète worried
inquiéter: s'— to worry
inscription (f.) registration
inscrire: s'— to register
insolite unusual
inspecteur, trice (m./f.) inspector
inspirer: s'— de to draw inspiration from
installer to set up; **s'—** to settle
instituteur, trice (m./f.) schoolteacher
instructeur (m.) instructor
insuffisant(e) insufficient
insulter to insult
intégrante: faire partie — to be an integral part
intention (f.) intention; **avoir l'— de** to intend to
intéresser to interest; **s'— à** to be interested in
intéressant(e) interesting
interdire to forbid
intérieur (m.) inside; **à l'— (de)** inside
interroger to interrogate, to question
intervenir to intervene
intrigue (f.) plot
inutile useless
investir to invest
investissement (m.) investment
invité(e) guest
irrégulier, ière irregular
irriter to irritate
isolé(e) isolated
Italie (f.) Italy
italien, ienne Italian
ivre drunk

J

jamais never, ever
jambe (f.) leg
jambon (m.) ham

janvier January
Japon (m.) Japan
japonais(e) Japanese
jardin (m.) garden
jaser to chat (Québec)
jaune yellow; **— d'œuf** (m.) egg yolk
jaunir to turn yellow
jeter to throw (away); **— un coup d'œil** to glance
jeu (m.) game, play
jeudi (m.) Thursday
jeune young; **— homme** young man; **les —s** young people; **des —s gens** young men, young people
jeunesse (f.) youth
joie (f.) joy
joli(e) pretty
joue (f.) cheek
jouer to play
joueur, euse (m./f.) player
jouissance (f.) enjoyment
jour (m.) day **— de l'An** New Year's Day; **de nos —s** nowadays; **mettre à —** to update; **par —** per day; **tous les —s** every day
journal (pl. **-aux**) (m.) newspaper
journée (f.) day
joyeux, euse merry, joyful
juillet July
juin June
jumeau, elle (m./f.) twin
jumelles (f. pl.) binoculars
jupe (f.) skirt
jus (m.) juice
jusque until
jusqu'à (ce que) up to; until
justement precisely
juste just, fair

K

kilo(gramme) (m.) kilogram
kilomètre (m.) kilometre

L

là there; **—-bas** over there
laboratoire (m.) laboratory
lac (m.) lake
laid(e) ugly
laine (f.) wool
laisse (f.) leash
laisser to let; to allow; to leave; **— tomber** to drop **se — aller** to let oneself go, to relax
lait (m.) milk

laitue (f.) lettuce
lampe (f.) lamp
lancer to throw
lanceur (m.) pitcher
langue (f.) language; tongue **— maternelle** first language
lapin (m.) rabbit
large wide
larme (f.) tear
lavabo (m.) washbasin
laver to wash; **se —** to wash oneself
lave-vaisselle (m.) dishwasher
le, la, l', les the; him, her, it, them
leçon (f.) lesson
lecteur, trice (m./f.) reader
léger, ère light (weight)
légume (m.) vegetable
lendemain (m.): **le —** the next day
lent(e) slow
lequel, laquelle which, which one
lever to raise; **se —** to get up
lèvre (f.) lip
libérer to free
liberté (f.) liberty, freedom
libraire (m./f.) bookseller
librairie (f.) bookstore
lien (m.) bond, link
lier to bind, to connect
lieu (m.) place; **au — de** instead of; **avoir —** to take place; **donner — à** to give rise to
ligne (f.) line; **— aérienne** airline
ligue (f.) league
lilas (m.) lilac
lire to read
liste (f.) list
lit (m.) bed
littéraire literary
littérature (f.) literature
livre (m.) book
local (m.) premises, place, room
locataire (m./f.) tenant
logement (m.) dwelling
logiciel (m.) computer program, software
logis (m.) dwelling, home
loi (f.) law
loin far; **— de** far from
loisir (m.) leisure
long, longue long
long: le — de along
longtemps a long time
longueur (f.) length
lorsque when
loterie (f.) lottery
louer to rent
lourd(e) heavy

loyer (m.) rent
lumière (f.) light
lundi (m.) Monday
lune (f.) moon;
  — de miel honeymoon
lunettes (f. pl.) glasses
lutte (f.) struggle
luxe (m.) luxury
  se payer le — de to allow oneself
  the luxury of
luxueux, euse luxurious
lys (m.) lily

M

machine à coudre (f.) sewing
  machine
maçon (m.) mason
madame Madam, Mrs.
mademoiselle Miss
magasin (m.) store
magasinage (m.) shopping
magasiner to go shopping
magie (f.) magic
magique magic, magical
magnifique magnificent
mai May
maigre skinny
maigrir to grow thin, to lose weight
maillot (m.) **(de bain)** swimsuit
main (f.) hand
main-d'œuvre (f.) labour force
maintenant now
maintenir to maintain, to hold
mais but
maïs (m.) corn
maison (f.) house;
  à la — at home
  — d'édition publishing company
maîtrise (f.) Master's degree
maîtriser to master, to control
maîtresse de maison (f.) housewife
majeur(e) major
mal (m.) evil, difficulty;
  avoir — (à) to ache, hurt;
  pas — not bad
malade sick; (m.) patient
maladie (f.) sickness, illness, disease
maladroit(e) clumsy
malaise (m.) indisposition
malchanceux, euse unlucky
malgré in spite of
malheur (m.) misfortune
malheureux, euse unhappy
malhonnête dishonest
maltraité(e) ill-treated, abused
maman (f.) mama, mom, mummy
manche (f.) sleeve
manger to eat
manière (f.) manner, way
manifester to manifest;
  se — to appear

manque (m.) lack
manquer to lack; to miss
manteau (m.) coat
manuel scolaire (m.) textbook
maquillage (m.) makeup
maquiller: se — to put on makeup
  (on one's face)
marais (m.) swamp
marchand, ande (m./f.) merchant,
  shopkeeper
marché (m.) market;
  bon — cheap, inexpensive
marcher to walk; to work (function)
mardi (m.) Tuesday
marée (f.) tide
mari (m.) husband
mariage (m.) marriage, wedding
marié(e) married
marier: se — (avec) to marry (get
  married to)
marin (m.) sailor
marquer to mark; to show; to punctuate
  — des points to score points
marre: en avoir — to be fed up with
marron brown
mars March
matelas (m.) mattress
matériel informatique (m.)
  computer hardware
maternel(le) maternal
maternelle (f.) nursery school
matière (f.) material; subject
  (school); matter;
  en — de with regards to
matin (m.) morning
mauvais(e) bad, wrong
mécanicien, ienne (m./f.) mechanic
méchant(e) mean
mécontent(e) discontented
médaille (f.) medal
médecin (m.) doctor
médecine (f.) medicine
médicament (m.) medicine
méfier: se — de to distrust
meilleur(e)... que better ... than
  le, la — the best
mélanger to mix
mêler: se — à to mingle
même even; same; very
  de — que as well as
mémoire (f.) memory
menace (f.) threat
menacer to threaten
ménage (m.) household; housekeeping
mener to lead
mensonge (m.) lie
mensuel(le) monthly
mentalité (f.) mentality
mentionner to mention
mentir to lie
menton (m.) chin

menuisier (m.) carpenter
mépris (m.) contempt
mer (f.) sea
merci thank you
mercredi (m.) Wednesday
mère (f.) mother
mériter to deserve
merveilleux, euse marvellous,
  wonderful
messe (f.) mass
mesure (f.) measure; measurement;
  dans la — to the extent
métier (m.) profession, trade
mètre (m.) metre
métro (m.) subway
mets (m.) dish (of food)
metteur en scène (m.) film director
mettre to put, to place;
  se — à to begin
meuble (m.) piece of furniture
mexicain(e) Mexican
Mexique (m.) Mexico
midi (m.) noon
miens: les — my family, my people
mieux... que better ... than
mieux: le — (the) best
mijoter to simmer
milieu (m.) middle; environment;
  au — in the middle
mille thousand
milliard (m.) billion
million (m.) million
mince thin
mine (f.)**: avoir bonne —** to look
  well
minerai (m.) ore
mineur (m.) miner
minuscule tiny
minime very small
ministre (m.) minister
minuit (m.) midnight
miroir (m.) mirror
mixte mixed
mode (f.) fashion
  à la — fashionable
mode (m.) **(de vie)** way (of life);
  lifestyle
modèle (m.) model
modérément moderately
modifier to modify
moins less, minus;
  à — que unless;
  au — at least;
  — de fewer than;
  — ... que less ... than
mois (m.) month
moitié (f.) half
moment (m.) moment, instant;
  à ce — -là at the time;
  au — où at the time when;
  en ce — now

monde (m.) world; people;
  tout le — everybody, everyone
mondial(e) worldwide;
  guerre mondiale world war
monnaie (f.) change
monoparentale: famille — (f.)
  single-parent family
monsieur (m.) gentleman, sir, Mr.
montagne (f.) mountain
montant (m.) amount
monter to go up, to get on
montre (f.) watch
montrer to show
moquer: se — de to make fun of
moral: avoir le — to be in good
  spirits
morceau (m.) piece
mordre bite
mordu(e) (m./f.) enthusiast, buff
mort (f.) death
mort, morte dead
mortel(le) mortal
morue (f.) cod
mot (m.) word;
  en un — in short
moto (f.) motorbike
motoneige (f.) snowmobile
mou, molle soft
mouette (f.) gull
mourir to die;
  — de faim to be starving
moutarde (f.) mustard
mouton (m.) sheep
mouvement (m.) motion; trend
mouvementé(e) animated
moyen (m.) means, way;
  — de transport means of
  transportation
moyenne (f.) average
muet, muette mute
multiple numerous
munir to equip
mur (m.) wall
mûr(e) ripe
musclé(e) muscular
museau (m.) muzzle
musée (m.) museum
musicien, ienne (m./f.) musician
myope short-sighted
mystère (m.) mystery
mystérieux, euse mysterious

N

nager to swim
naissance (f.) birth
naître to be born
nappe (f.) tablecloth
natal(e) native (adj.)
natalité (f.) birth rate
natation (f.) swimming

naturel(le) natural
navet (m.) turnip; flop
néanmoins nevertheless
né(e) born
ne... guère hardly
ne... jamais never
ne... ni... ni neither ... nor
ne... non plus neither, not either
ne... nulle part nowhere
ne... pas not
ne... pas encore not yet
ne... personne nobody
ne... plus no longer, no more
ne... que only
ne... rien nothing
nécessaire necessary
nécessiter to necessitate
négatif, ive negative
neige (f.) snow
neiger to snow
nerveux, euse nervous
nervosité (f.) nervousness
net, nette clear, precise, sharp
nettoyer to clean
neuf, neuve brand-new
neveu (m.) nephew
névrosé(e) neurotic
nez (m.) nose
ni... ni neither ... nor
nid (m.) nest
nièce (f.) niece
n'importe où anywhere
niveau (m.) level
noce (f.) wedding
nocif, ive noxious, harmful
Noël (m.) Christmas
noir(e) black
noircir to become black
noirceur (f.) darkness
nom (m.) noun, name
nombre (m.) number
nombreux, euse(s) numerous
non no; **— plus** neither, not either
nord (m.) north
normalement normally
notaire (m.) notary
notamment particularly
note (f.) note, grade
noter to note; to grade; to observe
nouille (f.) noodle
nourrir to nourish
nourrissant(e) nourishing
nourriture (f.) food
nouveau, nouvelle new
nouvelle (f.) short story
nouvelles (f. pl.) news
novembre November
nucléaire nuclear
nu(e) naked
nuage (m.) cloud
nuit (f.) night

nulle: (ne...) — part nowhere, not
  anywhere
numéro (m.) number

O

obéir to obey
objet (m.) object
objectif, ive objective
objectif (m.) goal, objective
obligatoire compulsory
obliger to force, to impel
obscur(e) dark
obtenir to obtain, to get, to receive
occasion (f.) opportunity;
  d'— second-hand
occupé(e) busy
occuper to occupy;
  s'— to busy oneself;
  s'— de to look after
octobre October
octroi (m.) grant
odeur (f.) odour, smell
odorant(e) sweet-smelling
œil (pl. **yeux**) (m.) eye
œuf (m.) egg
œuvre (f.) work
officiel(le) official
offrir to offer
oie (f.) goose
oignon (m.) onion
oiseau (m.) bird
ombre (f.) shade, shadow;
  à l'— in the shade
on one, people
oncle (m.) uncle
ongle (m.) nail
onguent (m.) ointment
or (m.) gold
orage (m.) thunderstorm
ordinateur (m.) computer
ordonnance (f.) prescription
ordonner to order
ordre (m.) command;
  en — in order
oreille (f.) ear
organisme (m.) organization
orgue (m.) organ
origine (f.) origin;
  à l'— originally
originaire originating from
orteil (m.) toe
os (m.) bone
oser to dare
ôter to take off
ou or
où where;
  d'— whence
oublier to forget
ouest (m.) west
oui yes
outil (m.) tool

ouvert(e) open
ouvrage (m.) work
ouvrier, ière (m./f.) worker
ouvrir to open

P

pacifique peaceful
pain (m.) bread
paisible peaceful
paix (f.) peace
palace (m.) luxury hotel
palais (m.) palace
pamplemousse (m.) grapefruit
pâlir to turn pale
panier (m.) basket
panne (f.) failure;
  tomber en — to have a
  mechanical breakdown
pantalon (m.) pants
papa (m.) dad
papier (m.) paper
Pâques (f. pl.) Easter
paquet (m.) package
par by;
  — hasard by chance
paraître to appear
parapluie (m.) umbrella
parc (m.) park
parce que because
parcourir to travel throughout
Pardon! Excuse me!
pareil(le) like, similar
parenté (f.) kinship
paresseux, euse lazy
parfait(e) perfect
parfaitement perfectly
parfois sometimes
parfum (m.) perfume, fragrance
parfumer: se — to wear perfume
parlement (m.) parliament
parler to speak, talk
pari (m.) bet
parmi among
paroisse (f.) parish
parole (f.) spoken word
part: à — except, aside;
  d'autre — moreover
  de la — de on behalf of;
  quelque — somewhere
part (f.) part, share
partager to share, to split
partenaire (m./f.) partner
particulier, ière particular;
  en — in particular
particulièrement particularly
partie (f.) part; game, match
  faire — de to be part of
partir to leave
  à — de from
partition (f.) musical score
partout everywhere

parvenir à to manage to;
  faire — to send to
pas (m.) step
pas: ne… — not
passager, ère (m./f.) passenger
passé (m.) past
passer to pass, to go through; to
  spend (time);
  se — to happen;
  — un examen to take an exam;
  — un film to show a film
passionné(e) passionate
patate (f.) potato
pâte (f.) dough; (pl.) pasta
paternel(le) paternal
patience (f.) patience
patin (m.) skate
patinage (m.) ice skating
patiner to skate
patinoire (f.) ice rink
pâtisserie (f.) pastry; pastry shop
patrimoine (m.) heritage
patron, onne (m./f.) boss
patte (f.) paw
pauvre poor; (m./f.) poor person
payer to pay for;
  — comptant to pay cash
pays (m.) country, land
paysage (m.) landscape, scenery
paysan, anne (m./f.) peasant
peau (f.) skin
pêche (f.) fishing; peach
pêcheur (m.) fisherman
peigner: se — to comb one's hair
peindre to paint
peine (f.) sadness, difficulty;
  à — hardly;
  — de mort death penalty
pelage (f.) fur
pendant during;
  — que while
pénétrer to enter
pénible hard, tiresome
pensée (f.) thought
penser to think
pension alimentaire (f.) alimony
pente (f.) slope
pénurie (f.) shortage
percevoir to perceive
perdant(e) (m./f.) loser
perdre to lose
perdrix (f.) partridge
père (m.) father
période (f.) period (of time)
perle (f.) pearl
permettre to allow, to permit; to
  enable, to make it possible
permis (m.) **de conduire** driver's
  licence
persienne (f.) shutter
persister to persist

personnage (m.) character; person
  of rank
personne (f.) person;
  ne… — nobody
perte (f.) loss
peser to weigh
pessimiste pessimistic
petit(e) small
petit-déjeuner (m.) breakfast
petit-fils (m.) grandson
petite-fille (f.) granddaughter
petits-enfants (m. pl.) grandchildren
pétoncle (m.) scallop
pétrole (m.) crude oil
peu: un — de a little;
  — à — little by little;
  à — près about, almost
peuple (m.) (a, the) people; nation
peur (f.) fear
peut-être perhaps, maybe
pharmacien, ienne (m./f.) druggist,
  pharmacist
phrase (f.) sentence
physiquement physically
pièce (f.) room; part; coin;
  — de théâtre play
pied (m.) foot
pierre (f.) stone
piéton (m.) pedestrian
piètre mediocre
pilule (f.) pill
pin (m.) pine
pinceau (m.) brush
pionnier, ière (m./f.) pioneer
pique-nique (m.) picnic
piqûre (f.) shot, injection
pire worse;
  le — the worst
piscine (f.) swimming pool
piste (f.) trail; **— cyclable** bicycle
  path
place (f.) place, room, seat, square
placer to place; **se —** to find
  employment
plafond (m.) ceiling
plage (f.) beach
plaindre to pity;
  se — to complain
plaire à to please;
  s'il vous plaît please
plaisir (m.) pleasure
plan (m.) plan, project; level
planche à voile (f.) windsurfing
plancher (m.) floor
planète (f.) planet
plaque (f.) **d'immatriculation**
  licence plate
plat (m.) dish
plat, plate flat
plein, pleine full
pleurer to cry; to mourn

pleuvoir to rain;
   il pleut it is raining
plier to fold
plombier (m.) plumber
plongée sous-marine (f.) skin-diving
plonger to dive
pluie (f.) rain
plume (f.) pen; feather
plupart: la — de most of
plus more
   le — the most
   ne... — no more, no longer;
   — ou moins more or less;
   — que more than;
   de — furthermore;
   de — en — more and more
plusieurs several, many
plutôt rather
pluviale: forêt — rainforest
pneu (m.) tire
poche (f.) pocket
poêle (f.) frying pan
poésie (f.) poetry
poids (m.) weight
poignet (m.) wrist
poilu(e) hairy
point (m.) **de vue** point of view
pointu(e) sharp
pointure (f.) size (shoes, gloves)
poire (f.) pear
poisson (m.) fish
poitrine (f.) chest
poivre (m.) pepper
poli(e) polite
policier (m.) police officer
politicien, ienne (m./f.) politician
politique (f.) politics; policy
polluer to pollute
pomme (f.) apple; **— de terre** potato
pompier (m.) firefighter
pont (m.) bridge
porc (m.) pig, pork
port (m.) harbour
porte (f.) door
porté(e): être — vers to be inclined
   toward
portée (f.) significance
porte-monnaie (m.) wallet
porter to carry; to wear;
   — secours à to come to the aid of
poser to put;
   — une question to ask a question
posséder to possess, to own
poste (f.) post office, mail
poste (m.) position (job)
potage (m.) soup
poterie (f.) pottery
poubelle (f.) garbage can
pouce (m.) thumb
poulet (m.) chicken

poumon (m.) lung
poupée (f.) doll
pour for, in order to;
   — que so that;
   — ce qui est de as for, regarding
pourboire (m.) tip
pourquoi why
poursuivre to chase, to pursue;
   to carry on with
pourtant however, yet
pourvu que provided that
pousser to grow; to push;
   — à to urge, to impel
pouvoir to be able to
pouvoir (m.) power, authority
pratique practical; (f.) practice
pratiquer to practise
précédent(e) preceding, previous
précieux, euse precious
précisément precisely
préciser to specify
préféré(e) favourite
préférer to prefer
premier, ière first
premièrement firstly, in the first place
prendre to take
prendre soin to take care
prendre conscience de to become
   aware of
prénom (m.) first name
préoccupé(e) preoccupied
préparatifs (m. pl.) preparations
près de near, close to
présentement presently, now,
   at present
présenter to present, to introduce
presque almost
pressé(e) in a hurry
pression (f.) pressure
prêt (m.) loan
prêt, prête ready
prêter to lend
prêtre (m.) priest
preuve (f.) proof;
   faire — de to show
prévaloir to prevail
prévenir to forewarn
prévoir to foresee, to expect,
   to anticipate
prière (f.) prayer
principal(e) main
principe (m.) principle;
   en — theoretically, as a rule
printemps (m.) spring
prix (m.) price; prize
probable likely
probablement probably
procès (m.) lawsuit
prochain(e) next
prochain (m.) fellow human being

proche close, near
procurer to supply, to provide
produire to produce;
   se — to perform; to happen
produit (m.) product
professeur (m.) professor, teacher
profil (m.) profile; characteristics
profiter to profit, to take
   advantage of
profond(e) deep, profound
programmer to program
progrès (m.) progress, improvement
prolonger to prolong
promenade (f.) walk, stroll
promener to take for a walk;
   se — to take a walk
promesse (f.) promise
promettre to promise
promouvoir to promote
propos (m.) talk, words; intent
propos: à — by the way;
   à — de about, concerning
propre proper; clean; own; specific
propriétaire (m./f.) owner; landlord
protéger to protect
provenir to come from
provision (f.) food supply
provoquer to cause
prudent(e) cautious
psychologie (f.) psychology
publier to publish
puis then
puisque since
puissant(e) powerful
pull (m.) sweater
punir to punish
punition (f.) punishment
pupitre (m.) desk
purée (f.) **de pommes de terre**
   mashed potatoes

Q

qualifié(e) qualified
quand when
quant à as for/to
quart (m.) quarter, fourth
quartier (m.) neighbourhood,
   district
quatuor (m.) quartet
que whom, which, that
quel(le) what, which
quelque chose something
quelquefois sometimes
quelque part somewhere
quelques a few, some
quelqu'un someone
quelques-uns, unes some, a few
queue (f.) queue, line up; tail
qui who, which;
   — est-ce? who is it?

quincaillerie (f.) hardware:
hardware store
quitter to leave
quoi what
quoi que ce soit anything
quoi qu'il en soit be that as it may
quoique although
quotidien, enne daily
quotidien (m.) daily newspaper;
everyday life

R

racine (f.) root
raconter to tell
radiographie (f.) X-ray
raffiner: se — to become more
sophisticated
rafraîchir to refresh, to cool
ragoût (m.) stew
raisin (m.) grape
raison (f.) reason;
en — de on account of;
avoir — to be right
rajeunir to rejuvenate, to get
younger
ralentir to slow down
ramasser to pick up
rame (f.) oar
ramener to bring back
ramer to row
randonnée (f.) outing, walk
rang (m.): **être au premier —** to be
in the forefront
rangée (f.) row
ranger to put away, to keep
rapide fast, quick
rappeler to remind;
se — to remember
rapport (m.) report; rapport;
relationship;
par — à in comparison with
rapporter to bring back
raquette (f.) racket (tennis); snowshoe
raser: se — to shave
rassembler to gather, to bring
together
rassurer to reassure
rattacher: se — à to be connected
with
rater to fail; to miss
rationnel(le) rational
rationner to ration
ravir to delight
rayon (m.) ray
réagir to react
réaliser to realize; to achieve
réaliste realistic
réapparaître to reappear
récent(e) recent
recette (f.) recipe
recevoir to receive

réchauffer: se — to warm up
recherche (f.) research, search
rechercher to search for
récit (m.) narration
réclamer to claim, to demand
recommandé(e) registered (mail)
recommander to recommend
recommencer to start over
reconduire to see home
réconfort (m.) comfort
reconnaissance (f.) recognition
reconnaître to recognize
reconnu(e) recognized, well-known
reconstruire to rebuild
recours (m.) resort, recourse
recouvrir to cover
recueillir to collect
rédiger to write, to compose
redonner to give back
redressement (m.) setting right
réduire to reduce
réel(le) real
réfléchir to think, reflect
refléter to reflect
réfrigérer to refrigerate
refroidir to cool
refuser to refuse
regard (m.) look, glance
regarder to look at
régime (m.) diet; **suivre un —** to
diet
règle (f.) rule
règlement (m.) regulation
règne (m.): **— animal** animal
kingdom
regretter to regret
régulièrement regularly
reine (f.) queen
rejeter to reject; to discharge
rejeton (m.) offspring (colloqu.)
rejoindre to rejoin, to meet
réjouir: se — to rejoice
relâche (f.) break
relever to help (someone) up
relier to bind, to connect, to link
religieux, euse religious
relire to reread
remarque (f.) remark
remarquer to notice
remède (m.) remedy, cure
remercier to thank
remettre to put back, to hand back;
se — to recover
remonter to go back up
remplacer to replace
remplir to fill (out); to carry out
rempli(e) filled, full
remporter to win
rémunérateur, trice paying,
profitable
rencontre (f.) meeting

rencontrer to meet
rendez-vous (m.) date, appointment
rendre to give back;
se — to go; to make oneself
se — compte to realize;
— visite à to visit
renfermer to contain, to hold
renommé(e) renowned, famous
renouveau (m.) revival, renewal
renouveler to renew, to replace
renseignement (m.) (piece of)
information
renseigner to inform;
se — to make inquiries
renvoyer to send back
répandre to spread
réparer to repair, to fix
répartir to allocate, to distribute
répartition (f.) distribution
repas (m.) meal
répéter to repeat
répondre to answer
repos (m.) rest
reposer to put back;
se — to rest
reprendre to take back, to resume
représentant(e) (m./f.) representative
représentation (f.) performance
réputé(e) famous, well-known
réseau (m.) network
résister to resist
résoudre to solve
respectueux, euse respectful
respirer to breathe
ressembler (à) to look like, to
resemble
ressortir: faire — to bring out
rester to stay
restes (m. pl.) remains, leftovers
résultat (m.) result
retard (m.): **être en —** to be late
retour (m.) return
retourner to return, to go back
retracer to trace back
retraite (f.) retirement
retrouver to find again
se — to meet, to join, to gather
réunion (f.) meeting
réunir to unite, to gather;
se — to get together
réussir to succeed
réussite (f.) success
rêve (m.) dream
révéler to reveal
réveille-matin (m.) alarm clock
réveiller: se — to wake up
réveillon (m.) Christmas Eve dinner
revenir to come back, to return
rêver to dream
revoir to see again

rhume (m.) cold
riche rich
ridicule ridiculous
rien nothing; **en un — de temps** in no time at all
rigueur (f.): **de —** essential
rire (m.) laugh
robe (f.) dress
roc (m.) rock
roi (m.) king
roman (m.) novel; **— policier** detective novel
romancier, ière (m./f.) novelist
rondelle (f.) puck
rosbif (m.) roast beef
rose pink
rosée (f.) dew
rôti (m.) roast
roue (f.) wheel
rouge red
rougir to turn red; to blush
rouleau (m.) roll
rouler to roll along; to drive, to ride
rouspéter to grumble
route (f.) road
rubrique (f.) column
rudiments (m. pl.) basics
rue (f.) street
ruiner: se — to ruin oneself
ruisseau (m.) brook
rupture (f.) breaking off
rural(e) country, rural
russe Russian
Russie (f.) Russia

S

sable (m.) sand
sac (m.) bag, purse
sacrifier to sacrifice
sage wise
saignant rare (steak)
sain, saine healthy
saison (f.) season
salaire (m.) salary, wages
salarié(e) (m./f.) wage earner
sale dirty
salle (f.) room;
    — d'attente waiting room
    — de bains bathroom
    — de cours classroom
    — à manger dining room
salon (m.) living room
saluer to salute, to greet
Salut! Hello!, Hi!, Goodbye!
samedi (m.) Saturday
sang (m.) blood
sans (que) without
santé (f.) health;
    en bonne — in good health
sapin (m.) fir

satisfait(e) satisfied, content
sauf except
saumon (m.) salmon
sauter to jump
sauvage wild
sauvegarder to safeguard
sauver to save
savoir to know
savoir (m.) knowledge
savoir-faire (m.) know-how
savon (m.) soap
scellé(e) sealed
scientifique scientific
scolaire academic
scolarisation (f.) schooling
sculpture (f.) sculpture
sec, sèche dry
secondaire secondary
secours (m.) aid, assistance
secteur (m.) area; sector
sécuritaire safe
sel (m.) salt
selle (f.) saddle
selon according to
semaine (f.) week
sembler to seem
sens (m.) meaning;
    — de l'humour sense of humor
sensible sensitive
sentier (m.) path
sentiment (m.) feeling
sentir to feel; to smell;
    se — to feel
séparer to separate
septembre September
sérieux, euse serious
serpent (m.) snake
serre (f.) greenhouse
serrer la main to shake hands
serviette (f.) napkin; briefcase
servir to serve;
    se — de to use
seuil (m.) threshold
seul(e) alone
seulement only
sévère strict
si if, whether
siècle (m.) century
sien: les —s one's own people
signifier to mean
simple simple, easy
singe (m.) monkey
sinon if not, or else
sirop (m.) syrup
situé(e) located, situated
ski (m.) ski, skiing;
    — nautique water skiing
    — de fond cross-country skiing
    — alpin downhill skiing
skieur, euse (m./f.) skier

sœur (f.) sister
soif (f.) thirst;
    avoir — to be thirsty
soigner to care for, to look after, to tend
soin (m.) care;
    avec — carefully
soir (m.) evening;
    ce — tonight
soirée (f.) evening; evening party
soi self
soit either, or
sol (m.) soil, ground
solaire solar
soleil (m.) sun;
    au — in the sun
solennel(le) solemn
sombre dark
sommeil (m.) sleep;
    avoir — to be sleepy
sommet (m.) top, summit
somnifère (m.) sleeping pill
son (m.) sound
sondage (m.) poll
songer to dream
sonner to ring
sorcière (f.) witch
sort (m.) fate
sorte (f.) sort, kind
sortie (f.) exit
sortir to go out
sot, sotte silly
souci (m.) worry
soucoupe (f.) saucer;
    — volante flying saucer
soudain all of a sudden
souffrir to suffer
souhait (m.) wish
souhaitable desirable
souhaiter to wish
soulever to lift
soulier (m.) shoe
souligner to stress, to underline
soumettre to submit
souper to have supper
source (f.) spring, source
sourcil (m.) eyebrow
sourd, sourde deaf
sourire (m.) smile
sourire to smile
souris (f.) mouse
sous under
soustraction (f.) subtraction
sous-vêtement (m.) undergarment
soutien (m.) support
soutien-gorge (m.) bra
souvenir: se — de to remember
souvenir (m.) memory, recollection
souvent often
spatule (f.) spatula

spécialement especially
spécialiser: se — to specialize
spécialiste (m./f.) specialist
spectacle (m.) show, play
spectateur, trice (m./f.) spectator
sport (m.) sport
sportif, ive athletic; (m./f.) sportsman, sportswoman
stade (m.) stadium
stationnement (m.) parking
stationner to park
stylo (m.) pen; **— à bille** ballpoint pen
subir to undergo
subitement suddenly
subvenir to provide
succès (m.) success
succulent(e) delicious
sucre (m.) sugar
sud (m.) south
Suède (f.) Sweden
suffisamment sufficiently, enough
suffisant(e) sufficient
suggérer to suggest
suicider: se — to commit suicide
Suisse (f.) Switzerland
suite (f.): **par — de** as a result of
suivant(e) following
suivre to follow; to take (a course)
sujet (m.) subject, topic
supermarché (m.) supermarket
supprimer to remove
sur on, onto
sûr(e) sure; safe
sûrement surely
sûreté (f.) safety
surprise (f.) surprise
surtout above all, especially
surveiller to watch over
survivre to survive, to outlive
susciter to give rise to
sympathique likeable, nice
syndicat (m.) trade union

T

tabac (m.) tobacco
tableau (m.) blackboard, painting
tache (f.) stain
tâche (f.) task, work
taché(e) stained
tacite implied
taille (f.) size; waist; figure
tailleur (m.) tailor
taire: se — to be quiet, to be silent
talon (m.) heel
tambour (m.) drum
tandis que while, whereas
tant (de) so much (many);
    — mieux so much the better;
    — pis too bad

tant que as long as, as well as
tante (f.) aunt
tantôt at one time
tapis (m.) rug
tard late
tarder: sans — without delay
tarif (m.) rates
tarte (f.) pie
tas: un — de a lot of
tasse (f.) cup
taux (m.) rate
technique technical
tel(le) such; **— que** such as
tellement so, so much, so many
témoigner to testify; **— de** to bear witness to
témoin (m.) witness
tempérament (m.) nature
tempête (f.) storm
temps (m.) time; weather; tense (verb);
    de — en — from time to time;
    en même — at the same time;
    être de son — to keep up with the times;
    — partiel part time;
    — plein full time;
    perdre son — to waste one's time;
    Quel — fait-il? What is the weather like?
ténacité (f.) stubbornness
tendance (f.) trend
tendresse (f.) tenderness
tenir to hold;
    — à to insist upon; to value
tentative (f.) attempt
tenter to attempt, to try
tenu(e): être — de to be bound to
terminaison (f.) ending
terminer to end
terminus (m.) terminal
terrain (m.) ground, lot
terre (f.) earth, soil; land;
    par — on the floor (ground)
terrifiant(e) terrifying
terrifier to terrify
tête (f.) head;
    — à — private conversation;
    mal de — headache
thé (m.) tea
Tiers-Monde (m.) Third World
tigre, tigresse (m./f.) tiger, tigress
tirer to pull
tiroir (m.) drawer
tisane (f.) herbal tea
tissu (m.) material
titre (m.) title
titulaire (m./f.) possessor
toile (f.) canvas; painting
toilette (f.) washing up, dressing up;
    —s restrooms

toit (m.) roof
tolérer to tolerate
tomber to fall
ton (m.) **(de la voix)** tone (of voice)
tonnelle (f.) arbour
tonnerre (m.) thunder
tornade (f.) tornado
tort (m.) fault;
    avoir — to be wrong
tôt early
    le plus — possible as soon as possible
toucher to touch; to concern; to affect
toujours always, still
tour (m.) turn;
    à mon — my turn;
    faire le — de to tour, to go around;
    jouer un — to play a bad trick
tour (f.) tower
tournée: être en — to be on tour
tourner to turn
tousser to cough
tout, toute, tous, toutes all, whole, every, everything;
    — à coup suddenly;
    — à fait quite; entirely;
    — de suite immediately;
    — le temps all the time;
    pas du — not at all
toutefois however, yet
trac (m.) stage fright
traducteur, trice (m./f.) translator
traduire to translate; to convey
trahir to betray
train: être en — de to be in the midst of (doing something)
traîneau (m.) sled
trait (m.) feature, characteristic
traitement de texte (m.) word processing, word processor
trancher to slice
tranquille quiet;
    laisser — to leave alone
transmettre to transmit, to convey, to pass on, to communicate
transporter to carry
transports en commun (m. pl.) public transport
travail (m.) work, job; assignment
travailler to work
travailleur, euse hardworking; (m./f.) worker
travaux ménagers (m. pl.) housework
travers: à — through; across
traverser to cross
traversier (m.) ferryboat
tremplin (m.) ski jump; diving board
très very

trésor (m.) treasure
tribu (f.) tribe
triste sad
tristesse (f.) sadness
tromper: se — to make a mistake
tronc (m.) trunk
trop (de) too, too much/many
trottoir (m.) sidewalk
trou (m.) hole
troupe (f.) band
trouver to find
truite (f.) trout
tuque (f.) cap, tuque

U

un, une a, an; one
unir to unite
urbain(e) urban
urgence (f.) emergency
usage (m.) use, usage; practice
usé(e) worn out
usine (f.) plant, factory
utile useful
utilisation (f.) use
utiliser to use

V

va-et-vient (m.) coming and going
vacances (f. pl.) vacation, holidays
vache (f.) cow
vague (f.) wave
vaguement vaguely
vain: en — in vain
vainqueur (m.) conqueror, victor
vaisselle (f.) dishes;
    faire la — to do the dishes
valeur (f.) value;
    mettre en — to enhance; to promote
valise (f.) suitcase
valoir to be worth
vapeur (f.) steam
varié(e) varied
vaut: ça — la peine de it's worth (doing);
    il — mieux it is better
veau (m.) calf, veal
vedette (f.) star

végétarien, ienne vegetarian
veille: la — de the day before
veillée (f.) evening gathering
veiller à to see to, to look after
vélo (m.) bicycle
vendeur, euse (m./f.) salesperson
vendre to sell
vendredi (m.) Friday
vénérien, ienne venereal
venir to come
vent (m.) wind
vente (f.) sale
ventre (m.) belly, stomach
verdir to turn green
vérifier to check
véritable real, genuine, true
vérité (f.) truth
verre (m.) glass;
    —s de contact contact lenses
vers toward; around; about
vert, verte green
vertige (m.) vertigo
veste (f.) jacket
vestige (m.) trace, remains
vestimentaire dress (adj.)
veston (m.) jacket
vêtement (m.) garment, clothing
veuf, veuve (m./f.) widower, widow
viande (f.) meat
vide empty
vie (f.) life
vieillard (m.) old man
vieillesse (f.) old age
vieillir to grow old
vieillissement (m.) aging
vieux, vieille old
ville (f.) town, city
vin (m.) wine
violemment violently
violet, ette purple, violet
violon (m.) violin
violoncelle (m.) cello
virage (m.) turn, bend
visage (m.) face
visée (f.) design
viser to aim at
visite (f.) visit;
    rendre — à to visit someone

vite quickly, fast
vitesse (f.) speed
vitrine (f.) shop window
vivant(e) living
vivre to live; to go through, to experience
voici here is, here are
voie (f.) track, way;
    en — de disparition endangered
voilà there is, there are
voile (f.) sail
voilier (m.) sailing ship
voir to see
voisin(e) (m./f.) neighbour
voiture (f.) car
voix (f.) voice;
    à — basse in a low voice
vol (m.) theft; flight
volant (m.) steering wheel
voler to steal
voleur (m.) thief
volonté (f.) will
volume (m.) book
vouloir to want, wish;
    — dire to mean
    en — à to hold a grudge against
voyage (m.) trip, journey;
    — de noces honeymoon
voyager to travel
voyageur, euse (m./f.) traveller
vrai(e) true
vraiment really, indeed
vue (f.) sight, view
vulgaire vulgar

W

wagon-lit (m.) sleeping car
week-end (m.) weekend

Y

y there
yeux (m. pl.) (sing. **œil**) eyes

Z

zodiaque (m.) zodiac
zoo (m.) zoo

Vocabulaire — Anglais / Français

A

able (to be —) pouvoir
about (concerning) au sujet de, concernant
about (time) vers
abroad à l'étranger
absolutely absolument
accomodate accommoder
accomplish accomplir
according to selon
account (on my —) à mon compte
accountant comptable (m.)
across from en face de
actor, actress acteur, actrice (m./f.)
ad annonce (f.)
adapt (s')adapter
add ajouter
admit admettre, avouer
advertising publicité (f.)
advise conseiller
aerobic aérobique
afraid (to be —) avoir peur
after après, après que
afternoon après-midi (m./f.)
afterwards ensuite
again encore
against contre
ago il y a
agreed entendu; d'accord
agreement accord (m.)
aids sida (m.)
alarm clock réveille-matin (m.)
alcohol alcool (m.)
all the time tout le temps
allow permettre
almost presque
already déjà
although bien que
always toujours
among parmi
ancestor ancêtre (m./f.)
ancient ancien, ancienne
anger colère (f.)
angry en colère, fâché(e)
angry (to be) se mettre en colère; se fâcher
animated animé(e)
ankle cheville (f.)
announce annoncer
annoy ennuyer
annoyed fâché(e), ennuyé(e)
annoying ennuyeux, euse
answer répondre

anxious (to be —) avoir hâte de
apartment building immeuble (m.)
apple pomme (f.)
appreciate apprécier
approve approuver
approximately environ
April avril (m.)
arm bras (m.)
around autour de
arrival arrivée (f.)
arrive arriver
as aussi;
    — a matter of fact justement;
    — far as jusqu'à;
    — many, — much autant
as soon as aussitôt que
ashamed (to be — of) avoir honte de
Asian asiatique (m./f.)
ask demander
asleep (to fall —) s'endormir
astonish étonner
astonished étonné(e)
astonishing étonnant(e)
at en, à, chez
athletic sportif, ive
atrocious atroce
attend assister
attic grenier (m.)
attract attirer
August août (m.)
aunt tante (f.)
author auteur(e) (m./f.)
authorized autorisé(e)
average moyen(ne)
avoid éviter

B

back dos (m.)
    be — home être de retour chez soi
backpack sac à dos (m.)
bad mauvais(e)
badly mal
bag sac (m.)
bakery boulangerie (f.)
bandage pansement (m.)
basement sous-sol (m.)
basketball ballon-panier (m.)
bathroom salle de bains (f.)
be être
beach plage (f.)
bean haricot (m.)
beautiful beau, belle
because parce que

because of à cause de
become devenir
bed lit (m.)
bedroom chambre (f.)
beef bœuf (m.)
beer bière (f.)
before avant, avant que
beforehand auparavant
begin commencer
beginning début (m.)
behind derrière
Belgian belge
Belgium Belgique (f.)
believe croire
belong to appartenir, être à
belt ceinture (f.)
besides en plus, de plus
best meilleur(e)
best wishes tous mes vœux
better mieux
between entre
bicycle bicyclette (f.)
big grand(e)
bill addition (f.)
biology biologie (f.)
birth naissance (f.)
birthday anniversaire (m.)
bit peu
black noir(e)
blackboard tableau noir (m.)
blank blanc; espace vide (m.)
blueberry bleuet (m.)
blush rougir
boat bateau (m.)
body corps (m.)
body-building musculation (f.)
book livre (m.)
bookstore librairie (f.)
boot botte (f.)
booth cabine (f.)
border frontière (f.)
bore ennuyer
bored (to be —) s'ennuyer
boring ennuyeux, euse
both les deux
bother ennuyer, déranger
bottle bouteille (f.)
bowl bol (m.)
box boîte (f.)
boy garçon (m.)
boyfriend chum (Québec), petit ami (m.)

brand marque (f.)
bread pain (m.)
break (se) casser
break down tomber en panne
breakfast déjeuner (m.)
breathe respirer
bridge pont (m.)
bring apporter
British Columbia
  Colombie-Britannique (f.)
broadcast émission (f.)
bronchitis bronchite (f.)
broom balai (m.)
brother frère (m.)
brother-in-law beau-frère (m.)
brown brun(e)
brush brosser
building édifice, bâtiment (m.)
burst out laughing éclater de rire
business commerce (m.)
businessman homme d'affaires (m.)
businesswoman femme d'affaires (f.)
busy occupé(e)
but mais
butcher boucher, bouchère (m./f.)
butcher's shop boucherie (f.)
butter beurre (m.)
buy acheter
by par; avant (time)
by the way à propos
Bye! Salut!

C

cake gâteau (m.)
calendar calendrier (m.)
call appel (m.)
call appeler
called (to be) s'appeler
calmly calmement
campground camping (m.)
camping (to go —) aller camper
can boîte (f.) de conserve
candy bonbon (m.)
canoeing (to go —) faire du
  canotage
car voiture, auto (f.)
card carte (f.)
career carrière (f.)
careful prudent(e)
cartoon bande dessinée (f.)
cast plâtre (m.)
cat chat, chatte (m./f.)
CD disque compact, CD (m.)
CD player lecteur de CD (m.)
celebrate célébrer, fêter
century siècle (m.)
chair chaise (f.)
change changement (m.)
change changer
character personnage (m.)
charming charmant(e)

chat bavarder, jaser (Québec)
check vérifier
cheek joue (f.)
cheerful enjoué(e)
cheese fromage (m.)
chemistry chimie (f.)
chest poitrine (f.)
chestnut brown châtain(e)
chicken poulet (m.)
child enfant (m./f.)
chin menton (m.)
Chinese chinois(e) (m./f.)
choose choisir
chores travaux ménagers (m. pl.)
Christian chrétien, chrétienne
Christmas Noël (m.)
church église (f.)
cider cidre (m.)
circulate circuler
city ville (f.)
city hall hôtel de ville (m.)
civil servant fonctionnaire (m./f.)
class cours (m.), classe (f.)
classmate camarade de classe (m./f.)
classroom salle de classe (f.)
clean propre
clear clair(e)
close fermer
closed fermé(e)
clothing vêtement (m.)
cloud nuage (m.)
cloudy nuageux, nuageuse
coat manteau (m.)
coat enduire
cold froid(e); **to be —** avoir froid
cold rhume (m.)
combination fusion (f.)
comb one's hair se peigner
come venir; **to — back** revenir
comedy comédie (f.)
commonly communément
communicate transmettre
compare comparer
compared to en comparaison de
complain (se) plaindre
completely complètement; tout à
  fait
complicated compliqué(e)
computer ordinateur (m.)
computer hardware matériel
  informatique (m.)
computer science informatique (f.)
computer scientist informaticien,
  informaticienne (m./f.)
confess avouer
congratulate féliciter
congratulations félicitations (f. pl.)
conjugate conjuguer
conjugation conjugaison (f.)
consequently par conséquent, donc
consider considérer

constantly constamment
consult consulter
continuation suite (f.)
continue continuer
continuing education éducation
  permanente (f.)
convinced convaincu(e)
cook cuisinier, cuisinière (m./f.);
  to — faire la cuisine
cookie biscuit (m.)
cooking cuisine (f.)
cool frais, fraîche
cool refroidir
cost coût (m.); **to —** coûter
cough tousser
cough toux (f.)
count compter
country pays (m.); **in the —** à la
  campagne
cracker biscuit (m.)
craft shop boutique d'artisanat (f.)
crafts artisanat (m.)
crazy fou, folle
cream crème (f.)
create créer
crisis crise (f.)
criticize critiquer
cross traverser
cross-country skiing ski de fond (m.)
cry pleurer
cup tasse (f.)
cure guérison (f.)
custom coutume (f.)
customer client(e) (m./f.)
cut (oneself) (se) couper
cute mignon(ne)
cycling cyclisme (m.) **to go —** faire
  du vélo, de la bicyclette

D

daily quotidien(ne)
damp humide
dance danse (f.); danser
dangerous dangereux, euse
dare oser
dark foncé(e)
daughter fille (f.)
day jour (m.)
dear cher, chère
death mort (f.)
debate débat (m.)
deceive décevoir
decide décider
decrease diminuer
delighted ravi(e)
den salle de séjour (f.)
depart partir
department store grand magasin (m.)
departure départ (m.)
depend (on) dépendre (de)
depressed déprimé(e)

describe décrire
desire désir (m.); **to —** désirer
desire (to feel like) avoir envie de
destroy détruire
develop développer
developing en voie de développement
die mourir
difficult difficile
dining room salle à manger (f.)
dinner dîner (m.); **to have —** dîner
direct diriger
director directeur, directrice (m./f.)
disadvantage inconvénient (m.)
disagreement désaccord (m.)
disappear disparaître
disappointed déçu(e)
disappointment déception (f.)
discomfort inconfort (m.)
discouraged découragé(e)
discover découvrir
discovery découverte (f.)
discuss discuter
disgusted dégoûté(e)
dish plat (m.)
dishes vaisselle (f.)
dishwasher lave-vaisselle (m.)
diskette disquette (f.)
displeased mécontent(e)
distrust se méfier de
do faire
docteur docteur, médecin (m.)
dog chien, chienne (m./f.)
Don't bother! Ce n'est pas la peine!
door porte (f.)
dormitory dortoir (m.)
doubt doute (m.); **to —** douter
downhill skiing ski alpin (m.)
downtown centre-ville (m.)
dozen douzaine (f.)
drama drame (m.); **to study —** étudier l'art dramatique
dreadful épouvantable
dream rêve (m.); **to —** rêver
dress robe (f.)
dressed (to get —) s'habiller
drink boire; **to have a —** prendre un verre
drugstore pharmacie (f.)
dry sec, sèche
dryer sécheuse (f.)
duration durée (f.)
Dutch hollandais(e) (m./f.)

E

each chaque
each one chacun(e)
ear oreille (f.)
early en avance, tôt
earn gagner
earth terre (f.)

earthquake tremblement de terre (m.)
ease (at —) aise (à l'—)
east est (m.)
Easter Pâques (f. pl.)
easy facile
eat manger
ecological écologique
ecology écologie (f.)
economy économie (f.)
edge bord (m.)
egg œuf (m.)
elementary school école primaire (f.)
elsewhere ailleurs
embarassed embarrassé(e)
encourage encourager
encouraging encourageant(e)
end fin (f.); bout (m.)
end terminer
engaged fiancé(e)
engaged (to get —) se fiancer
engagement fiançailles (f. pl.)
English anglais(e) (m./f.)
enjoy se plaire, jouir de, aimer
enough assez
entertain divertir
entrance entrée (f.)
envy envier
equally également
errands (to do —) faire des courses
especially surtout
event événement (m.)
every tous les
everyone tout le monde
everything tout
everywhere partout
exactly exactement
exam examen (m.)
except sauf
exchange échange (m.)
excuse excuser, pardonner
exaggerate exagérer
excuse oneself s'excuser
exercise exercice (m.);
    to get some — faire de l'exercice
ethnicity ethnie (f.)
evening soir (m.), soirée (f.)
evidence évidence (f.); preuve (f.)
exist exister
expensive cher, chère
experience vivre
explain expliquer
explanation explication (f.)
express exprimer
extraordinary extraordinaire
extricate dégager
eye(s) œil (m.) (yeux (m. pl.))

F

face visage (m.)
fact fait (m.)
fairly well assez bien
faithful fidèle

fall tomber
fall automne (m.)
falls chutes (f. pl.)
false faux, fausse
family famille (f.)
famous célèbre
far from loin de
fare tarif (m.)
farm ferme (f.)
farmer fermier, fermière (m./f.)
fascinate fasciner
fast rapide, vite
fat gros, grosse
father père (m.)
father-in-law beau-père (m.)
fatherly paternel, paternelle
fear peur (f.)
February février (m.)
feel se sentir
feel sentir;
    to — like avoir envie de
feeling sentiment (m.)
fees (tuition) frais de scolarité (m. pl.)
fever fièvre (f.)
few peu de
fewer moins
finally finalement, enfin
find trouver
finger doigt (m.)
finish finir, terminer
fire feu (m.)
first d'abord, premier, première
first of all tout d'abord
fish poisson (m.)
fish shop poissonnerie (f.)
flight vol (m.)
floor étage (m.)
floppy disk disque souple (m.), disquette (f.)
florist fleuriste (m./f.)
flour farine (f.)
flower shop fleuriste (m./f.)
flu grippe (f.)
fluently couramment
fog brouillard (m.)
follow suivre
followed suivi(e)
following suivant(e)
food nourriture (f.)
foot pied (m.)
for pour, pendant, depuis, car
forbidden interdit(e), défendu(e)
forehead front (m.)
foreign étranger, ère
foreigner étranger, étrangère (m./f.)
forest forêt (f.)
forget oublier
forgive pardonner
former ancien(ne)
fortunately heureusement
frankly franchement

free libre
freedom liberté (f.)
freezer congélateur (m.)
French français(e)
French fries frites (f. pl.)
Friday vendredi (m.)
fridge frigo (m.)
friend ami, e (m./f.), copain, copine (m./f.)
friendly aimable
friendship amitié (f.)
frightening effrayant(e)
from de, à partir de
frustrated frustré(e)
frustrating frustrant(e)
fun plaisir (m.)
funny amusant(e), plaisant(e)
furious furieux, furieuse
furniture meuble (m.)
future avenir (m.), futur (m.)

G

game jeu (m.)
garden jardin (m.)
gas essence (f.)
generally généralement
generous généreux, généreuse
gentle doux, douce
gentleman monsieur (m.)
gentlemen messieurs (m. pl.)
gently doucement
German allemand(e) (m./f.)
gesture geste (m.)
get obtenir;
  — used to s'habituer,
  — along s'entendre;
  — dressed s'habiller;
  — it comprendre
gift cadeau (m.)
girl fille (f.)
girlfriend amie, petite amie, blonde (f.) (Québec)
give donner
give up renoncer, laisser tomber
glad content(e)
gladly avec plaisir
glass verre (m.)
glasses lunettes (f. pl.)
glove gant (m.)
go aller;
  — back retourner;
  — home rentrer;
  — in entrer;
  — out sortir;
  — up monter;
  — to bed se coucher
goal but (m.)
god dieu (m.)
Good evening! Bonsoir!
Goodbye! Au revoir!
granddaughter petite-fille (f.)

grandfather grand-père (m.)
grandmother grand-mère (f.)
grandparent grand-parent (m.)
grandson petit-fils (m.)
grape raisin (m.)
gray gris(e)
great formidable, super
greedy gourmand(e)
Greek grec, grecque
green vert(e)
greet saluer
groceries provisions (f. pl.)
grocery shopping (to go —) faire ses provisions
grocery store épicerie (f.)
ground haché(e)
ground floor rez-de-chaussée (m.)
group leader animateur, animatrice
grow grandir
guess deviner
guest invité(e) (m./f.)
guilty coupable
guitar guitare (f.)
gym gymnase (m.)

H

habit habitude (f.)
hair cheveux (m. pl.)
half moitié, demi(e) (f.)
half-way à mi-chemin
hallway couloir (m.)
ham jambon (m.)
hand main (f.)
hand in remettre
handbag sac (m.)
handsome beau, belle
happen se passer, arriver
happiness bonheur (m.)
happy content(e), heureux, euse
Happy Birthday! Bon anniversaire!
Happy Easter! Joyeuses Pâques!
hard disk disque dur (m.)
hardware matériel (m.)
hardware store quincaillerie (f.)
hardworking travailleur, travailleuse (m./f.)
hat chapeau (m.)
hate détester
have avoir
hay fever rhume des foins (m.)
head tête (f.)
headphones écouteurs (m. pl.)
health santé (f.)
healthy sain(e)
hear entendre
heart cœur (m.)
heavy lourd(e)
help aide (f.); **to —** aider
here ici
hesitate hésiter
Hi! Salut!

highway autoroute (f.)
hip hanche (f.)
history histoire (f.)
holiday congé (m.);
  to be on — être en vacances
homesick (to be —) avoir le mal du pays
homework devoirs (m. pl.)
honest honnête
hope espérer
horror movie film (m.) d'épouvante
hospital hôpital (m.)
host hôte, hôtesse (m./f.)
hot chaud(e)
hot (to be —) avoir chaud
hour heure (f.)
house maison (f.)
household appliance appareil ménager (m.)
housing logement (m.)
how comment
How are you? Comment ça va? Comment allez-vous?
how many combien
how much combien
however cependant
hungry (to be —) avoir faim
hurricane ouragan (m.)
hurry (se) dépêcher
hurry (to be in a — to) avoir hâte de, être pressé(e)
hurt avoir mal à;
  to — oneself se blesser
husband mari (m.)

I

ice cream crème glacée (f.)
identify identifier
if si
ill (to feel —) se sentir mal
ill-at-ease mal à l'aise
illness maladie (f.)
imagine imaginer
immediately immédiatement, tout de suite
impressive impressionnant(e)
impulsively impulsivement
in dans, en, au; **— front** devant;
  — love amoureux, euse;
  — my opinion à mon avis;
  — order that afin que, pour que;
  — the beginning au début;
  — the country à la campagne;
  — the future à l'avenir
  — the middle au milieu;
  — the past dans le passé, autrefois;
  — those days à cette époque-là;
include compter, comprendre, inclure
increase augmenter
indeed en effet

indicate indiquer, signaler
inexpensive bon marché (inv.)
inform renseigner
information renseignement (m.)
inhabitant habitant(e) (m./f.)
inside à l'intérieur
install installer
instead of au lieu de
insult insulter
insurance assurance (f.)
intend to avoir l'intention de
interest intérêt (m.)
interested (to be — in) s'intéresser à
interesting intéressant(e)
interrupt interrompre
intersection carrefour (m.)
intervene intervenir
introduce présenter, introduire
introduction présentation (f.)
invite inviter
Irish irlandais(e) (m./f.)
iron fer à repasser (m.)
irregular irrégulier, irrégulière
irritation énervement (m.)
island île (f.)
Israeli israélien, israélienne (m./f.)

K

key touche (f.); clé (f.)
keyboard clavier (m.)
kill tuer
kiss (s')embrasser
kiss baiser (m.), bec (m.)(Québec)
kitchen cuisine (f.)
knee genou (m.) (genoux (m. pl.))
know connaître, savoir
know-how savoir-faire (m.)
know how to savoir comment
Korean coréen, coréenne (m./f.)

L

Ladies mesdames (f. pl.)
language langue (f.), langage (m.)
last year l'an dernier, l'an passé (m.),
    l'année dernière, l'année passée (f.)
last night hier soir, cette nuit
late en retard
lateness retard (m.)
laugh rire
laundry lavage (m.)
lawyer avocat, avocate (m./f.)
lazy paresseux, paresseuse
learn apprendre
leather cuir (m.)
leave quitter, partir, sortir
left gauche (f.)
leisure loisir (m.)
lemonade (pop) limonade (f.)
less moins
lesson leçon (f.)
Let's see … Voyons…

lettuce laitue (f.)
level niveau (m.), échelon (m.)
library bibliothèque (f.)
life vie (f.)
light lumière (f.)
light clair(e)
light léger, légère
like aimer
like comme
lined doublé(e)
link lier, relier
listen écouter
little (a —) un peu
little of peu de
live vivre, habiter
living vie (f.);
    to earn one's — gagner sa vie
living room salon (m.)
located situé(e)
location lieu (m.)
long-sleeved à manches longues
long time longtemps
look at regarder
look for chercher
look like ressembler
loosen détendre
lose perdre
lot (a lot) beaucoup
loud (louder) fort (plus fort)
lousy moche
love amour (m.); **in —** amoureux,
    amoureuse
love adorer, aimer
low bas, basse
luck chance (f.)
lucky chanceux, chanceuse
lunch dîner (m.)
lung poumon (m.)

M

Madam madame (f.)
magnificent magnifique
mail courrier (m.)
make rendre
make faire
make fun of se moquer de
make plans faire des projets
make sure s'assurer
man homme (m.)
manage (to be able to —) se
    débrouiller
manner manière (f.), façon (f.)
map carte (f.)
March mars (m.)
mark note (f.)
market marché (m.)
marriage mariage (m.)
married marié(e)
marvellous merveilleux, merveilleuse
maybe peut-être
meal repas (m.)

mean vouloir dire
mean méchant(e)
means moyen (m.)
measure mesure (f.)
meat viande (f.)
medecine médicament (m.)
meditate méditer
meet rencontrer, faire la
    connaissance de
meet (up with someone) se retrouver
meeting réunion (f.), rencontre (f.)
memory mémoire (f.), souvenir (m.)
mention mentionner
merchant marchand, marchande
    (m./f.)
Merry Christmas Joyeux Noël
Mexico Mexique (m.)
microwave oven four à
    micro-ondes (m.)
middle milieu (m.)
milk lait (m.)
mind esprit (m.)
miss (s')ennuyer de (Québec)
Miss mademoiselle (f.)
mistake faute (f.), erreur (f.)
misunderstanding malentendu (m.)
moist humide
Monday lundi (m.)
money argent (m.)
monitor moniteur, monitrice (m./f.)
month mois (m.)
monthly mensuel(le)
more plus
more and more de plus en plus
more or less plus ou moins
Moroccan marocain(e) (m./f.)
Moslem musulman(e) (m./f.)
most la plupart de/des
mother mère (f.)
mother-in-law belle-mère (f.)
motherly maternel(le)
motion mouvement (m.)
mountain montagne (f.)
mourning deuil (m.)
mouse souris (f.)
mouth bouche (f.)
movement mouvement (m.)
movie film (m.)
movie theatre cinéma (m.)
museum musée (m.)
must devoir

N

name nom (m.)
Native person Amérindien,
    Amérindienne (m./f.)
near près de, proche
necessary nécessaire
neck cou (m.)
need besoin (m.)
need (to —) avoir besoin de

needle (injection) piqûre (f.)
neighbourhood quartier (m.)
neither non plus
neither one ni l'un(e) ni l'autre
neither … nor ne… ni… ni
nephew neveu (m.)
nervous nerveux, nerveuse
Netherlands Pays-Bas (m.pl.)
never ne… jamais
nevertheless quand même
new neuf, neuve; nouveau, nouvelle
Newfoundland Terre-Neuve (f.)
news informations, nouvelles (f. pl.)
newspaper journal (m.)
newstand kiosque à journaux (m.)
next puis; prochain(e)
next to à côté de
nice gentil(le); sympathique
night nuit (f.)
nightmare cauchemar (m.)
no non, aucun(e)
no longer ne… plus
no one ne… personne
nonetheless néanmoins
noon midi (m.)
normally normalement
north nord (m.)
nose nez (m.)
not ne… pas
not a single ne… aucun(e)
not any ne… aucun(e)
not at all pas du tout
not bad pas mal
not very well pas très bien, pas tellement
not yet ne… pas encore
notebook cahier (m.)
nothing ne… rien
notice remarquer
noun nom (m.)
Nova Scotia Nouvelle-Écosse (f.)
novel roman (m.)
now maintenant, présentement
number numéro (m.), nombre (m.)
numerical numérique

O

O.K. d'accord
obey obéir
observe noter
obviously évidemment
occupy occuper
of de
of course bien sûr
of which dont
of whom dont
offend offenser
offer offrir
office bureau (m.)
often souvent

old vieux, vieille;
   to be X years — avoir X ans
on sur, à, en
on holiday en vacances
on my account à mon compte
on the other hand par contre
on time à l'heure
once again une fois de plus
one has to falloir (il faut)
one more time une fois de plus
onion oignon (m.)
only ne… que; seulement
open ouvrir
opinion avis (m.), opinion (f.)
opportunity occasion (f.)
or ou
order commander
ordinarily ordinairement
ordinary ordinaire
organize organiser
other autre
outdoors en plein air
outing (to go on an —) faire une excursion
outside dehors
outside of en dehors de
over there là-bas
owe devoir
own posséder
owner propriétaire (m./f.)

P

party fête (f.)
pay payer
pay attention faire attention
peanut arachide (f.)
pear poire (f.)
peas petits pois (m. pl.)
pen stylo (m.)
pencil crayon (m.)
people gens (m. pl.)
people (national or ethnic group) peuple (m.)
pepper poivre (m.)
perfect parfait(e)
perfume parfum (m.)
perfume store parfumerie (f.)
permit permettre
pet animal de compagnie (m.)
picnic pique-nique (m.)
picture photo (f.)
pie tarte (f.)
piece morceau (m.)
piece of advice conseil (m.)
pill comprimé (m.); pilule (f.)
pity plaindre
place place (f.); endroit (m.)
plan planifier
plan projet, plan (m.)
platform quai (m.)
play pièce de théâtre (f.)

play jouer
pleasant plaisant(e), agréable
please s'il te / vous plaît
please (se) plaire
pleased content(e)
pleasure plaisir (m.)
plumber plombier, plombière (m./f.)
poem poème (m)
poet poète (m.), femme poète (f.)
poetry poésie (f.)
policy politique (f.)
politely poliment
poll sondage (m.)
pollute polluer
poor pauvre
popular populaire
post afficher
post office bureau de poste (m.)
poster affiche (f.)
postpone remettre, ajourner
pound livre (f.)
practise pratiquer
pray prier
prescription ordonnance (f.)
present (to be —) assister à
pretend (to) faire semblant (de)
pretty joli(e)
previous précédent(e)
previously auparavant
price prix (m.)
printer (computer) imprimante (f.)
private privé(e)
probably probablement
produce produit (m.)
profile profil (m.)
promise promettre
promote promouvoir
proof preuve (f.)
property propriété (f.)
protect protéger
provided that pourvu que
punish punir
purchase achat (m.)
purple violet(te)
put mettre

Q

qualification compétence (f.)
questioning interrogation (f.)
quite assez, tout à fait

R

rain pluie (f.)
rain pleuvoir
raincoat imperméable (m.)
raise lever
rarely rarement
rate taux (m.)
rather plutôt
read lire
reading lecture (f.)

ready prêt(e)

ready (to get —) se préparer

real estate agency agence immobilière (f.)

realize réaliser, se rendre compte

really vraiment

reasonable raisonnable

reassure (oneself) se rassurer

receive recevoir

recently récemment

recipe recette (f.)

recognize reconnaître

record disque (m.)

red rouge

red-haired roux, rousse

reduce réduire

reflect réfléchir

regular régulier, régulière

regularly régulièrement

relax relaxer; se détendre

reliable fiable

relief soulagement (m.)

relieved soulagé(e)

remedy remède (m.)

remember se rappeler, se souvenir de

remind rappeler

rent loyer (m.)

rent louer

repair réparer

repaired (to get —) faire réparer

repeat répéter

replace remplacer

reproach reproche (m.)

requirement exigence (f.)

research recherche (f.)

researcher chercheur, chercheuse (m./f.)

resist résister

resolve résoudre

rest repos (m.)

rest se reposer

result résultat (m.)

retirement retraite (f.)

return retourner, rendre

review révision (f.)

rice riz (m.)

ride (to go for a —) se promener;
to take for a — promener

right droit (m.);
to be — avoir raison;
to have the — avoir droit;
to the — of à droite de

river rivière (f.)

road route (f.)

roast rôti (m.)

roll petit pain (m.)

room pièce (f.)

room (to have — for) avoir de la place pour

Russian russe (m./f.)

S

sad triste

sadness tristesse (f.)

salesperson vendeur, vendeuse (m./f.)

salt sel (m.)

same même

Saturday samedi (m.)

sausage saucisse (f.)

say dire

scared (to be —) avoir peur de

scarf foulard (m.)

schedule horaire (m.)

scholarship bourse (f.)

school école (f.)

scientist scientifique (m./f.)

Scottish écossais(e) (m./f.)

screen écran (m.)

sea mer (f.)

search recherche (f.)

search for fouiller

season saison (f.)

seat place (f.), siège (m.)

secretary secrétaire (m./f.)

secretary's office secrétariat (m.)

see voir

See you! À la prochaine!

See you soon! À bientôt!

seem avoir l'air; sembler

selfish égoïste

sell vendre

sensitive sensible

sentence phrase (f.)

series ensemble (m.)

serious grave, sérieux, sérieuse

serve servir

set the table mettre la table

set up installer

settle in s'installer

several plusieurs

shake hands serrer la main

shame honte (f.)
(to be ashamed) avoir honte

shape forme (f.)

share partager

sharp pointu(e); coupant(e)

shave (se) raser

shirt chemise (f.)

shock choquer

shoe chaussure (f.), soulier (m.)

shoe store magasin de chaussures (m.)

shop commerce (m.)

shopping (to go —) magasiner, faire des achats

shopping centre centre commercial (m.)

shore rive (f.); bord (m.)

short court(e)

short-sleeved à manches courtes

shortly tout à l'heure; bientôt

shoulder épaule (f.)

shovel pelle (f.)

shovel snow pelleter la neige

show montrer, faire preuve de

shower douche (f);
rain shower averse (f.)

shy timide

sick malade

sickness maladie (f.)

sigh soupirer

silent silencieux, silencieuse

silly bête

similarity ressemblance (f.)

since depuis, depuis que, puisque, comme

sing chanter

singer chanteur, chanteuse (m./f.)

sister sœur (f.)

sister-in-law belle-sœur (f.)

sit down assoyez-vous

skating patinage (m.)

ski skier

skiing (downhill, cross-country, water) ski (alpin, de fond, nautique)

skiing (to go —) faire du ski

skirt jupe (f.)

sky ciel (m.)

sleep dormir

sleepy (to be —) avoir sommeil

sleeve manche (f.)

slice tranche (f.)

slim mince

slippery glissant(e)

slow lent(e)

slowly lentement

small petit(e)

small talk (to make —) bavarder, jaser (Québec)

smell sentir

smile sourire (m.)

smoke fumer

snack collation (f.)

sneakers espadrilles (f. pl.)

sneeze éternuer

snobbish snob

snow neige (f.)

snow neiger

snowstorm tempête de neige (f.)

so alors, tellement

so many of tant de

so much of tant de

so much the better tant mieux

so that afin que, pour que

so-so comme ci, comme ça

social sciences sciences humaines (f. pl.), sciences sociales (f. pl.)

social studies sciences humaines (f. pl.)

sock chaussette (f.)

soft doux, douce

soft drink boisson non alcoolisée, liqueur douce (f.) (Québec)

software logiciel (m.)
soldier soldat (m.)
some quelque(s)
someone quelqu'un
something quelque chose
sometimes quelquefois, parfois
son fils (m.)
soon bientôt
sorrow peine (f.)
sorry désolé(e)
sorry (to be —) regretter
sort sorte (f.), genre (m.)
south sud (m.)
space espace (m.)
Spanish espagnol(e) (m./f.)
speak parler
specialty spécialité (f.)
specific propre
speech discours (m.)
spell épeler
spend (time) passer (du temps)
spicy épicé(e)
spoonful cuillerée (f.)
spot place (f.)
sprain (se) fouler
spring printemps (m.)
square place (f.); carré (m.)
stadium stade (m.)
stage étape (f.)
stairs escalier (m.)
stamp timbre (m.)
stand in line faire la queue
state état (m.)
stationery store papeterie (f.)
stay séjour (m.)
stay rester
step étape (f.)
still encore
stockings bas (m. pl.)
stomach ventre, estomac (m.)
stomach ache (to have a —) avoir mal au cœur / au ventre
store magasin (m.)
storekeeper commerçant(e) (m./f.)
storm orage (m.), tempête (f.)
stove cuisinière (f.)
straight ahead tout droit
strange étrange, bizarre
street rue (f.)
strike frapper
strong fort(e)
strongly fortement
studies études (f. pl.)
study étudier
sturdy solide
subject (school) matière (f.)
suburbs banlieue (f.)
subway métro (m.)
succeed réussir
such pareil(le)
suggest suggérer

suit habit (m.), costume (m.)
summer été (m.)
sun soleil (m.)
Sunday dimanche (m.)
sunny ensoleillé(e)
supper souper (m.)
supply fournir
support soutien (m.)
suppose supposer
supposed (to be — to) devoir, être censé(e)
surprise surprendre
surprising surprenant(e)
sweater chandail (m.) (Québec)
swim nager
swimming natation (f.)
swimming pool piscine (f.)
swimsuit maillot (m.) de bain
Swiss suisse (m./f.)
syrup sirop (m.)

T

take prendre;
— **an exam** passer un examen;
— **(a person)** emmener;
— **advantage of** profiter de;
— **care** prendre soin;
— **charge of** s'occuper de;
— **down** descendre;
— **in** rentrer;
— **leave** prendre congé;
— **on** assumer;
— **out** emporter;
— **place** avoir lieu
tall grand(e)
tape player magnétophone (m.)
task fonction (f.)
taste goût (m.)
taste goûter
teach enseigner
teacher professeur(e) (m./f.)
team équipe (f.)
teasing taquinerie (f.)
tell raconter
terrified (to be —) terrifié(e)
thank remercier
thank you merci
that cela, que, ça;
— **day** ce jour-là;
— **irritates me** ça m'énerve;
— **is** c'est-à-dire;
—**'s right!** c'est ça;
—**'s too bad** c'est dommage
the day after tomorrow après-demain
the day before yesterday avant-hier
the next day le lendemain (m.)
the same le / la même
The weather is nice! Il fait beau!
The weather is poor! Il fait mauvais!
then alors, ensuite, puis

there là; — **is** voilà
there is, there are il y a
There's no harm done! Il n'y a pas de mal!
therefore donc
thigh cuisse (f.)
thing chose (f.)
think penser
thirsty (to be —) avoir soif
this week cette semaine
Thursday jeudi (m.)
ticket billet (m.)
time fois, époque (f.)
time temps (m.)
time heure (f.)
timetable horaire (m.)
tired fatigué(e)
tiring fatigant(e)
to à, chez, dans
toaster grille-pain (m.)
today aujourd'hui (m.)
together ensemble
tomorrow demain
tonight ce soir
Too bad! Dommage!
too many (of) trop (de)
too much (of) trop (de)
tooth dent (f.)
toward envers
toy jouet (m.)
traffic jam embouteillage (m.)
traffic light feu (m.)
train station gare (f.)
transportation transport (m.)
travel voyager;
— **throughout** parcourir
travel agency agence de voyages (f.)
tree arbre (m.)
trip voyage (m.);
to make a — faire un voyage
trouble problème (m.)
true vrai(e)
trust confiance (f.)
truth vérité (f.)
try essayer
Tuesday mardi (m.)
tuna thon (m.)
turn tourner, virer

U

ugly laid(e)
umbrella parapluie (m.)
unacceptable inacceptable
unbearable insupportable
unbelievable incroyable
under sous
understand comprendre
underwear sous-vêtements (m. pl.)
undoubtedly sans doute
unemployment chômage (m.)
unfortunately malheureusement

unhappy malheureux, malheureuse
unhealthy malsain(e)
United States États-Unis (m. pl.)
university universitaire (adj.)
university université (f.)
unless à moins que
unlikely peu probable
unmarried célibataire
unpleasant désagréable
unrealistic irréaliste
until jusqu'à, jusqu'à ce que
up (to get —) se lever
up to jusqu'à
update mettre à jour
up-to-date à jour
usage emploi (m.)
use se servir de, utiliser, employer
useful utile
usually d'habitude

V

vacation vacances (f. pl.)
vacuum cleaner aspirateur (m.)
various divers(e)(s)
VCR magnétoscope (m.)
veal veau (m.)
vegetable légume (m.)
very très
very well très bien
visit rendre visite à (person); visiter (things)
volleyball ballon-volant (m.)
vomit vomir

W

wait attendre
waiter serveur (m.)
waitress serveuse (f.)
wake up (se) réveiller
walk marcher
walk (to go for a —) faire une marche / promenade
Walkman baladeur (m.)
wall mur (m.)
wallet portefeuille (m.)
want vouloir
war guerre (f.)
warm chaud(e), chaleureux, chaleureuse
wash (se) laver
washer laveuse (f.)
watch montre (f.)
watch regarder, surveiller

water eau (f.)
water-skiing ski nautique (m.)
water-skiing (to go) faire du ski nautique
way chemin (m.)
weak faible
weakness faiblesse (f.)
wear porter
weather temps (m.);
    — forecast météo (f.)
Wednesday mercredi (m.)
week semaine (f.)
weekly hebdomadaire
weigh peser
weight poids (m.)
welcome bienvenue (f.)
welcome accueillir
well bien
well (to be —) aller bien
Well ... listen ... Bon / Eh bien, écoutez…
west ouest (m.)
West Indies Antilles (f. pl.)
What Qu'est-ce-que; Qu'est-ce-qui
what quoi, quel(le)
What's the matter with you? Qu'est-ce que tu as?
What's the matter? Qu'est-ce qu'il y a?
What's the weather like? Quel temps fait-il?
when lorsque, quand
where où
whereas alors que
which que, qui, quel(le)
while alors que
while (a —) un bout de temps
while (a short —) un peu de temps
white blanc, blanche
who qui
Who Qui est-ce que
Who Qui est-ce qui
Who is it? Qui est-ce?
whom que
why pourquoi
widowed veuf, veuve (m./f.)
wife femme (f.)
will volonté (f.)
wind vent (m.)
window fenêtre (f.)
wine vin (m.)
wine grower viticulteur, viticultrice (m./f.)
winter hiver (m.)

winter coat manteau (m.) d'hiver
wish souhaiter, désirer
wishes vœux (m. pl.)
with avec
within d'ici (time)
without sans, sans que
woman femme (f.)
wonder se demander
wonderful formidable
wonderfully à merveille
wood fire feu de bois (m.)
wool laine (f.)
word mot (m.)
word processing traitement de texte (m.)
work (It works!) marcher, fonctionner, (Ça marche!)
work travailler
work travail (m.)
work of art œuvre d'art (f.)
worker ouvrier, ouvrière (m./f.)
working class classe ouvrière (f.)
world monde (m.)
worried inquiet, inquiète
worry inquiétude (f.)
worry s'inquiéter

Would you mind...? Voulez-vous bien…?
Would you please...? Voulez-vous bien…?
Wow! Oh là là!
write écrire
writing rédaction (f.)
wrong (to be —) avoir tort

Y

year an (m.), année (f.); **to be X years old** avoir X ans
yellow jaune
yes oui
yesterday hier
yet pourtant
You poor thing! Mon / Ma pauvre! (m./f.)
You're welcome! De rien!, Bienvenue! (Québec)
young jeune
young ladies mesdemoiselles (f. pl.)
youth jeunesse (f.)

Z

Zairean zaïrois(e) (m./f.)

Credits

Text credits

P. 78: Excerpt, *Redécouvrez le Canada* (Ottawa: Commission canadienne de tourisme, 1997); p. 95: "La santé... en huit points," extrait du magazine *Châtelaine;* p. 118: "Quels vêtements porter au Québec," extrait du Guide de séjour des étudiantes et des étudiants étrangers de l'Université Laval. Reproduced with the permission of cf. Guide de séjour des étudiants étrangers. Université Laval; p. 146: "Quel niveau de scolarité et quelles compétences exige-t-on de nos jours de la part des travailleurs?" Copyright Queen's Printer for Ontario, 2002. Reproduced with permission. Source: Ontario Job Futures, Labour Market Information and Research, Ministry of Training, Colleges and Universities, and Economic Analysis and Information Directorate, Human Resources and Skills Development Canada, Ontario Region, 2002. Reproduced with the permission of the Minister of Public Works and Government Services, 2005. Statistique Canada, "Croissance de l'emploi selon le niveau de scolarité, Ontario, 1990–2001," tirée de l'Enquête sur la population active; p. 166: Excerpt, Alain Fournier, "Le ski alpin" in *Vidéo-Presse;* p. 191: Excerpt, Louis Julien, *Vélo Mag;* p. 211: "Le hiphop: pas seulement de la musique," la passerelle culturelle, Culture.ca, ministère du Patrimoine canadien. Reproduit avec la permission du ministre des Travaux publics et Services gouvernementaux Canada, 2005; p. 228: Excerpt from worksheet published by l'Association canadienne pour les Nations Unies and an initiative of Programme jeunesse 2002; p. 246: Excerpt from an article by Josée Blanchette in *L'actualité* (March 1, 1992); p. 267: Excerpt, Hervé Anctil, *La vie, format familial – une question préalable.* Editions du Méridien; p. 246: Excerpt from *La Sagouine* by Antonine Maillet (Lemeac Editeur, Montreal: 1971); p. 303: "Le vieillard et l'enfant," extrait du roman *La Route d'Altamont — Le vieillard et l'enfant,* de Gabrielle Roy. Éditions du Boréal, collection "Boréal Compact" © fonds Gabrielle Roy; p. 321: Excerpt, Nathalie Collard, *La Presse;* p. 331: Excerpt, Candace Savage, *L'Actualité* (Montreal, Vol. 29 No 11: July 2004); p. 354: Excerpt, *Louisiane, Guide de voyage Ulysse* by Richard Bizier and Roch Nadeau; p. 367: Excerpt, *Le Québec amérindien et inuit.* Les Editions Sylvain Harvey; p. 384: Excerpt, Gaétan St-Pierre, *Droit sur mon emploi,* Les Editions Septembre; p. 401: Excerpt, Clémence Desroches, *Sur un radeau d'enfant* (Leméac Editeur, 1969); p. 414: Excerpt, *L'animal, so bien-être et la loi au Quebec,* Wilson & Lafleur Ltée.

Photo credits

P.1: David R. Frazier/Photoresearchers/First Light; p. 17: Gail Mooney/Masterfile; p. 36: Dick Hemingway; p. 55: It Stock Int. Ltd./First Light; p. 61: Scott Gilchrist/Masterfile; p. 78: Jean B. Heguy/First Light; p. 83: Jerzyworks/Masterfile; p. 95: A.G.E. Foto Stock/First Light; p. 101: Teresa Ponsetti/First Light; p. 118: CO2/Taxi/Getty Images; p. 127: Royalty-free/Masterfile; p. 146: PhotoDisc/Getty; p. 151: Abaca Press/The Canadian Press (Gouhier-Nebinger); p. 166: Brad Wrobleski/Masterfile; p. 173: RAW FILE/Masterfile; p. 195: Benelux Press/AGE/First Light; p. 211: Kevin Radford/Masterfile; p. 216: Royalty-free/Corbis; p. 228: Christopher Furlong/Getty Images; p. 234: Casey Kelbaugh/First Light; p. 246: Royalty-free/Masterfile; p. 252: Comstock Images; p. 267: Frank Siteman/First Light; p. 272: John Sylvester Photography/First Light; p. 286: Le Pays de la Sagouine; p. 291: Josh Mitchell/MaXx Images Inc.; p. 291: Josh Mitchell/maXximages.com; p. 303: Fonds Gabrielle Roy/National Library of Canada. Photo by Annette & Basil Zarov, 1945; p. 309: Royalty-free/Masterfile; p. 321: © Reuters/CORBIS; p. 325: Peter Christopher/Masterfile; p. 337: Photodisc/Getty Images; p. 342: Luis Castaneda Inc/The Image Bank/Getty Images; p. 354: Royalty-free/Corbis; p. 358: The Canadian Press (Jacques Boissinot); p. 367: The Brantford Expositor; p. 372: Siephoto/Masterfile; p. 384: David Harriman/Stone/Getty Images; p. 390: Madcow/First Light; p. 401: The Canadian Press (Francois Roy); p. 406: Phil Carpenter/Montreal Gazette.

Index